校长30年
和孩子一起生长

叶延武 著

广东教育出版社
·广州·

图书在版编目（CIP）数据

校长 30 年：和孩子一起生长 / 叶延武著 . — 广州：广东教育出版社，2023.12
 ISBN 978-7-5548-5680-2

Ⅰ . ①校… Ⅱ . ①叶… Ⅲ . ①中学—校长—学校管理—研究 Ⅳ . ① G637.1

中国国家版本馆 CIP 数据核字（2023）第 224937 号

校长 30 年　和孩子一起生长

XIAOZHANG 30 NIAN　HE HAIZI YIQI SHENGZHANG

出 版 人：	朱文清
策划编辑：	梁　岚
责任编辑：	程　兰　李嘉琪
责任技编：	许伟斌
装帧设计：	友间文化
出版发行：	广东教育出版社
	（广州市环市东路 472 号 12-15 楼　邮政编码：510075）
销售热线：	020-87615809
网　　址：	http://www.gjs.cn
E - m a i l：	gjs-quality @nfcb.com.cn
经　　销：	广东新华发行集团股份有限公司
印　　刷：	广州小明数码印刷有限公司
	（广州市天河区高普路 83 号 B 栋 C5 号）
规　　格：	787 mm×1092 mm　1/16
印　　张：	23.5
字　　数：	470 000
版　　次：	2023 年 12 月第 1 版
	2023 年 12 月第 1 次印刷
定　　价：	78.00 元

如发现因印装质量问题影响阅读，请与本社联系调换（电话：020-87613102）

序 言

认识叶延武校长已有20年的时间。2003年，新一轮高中课程改革正在紧锣密鼓地准备着，我们在教育部组织的一次课程改革研讨会上相识。那时，他已在深圳市育才中学（以下简称"育才中学"）工作，而我还在山东潍坊。在会后饭前的闲聊中，我得知他是从家乡一所普通高中的语文教师做起，一直做到校长，后担任地方教育局的领导，再回到老牌省重点中学当校长，与我的经历有些相似。也因为这样，我们的共同语言就多了起来，对于基础教育的责任与使命、问题与挑战多了许多话题。

2012年下半年，中法两国的教育督导专家为了加强交流，决定召开研讨会，就各自国家督导的形式、内容、反馈等方面展开现场督导评估交流。广东省推荐的现场学校恰好就是叶校长所在的深圳市南山区第二外国语学校（以下简称"南山二外"）。当时，他到这里做校长已经3年多了。我负责的项目是"基于学生视角的学校组织氛围"测评工作，记得当时我们主要围绕同伴、教师、课程与教学、管理、资源、文化等六个方面设计问卷，随机抽样，进行开放式调查。最后的结果表明，南山二外是一所非常卓越的学校，也是一所很值得研究的学校。

当天我们还观摩了一节数学课，发现学生在课堂上提出的许多问题很有水平，讨论、合作很有效率，大部分学生学习都很开心，感觉这里的学生很活泼、很幸福。此外，南山二外的教育理念、班级文化、对话教研、才艺广场展示等，都给我们留下了深刻的印象。学校时时、处处都体现着"教育家文化"的实践样貌，无怪乎家长对这所创办短短几年的学校推崇向往。

叶校长很年轻就走上学校管理岗位，从书中我们可以感受到，他走过的每一步都充满了管理的智慧和教育的灵感，这本书可以给我们诸多启发。

叶校长在广东担任过几所学校的校长，都能根据学校的特点，提炼出新颖的教育理念。在南山二外，他的理念是"用教育家文化滋养每一个孩子"，因为这所学校大多数教师都很年轻，职业生涯有着漫长的道路，意在激励教师以教育家作为职业追求，像教育家那样学习、工作和生活。在深圳市蛇口育才教育集团（以下简称"深圳育才"），他的理念是"我即教育，众胥人才"，这既是对有着深厚办学底蕴的育才文化的传承，更是对"每一个生命都值得期待"的教育命题的最佳诠释，体现了"育才"的本质。在星河控股集团教育发展中心（以下简称"星河教育"），他的理念是"星生长，河共渡"，这不仅包含"教育即生长"之意，还将中华优秀传统文化"和合共生"的精髓植入其中。从南山二外的文学色彩，到深圳育才的哲学思辨，再到星河教育的慈悲情怀，三个理念，字数越来越少，内涵越来越丰富，但本质一致，即面向"人""集体的人""命运共同体的人"，共同指向构建良好的教育生态，尊重独特的生命价值。

叶校长善于思考，能于常见处透析事物的本质，发常人之未发。本书的一大亮点就是对中国灵魂教育价值的思考与表达，这是一个非常了不起的创新。众所周知，一个国家、一个民族不能没有灵魂，一个国家、一个民族的教育也不能失去灵魂。有了灵魂，我们会更稳健，更踏实，走得更快，走得更远。那么，中国灵魂究竟是什么？我们到一些学校考察，经常会看到、听到学校的办学理念在强调中国灵魂、中国情怀、中国根基、中国底蕴等等。若问及何谓中国灵魂，大家可能都知道些，但细按则不甚明了，甚至囫囵吞枣。叶校长阅读了大量哲学、历史学著作，在浩如烟海的文献里，披阅梳理，结合自己的教育实践与思考，在本书中定义了中国灵魂的概念，分析了中国灵魂的内涵，揭示了中国灵魂独特的教育价值，对当下每一个学生筑牢中国根基，坚守中国信念，传承中国价值，维护中国利益，永续中国血脉，将起到强基固本的重要作用。

本书论述的范围十分广泛，古今中外，兼收并蓄。书中有叶校长亲身经历的几十年基础教育改革探索之路，有从PISA[1]成绩理性探讨其背后折射的中国基础教育存在的问题，有关于VUCA〔volatility（易变性）、uncertainty（不确定性）、complexity（复杂性）、ambiguity（模糊性）〕环境下如何找准粤港澳大湾区国际教育价值取向的问题，有立足教育社区办大教育的宏图，等等。在叶校长的教育实践中，我们还可以看到他对学科教学的新认知与再定位，如在语文思维课堂上如何"诗意地栖居"，从《红楼梦》贾府的节庆活动中如何看中华民族的岁时节令。书中还有关于时下热门的教育话题，如对教育培训机构主要弊端的分析；让家长和社会认识到实施"双减"的必要性；中、高考改革后，学生如何结合自己的兴趣特长选课、选科；孩子适不适合出国的问题探讨；叶校长在美国访学期间引发的对家庭教育的思考；等等。每一个生动鲜活的案例，每一次洞悉本质的思考，无不体现出叶校长视野之开阔，目光之长远，规划之前瞻。

"每个人心里都有一团火，路过的人只看到了烟。"30年校长生涯，从江苏到

---

［1］ Program for International Student Assessment，即国际学生评估项目，是经济合作与发展组织（OECD）进行的15岁学生阅读、数学、科学能力评价研究项目。

广东，从国内课程到国际课程，从集团化办学到建立教育共同体，背后蕴含的是叶校长对教育事业的激情似火、忠诚挚爱和博大情怀。从一个始终与孩子一起生长、直面教育最新问题的一线校长的角度出发，我们或许更能身临其境地看到这30年来中国基础教育改革的历史缩影，看到一位校长如何适应时代的变化，不断走向超越自我的道路。我想，叶校长的教育人生，对于当代中国基础教育的高质量发展，有一定的样本价值。

李希贵

2023年5月4日

（作者系教育部基础教育教学指导委员会副主任委员、北京第一实验学校校长、北京十一学校乡村学校帮扶项目负责人）

导 读

一名"大校长"的时代教育影像

2020年初,叶延武校长发表了《2020:我所期待的湾区国际教育》一文,随即再以《后2020时代国际化学校的"承、融、创"》为题慷慨陈词,这在业界"燃系"校长圈掀起"下一个10年,教育反'内卷'、不'躺平'"的积极反思和回响。

10多年前,我在中国教育科学研究院工作,师从袁振国老师。在中国教育科学研究院深圳南山教改实验区,我与创造"国际化、信息化、新课改"三个教育制高点的"南山高度"进行了深度对话。如今想来,那真是一段激情燃烧的岁月。作为10余年亦学亦友的伙伴,至今仍与叶校长精神相契,不管走到哪里,总会灵犀相通。

叶校长生长于"南船北马"交会的江苏淮安,兼具北方的豪爽健谈与南方的儒雅谦和。从20世纪80年代初资源匮乏、相对闭塞的淮安古镇,到如今经济发达、科教兴盛的粤港澳大湾区都市,他亲历了从农村教育到城市教育,再到现代化、国际化教育的世纪跨越。他从普通科任教师、班主任干起,到年级组长、教务主任、副校长,一路成长,30岁不到便当了市重点高中的校长。自此,他在校长这个岗位上一干就是30年,管理实践涵盖了从幼儿园、小学、初中到高中的所有基础教育学段。

30年历史画卷缓缓展开,深圳市南山区的教育一骑绝尘。叶校长正是"课改南山、学术南山、创新南山"的领军者之一,他见证、参与甚至引领了以从"双基""三维"到"素养"为目标的教育改革,并以育才中学、南山二外等为试验田,依托深圳经济特区得天独厚的资源优势,开展了深入、广泛的课程改革实践,取得了卓越的课改成果。如,以培养学生良好学科习惯和学科思维为价值追求的思维课堂;以教师为研究主体,以"一个具体问题"为研究对象的校本教研;对学生学习进行诊断的过程性评价;富有教学弹性与个性张力的平面化课程;班主任、教学班科任教师和导师三者相互融合渗透的"三师一体"的教育模式等。

虽青年得志,早年成名,但他依旧不断自我革新,不断探索求变。从高中到初中,到小学,再到幼教,他不断向教育的原点回归,不断接近教育的本真。他在实践、反思、融创中完成了从高中"老校长"、九年一贯制学校"新校长"、集团化学校"总校长"再到领时代之先"大校长"的深刻蜕变，以一个个真挚动人的教育故事拼接成一幅幅精彩纷呈的教育影像，并且走向了全新的教育境界。

"好的教育"，一定将尊重孩子的选择放在第一位。叶校长关注孩子自我探索的价值，反对用成人的兴趣爱好替代孩子的童心、童真、童趣；尊重孩子色彩斑斓的个性，搭建广阔的课程平台，将人的生命、生长、生活置于不可撼动的主体地位；从人的完整生命周期出发反观终身成长历程，不仅关注某一阶段、某一学段的传道授业，更以广阔的视野关注人的全生命周期的生长；重视孩子的选择权、表达权，让孩子行走在自己选择的最适合的道路上，自主发展、自我完善。

"教育的最终目的是实现人的自由全面发展，教育理想要在课程中予以实现。"叶校长善于用哲学家的思维思考教育和描画教育，用工程师的思维研究教育和实践教育，在道与术的层面纵横自如，游刃有余。作为技术流校长，他倡导并坚守以选择为主要特征的新课程观，以对话为主要方式的新教学观，以"会学"为主要目标的新学习观，以情感为纽带的新师生观，以反思为手段的新研究观，以发展为导向的新评价观。

面对"轻负担，高质量"的永恒课题，他以"做加法的方式做减法"，增加阳光体育课、综合实践课、阅读课、数学文化课、口语课、实验实践课以及个性选择的校本精品课程等。他倡导以语文课程为龙头，以全面整合的人文社科与自然科学为两翼，在同一课题项目统领下跨越学科、跨越领域、跨越学段、跨越文化的边界，建构全学科或超学科的课程体系，并将家国情怀、忠孝观念、抗争精神、通变意识、天人境界等中国灵魂要义注入课程之中，从而让学生形成自觉的国家认同观、自然的生命敬畏观与自主的抗争通变观。他减的是重复、机械、无创造力的精神负担，加的则是那些对学生未来发展起重要作用，能促进学生全面成长的重要品质和素养。对此，有当代教育家曾评价："叶延武校长的教育实践，创新精神尤为突出，值得研究。"

教育最重要的是确立一种价值模式，一种文化的基本理念和基本框架。2010年，叶校长首倡"用教育家文化滋养每一个孩子"的教育理念，创造性地发展了教育家办学的内涵。即教育家办学并不是一个人来办，而应该是每个教育者的事；凡是与学生发展相关的教育者，都应该成为教育家办学的一分子，包括教师、学校管理者，还包括家长。于是，教育家办学从遥不可及的理念追求变为触手可及的现实实践，解决了教育家办学知行合一的问题。在"教育家文化"的滋养下，教师具备了重要的核心素养：不做教书匠，要做教育家。挚爱一定能出奇迹，如果一个教师用20年专心做好一项工作，即使不能成为教育家，也能成为教育专家或教育行家。"教育家文化"亦能培养教育家型家长，让家长成为积极的社区教育伙伴，和"我们的学校"共同成长。

难能可贵的是，叶校长的"教育家文化"可以理解为百年树人的长期主义、专业主义、价值主义。学校的价值体系中只有一个核心，即成长中心。教育家文化为每一个生命体提供自然和谐、自由舒展的生态环境，让其在生命的每一个阶段、生长的每一处空间、生活的每一处细节都能感知生命、感受教育、感悟生长，破局"教育流水线"模式以及被成人定义的自认为完美的人生模式，让孩子在每一个生长阶段都感受到关怀与信任。这是整个教育生态的基础，是通向一片艳阳的VUCA时代的密钥。

时至今日，"国际教育"已然不是新鲜词汇。叶校长以"敢探未发明新理，敢入未开化边疆"的教育家胆识、智慧、气派与风度，将自己置于全球背景之下，毅然开启教育事业的新征程。在深圳、香港、台湾地区教育文化交流中，他曾就深港全人教育实验与香港特别行政区立法会前主席、香港特别行政区全国人民代表大会代表范徐丽泰女士互动对话，就两岸青年对中华文化的深刻认同与中国国民党前主席洪秀柱女士交流探讨，还曾应国际文凭组织（IBO）前全球总干事杰弗里·比尔德团队成员之邀，交流"一带一路"背景下中国世界课程的前景与框架，史无前例地提出了CIB（Chinese international baccalaureate，中国国际文凭）课程概念，试图在更广范围内和更高层次上整合资源，扎根中国大地办未来教育。

"三十年为一世，而道更。"时代风起云涌，教育浪潮逐新。作为粤港澳大湾区未来教育前行者，叶校长深谙市场规律，更遵循教育规律，重品牌，重内涵，更重育人。他始终心系国家未来发展，站在时代经济文化背景之下想教育、谈教育、办教育，立志为更广泛的利益攸关者创造更大的教育价值。2021年5月，由中国陶行知研究会、北京师范大学教育基金会等共同发起的"未来教育家成长计划"在北京启航。作为组委会秘书长，我特别征询叶校长的建议，期待基础教育领域的领袖人才，能够成为新时代高质量教育的领路人、创变者和答卷人，因为未来教育家必须具备对基础教育的深刻理解、坚定的教育信念、深厚的教育情怀、先进的办学思想和以身体道的教育热诚。

仲夏，有后学者作诗一首赠叶校长：

> 得识叶夫子，慷慨性尤真。
> 披才为世范，至诚敦人伦。
> 才思若泉涌，言旨太精深。
> 宏略颔笑间，交友皆淳淳。
> 阅尽世间书，永作教育人！

诚哉斯言！斯人若彩虹，遇上方知有。教育大航海时代，"大校长"因其不变的专注与热爱，依然可以有极大的成长。实践是伟大导师，向叶校长看齐。

清华大学博士后　王振权

2023年7月22日

目 录

第一章 思悟：教育的理想境界 ········· 1

第一节 培根铸魂的教育 ········· 2
一、何谓中国灵魂？ ········· 2
二、何谓家国情怀？ ········· 6
三、何谓忠孝观念？ ········· 10
四、何谓抗争精神？ ········· 16
五、何谓通变意识？ ········· 20
六、何谓天人境界？ ········· 24

第二节 生生不息的教育 ········· 28
一、构建全生长周期教育 ········· 28
二、教育是一棵自由生长的大树 ········· 29
三、我即教育是教育的最高境界 ········· 30
四、教育是追求一种幸福的体验 ········· 32

第三节 教育家办教育 ········· 34
一、立足实践培育教育家型教师 ········· 34
二、在教育中成就自我 ········· 37
三、用教育家文化滋养每一个孩子 ········· 38
四、以教育家的使命创设深派教育 ········· 43

第二章　思变：让教育之梦成真 ………………………………… 45

第一节　时代呼唤课改 ………………………………………… 46
一、回顾：21世纪基础教育改革之路 ……………………… 46
二、问题：认知"四化"与实践"三向" …………………… 48
三、课改：教师专业成长的沃土 …………………………… 50
四、追求：走向课程经营时代 ……………………………… 53
五、素养：基础教育变革的使命 …………………………… 59

第二节　学校践行课改 ………………………………………… 62
一、立足点：管理模式的创新应变 ………………………… 62
二、切入点：校长培训的科学实施 ………………………… 63
三、主攻点：校本教研的动力源泉 ………………………… 66
四、生长点：校本课程的开发管理 ………………………… 68
五、平面化：课程整合的实践构想 ………………………… 71
六、落脚点：过程性评价的内涵与操作 …………………… 81
七、闪光点：教研写作的方法路径 ………………………… 90

第三节　积极稳妥课改 ………………………………………… 95
一、我愿做个温和的改革派 ………………………………… 95
二、少一点急不可耐，多一些儒雅守正 …………………… 96

第三章　思行：追梦与逐浪 ……………………………………… 100

第一节　我是校长 ……………………………………………… 101
一、校长是一份"良心活儿" ……………………………… 101
二、学生也是我的老师 ……………………………………… 102
三、讲好故事是一种领导力 ………………………………… 103

第二节　追梦深圳 ……………………………………………… 106
一、育才中学：特区教育改革先锋 ………………………… 106
二、南山二外：家长争做"教育家" ……………………… 108
三、教育社区：向着幸福蓬勃生长 ………………………… 112
四、学校规划：描绘发展蓝图，探索创意路径 …………… 119

第三节 逐浪变革 ·· 125
一、寻找学校发展的第三条曲线 ································· 125
二、集团校教学主任领导力培养 ································· 129

第四章 思得：在思维课堂上诗意地栖居 ··············· 135

第一节 思愿教与学 ·· 136
一、学科教学的定位与期待 ······································ 136
二、思维课堂的意蕴与实践 ······································ 138
三、"三师一体"教学模式 ·· 145

第二节 思促大语文 ·· 149
一、语文教学的问题与出路 ······································ 149
二、在语文思维课堂上诗意地栖居 ······························ 152
三、文化建设视野下语文课程资源的开发与利用 ············· 159
四、语文教学内容的三个层次 ···································· 163
五、高中语文选修课程教学的问题与对策 ····················· 171
六、元宵灯谜是打开《红楼梦》的一把钥匙 ·················· 176

第三节 思成好教师 ·· 185
一、素养时代下的教师使命 ······································ 185
二、教师评价素养的概念与行动 ································· 187
三、班主任是学生的良师益友 ···································· 192
四、指导选科是教师必备的能力 ································· 195

第五章 思论：弘扬理性之声 ······························· 199

第一节 本土化与国际化 ·· 200
一、PISA 三年从第十到第一说明基础教育大幅进步了吗？ ··· 200
二、粤港澳大湾区国际教育路在何方？ ························ 206
三、义务教育学校课程如何融合创新？ ························ 213
四、国际化学校课程如何强化国家认同教育？ ················ 221
五、国际化学校创变，教学主管何为？ ························ 229

第二节　面对新问题 ……………………………………………… 232
　　一、国际教育新形势的特征与走向 ……………………………… 232
　　二、线上课程的挑战与机遇 ……………………………………… 233
　　三、何时出国与合适出国 ………………………………………… 236
　　四、校外培训的价值及主要弊端 ………………………………… 240

第三节　一切为了孩子 …………………………………………… 245
　　一、把童年还给孩子 ……………………………………………… 245
　　二、家是孩子与父母成长的地方 ………………………………… 247
　　三、家庭教育呼唤理性 …………………………………………… 249
　　四、鲁迅已逝，谁为孩子呐喊？ ………………………………… 252
　　五、关心孩子，从关注孩子的每一份试卷开始 ………………… 254
　　六、科学备考也是重要的能力素养 ……………………………… 258

学生心语：我心目中的叶老师、叶校长 ……………………… 269
附录：学校规划 …………………………………………………… 275
　　深圳市南山区第二外国语学校"十二五"发展规划 …………… 275
　　深圳市蛇口育才教育集团"十三五"发展规划 ………………… 300
　　星河控股集团教育发展中心"十四五"发展规划 ……………… 329
后记 …………………………………………………………………… 352
参考文献 …………………………………………………………… 354

第 一 章

思悟：教育的理想境界

担任校长30年，我对教育最多的思考和最大的感悟都集中在两个字上——"生长"。滋兰树蕙，立德树人，用一棵树去摇动另一棵树。树之所以成为教育最好的喻象，就是因为其生长的态势和状貌：教育是一棵自由生长的大树。一个校长，首先应该是一位思想者，要思考如何涵养大树生长的土壤，如何培育大树生长的方向，这是培根铸魂的教育工程；一个校长，其次应该是一位教育者，要营造促进大树生长的最好的教育生态，在一棵树的全生长周期，让阳光朗照，让空气温润，让水分丰沛，让营养充盈。

第一节 培根铸魂的教育

一、何谓中国灵魂？

一个国家、一个民族能够文明赓续、强盛不衰，得益于强大的精神引领与灵魂支撑。因此，全面建设社会主义现代化国家，加强新时代中华民族精神标识的淬炼和确立，阐释中国灵魂的概念意义并指导教育实践，让每个学生得到中国灵魂的明确指引与充分滋养，进而筑牢中国根基，坚守中国信念，传承中国价值，维护中国利益，永续中国血脉，是对"为谁培养人、培养什么样的人、怎样培养人"三大教育根本问题的切实回应。

然而，何谓灵魂，何谓中国灵魂，如何塑造中国灵魂？学界及日常话语体系并没有具体的诠释。本节试图以儒、道、佛、法、墨等思想文化精髓为本源，爬梳中华文化、中华文明灵魂意义上的文化特征与文化精髓，探究中国灵魂的基本内涵与教育价值。

（一）灵魂的观念解读

"灵魂"两字在汉字造字法上皆属形声字，与死亡、巫祝、意念有关，一般指想象中的离开肉体而独立存在的精神。古希腊语中的"灵魂"经由英文变形而成为Psyché，与呼吸、流水、心灵相关，还被译作"蝴蝶"，即躯体死亡后灵魂得以解脱，蝴蝶从蛹中飞出，恰似中国民间传说"梁山伯与祝英台"中的"化蝶"。由此看来，东西方对灵魂的观念似乎是相通的，认为万物有灵。即使在无神论者居多的中国，也有相当一部分人相信灵魂的存在。而对于灵魂的认知，有神论者与无神论者的看法截然不同。有神论者认为，灵魂不仅是存在的，而且是具体的、实在的、永存的；无神论者认为，灵魂不是实在的，只具有文化上的、抽象的意义，并主要与人的肉体相对而言，近似于"精神、心灵、思想、意识、文化"等词汇，但又有不同。在这里，灵魂可作为意识而存在，是精神中最核心、最重要，具有主导作用的因素。它是"人的心灵的延续，是人的道德和爱心的延续，是人的贡献和影响的延续，是人的思想或创造的延续，是人的形象与神态的延续"。

多数科学家认为，灵魂（意识）可能只是大脑的一种综合功能，而不是英国生物学家克里克和美国神经科学家科克所认定的一些少数神经元的活动和化学物质的交换与反应。灵魂（意识）是存在的，但只存在于有生命的活体中，主要是大脑。量子意识理论认为，意识是某种量子纠缠态，意识也因此而理论上具有了信息、能量和物质三合一的特性。脑机接口技术的不断发展突破，也证明了人的意识可以通过机器来解读，从侧面论证了人类的意识具有某种物质性。这意味着，中国人文化、抽象意义上的灵魂作为一种文化意识，也是一种量子纠缠态，具有一定程度的具象、实在和物质性的特征。

中外都认为，不仅个体有灵魂，团队也有灵魂、灵魂人物之说，而且其价值与意义更大。这里所提的团队灵魂，皆为文化、抽象意义上的灵魂，指一个团队基于价值理念、思维方式、历史情感、生活环境自然形成的，最为核心的、符合人类基本伦理道德价值观的，或更宏大的基于最核心文化的主要特征和精髓，可看作中国之魂，即中国文化精神内核。一个家族、企业，一个民族、国家，只要它的核心文化特征符合人类基本伦理道德价值观，符合中国文化精神内核，都可以说是有灵魂的。现在，学界公认的一种说法是，中国不仅是一个国家，还是一种独树一帜的文明形态。所以，尽管目前学界关于中国灵魂的提法与研究都比较少见，但我们完全可以说：中国是有灵魂的，中国文化是有灵魂的，中华民族是有灵魂的，中国人民是有灵魂的。

（二）中国灵魂的研究回溯

中国灵魂的内涵博大精深，学界虽有讨论，但多为零星触及，缺乏系统论述。以"中国灵魂"为关键词检索知网、万方、维普等数据库可知，学界对灵魂观念、中国魂、中华民族精神直接解释的少，间接论述的也不多，系统研究的则更少。

中国的灵魂观念起源于先秦时期。论及灵魂不能不提及"魂"和"魄"。魂在开始的时候还离不开魄，故有"魂魄相依"之说，魂依附于物质肉体。魂与魄在中国古人的认知中用于解释人身上的不同能力，比如负责认知、情感等精神活动的能力与负责物理性、生物性活动的能力，前者主要与魂相关，后者则与魄相关。

不同的学派对"魂魄"的特性、"魂""魄"两者间的关系进行了研究，逐渐建立起了各自的"魂魄学说"，并阐明了各自的宇宙观、人生观、生死观。《淮南子·主术训》言："天气为魂，地气为魄"；《左传·昭公七年》载道："人生始化曰魄，既生魄，阳曰魂"。虽然这一阶段"魂气""魄气"与常说的"人的灵魂"概念有一定的区别，但该时期的灵魂观念奠定了中国灵魂信仰的基本内容，具有鲜明的哲学思辨色彩，因受气论影响而又呈现出非实体性的特征，同时兼具一定的理性特征。

"魂"作为独立概念始于浪漫主义诗人屈原。"魂兮归来！去君之恒干，何为四方些？舍君之乐处，而离彼不祥些！"战国时期是一个精神解放的时代。诗人浪漫无羁、炽热深沉的想象与理性觉醒、人格情操结合在一起，使灵魂走向俗界，逐渐摆脱了宗教及神话的原本约定。

经过数千年的发展演化，"灵魂"一词有了更广阔、深刻的含义。

梁启超认为："今日所最要者，则制造中国魂是也。中国魂者何？兵魂是也。有有魂之兵，斯为有魂之国。夫所谓爱国心与自爱心者，则兵之魂也。"覃正爱指出，中华民族伟大的民族精神是中华各族人民社会生活的反映，是中华文化本质的集中体现，是中华民族生活方式、理想信仰、价值观念的文化浓缩，是中华民族赖以生存和发展的精神纽带和精神动力，也是创新社会主义先进文化的民族之魂。无论是梁启超笔下的"兵魂"，还是覃正爱口中的"民族之魂"，这时的"灵魂"都已有了具体的价值指向与文化依托。

刘洪一认为，中国灵魂应当是超越自然、超越世俗的价值体系，彰显"天人合一、道法自然、四海一家"的优秀传统文化观念，突出中国文化的根本。可以表述为"敬天地，孝父母，善他人，守自己，淡得失，行道义"六个方面，分别从信仰、伦理、社会、个人、实践等不同层面建构了世界观、人生观、价值观的系列范畴和内涵，在跨文明对话中突破西方中心主义，鲜明地呈现了中国话语体系及其概念范畴，呈现了中国话语的世界表述和普遍意义，为人类灵魂安了家。

之所以强调"中国灵魂"的概念表述，是因为相比于"中国精神""中国思想""中国心灵""中国意识"等类概念，它更加聚焦、更为精当、更能核心表达中国人骨子里的东西，更契合中国文化本质的"殊相"，甚至更有密度、分量、深度、质感和优势。以中国灵魂定位中国人思想价值、生活方式、情感体验、集体人格的逻辑起点和历史起点，能最深层次、最高目标地彰显族群认同、文化认同乃至国家认同的标识。新的时代，有必要重视中国灵魂，高举中国文化精神内核的大旗，使之成为社会主义现代化国家建设和中国式现代化新征程的强大的文化"软实力"。

尽管灵魂观念在西方世界或其他民族宗教、民俗里普遍存在，但本书论及的主要是"中国的灵魂"而不是"灵魂在中国"。在观照西方理论的同时，着力研究中国文化的主体性和卓异的精神特质。这与"中国的哲学"概念共通，偏重的是中国灵魂中的人生态度和生命情感，包括精神、心性、德行等东方思想与智慧，钩沉中国优秀传统文化的科学性、包容性和先进性。

（三）中国灵魂的基本内涵

考察灵魂观念、中国魂、中华民族精神等概念的既有研究成果并研判，兹将中国灵魂意涵概括为：中华上下5000年文明演进历程中，以汉族为主体的各民族在生产、生活实践中累积形成的，能体现共同生活方式，反映共有理想信仰，传递共同价值观念，凝聚民族集体人格的感情、思想、精神的核心部分。它是世世代代全体中华儿女的精神家园、情感归属及心灵依托，积淀着最深层次的心灵向往与生命追求。它经久不衰，如同醇厚陈酿，韵味愈渐浓厚，为中华文明的生生不息、发展壮大提供了最重要的情感、智力支持和取之不尽的精神、思想动力。

中国灵魂的内涵浩瀚深刻，蔚为大观，所涉甚广。如忠孝两全、忠君爱国、敬老孝亲的中国观念，自强不息、厚德载物、百折不挠的中国品格，穷则独善、达则兼济、修齐治平的中国操守，宁为玉碎、不为瓦全、成仁取义的中国气节，海纳百川、求同存异、和谐共存的中国高度，天地立心、万世太平、兼济苍生的中国理想，格致诚正、侠肝义胆、大仁大义的中国性格，见贤思齐、不耻下问、变法图强的中国态度，平等互惠、和平共处、共生并存的中国格局，家国同构、同声相应、同气相求的中国情怀，通变明道、推陈出新、与时俱进的中国意识，道法自然、"天人合一"、中和中庸的中国境界等。

披阅百家精粹，论述中国灵魂，探本溯源，儒家之观当为主体，再为"老庄"，上古传说、易经阴阳、佛教禅宗、五行思想、墨法兵家、纵横杂农等为辅助。百家精神，藏于国人骨血，绵延世代而不绝，历经千载而不衰，由此逐步形成了稳定持久的宇宙观、人性观、历史观、政治观、教育观、变易观、修齐观、入世观等。纵观古今流变，本书将中国灵魂的内蕴以20字表达：家国情怀、忠孝观念、抗争精神、通变意识、天人境界。其核心价值是：先国后家，先人后己，先义后利；统一高于分治，集体高于个人，和谐高于冲突。这五大要义充分体现了灵魂范畴"虚"的一面，即情怀、观念、精神、意识、境界，体现了灵魂的核心基因，切中了灵魂的本质；又揭示了几千年来中国人民创造的中华文明"实"的一面，即家国、忠孝、抗争、通变、天人，展示了高屋建瓴、独树一帜的中国根基与底色。

中国灵魂的形成遵循了人类社会发展的一般规律，是一种跨越时空的存在，被赋予了鲜明的历史意义与未来指向意义。从历史来看，它推动着生产力的发展、历史朝代的更替、社会制度的演进，鼓舞着中华儿女追求国富民强与伟大复兴。从未来的角度看，中国灵魂又具有普遍意义的发展性，陈腐老旧、不合潮流的内容被逐渐洗淘，直至走向消亡，融合创新、契合时代的观念迎来新生，始终发挥着它无声却无比强大、无形却坚韧不拔的精神力量。

世间万事万物，皆有阴阳正反两面，中国灵魂亦然。千年演变，诸象丛生，良莠不齐，中国灵魂固有精华，亦存糟粕。譬如，儒家等级森严、不容僭越的君臣父子夫妻等级观，"民可使由之，不可使知之"的驭民观；道家无为而治、社会观念淡薄的消极避世、但求一身的全性保真观念；等等。我们唯有神思清明，心若明镜，思之辨之，扬之弃之，方能一瞥真理。

二、何谓家国情怀？

家国情怀，与其说是一种心灵感触、情感寄托，毋宁说是一种生命自觉与文化传承。家是国的基础，国是家的延扩，永远的家国是中华儿女的精神原乡。无论是《礼记》中修身齐家治国平天下的人文理想，《离骚》中"亦余心之所善兮，虽九死其犹未悔"的奉献执着，还是"但使龙城飞将在，不教胡马度阴山"的沉痛悲愤，"人生自古谁无死？留取丹心照汗青"的视死如归，以及"苟利国家生死以，岂因祸福避趋之"的淡定从容，等等，由私而公的家国情怀，始终是中华传统文化所倡导的核心价值理念。

（一）文化内涵

"家国情怀"这一概念源自人们对"家""国"的理论理解、情感共鸣和文化解读，反映了在特定的生产力基础、政治文化背景下，对家国关系、家国变迁的群体情感心境。家国情怀饱含着对家的眷念、对国的热爱以及对家国共同体的深层认知与深切情怀。

恋家情怀是家国情怀的生命本源。氏族部落时期，部落成员以洞为穴，群居而生，共同抵御猛兽灾害，所有的生产资料归属于部落公共所有，没有"私"的概念。随着剩余生活资料的出现，人们逐渐产生了"私"的意识，希望单独支配、占有剩余生活资料，有意识地保护个体空间，尊重个体的自由，人类由此开启了文明社会的伟大征程。"家"的出现，成为"公""私"区分的重要标志。文明不断演进，人类开始尝试用一些符号表达对生产力发展、社会现象的深层观察思考。于是，仓颉造"家"字，以房屋、野猪之形表征，将对私有化现象与血脉传承的深思表达出来，这便是恋家情怀的文化起源。

爱国情怀是家国情怀的政治话语。列宁曾说："在阶级矛盾客观上达到不能调和的地方、时候和程度，便产生国家。"氏族部落末期，生产力的发展、私有观念的盛行、剩余产品的出现使得劳动剥削和生产交换成为可能。在这一剥削、交换的过程中，阶级逐渐形成，阶级矛盾逐渐不可调和，氏族部落权力组织对此无可奈何、束手无策。所以，时代呼唤一种特殊的政治力量缓和社会冲突，将阶级矛盾控制在秩序允许范围之内，这种力量便是"国"。"国"的出现标志着人类正式进入文明社会。人们对"国"的情怀，源于对运用武力捍卫主体权益的赞赏与认同，对国家政权的拥护与支持，其核心在于对国民利益的维护。

家国情怀是"恋家"与"爱国"的一体化表达。"家"与"国"的先后出现催生出"恋家""爱国"的情感心境，为家国情怀的产生提供了文化积累。家国情怀的内涵要义与家国间的关系息息相关。在古罗马传统社会，家国二分、界限清晰，关系靠契约、法令调节。而在悠久的中国历史中，家国是以伦理性的礼乐制度构成的社会连续性共同体。这一点在汉代大一统后得到更加鲜明的体现，司马迁在《史记》中以黄帝为关键角色出发力图构建"中国人"的集体概念与群体认同。家国情怀则是生命主体对家国命运共同体在关系、结构、意识等方面的高度融汇与系统思考，是一种深层次的精神意识与社会文化现象。

家国情怀的文化内涵具有时代性，是历朝家国关系、制度变迁的情感反映。纵观中国历史，随着生产力的发展，中国的社会性质经历了5个阶段：从原始社会部落联盟到夏商周时期的奴隶社会，从长达2000多年的封建社会到鸦片战争后的半殖民地半封建社会，最后到社会主义三大改造完成后正式进入社会主义社会。在不同的生产力发展水平、迥异的社会性质之中，家国命运共同体的关系、家国情怀的文化内涵有着不同的时代表征：原始社会氏族部落时代的家国萌芽，帝王禅让时代的家国未分，奴隶社会时期的家国一体，封建社会时期的天下一统，半殖民地半封建社会时期的家国衰微，社会主义社会时期的家国平等和融。

在家庭、阶级、国家产生前的原始社会氏族部落时期，人们对部族、聚落的发展兴衰也有着强烈的心理反应，这可以称之为"原始的家国情怀"。研究古人残留的文献古籍、墓葬岩画等资料，可以看出氏族部落的人们会因获得更多生活资源而欢呼跳舞，会因部族间征战胜利而产生归属自豪感，会因他族侵袭或是自然灾害而产生危机使命感。他们祭奠祖先，感恩天地神灵，祈祷风调雨顺，对自己的故土家园、聚落部族展示出发自内心的热爱之情与责任担当。

氏族部落末期，黄帝一统华夏部族，实行禅让制度。华夏部族首领带领部落成员治理水患、发展农耕、圈养家畜、建章立制，展现出无私奉献的精神。譬如，神农尝百草，黄帝战蚩尤，尧禅位于舜，大禹治水三过家门而不入等，此阶段的家国关系没有完全区分开来，家国情怀仍处在蒙昧阶段，呈现出"即国即家"的特点。

公元前2070年，夏启继位，王位世袭制开启，"公天下"变"家天下"，中国正式进入奴隶社会。在家庭层面，夏商西周时期出现了贵族家庭、依附性家庭和自由民家庭，其中以家国一体的宗法制大家庭为代表。在宗法制大家庭中，奉行"同居共财"的政策，各家庭成员经济财权不独立，必须以家族为本位生活。又因为大陆农耕文明聚族而居、分工合作的特点，于是围绕父权、夫权形成了一整套家庭伦理道德原则与行为规范。而在国家层面，宗法制、井田制、分封制逐渐出现并广泛应用，客观上促进了奴隶社会生产力的发展。奴隶主贵族阶级王权统治因此而不断巩固，从而提高对周边蛮族入侵的抵御能力，激发出奴隶主贵族顺应天道、敬天法祖、开疆拓土、唯德是辅、平定四夷、威震四方的家国情怀。

公元前221年，秦王嬴政横扫六合、一统天下，废分封行郡县，统一度量衡，推行车同轨、书同文，北抗匈奴、南平百越，开启了我国长达2000多年的封建社会。封建地主阶级逐渐替代奴隶主阶级，家庭制度与国家制度都随之产生了巨大的变迁。其中，从家庭制度层面看，商鞅变法以强制分家、分族迁徙来打击豪门大族，使得小家庭替代宗族大家庭。从国家制度层面看，"大一统"制度成为贯穿封建社会的主脉络，包括"文化大一统"与"王朝大一统"。人们对于家国的认同主要通过对文明与王朝的认同实现，此阶段的家国情怀呈现出"天下一统"的特征。

正式进入社会主义社会时期后，人民成为国家的主人。1950年颁布的《中华人民共和国婚姻法》标志着中国女性彻底解放，中国迎来了男女平等时代，这是新时期家庭制度变革的里程碑。个体利益自由竞争驱使封建家族联合生产制分崩离析，社会主义小家庭间的利益自主替代封建大家庭间的利益共融，传统的"大一统""家族式"家国情怀嬗变为"男女平等""自由自主""爱国惜家"式家国情怀，深刻展现了对中华人民共和国的热爱，对中华民族大家庭的认同，以及对各自小家庭的爱惜。

（二）教育价值

家国情怀历经数千年岁月沉淀，其丰厚的内涵已融入中华儿女的骨血，成为中华民族伟大复兴、中国特色社会主义现代化建设的精神引领与价值追求。但新的时代，社会的根本矛盾、世界的政治形势、人们的思想认知等都在日渐改变，家国情怀的现代化传承与发展面临时代的挑战。我们需要感性体悟、理性思考、辩证审度，充分认识到家国情怀传承与发展的复杂性，将其置于"人类命运共同体"的国际大背景下，以社会主义核心价值观赋予家国情怀新的时代内涵。

王安石《洪范传》中的"修其心治其身，而后可以为政于天下"，以细腻的儒家哲学笔触勾勒了为政者"为官先为人，治国先治身"的成长路径。延续发展至今，"修身—齐家—治国—平天下"的封建政治理想已转构成"个人—家庭—国家—天下"的现代家国情怀，彰显了中国在国际社会中独特的文化底蕴与理论魅力。将国视为千万家，将家视为最小国，"小家"同"大国"同声相应，紧密相连。家国的和合共生、生死与共成为最根本的信仰与追求，鞭策着中华儿女以正确的家国观坚定维护国家统一，自觉反对任何形式的分裂势力。每一个小家、个体在国家发展、民族生存面临危机时都应自觉担当、舍己舍家，以无限热爱、无畏勇气、无私情怀书写"国是千万家"的壮丽诗篇。

精神的传承、情怀的延续需要教育的引领与坚持。2019年，中共中央、国务院印发的《新时代爱国主义教育实施纲要》提出，"爱国主义是中华民族的民族心、民族魂，是中华民族最重要的精神财富，是中国人民和中华民族维护民族独立和民族尊严的强大精神动力"，将爱国主义教育、家国情怀培育视为推动国家进步和民族崛起的中流砥柱。新的时代，要将爱国主义、家国情怀贯穿于学校教育全过程，要遵照2021年1月教育部印发的《中华优秀传统文化进中小学课程教材指南》，将其内涵精华分学段融合在语文、道德与法治、历史、地理等学科教材编写和教育教学中，并充分发挥思想政治理论课的主阵地作用，采用互动、启发、交流式教学方式，在潜移默化中感染学生。可以通过汉字、书法、成语、古诗词、古代散文、古典小说、神话等引导学生理解、热爱国家的通用语言文字，体悟中华优秀传统文化中的爱国情怀、中华精神；可以通过道德与法治帮助学生了解中华优秀传统文化中蕴藏的社会伦理和风尚，增强国家认同感和民族自豪感；还可以通过阅读观看经典作品，参与文化考察与专题研修等学习活动，培养学生严于律己、自强不息、豁达乐观的人生态度，使学生自觉践行中华传统美德，形成"天下兴亡，匹夫有责"的担当意识和精忠报国、振兴中华的爱国情怀。

"没有国家繁荣发展，就没有家庭幸福美满。同样，没有千千万万家庭幸福美满，就没有国家繁荣发展。"读懂家与国的辩证法，涵养深沉的家国情怀，将传统修身成德思想中仁民爱物、孝亲爱国、重义轻利的内涵融入21世纪核心素养体系的建构与实践中，我们就能凝聚千千万万人民的智慧与力量，最终实现中华民族的伟大复兴。

三、何谓忠孝观念?

从文字起源来说,"忠"字最早见于春秋战国时期,属于形声字,从心,中声,本义为尽心竭力,引申为忠厚。依照"声中有义""因声求义"学说,"忠"字可以被认为是"中心不二""心上之中"。"心"上一"中",不偏不倚;"中"下一"心",同国同心。"孝"字最早见于商代,其古字形像一个孩子搀扶老人,本义为尽心尽力地奉养父母。"子"上有"老",有根有源;"老"下有"子",有依有靠。我国古代将君臣、父子、夫妇、长幼、朋友称为"五伦","五伦"之中,君臣关系、父子关系为之首。臣民服从君主,谓"忠",子女敬养父母,谓"孝"。"忠"与"孝"作为调整社会人伦关系的基本规范与中华民族最重要的传统美德,有着深远的萌生源头、独特的发展轨迹与丰富的社会价值。

(一)文化内涵

传统忠孝观念的形成和发展是一个动态的过程,其含义随着历史推进、朝代更迭而不断变迁。

春秋战国时期,"忠"的观念逐渐起源,最早指规范君主的政治伦理规则,要求君主"忠于民""思利民"。春秋中期后,"忠"演变为要求臣下忠于社稷和公家之事、忠于君主,但忠于君主是依附于忠于社稷和公家之事的,且有一定的前提条件。此外,"忠"还演变为一般的道德规范,要求君子也就是当时的贵族"考中度衷",为人谋尽心无隐。"忠"又与"信"一并相提,合为"忠信",意指忠诚尽心、信守承诺。曾子有曰:"吾日三省吾身:为人谋而不忠乎?与朋友交而不信乎?传不习乎?"(《论语·学而》)战国时期,由于郡县制与君主专制政体的形成、新型君臣关系的出现,作为政治伦理原则,"忠"成为对臣下的绝对要求。

"孝"文化则萌芽于尧舜时代,形成于宗法制度日渐衰落的西周。"孝"多在祭祀用语中出现,对象是已经死去的父母和祖先,如"孝享""追孝"等。进入春秋早期,所谓的孝道,更接近于"愚孝"。子女是父母的财产,对父母只能逆来顺受、盲目服从,不可逃避反抗。卫宣公抢太子姬急原聘之妻宣姜为妻,并密谋杀姬急废掉太子,姬急却对劝其逃亡的姬寿拒绝道:"为人子者,以从命为孝。弃父之命,即为逆子。世间岂有无父之国,即欲出奔,将安往哉?"诸如此类的故事还有晋献公与太子申生、卫国二子乘舟等。春秋中期以后，传统的孝道理论受到挑战，开始摆脱旧时的愚孝观念。子女对父母依然敬重有加，但不再唯父母之命是从。

在春秋战国这个"天子大权旁落，诸侯兼并风起"的历史时期，儒家、法家、道家等学派出于维护社会秩序的目的，站在各自不同的角度阐释了忠孝观念。"性相近也，习相远也。"人性论作为伦理哲学中最简单却也是最复杂的命题，贯穿儒家思想的始终，更是忠孝观的理论基础。儒家主张性本善，认为忠孝观念生发于人天生的敬长、爱亲之心，人生的主要目的是成为孝顺的子女和善良的公民。孔子仁学思想认为"性"就是"德"，又因其将"仁"视为全德之称，故有"德"就是"仁"，"仁"即"人性之善"。孟子在继承孔子仁学思想的基础上提出："仁义礼智，非由外铄我也，我固有之也。"（《孟子·告子上》）他认为，孝道是不学而能、不虑而知的良知良能，孝行是情感的自然流露，是人性善的必然外显。家国一体，忠孝难分。在独特的社会结构中，儒家通过"移孝为忠"的方式将父子间家庭伦理纳入君臣间政治伦理中，将对君主的忠视为对父母的孝。正如《孝经》所言，"君子之事亲孝，故忠可移于君""故以孝事君则忠，以敬事长则顺"。由此可见，孝作为人天生的情感需求与自发的道德素养，其作用被不断扩大，社会、政治功能得以凸显，忠孝观念合二为一。

法家主张自为自利的人性论，认为人皆挟自为心，都有趋利避害的自利心，强调百事利为先，从现实利益的角度来衡量一切人与人之间的关系。有利趋之，无利避之，家庭亲子关系亦是如此，毫不例外。"故王良爱马，越王勾践爱人，为战与驰。医善吮人之伤，含人之血，非骨肉之亲也，利所加也。故舆人成舆，则欲人之富贵；匠人成棺，则欲人之夭死也。非舆人仁而匠人贼也，人不贵，则舆不售；人不死，则棺不买。情非憎人也，利在人之死也。"（《韩非子·备内》）"人为婴儿也，父母养之简，子长人怨。子盛壮成人，其供养薄，父母怒而诮之。子父至亲也，而或谯或怨者，皆挟相为而不周于为己也。"（《韩非子·外储说左上》）在法家看来，被儒家尊崇为一切人伦道德根基的孝道，终究不敌一切"争于气力"社会背景下的"计算之心"，孝亲之举自是凤毛麟角。家庭伦理中父子尚如此，国家政治伦理中的君臣关系更是以"计算之心"相待。"君臣异心，君以计畜臣，臣以计事君，君臣之交，计也。害身而利国，臣弗为也；害国而利臣，君弗为也。臣之情，害身无利；君之情，害国无亲。君臣也者，以计合者也。"（《韩非子·饰邪》）

一般以为，儒、道两家在伦理道德许多方面的观点是相对立的。老子和庄子作为道家的代表人物，对于儒家所倡导的忠孝仁义持批判态度，甚至提出不忠、不孝的主张。

《庄子·杂篇·盗跖》云："世之所谓忠臣者，莫若王子比干、伍子胥。子胥沉江，比干剖心，此二子者，世谓忠臣也，然卒为天下笑。"又如"孝子操药以修慈父，其色燋然，圣人羞之"（《庄子·外篇·天地》）。但再深入研究，便会发现他们并不是绝对地反对忠孝，而只是反对错误的忠孝观及具体的践行方式。《老子》以道家的自然思想为原点，阐释了"忠""孝"存在的意义与根源。在第十八章提出："大道废，有仁义；慧智出，有大伪；六亲不和，有孝慈；国家昏乱，有忠臣。"这一描述认为"孝"与"忠"分别是在家庭矛盾、国家混乱产生后而衍生出的理性观念。在第十九章中又提出："绝仁弃义，民复孝慈。"这一论述则反映出道家的"孝"是人的自然天性，只要绝仁弃义，舍弃世俗所倡导的仁义、后天的道德规范约束，就可以回归到天然的"孝慈"状态。在庄子看来，忠君、孝亲都是自然的、必然的、无可逃避的，是维系人与人之间关系的情感纽带。正所谓"天下有大戒二：其一命也，其一义也。子之爱亲，命也，不可解于心；臣之事君，义也，无适而非君也，无所逃于天地之间"。庄子还提出了忠孝两种情感和行为的至高准则，即"是以夫事其亲者，不择地而安之，孝之至也；夫事其君者，不择事而安之，忠之盛也"。

秦王嬴政横扫六合，并吞八荒，定鼎天下后，建立推行中央集权制度并日益加强。这一过程中，"忠"的含义逐渐萎缩，窄变为臣对君专用的政治伦理规范，忠君成为衡量臣下思想言行的唯一及最高标准。"孝"的治世作用则逐渐被挖掘。商鞅变法后，秦强制性地把家庭"原子化"，实行小家庭制度。为维护家庭、社会稳定，秦朝极力推崇父权，重视对不孝之罪的惩罚，或断足流放，或黥城旦舂，或处以死刑，以此达到"移孝为忠"的目的。

汉代是中国封建帝制社会全面定型的朝代，也是忠孝观念发展历程中极为重要的一个阶段。汉高祖刘邦竭力强调"忠道"，这点在丁公、季布的故事中得到了很好的佐证。丁公与季布有亲属关系，同为项羽麾下的大将，楚汉之争时，季布对刘邦穷追猛打，欲置之死地而后快；丁公却手下留情，使其幸免于难。刘邦称帝后，却出人意料地赦免了季布，处死了丁公，看似是他恩将仇报，细究则充分表明了他提倡忠道的急切与坚定。此后，忠君思想受到学者、官僚、士人等群体的特别推崇，政治化特性得到不断发展和强化。贾谊从调和修正汉初统治策略出发，提出"臣忠君明"的政治主张。董仲舒建立了一套以"三纲""五常"为核心内容的伦理体系，强调"一中为忠，二中为患"，提倡"善皆归于君，恶皆归于臣"，忠君由"应然"转为"必然"。汉朝提倡"以孝治天下"，在"罢黜百家，独尊儒术"提出后，儒家思想成为正统，孝成为封建家长专制统治的思想基础，开始直接服从于"父为子纲"，间接服从于"君为臣纲""夫为妻纲"的道德规范，孝道由家庭伦理扩展为社会伦理、政治伦理。孝与忠相辅相成，成为社会思想道德体系的核心。

魏晋南北朝时，政权更迭，社会动荡，但对儒家思想核心的"孝"并未造成严重冲击，反而得到统治者的大力鼓吹和宣扬。但"忠"在政治中的地位大不如前，移忠为孝、轻国重家成为社会道德主流，普遍出现了一臣历任两朝、三朝甚至五六朝的现象，"忠臣不事二主"的信念荡然无存，忠孝观念严重失衡。后隋唐统治者重新建构，形成了新的忠孝观念。唐太宗为巩固政权，强调"忠节"之事，多次告诫臣民要勇于牺牲、敢于负责，君王昏聩时要冒死直谏，国家危亡时要舍生忘死。此外，唐太宗还特作《祭比干文》称赞比干"奋不顾身，有死无二"的气节，并追封他为"忠烈公"，号召臣民效仿其"见义不回，怀忠蹈节"。至武则天改唐建周，她专门撰写了《臣轨》以提倡、规范臣子的行为，并在《臣轨·至忠》提出，至忠之臣首要在于恪尽职守、扶上安下，能造福于国家、人民的才算是"忠臣"。忠在唐代逐渐由一种做人准则演变为臣民对于君主、国家的态度，尤其是官吏对君主的态度。至于孝道，则是忠的基础。正所谓"君子之事亲孝，故忠可移于君"（《孝经·广扬名》）。

宋代民族矛盾尖锐，理学思潮兴起，忠的天理化推动忠的政治伦理化进程，忠成为"无所逃离天地之间"的普遍法则。全社会都十分注重忠君，强调"精忠报国"，其间涌现出了许多舍生忘死、捍卫民族利益的英雄志士，诸如岳飞、文天祥等。在这一特殊时代背景下，有学者效仿《孝经》撰写了体例相同的《忠经》。《忠经·天地神明章第一》曰："天之所覆，地之所载，人之所履，莫大乎忠……为国之本，何莫由忠。忠能固君臣，安社稷，感天地，动神明。"体现出忠对于治理国家社会、巩固君臣关系、促进社会稳定的关键作用。《忠经·圣君章第二》曰："故王者上事于天，下事于地，中事于宗庙，以临于人，则人化之，天下尽忠以奉上也。"强调全国上下都要对君主尽忠，将传统忠的观念发展到了极致。而宋代的孝道在宋明理学及儒教文化的滋养下，也得到了广泛的传播，养成了重孝的社会风气。且宋代统治者推崇孝道教化，奉行尊老国策，旌表孝德孝行，制定缜密完备的法律条文以遏制、打击各种不孝犯罪，将孝纳入人才选用制度，使孝服务于忠，忠孝走向一体，且孝逐渐服从于忠。

元代最初的忠义精神包含着蒙古民族豪爽、义气、忠厚等原生态的民族气质。后崖山海战，元军一举消灭南宋，结束了南宋与元朝南北政权对峙的局面，实现了对中国的统一。在对宋作战中，宋人的誓死抵抗、忠义之举进一步激发了蒙古人的忠义观念，让元统治者认识到忠德对于巩固政权的重要性。元为巩固政权、繁荣国力，加快了汉化之路，注重笼络汉人儒士构建元朝的儒家治理体系，并迅速认同接纳儒家的三纲五常、忠德观念。元朝统治者改变对忠的双重标准，对于不忠者不再宽宥，而是毫不留情地杀掉，以劝励人臣尽节事君。在对待忠孝关系上，元承袭于宋，言孝必言忠，且将忠置于孝前。元世祖对管如德说："是孝于父者，必忠于我矣！"忠孝一体，不可偏废，这正是元朝宣扬的忠孝观念以及教孝于忠的实质。元朝实行孝治，在国家层面上表现于诸皇帝的谥号、尊号及即位诏书，如世祖尊号为"宪天述道仁文义武大光孝皇帝"，成宗谥号为"钦明广孝皇帝"等，都包含了"孝"字。此外，元朝还在孝亲、敬老等方面推出了一系列优待措施，如"今后禁约：父母在堂之家，其兄弟诸人不许异居""老人年八十以上，与免一子杂泛，使之侍养"。元朝将孝亲敬老传统与儒家孝道相结合，在国家层面推行以孝治天下，在法律方面给予制度保障，同时禁止愚孝行为，顺应了当时的社会趋势，具有进步的历史意义。

明清时期，封建君主专制达到顶峰，儒家真正定于一尊，在社会上占据着主导地位。忠孝作为儒家的核心思想，被明清统治者充分利用，形成了以忠孝为主要内容的核心价值观。明代，统治者大力宣扬"为人臣必忠，为人子必孝"的理念，忠君走向绝对化巅峰并呈畸形发展态势，随之对忠君的反思与质疑也渐次出现。清朝前期基本接续明代的发展态势，对忠君思想的强化与反思并存。忠君观念走向忠贞不贰、以死殉职的"愚忠"，同时又出现黄宗羲、顾炎武、王夫之等人对忠君的反思，将忠君与忠天下、亡国与亡道统区分开来。晚清时期，尽管维新派人士对传统忠君观有思想上的转换，但他们并未在生活实践中突破传统，仍然固守着儒家的伦理纲常。明清时期也极力提倡孝道，清康熙、乾隆常举行"千叟宴"，颁诏"旌表百岁"，昭示其尊老敬贤的教化。这一时期，仍然采取移孝为忠的方式将孝文化推向极致，"孝"更多地被解释为"忠君尊王"。统治者强调"臣忠""子孝"，但鲜有要求"君明""父慈"，甚至倡导"君叫臣死，臣不敢不死；父要子亡，子不敢不亡""君虽不君，臣不可以不臣；父虽不父，子不可以不子"等绝对化的愚忠愚孝观念。

（二）教育价值

时代在发展，观念在改变。新时代小家庭取代了旧时代大家族，社会主义取代了封建主义，忠孝观念的内涵功用也不断拓宽。言听计从、被迫服从不再是忠孝的标杆，自由、民主、平等之下的忠孝自主选择更显大国风范。据2020年第七次全国人口普查数据：全国人口中60岁及以上人口占18.7%，共26402万人，人口老龄化程度进一步加深，亿万人的养老问题成为21世纪的重大挑战。在此背景之下，家庭作为社会生产或消费的基本单位，自觉弘扬践行孝道文化，承担起老人的赡养义务能极大地减轻国家负担，从而使国家有更多的精力发展社会经济，增强综合国力，富裕人民群众。

改革开放后，安土重迁的传统思想逐渐淡化，家庭成员流动愈加频繁，孝观念由原来的儿女绕膝、"父母在，不远游"的圭臬延伸至为国争光、为社会奉献同样是为父母尽孝的宽广情怀。其间涌现出了许多感人至深的故事与英雄人物，如"中国核潜艇之父"黄旭华，隐姓埋名30年致力于核潜艇研究，阐释了"忠国利民方显孝之至"的伟大情怀；抗疫英雄张立先，在照顾病危父亲与抗击新冠疫情两者之间，毅然决然地选择了后者，回到流调工作的最前线，彰显出"大爱无言是忠孝"的宽广气度。无数有志之士以一己之力践行着忠孝文化的深刻内涵，奋战在攻坚克难第一线，用青春与生命抒写着自己的爱国爱家情怀，谱写出壮丽动人的忠孝诗篇。

但让人遗憾的是，社会中仍不时有一些不忠不孝、灭绝人伦，令人难以置信的罪恶行为发生，而其始作俑者不乏一些高智商、高知识、高技能的"高材生"。例如，2013年的复旦学生投毒室友案，2015年的北大学生弑母案，2020年碎妻冲入化粪池案，等等，这些恶行极致演绎了不信朋友、不孝父母、不忠配偶的肮脏内心，其事件经过、细节令人毛骨悚然，心生恐惧。由此，我们却不得不反思这一桩桩事件发生的根源，不得不发出"这个社会的教育是怎么了"的唏嘘喟叹。

且不论人性本善抑或本恶，但教育一定是向善的，忠孝观念即为教育向善的根基。只有将其浸润到教育的日常实践中，才能让流传千年的忠孝传统融入中华儿女的骨髓与血液之中，才能形成既知"忠孝何为"又知"不忠不孝不可为"的感性付出与理性自制。因此，弘扬忠孝观念要从启蒙教育入手，通过识字写字、诵读诗文、听闻典故、亲近先贤等学习活动的设计，启发孩子理解蕴含其中的做人道理，引导孩子从小在日常生活中养成孝老敬亲、忠诚守信的观念与习惯。在学校教育中，要广泛开展"传承忠孝感恩教育"主题活动，竭力弘扬忠孝文化。如在学习《论语》时，组织"儒家孝道"专题研究实践，召开"忠孝教育"主题班会；举行"学楷模树榜样""服务社区""德育基地"等感恩活动，激发学生忠于国家、感恩社会、孝敬父母的深厚情感；还可以在父亲节、母亲节时鼓励孩子以实际行动表白父母，感激父母的养育之恩。

总之，继承、弘扬忠国孝亲的传统美德，是建设中国特色社会主义现代化国家的物质文明与精神文明的需要。从政治文明建设来说，忠孝观念的传承与发扬是维护政治稳定、凝聚人民力量的重要措施；从道德文明建设来说，忠孝观念对于和谐家庭关系，维护社会稳定，培养人民对国家、社会、家庭的责任感有着至关重要的促进作用；从物质文明建设来说，忠孝观念对于生产力的解放发展，完善社会主义市场经济秩序具有重要的推动作用。忠与孝、国与家同频共振，融为一体，只有人人在家尽孝、为国为友尽忠，家家和睦共处、邻里守望，社会才会更加和谐，国家才能更加繁荣昌盛。

四、何谓抗争精神？

中国文化素来以"温良恭俭让"著称，如儒家推崇的"推己及人，仁爱待人"，墨家主张的"兼爱非攻"，道家奉行的"道法自然"，武术太极的"以柔克刚"等。相对于"君子无所争"的中庸之道，"抗争"这一精神传承往往容易被忽略。但事实上，这种自强不息、宁折不弯、不畏强权的"抗争精神"始终存于中华儿女的生命之中，并以强大的精神动力推动着历史的发展。

司马迁在《史记·太史公自序》中细述前人百折不挠、奋起抗争的事迹，曰："昔西伯拘羑里，演《周易》；孔子厄陈、蔡，作《春秋》；屈原放逐，著《离骚》；左丘失明，厥有《国语》；孙子膑脚，而论兵法；不韦迁蜀，世传《吕览》；韩非囚秦，《说难》《孤愤》；《诗》三百篇，大抵贤圣发愤之所为作也。"

由此可见，"抗争精神"传承已久，古今凡成大事者，皆为迎难而上、愈挫愈勇之人，其间作品流传后世，汇为中华文化之瑰宝。而这种迎难而上、愈挫愈勇的精神，就是抗争精神。

（一）文化内涵

中华儿女所推崇的抗争精神，其源可追溯至上古神话。对于不同的地域和民族，神话内涵是具有特殊针对性的。原始社会科学意识薄弱，神话便成为演绎人与自然关系的载体，又因其叙事价值和意义，而演变成为早期的文学表现形式。神话对于文化组成的功能性作用，体现在诸多方面，如万物起源的意识形态构建、宇宙观的形成、社会秩序及道德规范的约定俗成和文化生命观的雏形诞生等。

中国神话没有被整理成统一的体系，而是零星分散、藏匿于浩瀚古籍之中。其中，保存神话最多、最早的一部便是《山海经》。即便《山海经》在分类上更倾向于"山川地志"或"博物小说"，但无可否认，其收纳的各色志怪故事，从母系氏族至父系氏族，从日月风云至山水草木，时间跨度之长，采集范围之广，足以集中反映中华文明滥觞之时民众对自然世界的瑰丽想象。

中华民族发祥于黄河、长江流域，地理条件优越，物产资源丰富，但又因依山靠水、气候多变而导致自然灾害繁多。面对洪水翻涌、猛兽奔袭，生性坚韧的华夏先人开山引渠、磨石为刃，方得生存之道。许多顽强抗争的事迹，化为传奇壮美、令人钦佩的神话故事，与亘古不变的山川地貌共同被镌刻在《山海经》之中。至后世，《淮南子》《列子》《三五历纪》等著作中也收录了许多华夏祖先英勇抗争的神话典故。盘古、女娲、后羿、精卫、夸父，这些鲜明而勇敢的神话人物便是中国灵魂抗争精神的拟人化表达。

以抗争为内核的神话，指向的是"人定胜天"的命运观。在鲁迅的定义下，神话是"先民见天地万物，变异无常"，超出认知范围，只能"自造众说以解释之"。可见"神话"之话，与人对天地万物的态度紧密相连。中国神话中存在着一系列的反抗神话：女娲殒命化为精卫，竭力填平沧海；愚公传志子孙后世，决心移除高山；后羿张弓无畏神威，英武射落九日；夸父奔走透支所能，誓死追逐烈阳。宇宙浩瀚，时间无垠，个体生命犹如沧海一粟，脆弱而柔软。但中国神话中的"反抗神"，以"非神"的力量冲破桎梏，追寻幸福，何其悲壮！这些动人的形象，是中华民族自强不息、信念坚定、逆势进取的命运观的形象载体。

英雄神话是抗争精神的价值观依托。人类历史的发展，是一个由野蛮向文明演进的过程，"社会"这一形态的构成催生了每一个群体特定的价值观念。"英雄"的概念在人们有意为之的塑造下应运而生。纵观世界各国的神话会发现，任何一种文化的形成都夹杂着"英雄"的过往，表达着"英雄"的诉说。古希腊神话中有造人的泰坦神明普罗米修斯、大力神赫拉克勒斯和夺取金羊毛的英雄伊阿宋，中国神话中也不乏以真实历史人物为蓝本的"神人同体"式英雄。例如，山洪泛滥、民不聊生之际挺身而出的大禹，凭借智慧和毅力，带领族人年复一年地凿山开石，疏导洪水。他逐共工、劈龙门，创下"超人"传说。中国文化中，"神"便是以英雄的形象，在危难关头为苍生挺身而出的"人"。因而，抗争精神的核心，从本质上讲，是正义的，也是崇高的。它肯定"凡人"的价值、个体的意志，使得"普通人"因此而伟大。

除神话起源外，抗争精神还蕴藏在浩渺无边的诗文歌赋里。如老子"天地不仁，以万物为刍狗"，《周易》中"天行健，君子以自强不息"，屈原《离骚》中"路漫漫其修远兮，吾将上下而求索"，于谦《石灰吟》中"粉骨碎身浑不怕，要留清白在人间",郑板桥《竹石》中"千磨万击还坚劲,任尔东西南北风",等等。这些脍炙人口、流传千年的壮丽诗篇成为传承抗争精神的文化基因,永续不断。

神话所记载的故事,大多是在原始社会中言语相传,对上古时期物我关系的文学叙述。至封建社会,文明开化,"抗争"不再局限于人与自然层面,而更多地演变为"国"与"民"之间,进而发展成帝制时期频次高、规模大的多次农民起义。从秦朝陈胜、吴广揭竿而起,至清朝洪秀全的太平天国,在2000多年的封建王朝中,农民起义此起彼伏、绵延不绝。在近现代众多关于农民起义的研究中,人们普遍认为"农民起义是农民的个体小生产和封建大土地所有制之间的矛盾的政治表现",是百姓维系稳定生活、谋求生计的铤而走险之举,也是抗争精神在封建帝制时期的变体。

从清朝末年至近代,中国文化中的抗争精神的外化表现,由农民起义转变为抵御外部入侵的民族反侵略、反殖民地斗争。"爱国"成为"抗争"行为的精神动力。清末的反抗帝国主义侵略及一系列不平等条约,便是这种民族矛盾、阶级矛盾和社会矛盾的集中体现。这一时期,还涌现出了一批为国抗争、英勇捐躯的民族英雄,如虎门销烟的林则徐,屡次大败法军的刘永福,收复新疆的左宗棠,保卫台湾岛的刘铭传,甲午海战直撞敌舰的邓世昌,等等,展现了一段段可歌可泣的近代"英雄神话"。

随着辛亥革命的爆发,在中国绵延2000多年的封建帝制终于覆灭。第一次世界大战后,中国爆发了"五四"新文化运动,知识分子率先觉醒,陈独秀、鲁迅、闻一多等文人以笔为矛,掀起一场意识形态上的抗争。抗日战争全面爆发后,小农经济的生产方式带来的"恋家"文化,在家国存亡之际延展为"爱国"情怀,给予了中华民族无限的抗争勇气。从"九一八"事变开始,中国人民在与日本军国主义实力悬殊的情况下,经过艰苦卓绝的14年抗战打败了日本法西斯,在中国近代史上第一次取得了反对帝国主义侵略完全胜利,使中国一雪前耻,国际地位空前提高。在这14年抗日战争中,涌现出了无数灿若星辰的抗日英雄:左权、杨靖宇、赵登禹、张自忠、戴安澜、刘铭章等。

社会主义革命和建设时期,对农业、手工业和资本主义工商业进行社会主义改造,建立社会主义社会。改革开放时期,以抗争精神推动社会主义制度自我完善,建设发展有中国特色的社会主义,实现国家现代化。改革开放精神、特区精神、九八抗洪精神、抗震救灾精神、中国女排精神、载人航天精神等,都是新的发展时期中国抗争精神的折射。

（二）教育价值

神话不仅仅是原始社会的特殊表达，更是人类理想主义的信仰追求，引领着人的精神生长路径。中国神话与社会发展、生产生活有着高度的关联契合，其中的抗争精神是推动中华人民共和国崛起的重要精神力量。

新民主主义革命时期，中国共产党领导人民发扬抗争精神，相继进行土地革命战争、抗日战争、解放战争，推翻了帝国主义、封建主义、官僚资本主义三座大山，改变了中国半殖民地半封建的社会性质，建立起新民主主义社会。

自然进化、文明演进、社会发展的过程充斥着天灾人祸、崎岖坎坷，每当灾难降临之时，中华民族骨血中的百折不挠、自强不息的抗争精神愈发凸显，焕发出强烈的民族生命力与抗争凝聚力，共同守护民族的安定与未来。中国人民充分展现出中国精神、中国力量与中国担当，以敢于斗争、敢于胜利的大无畏气概，铸就了团结一心、自强不息的伟大抗争精神。

中国人的神话里，彰显了抗争的神性；中国人的气节里，显露了抗争的人性；中国人的思想里，蕴藏了抗争的理性。那么，中国人的教育里，也应富含抗争的品性和崇尚英雄的气度。在培养孩子责任感、谦逊态度、分享意识、宽容大度品格时，还要培养孩子对待不公平不友好、无故欺压、邪恶欺骗的抗争精神，从而能够不卑不亢、勇敢自信地应对生活成长的挑战与困难。这种抗争精神的培养体现在日常教育活动中，如中小学体育教育，以对抗人体生理惰性本能的体育训练培养学生勇于拼搏的竞技精神；在小学阶段围绕政治思想与道德启蒙，以革命文物、歌曲、事迹激发学生对刘胡兰、黄继光、雷锋等英雄的崇敬之情，让他们在铭记、崇尚、学习英雄的过程中种下抗争精神的火种；在初中阶段围绕政治觉悟提高和品德锤炼，立足真实历史，讲述中国共产党建党以来的伟大人物与事迹，让学生全面领悟中国共产党不畏艰险、坚守信念、敢于牺牲、无私奉献、锐意进取、求真务实的斗争与创新精神，形成"向上向善、向党向国"的价值观，自觉抵制庸俗、恶俗、低俗等不良现象；在高中阶段围绕政治认同和精神升华，以不同时期马克思主义中国化的典型成果诠释革命精神；日常组织学校、班级主题辩论赛，培养学生明辨是非曲直、敢于抵制错误权威的辩证思维、开拓意识、抗争精神等。我们应当从教育做起，唤醒、培育一代又一代人的无畏勇气和抗争精神，立起中华民族之脊梁。

五、何谓通变意识？

世界上唯一不变的就是变化。一切事物都处于永不停歇的变化之中，但变与不变又是相互转化、辩证统一的。正如苏轼在《赤壁赋》中所言："盖将自其变者而观之，则天地曾不能以一瞬；自其不变者而观之，则物与我皆无尽也。""变"与"不变"，皆是我们看待事物的角度。道家"无为而治"，以不变应万变；儒家"知其不可为而为之"，以万变应不变；佛家"万变不离其宗"，以万变应万变。百花齐放的中国哲学思想阐释了"变与不变"的奥义，并积淀形成了顺应时代、亘古通今的通变意识。

（一）文化内涵

通变意识的内涵是多维度的。它既是前古哲人对宇宙自然万物存在形式的认识，又是他们应对环境变化之时行为处事的原则与方法。中国古代通变思想的起源可追溯到远古时代，在传统的生产生活实践中，先民首先意识到"宇宙自然变动不居，天下万物生生不已"的自然本真，这是最早的通变思想的萌芽发端。进入到文明时代后，先民又逐渐认识到"社会现象日新月异，国家兴衰不断变化"的社会本质，通变的思想观念在一次次的实践中逐渐形成。

《说文解字》注："通"，达也，本义为到达；"变"，更也，本义为变化。《小尔雅》中亦说"变，易也"。"通变"的智慧在诸子百家中均有体现，如《诗经·大雅·文王》歌颂"周虽旧邦，其命维新"；《论语》中有"智者乐水"之说，孔子以不停流动的水来比拟智者；《吕氏春秋》言"流水不腐，户枢不蠹"，告诉我们求变是永葆旺盛生机的根本途径。但"通变"作为一个哲学理论范畴，最早出现在《周易·系辞》，"极数知来之谓占，通变之谓事"是指如果能够穷究数术的根本规律，就能够通晓事物变化之理。"穷则变，变则通，通则久"，蕴藏着万事万物遵循"穷极则变化，变化则通达，通达则能恒久"的原则，事物发展到了极点则变化，变化则通达，就会豁然开朗，行得通则可以长久，将得以永恒发展。

作为一部囊括了自然哲学与伦理实践根源的经典之作，《周易》素有中华文化之"群经之首，民族文化之根"的盛誉。《周易》经传饱含着深刻的通变趋时的思想理念，具体有四层含义。第一，永不停歇的变化观。从宇宙自然到人类社会，从客观环境到主观世界，从思想认识到思维方式，这世间的一切都在经意或不经意间时时刻刻发生变化，恰同"逝者如斯夫，不舍昼夜"。第二，与时俱进的革新观。在国家、社会的发展进程中，新的环境、情况、问题随时产生，譬如新的政治制度、新的阶级矛盾等。因此，要做到"苟日新，日日新，又日新"，经常关注新情况，及时解决新问题。当政者更要"因世而权行"，视具体情况而施政举措，应时代变化而革新制度。第三，锐意进取的穷尽观。"遗其小利，惩其大害，通其所穷，疏其所壅。"在国家困境重重、社会积弊沉疴之时，必须突破禁锢、冲破陈规，化危机为生机，于困境中谋发展，于积弊中求新生。第四，敢为人先的应变观。实践决定认识，认识指导实践。人的认识是在一定历史条件下形成的产物，在实践中得到检验，并随着实践的变化而不断完善。人的社会实践也必须随机应变，灵活处置，不断创新，在继承的基础上积极发展、勇于超越。

战国末期的《公孙龙子》一书专辟《通变论》篇，以论述事物的相互渗透和相互转化。《通变论》即通达变化之论，篇名中的"通"是交通之意，交互渗透，通达无穷；"变"即变化，互相转化。这一含义是在《周易》"通变"本义上的沿用。至汉魏时期，"通变"一词的运用较为普遍，多用来表示对行事的要求或评价，如《孔子家语·致思》中评论管仲"事所射之君，通于变也"，以通变来评价管仲的知进退。这一穷变通久的哲学概念也被诸多史学家加以引鉴运用，成为一套以发展变通的眼光与思维观察、研究历史的认识论与方法论。如西汉司马迁在《报任安书》中明确史家之责在于"究天人之际，通古今之变，成一家之言"，强调史学要重点研究天道与人道之间的关系，全面总结历史流变的深层原因及朝代兴衰的经验教训。后为延续通变精神，历代各类体裁的史学著作均以"通"字命名，如刘知几的《史通》、杜佑的《通典》、司马光的《资治通鉴》、章学诚的《文史通义》等。

六朝时期，"通变"被文学领域所引用，并为诸多文学理论批评家所重视。在南朝文学理论家刘勰创作的文学理论专著《文心雕龙》中，就专门设有《通变》一篇阐释古今文学"通变"之义。如开篇所说："夫设文之体有常，变文之数无方……非文理之数尽，乃通变之术疏耳。"这里所提及的"通变"偏指变，强调变化发展，通是为了变。"矫讹翻浅，还宗经诰。斯斟酌乎质文之间，而櫽栝乎雅俗之际，可与言通变矣"中的"通"指会通，"变"指变革。"诸如此类，莫不相循，参伍因革，通变之数也""变则可久，通则不乏"中，"通"指继承，"变"指创新。从《文心雕龙》中关于通变的论述不难看出，"通"的含义已有所改变，除了《周易》提到的"通晓、会通"，还有一层"继承"的意思。通变除了指要通晓变化之道外，还强调要懂得继承和创新。到后来，"通变"二字的含义基本沿用《文心雕龙》所述。在这里，"通"的继承之义也体现了《周易》中易的三大维度"不易、变易、简易"中的不易,"变"则体现了变易的维度。大道至简,简易就是要抓住重点和主要矛盾,是实现变易的主要方法论,并和不易、变易共同运用,体现了一种系统的方法论。

在中国发展历史上,"通变"思想还是许多政治家的施政理念。他们以"通变"作为基本的社会历史观,认为社会是不断变化发展的,人的行为要随着时代与环境的变化而变化。他们关注现实,考察历史,以摆脱现实困境为目的,从历史盛衰思考中寻求问题的解决方案,在施政实践中因时制变、突破传统、革故鼎新、变法图强,适应社会发展要求而进行创新改革活动。例如,管子认为君主治理国家应"随时而变,因俗而动"。荀子也曾言:"与时迁徙,与世偃仰,千举万变,其道一也。"《吕氏春秋》亦说"变法者因时而化""因时变法者,贤主也""譬之若良医,病万变,药亦万变。病变而药不变,向之寿民,今为殇子矣"。中国古代历朝所经的盛衰兴亡,更是说明了因时通变的重要性。秦朝君主顺应时势,把握机遇,实现天下一统。后却违背时势,秦始皇"遂过而不变",秦二世"因而不改",不知通变,埋下亡国祸根。

(二)教育价值

通变、求变、应变之道在于不断创新。宏观到治理国家,具体到科技发明、教育改革,无不如此。中华民族是一个智慧的民族,许多发明创造彪炳世界科技历史。《中国科学技术史》作者、英国学者李约瑟站在世界科学史的高度,对中国古代科学文明特别是公元1—15世纪时期的科学发展给予了极高的评价,从而纠正了西方过去对中国科学文化的各种偏见和错误。在中国历史上,《吕氏春秋》《黄帝内经》《石氏星经》《九章算术》《齐民要术》《水经注》等著作灿若星河,彰显了古代农业、医学、天文、数学、地理等学科的伟大成就;造纸术、指南针、火药、印刷术、都江堰、大运河等杰出发明与工程,更是充分体现了先民巧夺天工的智慧与改天换地的通变精神,无声有形地影响着一代又一代青年。到了近代,西方列强频繁入侵,民族危机空前严重,阶级矛盾不断加深,封建制度逐渐瓦解,近代中国走向半殖民地半封建社会。其间,涌现出了许多有志之士从中国现实与世界局势出发,继承、发展传统的通变精神,提出变法改革的主张,探索救亡图存、振兴民族的道路。如晚清时期以康有为、梁启超为代表的维新派人士发起了戊戌变法,提出学习西方,提倡科学文化,改革政治、教育制度,发展农、工、商业等的资产阶级改良运动;清末洋务派提出"中学为体,西学为用",主张以中国伦常经史之学为原本,以西方科技之术为应用。这些在西方资本主义冲击之下催生出的创新思想、改革举措，充分反映了中国近代通变、求变的社会改革趋势。

马克思主义基本原理与中国革命和建设实际相结合、与中华优秀传统文化相结合，并为人民群众所接纳、传播、不断创新发展的过程，也是通变思想继承和发展的过程。马克思主义作为一种认识、改变世界的伟大思想，是近代救亡图存，实现民族独立、国家现代化的时代选择。只有将其变为与中国具体国情相通，才能让这一科学理论在中国的土地上扎根、开花、结果。在融合了通变思想的马克思主义指导之下，中国取得了新民主主义革命、抗日战争、解放战争的伟大胜利，迎来了中华人民共和国的成立。后又应时代变化发展之需，相继开展了社会主义三大改造、改革开放等通变之举，确立了社会主义基本制度，并在探索中擘画了中国特色社会主义的伟大蓝图，实现了社会性质、社会经济、社会文化的历史性巨变。

人类历史长河奔涌向前，沿途所历风景千变万化。历史流淌的循环无限决定了通变精神的永恒存在。通变与国家的兴亡、社会的盛衰、个人的成败紧密相连，息息相关。我们生活在经济迅猛发展、科技瞬息万变、命运共通共同的全球化时代，需要培育处变不惊、应变自如、创变求新的素养。人工智能、大数据、云计算、区块链等技术带来的信息化变革，让传统的教育模式表现出诸多不适应。因此，在教育领域中更要充分发挥通变意识的效用。一方面，家长、教师要学会通变施教，了解、尊重每一个孩子的个性，做到因材施教、通变待之，还要坦然应对教育场域存在形态、课程教学形态、组织管理形态、科学技术形态等方面的时代变化；另一方面，要格外注重培养孩子灵活变通、随机应变的能力。当然，教会孩子灵活变通并不是让孩子投机取巧、寻求捷径，而是教会他们能根据实际情况作出切实的分析、正确的抉择、智慧的应变处理。在具体实施上，要培养孩子适应周围环境变化及处理突发事件的应变能力，让他们能根据环境的变化而作出适当调整，不至于因为环境的突然改变而无所适从、惊慌失措。要培养孩子发掘事物本质、掌握客观规律、举一反三、触类旁通的能力，帮助孩子更好更快地学习，更科学高效地解决未曾碰到的新问题。

孩子的千差万别决定了教育的千变万化，通变意识便是——解锁这万千变化的密钥。但这种通变是有前提、有原则、有目标、有追求的，既要增强自信、不忘本源，审辩继承泱泱中华文明，守着中国教育好的传统，汲取中国灵魂精神养分，自觉坚定中华文化认同；又要保持定力、吸收外来，沉着应对多变国际形势，借鉴国际教育优秀方法，包容缤纷万象的多元文化，融合全球先进智慧硕果。既要系统整合、面向未来，多维融创中外百家之长，迎接智能科技快速发展，踏上万变世界交响之旅，实现学生个性特色发展；又要返璞归真、回归本源，主动探索自然奥秘所在，携手命运共同崭新境界，融通人类共有价值信念，回归生命自由生长之本。

六、何谓天人境界？

天地、空气、阳光、雨露等自然界元素是人类社会生存发展所依赖的物质生活条件。因此，人与宇宙自然的关系就成了一切哲学思想的原点命题。自先秦至明清时期，历代思想家都十分重视对天人关系的探索与研究，凡言天者必及人，凡思人者必效天。纵观中国哲学发展历程可以发现，针对天人关系问题的回答，最广为尊崇的就是"天人合一"，即为中国灵魂的天人境界。

（一）文化内涵

天人合一是中国传统文化中天人关系论述的核心思想，是一个古老的哲学观念。传统"天"的含义先后经历了三层演变：有自然界义的"自然之天"，有人格神义的"主宰之天"，有超越性与道德界义的"义理之天"。

据相关文献记载，在商代时自然之天已开始演变为人格神意义的主宰之天，在《西伯戡黎》中祖伊"天讫殷命"之语，以及纣王"我生不有命在天"的疑问中得到了显著的体现。此时，人们认为人间政权的更迭应交由天神裁决，这是天人合一思想的早期表达。在远古时期，人人都可通过占卜等方式与天交流，造成了一定的政治和社会混乱，不利于建立稳定的生产生活秩序。颛顼大帝为了解决这个问题，规定只有王和王决定的祭祀才能与上天交流，接受天命，这就是"绝地天通"，具有重大的历史意义。《史记·太史公自序》有云："昔在颛顼，命南正重以司天，北正黎以司地。唐虞之际，绍重黎之后，使复典之，至于夏商，故重黎氏世序天地。"从此，就只有王命是天命，王朝更替就是奉天承运，真正意义上的主宰之天就此开始。

但西周取代商朝之后，情况发生了重大变化。为了解决天命论背景下周以小邦取代商之大邑的政治合法性问题，周人提出了"天命无常，惟有德者居之"的主张，把天命论的主宰之天巧妙地转变为义理之天，把政治合法性从天命转变为伦理道德，还规劝商之遗民尽快忘记商朝统治者，《诗经·大雅·文王》云"无念尔祖，聿修厥德"。西周时期实现从主宰之天到义理之天的转变同样具有重大的文明与历史意义。从此，伦理道德上的合法性——道统，取代天命和与命紧密相关的血统，成为政权更迭之政治合法性的主要依据，这迫使统治者重视民生，约束自己不要成为无道昏君，免遭讨伐。这是中华文明早熟的重大标志之一，是中华文明从蒙昧走向文明、从宗教理性走向人文理性的重大跨越。

春秋战国时期，儒道两家对天人合一观念进行了继承、发展和深化。儒家所讲的"天"更多是具有超越性与道德界义的义理之天。受汤武革命后民本思想及人本主义思潮盛行的影响，孔子提出了"道不远人，人之为道而远人，不可以为道"的观点。孔子将其思想落脚点置于"人"上，把天看成是可畏的"天命"，是一种与人的行为命运紧密相关的重要力量，可敬之，可以德配之。孟子继承孔子之道，发展了以人为中心的天人关系论。他认为人的德性、心性是沟通天人关系的桥梁，要求人以道德规范约束自我，从而实现知天达命，正所谓"尽其心者，知其性也。知其性，则知天矣。存其心，养其性，所以事天也""天将降大任于是人也，必先苦其心志，劳其筋骨，饿其体肤，空乏其身，行拂乱其所为，所以动心忍性，曾益其所不能"。至此，天人合一演变为人"尽心、知性、知天"的心性历练之旅。荀子则对"天"作出了唯物主义层面的解释，提出"天行有常，不为尧存，不为桀亡"的观点，认为自然规律是不以人的意志为转移的。但他又同样承认人与自然和谐共存的关系，提出"制天命而用之"，主张掌握并利用自然规律。总的来说，儒家天人合一的思想不仅仅表现在天性与人性的高度统一之上，还是社会伦理原则的高度统一，即天道与人道的统一最终还是要落到社会这个中介上来。天人合一的理想也不是个人所能成就的，而是要通过建立个人与社会、个人与个人之间的理想关系来实现。

屈原曾在《天问》中从天地离分、阴阳变化、日月星辰等自然现象，展开了对世界、宇宙的终极追问："遂古之初，谁传道之？上下未形，何由考之？冥昭瞢暗，谁能极之？"从这一连串紧凑的追问中，可以体悟出他对天地化形、天人关系的敬畏与天人合一的信仰。但若想回应屈子之问，还得从道家的思想中探寻一二。与儒家观念不同，道家所讲的"天"更多指向自然界义的自然之天，并没有人伦道德的意味于其中。在道家看来，天是自然，人是自然的一部分，但由于人制定了各种典章制度、道德规范，使得人丧失了自然本性，变得与自然不协调。因此，人要绝圣弃智，把人性从自己强加的藩篱中彻底解放出来，复归自然之中，达到"万物与我为一、天人合一"的超然境界。老子主张"人法地，地法天，天法道，道法自然"，认为天人关系是无为状态下与天和谐的理想，天人合一主要表现在与道为一，与道为一则无为，无为即听任万物之自然。庄子则在继承老子思想基础上，更多地讲述人的精神境界，提出"天地与我并生，而万物与我为一"的核心主张。他的天人合一思想指向的是人与自然合为一体，比老子"复归于婴儿"的境界更具审美价值，意义也更为深远，其庄周梦蝶的典故便是这种天人境界最典型、最生动的展现。在个体、社会与天人合一境界达成的关系上，道家的观念与儒家针锋相对。道家认为行道的实践是只属于个体的事情，天人合一的理想境界是个体便能成就的，社会文明的存在反倒阻碍了人达到天人合一的境界。

汉代时，董仲舒继承儒学传统，并根据自然主义原则，从自然之天的阴阳五行运动中推导出了天理孝道。在研究天人关系时，他观察到人身上部有耳目，体内有经络血脉，有喜怒哀乐四种情绪，而自然界上部有日月，内有山川河流，有春夏秋冬四个季节，于是提出了"天人同类，人副天数"的结论，并在此基础上进一步提出了天人合一的主张，如《春秋繁露·阴阳义》所载："天亦有喜怒之气、哀乐之心，与人相副。以类合之，天人一也"。其内涵主要有三层含义：天与人都由气构成；天与人构成结构近似；天与人之间存在相互感应，但天为主动，人为从属，人的道德与不道德都会从天那里得到奖赏或惩罚。

天人合一的思想在宋明时期发展到顶峰，各学派思想家分别提出了差异化的观点，但普遍认为天人合一是人的自觉。如张载认为道德原则和自然规律具有一致性，人和自然都遵循统一规律，天人协调是人生最高理想。"二程"（程颢、程颐）认为天人本为一体，人的本性和心灵就是天理。明代心学集大成者王阳明则认为万物就是一个整体，天地相连，一气相通，正所谓"盖天地万物，与人原是一体。其发窍之最精处，是人心一点灵明。……只为因此一气，故能相通耳"。宋明理学从唯心主义出发，把天理与心性相联结，将天人合一转化为一门促使人致力于向内修身养性的心性之学。这些历朝历代不同文化流派的"天人合一"观念相互碰撞、彼此渗透、交相融合，汇聚成中华传统文化特有的"和合"思想，成为东方哲学智慧与思维的范本。

（二）教育价值

"天人合一"是中国传统文化中人与自然关系的理想境界。然而现实生活中，人类对于自然的敬畏之心缺失，过度开发自然，造成资源浪费、全球变暖、大气污染、土地沙漠化、物种加速灭绝、病毒肆虐、生物安全潜在威胁等一系列自然环境问题频发，致使人类社会面临着严重的自然生态危机，人与自然的和谐共处成为空谈。新冠疫情的爆发和防控让人们对人类命运共同体理念有了更进一步的感受与认知，"天人合一"的思想被赋予了新的时代价值与内涵，成为治愈人与自然严重对立问题的一剂良药。对此，马克思给我们指明了正确的方向：共产主义是人道主义和自然主义的结合，能够解决人与自然、人与人之间的矛盾。这种共产主义，作为完成了的自然主义，等于人道主义，而作为完成了的人道主义，等于自然主义，它是自然界之间、人和人之间矛盾的真正解决。"天人合一"的思想还应成为教育领域的海上灯塔，指引着未来教育的理念目标与实施路径。

"天人合一"思想中折射出的教育理念，其终极目的就是寻求人与自然的和合，让人在自然、仁爱的环境中自主体验，自由生长，充分领略自然生命存在的意义，包容多元生命的差异性，追求返璞归真的人性之美，与万物和谐共生。其所倡导的教育是一种"天道自然，润物无声"，让孩子亲近自然、体验自然、敬畏自然、尊重自然、联结自然的自由教育。

天道自然，天是自然之天，万物自然而生。润物无声，润是潜移默化，教育无痕。尊重客观规律，营造自然的学习环境，让孩子们与自然相通和融，认识到自然的无限性，反思自己的有限性，在万物之间找到恰当的位置，学会尊重、感恩、敬畏，树立起世间万物命运与共的博大信仰。"天人合一"还具有内发性，关注内心的修养与反思，重视孩子价值自觉能力的提升，注重启发孩子内心觉悟与主体的内在力量，强调孩子通过自悟自省、反思完善的路径追求人与自然的和谐统一。

"天人合一"教育思想的实践需要借助课程、依托学科，循序渐进、由浅入深地进行。以历史学科为例，在初中阶段时可以选取老子、孔子及其他诸子百家作品中的名言名句，让学生初步了解其中的道法自然、和而不同及尚和合、求大同等思想理念与人文精神。高中阶段学习《道德经》《论语》等代表性作品，使学生深入理解其中内涵，强化尊重自然规律的主观意识。再如在地理学科的课程中，纳入先人探索自然与人文环境方面的知识成就，帮助学生理解中华文化形成与地理环境间的密切关系，从而领悟道法自然、天人合一思想，感受人地和谐之美，唤醒生态文明意识。

新的时代已经到来，世界多极化、经济全球化、社会信息化、文化多样化、价值观多元化持续发展，经济互通、文明互鉴、意识互渗交相辉映。人类只有找到精神的源头并承继，然后才会创造。中国的教育，也只有在中华优秀传统文化的"灵魂"中扎下根来，才能向下源源不断地汲取中华大地的养分，向上自由生长成一棵生机勃勃、郁郁葱葱的大树，长出四通八达、层层叠叠的枝叶，绽放五彩缤纷、甘美丰硕的花果。

第二节 生生不息的教育

一、构建全生长周期教育

生命的活力、生长的动力像阿拉丁神灯的精灵一样，可以冲破任何艰难险阻，最终收获意想不到的奇迹。孩子本身便是一个个鲜活、独特的生命，其教育发生更是离不开生命、生长之本来。"从摇篮到坟墓"，这是生命周期的通俗释义。对于个体生命，正如美国发展心理学家埃里克森提出的心理社会发展阶段理论所述，人的生长是按阶段依次进行的，人的生命周期可以划分为8个阶段，即4个童年阶段，1个青春期阶段及3个成年阶段。这8个阶段特征明显，逐级作用，构成了一个完整的生命周期。

教育是一项以人为核心的伟大事业，是一次人之为人的修行之旅。它要使人身心舒展、免于恐惧，个性丰富多彩，人格日臻完善，进而发现生命的意义；要使之成为一个人、一个家庭和社会的成员、一个有创造性的理想家，从而承担各种不同的责任，为改变世界作出贡献。从教者不仅要关注某一阶段、某一学段课程的传道授业，更要视野广阔，放眼人全生长周期的成长。全生长周期教育以西方生命周期理论的丰富内涵为概念基础，表达中西教育对生命生长的共同追求；以中西先进教育理念的融合会通为内在引领，彰显出世界对全球价值的共通取向。

全生长周期教育是尊重生命规律，促进天性发展的自然教育。每个孩子都是一个复杂的生命体，什么时候走路，什么时候说话，都有着自然规律与自我本性。中国的道家追求天道自然，教育也要回归自然，复归人的自然本性。捷克教育家夸美纽斯在《大教学论》中指出，教育应适应自然的法则和规律，应适应人的自然本性和年龄特征。法国启蒙思想家卢梭则开拓了以个体生长发展与教育的相互关系为主题的研究领域，促进了近现代教育思想的变革。

首先，要尊重生命时间的规律。孩子在成长过程中各种能力与意识的发展都与时间息息相关。一般7个月的孩子会坐，8个月的孩子会爬，6岁以后的孩子更适合跳绳，等等，这些都是孩子生长的规律，若罔顾常理，急于求成，揠苗助长，则反倒会给孩子带来一定的伤害。《道德经》言"动善时"，指自然要遵循时间的规律，教育也应如是。

其次，要尊重生命个体的规律。在遗传基因的作用下，受生活环境等因素影响，每个孩子都是独一无二的个体。所以，要尊重孩子的个性特点，发掘孩子的特长优势，树立孩子的自我信任，重视孩子发展的多样性，帮助孩子学会在诸多自由的个性中谨慎选择，成长为更好的自己。

最后，要尊重生命"活"的规律。孩子是有生命力的"活系统"，就像自然界的活水、动物、草木一样，具有自我净化、疗愈、调整的能力。活的生命最需要的不是机械、强制的灌溉、修饰，而是要给予更多的耐心、空间与等待。外部施加的压力越小，对应产生的反作用力就越小，内部的智慧就越容易被激发出来。

全生长周期教育是贯穿生命周期，强调动态连续的生长教育。唐代文学家、思想家柳宗元以种树喻育人，认为诀窍在于"顺木之天，以致其性"，意即顺应树木或人生长的天性。美国教育家杜威这样说：教育即生长，教育即生活。好的教育就是持续的生长，就是延续的生活，就是贯穿生命周期的生长性教育。

二、教育是一棵自由生长的大树

原野上巍然挺立的白杨，不蔓不枝，直指蓝天，激励着我们奋发向上；丛林里傲骨峥嵘的松柏，常绿常青，苍健俊逸，象征着生命的坚韧。每每看到大树，总会油然生出丝丝敬意，高大挺拔的树干，郁郁葱葱的树叶，一片欣欣向荣，满眼生机勃勃，不禁心生感慨：我钟爱一生的教育不正恰似一棵自由生长的大树？

山不辞土，故能成其高，风雨兴其中；树无束缚，故能成其大，撑起一片天。教育即自由生长。思想自由表达，精神自由生长，灵魂自由发育，是教育的真谛。这种"自由"，不是为所欲为的任性，不是毫无节制的放纵，更不是罔顾规律的蛮干，而是在自然规律、客观真理、道德法则的制约下，天性得以回归，兴趣得以拓展，品位得以生成，美感得以超越，人格得以升华。

自由的环境，深情的期许，耐心的等待，坚定的目标，肥沃的土壤，充足的养分，温暖的阳光，润泽的雨露，这些都滋养着大树，伴随其一生成长。大树自由呼吸、自主生长的过程是一个循序渐进的过程，是一个浸润无痕的过程，是一个伸展自如的过程，是一个天天向上的过程。教育也应遵照自然的成长规律，顺循生命的生长路径，为孩子成长提供良好的环境，化素养于点滴之间，润学子于无形之中。

校园是大树自由生长的沃土。它提供了生命的栖息场域，蕴含着丰富的营养成分，过滤了可能的有害物质。目之所及、耳之所闻、心之所感，均与每一个生命或触碰，或深入，或交融，无时无刻不在浸染、涵养着生长。

俗话说，"养树先养根""树有多高，根有多深"。中国灵魂、国家认同、民族使命、价值导向、公平正义好似教育大树的根，是树种最先长出、最初呈现的模样。它扎向土壤深处，汲取源源不断的养分，奠定了茂盛生长的发展原点和雄厚基础。

良好的家庭教育不可替代。家长好比树干，是根系与树枝的自然连接，决定了大树生长的方向、宽度与高度。孩子的性格和才能，归根结底是受到父母及家庭的影响。融洽的家庭氛围，和谐的亲子活动，正向的行为榜样，悉心的心灵交流会指引孩子成长的方向，影响孩子的一生。拥有良好家庭教育的孩子，不仅自身拥有终生幸福的能力，还能将这种幸福带给他人，带给社会。

泰戈尔曾说，果实的事业是尊贵的，花的事业是甜美的，但是让我做叶的事业吧，叶是谦逊地专心地垂着绿荫的。教师是这棵大树上的枝叶。只有枝繁叶茂，才能留住雨水博得阳光，才能化身为泥反哺花果。专注宁静的陪伴守望、无微不至的关怀体贴、精心设计的课程教学、情感丰富的体验活动、持续升华的思辨审美等——生发成旁逸斜出、四通八达的枝，层层叠叠、千姿百态的叶。中西合璧，文理交融，枝叶相连，交相辉映，迸发出无限的生命活力。

学生是其花与果。漫步校园，缓缓前行，回眸自己走过的教育之路，深觉没有比以"花果"作喻形容学生更形象、更贴切的了。花朵的样貌是各异的、热闹的、肆意的、夺目而赏心的。每一朵花儿都有自己的花期和自己的美好，正如我们的学生，他们是天地间独一无二的存在。他们在自由舒展的环境里放松身心，展示真实丰富的个性，养成最具创造性的自我，展现生机盎然的绿，绽放五彩缤纷的花，结出饱满诱人的果，达到最佳的健康教育生态。

眼前不由得浮现出这样的景象：绿叶衬托着红花，红花依恋着绿叶，枝丫垂挂着果实，果实缀满着枝丫，一片阳光洒落，一阵春风拂过，枝叶落影成荫，花果随风摇曳，好一幅教育的美景！

这便是我毕生倾心的大树，它是一个不可分割、彼此成全的交响共同体。一花一硕果，一树一森林。这片由棵棵大树汇聚而成的教育森林，改良着气候，改善着环境，正把这世界变成一个更加美好的人间。时代的风在一旁呼啸而过，强健的根让其保持屹立的姿态。斗转星移物换，枝叶历久弥新，唯愿繁花灿然似锦，遥望硕果香甜盈枝。

三、我即教育是教育的最高境界

生生不息，这是大树的姿态，这是文化的奥义，这是教育的使命。我即教育，是对教育最本质的诠释和认同。最好的教育不仅是工作状态、生活状态，更是生命状态。在学校中，每个人都是教育者，每个人心中都时刻想着教育，这意味着学校成为一个交互教育的场域，身在其中的每个人都负有教育的职责。这是全体总动员，是教育使命的召唤，是教育信念的坚守，是教育激情的践行，是教育理想的高扬！

我即教育，处处皆教育，事事皆教育，教育无死角，教育无盲点。我即教育，由师生间的单向授受，变为师生双翼齐飞：自我教育与教育他人。

对于教师，我即教育的理念可以厘清三大关系：教书者与教育者功能的双重叠加，单向传授向教学共生的深度转型，内驱动力与社会期盼的全面融合。

对于学生，我即教育的理念可以明确受教育的新定位：变知识的容器为求知的个体，由被教育者成为自我教育者——对自己负责；变成绩的奴隶为成长的喜悦，习得的不仅是知识与技能，更是终身发展的核心素养。

基于师生关系的梳理，我即教育的理念可以提升生命的质量：教师的"教"变成学生的"要"；"教是为了不用教"，教会学生自我探索；多元化的成绩、兴趣、能力、视野、成长路径将成为师生的共同追求；学生有成功的体验，才会远离焦虑和痛苦，才能享受人生最美好的年华。

对于学校的管理模式，我即教育的理念带来一种革新：一切资源的调配和运用，都将指向教育生态的积极营造；"我"是能够促进学生发展的所有个体，包括学生、教师、家长、专家等。一个充满活力的成长环境，让学校生活生机蓬勃、五彩缤纷，让每一个学生的潜能开花结果。如果只盯着规矩，只盯着分数，只盯着师生群体中的个别行为，或者认为只要对学生进行加班加点的个别辅导就能使他得到全方位的发展，那是一种事倍功半的误解。苏霍姆林斯基说："所有能使孩子得到美的享受、美的快乐和美的满足的东西，都具有一种奇特的教育力量。"学校需要全力积攒这种力量。

对于教育本身，我即教育的理念则是一种正本清源，理性回归：教育的目的，是学生的成长。学生成长的三个阶梯：认识自己，唤醒自己，成就自己。学生成长的起点是自爱，目标达成是自我教育。没有自我教育就没有真正的教育。这个命题对于师生同样有效。

爱因斯坦说："学校的目标始终应当是青年人在离开学校时，是作为一个和谐的人，而不是作为一个专家。发展独立思考和独立判断的一般能力，应当始终放在首位，而不应当把获得专业知识放在首位。"分数至上等于扼杀创新思维的火花。

陶行知说："你的教鞭下有瓦特，你的冷眼里有牛顿，你的讥笑中有爱迪生。你别忙着把他们赶跑。"苏霍姆林斯基说："让每一个学生在学校里抬起头来走路。"马卡连柯说："培养人，就是培养他对前途的希望。"苏格拉底说："每个人身上都有太阳，主要是让它如何发光。"千万别认为这是老生常谈，大师朴实的话语中蕴藏着教育的终极智慧。

对于教师的形象，我即教育的理念则不断催生着新的认识：教师是"蜡烛"吗？恐怕不是。教师是一种职业，不存在牺牲自己照亮别人的伪崇高，这种天赋冠冕容易让教师丧失最基本的职业操守。教师是人类灵魂的工程师吗？好像也不是。把人的灵魂当作可以随意揉捏的泥巴，是教育的专制，是对学生独立人格的极不尊重。教师可以是一个摆渡者的形象。在人类历史文化的长河中，连接过去、现在与未来，将学生从人生的此岸，护送到理想的彼岸。途中，传承人类的经典文化，带领学生探索无穷的未知世界，仰望智慧的星空，体验文化之美，让学生获得学习的快乐和成长的喜悦，积蓄内心的力量，有勇气有信心走向自己的未来。

我即教育是教育的最高境界。它让教育更加逼真充盈，让生活更加幸福完整，让生命更加灿烂辉煌。

四、教育是追求一种幸福的体验

校园里，经常看到这样的画面：当学校宣布放假的时候，当教师宣布不写作业的时候，学生们顿时欢呼雀跃，欣喜若狂，那情境似乎是得到了一次解放，摆脱了一种束缚。

看着孩子们如释重负的神情，不得不让我反思我们的教育理念和实践。

可以说，目前的教育环境中，有相当一部分学生厌恶学习，这种状况与家庭教育和学校教育不无关系，我们很多时候是"押着"或"压着"孩子来学习的。

教育的本质是什么？教育孩子是为了什么？怎样去教育孩子？听着孩子们兴奋的欢呼，我们的家长和教育工作者，必须重新思考这些问题。

中国的教育传统，是以苦学为价值取向的。"书山有路勤为径，学海无涯苦作舟"即是最好的注脚。这样的教育观、学习观，已经深深沉淀于我们民族的思维中，使得相当一部分家长和教师认为：学习的过程必须经历磨砺，必须苦学，只有吃得苦中苦，方能成为人上人，如果不经一番寒彻骨，哪来梅花扑鼻香。于是，家长送孩子上兴趣班，进行特长培养，为的是不让孩子输在起跑线上；教师给学生布置大量作业，提高教学的难度。家长和教师以为这样做是为了孩子好，殊不知，恰恰相反，这强化了孩子厌学的情绪，扼杀了孩子学习生活的幸福感。

其实，教育是使人变得聪明、让人享受幸福的过程。我们的教育应当为孩子的学习创造愉悦、幸福的环境，注入快乐、梦想的元素，保持率真、自然的天性，不断提高孩子学习的幸福感。

苏霍姆林斯基说：我认为教育的理想就在于使所有的儿童都成为幸福的人，使他们的心灵由于劳动的幸福而充满欢乐。对孩子而言，学习的过程也应当是快乐幸福的，是应该用来享受的。在校学习的学生，处在人生最烂漫的花季，他们本来可以无忧无虑地梦想，可以自由自在地创造，可是大人们把各种兴趣爱好等强加于他们身上，将本属于他们一生中最多彩的梦想、最率真的天性和最简单的快乐，击碎了，淹没了，剥夺了，他们的学习哪有幸福可言？

对教育者来说，教育的魅力和功用，不仅在于传授知识，提高技能，也是教育者自我完善和提升的过程。教育者可以通过教育满足自己的教育期待，提高自己的生命质量。在坚持中发掘教育的意义，意义中衍生工作的乐趣，乐趣中承载生活的快乐，快乐中成就人生的高峰。这样理解教育，才会有教育工作的幸福体验。

对教育本质的深刻认识，对孩子前途的美好希望，对教师人生的意义追求，让我确信，教育的过程应该追求幸福，享受幸福。

由观念到行动，追求教育的幸福体验，我们带领广大教师尊重学生各式各样的个性，为他们提供丰富多彩的课程。迄今为止，南山二外开设了120多门充满趣味性、发展性的校本课程，让学生自主选择、自主发展、自我完善。这些课程蕴含着幸福因素，促进学生的幸福体验，以学生的快乐学习、快乐成长为出发点，承担起为学生的未来发展奠基的神圣使命。

追求教育的幸福体验，我们不断转变教学方式，改革教学方法。目前，以学生为中心、思维为核心、活动为主线的"两心一线"课堂导学模式正在形成。课堂上，教师关爱每一个学生，精心设计教学活动，将活动的每一环节指向学生的发展，不断拓宽学生的思维空间，让学生在思考中享受学习的乐趣和幸福，构建幸福生态的课堂。

追求教育的幸福体验，我们的教师为学生建设内涵丰富的班级文化。学生的理想，学生的希望，学生的足印，学生的专长，或以文字，或以图画，或以实物，呈现在班级的窗台上、墙面上、文件里，让学生意识到自我个性的独特，体会到在班级生活中的自尊，感受到学校生活的幸福。每个教师依据自己的课程特点，努力为班级文化点缀装饰，不但开阔了学生的文化视野，还展示了教育活动的魅力。现在的校园，一班一风尚，一墙一内涵，成为学校中亮丽的风景。

追求教育的幸福体验，我们努力让每个教师实现价值最大化、最优化，使他们不仅有使命感、责任感，还有成就感、幸福感。校长的责任正在于此。努力让教师过一种幸福完整的教育生活，体验教育的快乐与责任，在教育的旅途中充实自我、完善自我、成就自我，从而到达教育的幸福彼岸。

学生品尝到学习过程的幸福，愿意高高兴兴上学，带着满心欢喜回家；教师享受教育过程的幸福，课堂里激情四射，活动中青春飞扬。有了幸福的教育，在校园中、课堂里，看到的将是张张笑脸，那是学校最美的风景、最亮的名片。

第三节　教育家办教育

一、立足实践培育教育家型教师

如果说教育家文化是滋养孩子生长、培育学生核心素养的精神沃土，那么教育家型教师就是继承文化基因，撒播文化元素，传扬文化精神的摆渡人，其专业发展是学校实现新突破的最佳生长点。

教师专业发展需要明确而合理的职业理想定位。时代呼唤教育家，社会期盼好教师。对于普通教师而言，"教育家"有些高不可攀，"好教师"又显得激励作用不足。"教育家型教师"恰好能够在"好教师"与"教育家"之间寻求适当的平衡。教育家型教师是具有教育家特质的教师发展境界，其根本特征是具有正确的教育思想、教育理想，具有高尚的师德、师风和优秀的教育教学能力。但教育家型教师很难仅凭教师个人的努力产生，其成长必须依托深厚的教育家文化，包括管理文化、课程文化、学习文化、环境文化等。在教育家型教师养成的过程中，要充分考虑到教师教育教学实践和反思的重要性，鼓励教师通过各种途径取得专业发展。

（一）明确成长参照：制定"四力四梯"专业标准

制定明确的标准，帮助教师建立清晰的发展方向，认清自己在教育教学实践中的位置及存在的差距，是培养教育家型教师的前提。根据教育家的价值导向，南山二外倡导"专业发展在课堂，专业成功在学生"的建设理念，确立了教育家型教师的"四力"专业标准。

一是主动发展的内驱力。教师要把教育家作为自己职业的终身追求，自觉以教育家的理想要求自己的每一个教育行动。能够深入地思考：为什么而教？要把学生教成什么样？如何教？

二是科学系统的思想力。教师要有专业的学术素养，形成成熟的有体系的教育观、教学观、学生观、教师观，能在实践中创新运用这些教育教学观念。

三是富于成效的行动力。教师要有高效的教育实践，能全身心地提升每一个行动的教育教学效果，把每一个教育行动当作案例研究。

四是影响广泛的辐射力。教师要有丰硕的教育成果，把实践及研究的成果在校内及区域内外通过论坛、示范课、讲学等方式与同行分享；在学生、家长、同事中，获得教育教学态度和能力的普遍认可，有较高满意度；在区域内外产生一定的影响。

同时，按照教师教育态度、教学能力、教研水平的好坏高低，结合教师成长过程，将其划分为"四梯"：入职型、经验型、行家型及教育家型。四个梯级由浅至深，层层演进，动态展现出教师的专业发展路径。

为了更好地发挥"四力四梯"专业标准的引领作用，学校出台了简洁明了的"五个一"标准——上好一节课，做好一名班主任，带好一门校本课程（社团），开好一场教育论坛，记好每一个学生的发展。同时让在校教师铭记：一节好课就是一个教学法，一名好的班主任就是一个班集体的心灵导师，一门好的校本课程就是一份"课程设计"，一场好的教育论坛就是一个成果推介会，一个学生就是一部教育史。此外，学校坚持增值性评价，建立了一系列的教师发展性评价制度，并坚持诊断改进与促进提高相结合的原则，形成促进教师专业发展的激励机制。

（二）设计成长路径：构建"双线引领式"成长模型

设计合适的成长路径，是培养教育家型教师的基本保证。教育家型教师的基本成长路径是：深刻洞察教育规律，不断提高教学能力—敏锐体验爱之真谛，持续增强爱的情感—潜心不受外部诱惑，不懈践行教育理想—执着守护教育信仰，不断提升人格修养。

在此认识基础上，学校构建并实施"双线引领式"教师成长模型。从教育实践与教育研究两条线进行专业引领，建立教师专业发展规划和电子成长档案，促进教师从入职型、经验型教师向行家型迈进，最终实现向教育家型教师转型。对不同发展阶段的教师，根据其起点、自身素质的不同，提供必要的专业指导和专业展示平台，满足其合理需求，促进其尽快成长。

学校充分发挥学术委员会和校本专家的引领作用，建立"明天教育家"工作室、"教育科研专家工作室"，举办"明天教育家"论坛，以课程整合研究为载体，促进教育家型教师的专业成长，制订教育家型教师成长计划，为教育家型教师创设良好的成长环境。

（三）提供成长支撑：搭建专业发展平台

创新课程与课堂文化，为教师搭建专业发展的平台，是造就教育家型教师的关键。学校通过课程整合与思维课堂的文化创新，为教育家型教师成长提供了有力的支撑。

着力建设课程文化，建立"设计课程就是设计学生未来"的课程价值观，确立"满足每一个学生的需求"的课程理念，把"让每个学生拥有自己的课程表"作为课程建设的方向。通过课程整合，激发教师的文化自觉，在创新与实践中自主成长，培养教师理性与实践相统一的教育智慧。

同时，学校提出建设思维课堂，重视教师对思维课堂教学模式的建构，促进教师教学能力的提升。通过思维课堂增效减负，并以此作为教师评价、课堂评价的重要内容。引导教师精化作业、分层设计作业，加强集体备课，切实提高课堂的思维含量。思维课堂建设让教师更加专注于教学，抓住教学的本质，形成独特的教学风格，拥有教育家型教师的标志性特点。

（四）把握成长抓手：创新教研文化

普通教师要成长为教育家型教师，必须寻找并把握合适的成长抓手。创新教研文化，并以此为切入点，可以有效引领教师走上专业成长之路。南山二外立足思维课堂建设，创新教研文化，开展对话教研，引领教师聚焦实际问题，从不同的角度开展专业研讨，确立了"问题中心—数据支撑—逻辑推演—形成结论"的专业听评课流程，形成了导学者与观课者、观课者与观课者之间对话的教研范式。

为让教师更加容易掌握对话教研的实质和流程，学校还专门开发了"课堂观察记录"，确立了3个维度、11个观察视角以及22个观察点，以提升教师把握新课程教学的能力，促进教师自觉落实新课程理念。所谓3个维度，即以学生为中心、以思维为核心、以活动为主线的思维课堂核心内涵；11个视角即为3个维度的具体分解，包括自主、导学、评价、问题、讨论、生成、资源、环节、合作、展示和目标达成等；22个观察点，即通过问题的表述方式对观察视角进一步分解，比如问题的思维容量是否恰当。

通过对话教研，教师自己确定研究主题，进行集体交流，有理有据地总结和发表观点。围绕教学实践的教育研究变得容易、自然而深入，有效地促进了教师向教育家型教师的方向迈进。

二、在教育中成就自我

教育让我们在学习认识世界的过程中不断地发现自己的价值，成为更好的自我。作为新教育实验发起人、播火者，朱永新教授始终怀揣着对教育的热忱，以实际行动改变中国教育，被评为"中国十大教育英才"、改革开放30年"中国教育风云人物"等。他是我的学习榜样。他是全民阅读形象代言人，连续20年呼吁建立"国家阅读节"，把全民阅读作为国家战略，在中小学播撒阅读的种子，让营造书香校园成为教育底色。多年来，他笔耕不辍，坚持写教育随笔，出版了多部教育文集，著作被译为英、法、德、俄、日、韩、阿拉伯等16种文字。

《过一种幸福完整的教育生活——朱永新教育讲演录》便是其诸多著作中的一本，是以新教育实验为中心的有关教育理解、感悟与实践的系统总结。书中每篇演讲既能自成一体，又能缀星成河，交相辉映。教育乃国家之大事，人才乃强国之根本。追求教育的公平，维护教育的正气，是书中孜孜以求的要点。朱教授的忧患意识与远见卓识，让人感动钦佩。让所有的人，不分高低贵贱，不分城乡山村，接受同等的、均衡的教育，是他的个人理想，更是社会所要完成的大事，是未来很长时间内，中国基础教育不得不跋涉的一条漫漫长路。

"潮平两岸阔，风正一帆悬。"这"平""正"二字，似易实难，唯其须用心耳。于纷纷扰扰喧嚣沸腾之时，更须心游物外，无视光怪陆离之诱惑，斩却利欲物质之羁绊，任汹汹理论如蚁涌，我自光明清净在心头。用平正之心去寻找教育的诗意，享受教育的快乐。以一己之心，一腔之情，化万千之字，点亮人心那最幽微、最本质的光源，启迪教育之路。

正因朱教授用心办教育，所以众多炫目的头衔，繁多的社会事务，没有掩盖其单纯质朴的境界。"石韫玉而山辉，水怀珠而川媚"就是他教育思想的写照。只有本土的，才有可能是世界的。他的教育理论与教育观，是基于国情，立于本土的，充满了爱国情怀及民族情怀。中国人要闯出中国的教育路，中国教育要催生出自己的教育理论，中国的教育理论要承载中国的核心价值观，都必须要有中国底蕴、中国气派、中国精神。他的这种本土情怀，民族自尊的情操，如八月之桂，香漫字里行间。

海纳百川，有容乃大。心系本土，以我为主，脚踏实地的精神，是直面现实的勇气，是剖析自我的灵魂。朱教授既是教育者，又是理论家；既是领导者，又是教育的实践者。他经常深入一线,与教师谈工作,拉家常,情况摸得清,问题又看得透,被中小学教师称为"最亲切的专家"。宏观的理论高度,微观的躬身践行,让他成为不可多得的全才通人。理论新,实践的脚步又能和一线的教师相接。因此,他的教育观点、教育理论、教育方法能春风化雨、深入人心就不足为怪了。

教育的魅力与功用,不仅在于传道授业解惑,也是教育者自己一份沉甸甸的事业。教育者以无数个体的合力,撬动社会进步的车轮,为教育兴国、教育强国发出自己的光和热。对于在基层为各种现象所纠缠苦恼的一线教师而言,朱教授的这种教诲有拨云见日、豁然开朗之功。

三、用教育家文化滋养每一个孩子

在2018年北京师范大学中国教育创新研究院提出的"21世纪核心素养5C模型"中,文化理解与传承是其核心,可见文化之于教育、之于学生的重要作用。那么,作为教育发生的主阵地,学校又该以怎样的文化滋养生命的成长呢?

教育的本质是育人,学校文化在育人过程中具有强大而深远的影响力与推动力。因此,创新学校文化,促进每个学生健康、充分地发展,是实现学校深度转型应然的支点。由此,南山二外提出建设"教育家文化",设计了"教育家办学"的实践架构。

(一)内涵:什么是教育家文化?

在谈教育家文化之前,首先要弄懂文化的含义。什么是文化?文化是相对于政治、经济而言的人类全部精神活动及其产品。文化是智慧群族的一切群族社会现象与群族内在精神的既有、传承、创造、发展的总和。文化是一种包含精神价值和生活方式的生态共同体,通过积累和引导,创造出集体人格,引领社会发展。余秋雨说:文化是一种成为习惯的精神价值和生活方式,它的最终成果是集体人格。

教育家文化,就是以教育家办学作为学校发展的原动力,形成新型学校文化,促进学校内涵发展,在此基础上形成的学校所有教育者包括家长的集体认同、价值追求和行为目标。而"争做教育家,不当教书匠"成为学校集体的文化心理结构、精神特征和坚定信念。教育家文化是一种优良的学校生态,是最高的教育生产力,能够自觉地唤醒与凝聚集体的力量,让每个教育者热爱教育,懂得教育,拥有独到的教育实践、独立的教育人格、独特的教育思想、独立的创新精神。以教育家的神圣感和智慧,用文化教人、影响人，塑造人的心灵，使文化成为教师和学生共同的精神家园；以教育家的敏锐和深邃，用文化的价值理想引领人，构筑学校的精神高地；以教育家的勇气与胆量，用文化创新推动教育的改革与创新。最终使每个教育工作者成为具有教育理想、教育情怀、教育才能的人。教育家文化建设，是一个群体引领的过程。即以教育家型管理团队的价值引领与科学管理为根本，以教育家型教师的创新精神和创新实践为核心，以教育家型家长全方位的协同合作为依托，共同实现每一个学生充分发展的教育理想。

（二）教育家文化的架构

南山二外的教育家文化是建立在"教育家办学"理念基础上的学校文化，是学校文化的高级形态。以教育家文化为基石，以"用教育家文化滋养每一个孩子"为核心理念，按照教育家办学的三维坐标，南山二外确立了"文化引领发展，内涵提升品质"的发展战略，形成了教育家文化的远景架构：建设以"方向、激情、专业、品位"为核心的管理文化，以"课程整合、思维课堂、多元评价"为主要内容的课程文化，以"自主学习、深度思维、学用结合"为基本特征的学习文化，以"班级文化、家校社共建文化、教育家型教师文化"为主体的环境文化。围绕这四大支撑要素，培养教育家型管理团队、教育家型教师团队和教育家型家长团队，努力实现"具有民族情怀、国际视野和创新精神的现代杰出公民"的培养目标，打造实验性和示范性教育品牌。

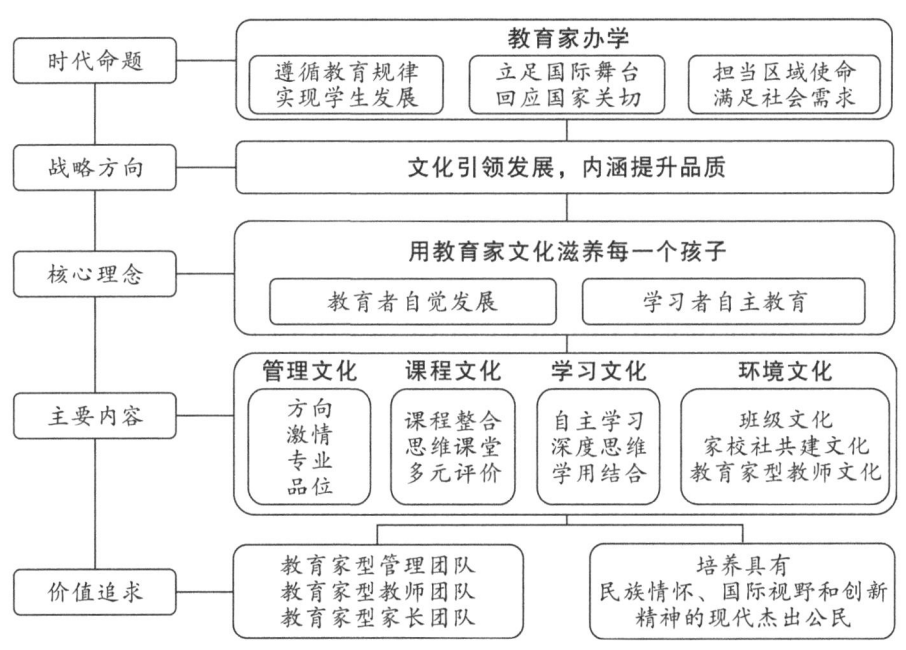

图1.1 南山二外教育家文化架构

（三）实践：教育家文化的创新体系

1. 创新管理文化：激发教育者自主成长

管理文化是教育家文化建设的保障和助推器。南山二外创建了以"方向、激情、专业、品位"为核心的管理文化。第一，以教育家文化建设为方向，通过层级清晰的管理结构，分行政和专业两条线推进教育家办学实践，实行学校专业技术委员会、教育科研奖励、中层干部竞选、家长委员会、教师专业标准、荣誉殿堂人选等系列管理制度，明确文化引领、内涵提升的目标。第二，倡导每一个教育者保持教育的激情，通过"明天教育家"论坛、"明天教育家"工作室、"明天教育家"家长学校以及各种研讨活动，为教育工作"保鲜"，使教育者远离职业倦怠，激发工作热情。第三，激励每一个教师走向专业，迈向教育家型教师的个人目标。通过学校教师专业标准、教师发展规划、对话教研、发展性评价等措施，引领每一个教师走向专业的课程建设，筑就成长的阶梯。第四，努力让每一项教育教学工作从精细到专业，发展为品牌，提升学校和个人的品位。

2. 创新课程文化：满足每一个学生的需求

课程文化是教育家文化的核心，课堂文化是教育家文化实践的主要途径。在教育家文化引领下，南山二外课程建设的宗旨是培养学生的核心素养和综合能力。既满足学生的当下需求，更着眼于未来社会的创造；既立足共同基础，更发展学生个性；既着力于优秀传统文化的熏陶，又吸收当代文化的丰富营养。课程建设的基本模式为"规范+选择"，建设策略为垂直充实和水平充实，实施途径为"四大整合"。

课程整合是实现轻负高质、解放学生的有效途径，是满足学生需求、发展特长爱好的孵化器，也是帮助学生体验学科关联、进行知识创新重组的催化剂，从而有效促进学生全面发展、个性成长。基于课程整合，南山二外开展"四大整合"策略，即打破文化、领域的壁垒，跨越学段、学科的边界，设计兼具深度和广度的课程，设置有生活气息的课程，促进学生全面地了解、分析和解决问题，激发学生的创新意识，提高创新技能，为每一个学生的未来学习和发展奠基。

3. 创新学习文化：促进学生个性化学习

"自主学习、深度思维、学用结合"的学习文化是教育家文化的基本特征。南山二外通过各种实践，促进学生、教师和家长多思、好问、博学、创新。学校把自主学习、深度思维和学用结合的追求融入课程，通过课程整合提供促进个性化学习、与实践相结合的学习内容；融进思维课堂，建立对应的教学模式；融合学校环境文化建设、图书馆读书、社区实践活动等，使学生成为学习与动手实践的主人。

创新课堂文化，培养学生创新素质，是培养创造性人才的重要渠道。中小学阶段是人的思维习惯形成的关键阶段，培养创新思维方式的课堂，需要以思维为核心，给学生足够的思维时间和空间，让他们自主学习、自主探究。因此，南山二外提出建设"思维课堂"，其核心内涵是"问题导学，深度思考"；其主要目标是"着力培养学生的自主思维、批判精神和创新意识"；其文化特质是"鼓励挑战和创新，包容错误和失败，独立思考与合作学习相结合，质疑探究与动手实践相结合，激励思维的独特性，强调反思的深刻性"。小组合作学习是思维课堂的重要学习方式，学生根据思维深度构成小组，在通常情况下按照"组内异质、组间同质"的方式分组，在需要特别提升和指导时，采用"组内同质、组间异质"的方式分组。运用思维课堂这个着力点，聚焦学科思维，提高学生的创造性思维含量，从生本和学本课堂向科本课堂深度转型。

思维课堂的包容、自主的文化氛围是发展创造性思维的基础，问题导学的合理方向是发展创造性思维的保障，深度的思维活动是发展创造性思维的关键。课堂中，学生从生活经验出发，提出感兴趣的问题；结合学科内容，提出想深入研究的问题；关注社会热点，提出对比研究的问题。活动的开展充分发挥小组合作学习的优势，让每个学生能够自主表达观点，不同观点的交锋与借鉴成为学习常态。在集体展示中聚焦学科体系，对问题的探究和解决在发散与聚合之间灵活切换，提倡思辨，发展学生的发散思维、聚合思维和逻辑思维，有效培养学生的创造性思维。

4. 创新环境文化：涵养创造性人格

"用教育家文化滋养每一个孩子"的实践倡导在春风化雨、润物无声中促进学生全面发展，培养创造性思维和创造性人格。在教育家文化引领下，南山二外构建了"三核拓展式"学生人格养成模型，以五大文化结构板块促进学生以"阳光、服务、责任"为核心的人格养成，是创造性人格中最有效的动力源。

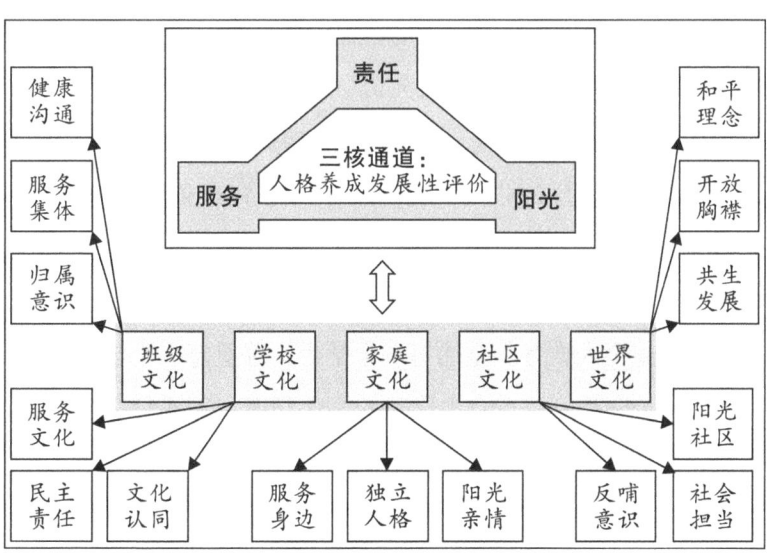

图1.2 "三核拓展式"学生人格养成模型

营造支持成长的校园环境，打造灵动的校园文化。建设科学探究馆、图书馆、卓越教室等，激发学生探索未来的热情；精心布置才艺展演广场、礼仪走廊、文化长廊、无障碍通道、心理发泄室、漂流书屋，使学生成为校园文化的主角；用学生的作品美化学校环境，激励学生自我教育；通过荣誉殿堂、毕业典礼、社团才艺展示等活动，积淀激励成长的文化。

创新班级文化，激发学生灵性。满足学生的心理安全感，满足学生的合理需求，满足学生的成长幸福感，进而形成班级的精神风貌。在此过程中，关注学生的兴趣点，激励学生的创新点；引领学生的目标追求，关注学生的成长历程。在班级的墙上由学生自己记录个人的长期目标、短期目标以及目标达成情况，让每个学生的理想有"梯"可走、成长有"迹"可循。

建设家校社共建文化，建设"互哺型"教育场域。引导家长正视成绩，重视全面发展。家长通过家长成长记录册、教育家型家长标准、"明天教育家"家长学校等，形成正确的家庭教育观念，提升教育智慧。家长通过参加学校规划、校本课程开发委员会及教育教学评价等参与学校管理、决策、监督，打造开放的办学环境。学校和社区相互支持，形成学校引领社区发展、相互提供资源的良好氛围。

培育教育家型教师文化，建立教师专业标准，把创新导学和关爱学生作为教师专业发展的核心内容。建设"明天教育家"工作室，开展"明天教育家"论坛、对话教研等，促进教师的专业发展。与教育发达国家的姊妹学校定期开展视频交流，让教师不出国门就能接受海外培训。通过"中法教育督导评估研讨会""卓越校长国际论坛"等活动，形成探索创新、追求卓越的精神。

立足国际舞台、回应国家关切、担当区域使命、满足社会需求、突出学生中心，是建设教育家文化的基本原则。教育家型管理团队、教育家型教师团队和教育家型家长团队是教育家文化的三大支柱。南山二外的"用教育家文化滋养每一个孩子"的核心理念，就是通过教育家文化建设，努力形成以管理者与教师为主体、以家长为补充的教育家型群体，让每个教育者都成为教育家办学的主角，都能自觉发展，实现自我教育。以教育家文化为核心，实施全人教育，全纳每一个学生，尊重每一个学生，提供支持成长的制度保障；关爱每一个学生，营造自由成长的文化环境；发展每一个学生，实施个性化成长的教育行动，为学生的成长提供文化滋养。让所有学生在教育家文化的关爱中学习、生活和活动，自由张扬个性，自主全面发展，增强创新素质，把学生培养成为具有民族情怀和国际视野、具备创新精神和实践能力的现代公民。

四、以教育家的使命创设深派教育

深圳市首批"教育科研专家工作室"正式挂牌成立是深圳教育史上的新事、大事和喜事，也将成为深圳教育理念创新、实践创新征途上的里程碑。深圳作为一个以建设具有中国特色、中国风格、中国气派为宏伟目标的国际化城市，必须依靠优质的现代化教育作支撑，必须形成中国教育的深圳特色、深圳风格、深圳气派，担当中国教育的领跑者。教育科研专家工作室的诞生，正是回应时代使命，实现深圳教育对话世界、引领发展的理想选择。它必将成为引领教育的助推器，成为深圳本土教育家的摇篮和创设深派教育的新起点。作为工作室的主持人，就必须肩负起神圣的使命和时代的重任。

首先，要自觉承担起研究提升深圳教育质量火炬手的重任。站在深圳教育——中国改革开放先锋城市建设的基石上，清醒地认识自己的责任和努力的方向，立志既做躬耕实践的行动家，也做勤于思索的引领者。发挥深圳敢闯敢干的先锋精神，直面深圳教育的热点、难点问题。以科研精神激励自己，走进课堂教学，走进学生活动，走进教育教学的细微环节；利用科研的强大力量，遵循教育的规律，探索未来的学习，寻求科学的路径，把工作室建设成为培养创新人才的研究室，实现"轻负高质"的试验田，迈向卓越教育的示范点。

其次，要自觉承担起深圳教育家型教师引路人的重任。深圳本土教育家型教师群体的成长决定着深圳教育的质量和未来。教师的成长需要充满动力、充满活力的环境，需要教育科研、教育实践的引领，工作室应该就是这样的场所。引领教师不断学习钻研，不断深入实践，不断反思自己的教育行为，不断积累自己的理论和经验，形成独特的教育风格。采用多种方式促进教师的专业成长，促进教师的个性化创新实践，为深圳教育培养一批研究型、创新型的教育家型教师。

最后，要自觉承担起深圳教育对话一流、引领发展先行者的重任。对话一流需要实力，引领发展需要创新。工作室将致力于教学特色的打造、教育特质的形成、深圳创新文化的输出；反思研究过程，凝练研究成果，形成一批原创性教育科研成果，率先在区域内外进行交流、展示，将深圳的代表性先进文化，通过讲学、访问、课例、授课等方式向省内外，甚至教育发达的国家和地区输出。但所有的研究都要遵循教育的客观规律，不可急功近利，拔苗助长。因为，教育的过程是缓缓展开的，它不是百米冲刺，不是批量生产，而是生长，自由、自然、自在地生长。

创新需要坚守。今天，深圳教育创新的举措，孕育了一粒粒充满希望的种子；明天，通过众多有识之士、有志之士和有为之士的共同呵护，在深圳教育的沃土上，创新必将绚丽多彩，硕果累累！

"弄潮儿向涛头立，手把红旗旗不湿。"在时代的潮涌中，在改革的波涛里，在教育的沃土上，为了教育工作者心中最神圣、最美妙的"生长"二字，为了教育工作者心中最神圣、最美妙的"大树"意象，我们一路思悟一路言说，一路耕耘一路高歌，以教育家的神圣使命为准则，留下新时代的教育影像，发出新时代的教育强音，铸造新时代的教育丰碑，构建新时代的深圳教育流派。

第二章

思变：让教育之梦成真

"教育：必要的乌托邦"，这是联合国教科文组织成立的国际21世纪教育委员会在《教育——财富蕴藏其中》一书中提出的一个命题。教育不仅需要仁者之心和师者之道，需要诗意栖居的天高云淡和"虽千万人吾往矣"的行者勇气，更需要坚守教育的梦想特质，不断建造人类文化的理想国度。

如果说生长是教育永恒的主题，大树是教育不变的意象，追求新变就是教育工作者跳动的心音。"苟日新，日日新，又日新"，这是中国人血脉中的文化根性。"教师的劳动就是一种真正的创造性劳动，它是很接近于科学研究的。"这是教育工作的特殊属性。作为一名校长，我不断在追求新变中校准生长的方向，在追求新变中获得生长的力量。

第一节 时代呼唤课改

一、回顾：21世纪基础教育改革之路

自1949年中华人民共和国成立至20世纪末，我国基础教育改革大体上经历了改造、"苏化"、泛政治化、恢复和探索实验5个不同的发展阶段，进行了7次大规模的课程改革，取得了一定的成效。但随着21世纪的到来，全球政治经济文化迎来巨变，社会对于人才的需求、对于教育的期待有了更高层次的演进。2001年5月，《国务院关于基础教育改革与发展的决定》发布，明确了"加快构建符合素质教育要求的新的基础教育课程体系"这一艰巨任务，标志着我国新一轮基础教育课程改革在世纪之交启动。

经过充分的酝酿与科学的研究，2001年6月教育部颁布了《基础教育课程改革纲要（试行）》，同时印发了《义务教育课程设置实验方案》和语文等义务教育21个学科课程标准（实验稿），确定了改革目标，明确了课程标准和指导纲要。试行课程方案加强了课程的均衡性、综合性和选择性，实行国家、地方、学校三级课程管理体制，义务教育九年一贯制整体设置课程，将16%~20%的课时划分给综合实践活动和地方与学校课程。

我国基础教育课程改革采取的是层次化、渐进式的改革策略，先试点实验，再扩大推广。2001年，通过自下而上的申报、批准，全国38个国家级实验区于9月开始进行义务教育课程改革实验。2002年，实验规模扩大到530个市、县（区），受益学生870万人，实验区572个，占全国中小学总数的近18%。2003年，实验规模扩大到1642个县（区），新增实验区1072个。到2004年时，已有3500万名中小学生使用新课程，新课程改革试点逐步普及。

2003年3月31日，教育部印发《普通高中课程方案（实验）》和语文等15个学科课程标准（实验）。该课程方案着力于构建重基础、多样化、有层次、综合性的课程结构，按学习领域、科目、模块3个层次设置课程，实行学分制，包括必修学分、选修学分Ⅰ、选修学分Ⅱ。2004年9月，山东、广东、海南与宁夏4省（自治区）率先进入普通高中课程改革实验阶段。此后6年内，各省市分6批依次开始新课程改革。2005年，江苏加入普通高中新课程实验；2006年，天津、安徽、浙江、福建、辽宁5省（市）加入；2007年，北京、陕西、湖南、黑龙江、吉林5省（市）加入；2008年，山西、江西、河南、新疆4省（自治区）及新疆生产建设兵团加入；2009年，河北、湖北、内蒙古、云南4省（自治

区）加入。至此，全国已有23个省、自治区、直辖市进入普通高中新课程实验，初步形成了东部沿海省市全面推进普通高中新课程的格局。2012年，广西的加入宣告着全国各省市均已实行普通高中新课程。此后，新一轮基础教育课程改革进入总结经验、深化调整、多形式挖掘和整合各种课程资源的新阶段。

尽管新课程的实施给中小学校带来了一些本质的、深刻的改变，但随着义务教育新课程的全面实施，普通高中新课程的不断推进，一些客观存在的问题逐渐凸显。如何全面实现新课程内在价值，提高基础教育质量，依旧是教育改革道路上的重大挑战。课程改革的纵深化、制度化、常态化实施需要再反思，再创新。2009年10月，教育部在南京召开全国基础教育课程改革经验交流会，会上总结了课改8年来的经验与问题，明确了深化课程改革的战略目标，拉开了新课程改革纵深发展新阶段的帷幕。

2010年4月，教育部颁布了《关于深化基础教育课程改革进一步推进素质教育的意见》，进一步强调深化课改的重要性，吹响了深化课改的号角。2011年，教育部颁布语文等19个学科新修订的课程标准，课改进入常态化阶段。2014年，教育部印发《关于全面深化课程改革落实立德树人根本任务的意见》，首次提出"五个统筹"和学生核心素养概念。同年9月，国务院印发《关于深化考试招生制度改革的实施意见》，进一步促进教育公平，提高选拔水平。该意见的出台，标志着新一轮考试招生制度改革全面启动，从"选分"到"选人"，高考制度迎来几十年来最大变革。

2015年，以培养学生核心素养为目标的普通高中课程改革启动。2016年9月，"中国学生发展核心素养"研究成果发布会在北京师范大学举行，课程改革关键、教育界热词——"中国学生发展核心素养"正式出炉，标志着我国教育目标从"两基""三维"到"核心素养"的正式跃变。2017年秋季学期，义务教育3科（道德与法治、语文、历史）统编教材正式投入使用，2019年秋季学期实现所有年级"全覆盖"。2017年12月29日，教育部印发《普通高中课程方案和语文等学科课程标准（2017年版）》的通知，明确普通高中的培养目标是"进一步提升学生综合素质，着力发展核心素养，使学生具有理想信念和社会责任感，具有科学文化素养和终身学习能力，具有自主发展能力和沟通合作能力"，将课程分为必修课程、选择性必修课程、选修课程三类。每一门课程标准中，都渗透着立德树人的核心价值取向，也成为基础教育课程的中国表达。

2019年3月18日，习近平总书记在学校思想政治理论课教师座谈会上发表重要讲话，指明新时代学校思想政治理论课建设方向，对广大思想政治理论课教师提出殷切期望。在习近平总书记思想指导下，同年8月，中共中央办公厅、国务院办公厅印发《关于深化新时代学校思想政治理论课改革创新的若干意见》，从整体规划思政课课程目标、调整创新思政课课程体系、统筹推进思政课课程内容建设、加强思政课教材体系建设等方面就深化新时代学校思政课改革创新提出具体要求。

2019年6月，中共中央、国务院印发《关于深化教育教学改革全面提高义务教育质量的意见》，聚焦义务教育阶段教育教学改革。该意见提出了全面提高义务教育质量的主要任务：一是坚持"五育"并举，全面发展素质教育；二是强化课堂主阵地作用，切实提高课堂教学质量；三是按照"四有好老师"标准，建设高素质专业化教师队伍；四是深化关键领域改革，为提高教育质量创造条件；五是加强组织领导，为新时代提高义务教育质量提供坚强保障。同月，国务院办公厅印发了《关于新时代推进普通高中育人方式改革的指导意见》，强调构建全面培养体系，从突出德育时代性、强化综合素质培养、拓宽综合实践渠道、完善综合素质评价等方面提出要求。该意见提出，各省（区、市）要结合推进高考综合改革，制定普通高中新课程实施方案，2022年前全面实施新课程、使用新教材。

2020年10月，中共中央、国务院印发《深化新时代教育评价改革总体方案》，强调扭转不科学的教育评价导向，坚决克服唯分数、唯升学、唯文凭、唯论文、唯帽子的顽瘴痼疾，并提出，到2035年，基本形成富有时代特征、彰显中国特色、体现世界水平的教育评价体系。

历史长河漫漫，回溯教育之路，20年课改激起的也许只是一朵朵小小的浪花，但正是这一朵朵浪花泛起了我们心中的涟漪，让我们能开始反思、学会创新、探索变革，擘画教育的远大图景，追寻教育的美好未来。

二、问题：认知"四化"与实践"三向"

回顾我国第八次基础教育改革历程，无论是在基础研究、顶层设计，还是在课程教材基本建设与课程实验上都取得了显著的成效，积累了丰富的改革经验。但在改革深入推进过程中也涌现了一些认知层面及执行层面的矛盾与问题，对其进行准确的认识与剖析能帮助我们更好地接纳改革理念，推进改革实践，创造改革成果。

（一）认知层面

第一，污名化。2001年课改之初，有些人把课改视为洪水猛兽，认为课改必然会引起教育教学质量的下降。他们把课改中的细节问题、局部问题无限放大，危言耸听，甚至否定整个课改的方向。有些专家学者在对课改了解不是很透彻的情况下就进行简单的否定。如有学者到有关部门反映，说某门学科的课程标准要求太低了，会产生负面影响。其实，学科逻辑体系不等于学科教育体系，学术教育不等于学校教育。某些媒体记者到高中课改实验区蜻蜓点水地走一圈，也跟着起哄，认为课改问题多多，推进起来很困难。另外，有些问题并不是课改带来的，如教师素养、教学方法、学生的阅读与写作、基本运算能力等都是存续已久的老问题、旧病根，是课改之前本身就有的，或者说实施新课改使原有的问题暴露出来了。但一些人不分青红皂白，把这些问题都一股脑地推到课改身上，往课改身上"泼脏水"。

第二，理想化。一些专职于讲座报告、著书立说的课程理论专家派认为本次高中新课改全面且彻底，与国际高中课程改革完全接轨。若按照这套方案实施，学生的综合素质将会有很大的提升，中华民族的伟大复兴也大有希望。在高中新课改实施还不到一年，他们就认为改革在各方面已经取得很大的成就，引起国内外教育界的高度关注和广泛好评。在他们的认知里，课改几乎成为解决我国高中教育所有问题的一剂灵丹妙药。

第三，庸俗化。指的是简单粗暴、浮于表面地理解课改要求，从而使课改的执行与效果走上平庸。比如，新课改提出要加强合作学习，有些学校则浅显地认为，课桌、椅子的位置变化一下，学生们围成一个圈，就着某一话题讨论几句，这就是合作学习了。再说自主学习，有些教师将其错误地理解为，自主学习就是教师在课堂教学中少说话，甚至一句话不说，学生在讨论中出现错误也不去纠正，有些学校甚至荒谬地开展了"教室需不需要放讲台"的辩论。还有些学校认为，综合实践活动就是课外活动，把学生所有活动都往综合实践活动里"套"。有的学校甚至规定，学生值日一次都可折算为学分。

第四，跟风化。在这里面有两层含义，一层是"一阵风"，另一层则是"跟风"。之所以有"一阵风"的说法，原因在于有些人认为，近年来中国的教育改革还未成功，长此以往便产生了"改革倦怠"，推断本次课程改革也如同一阵轻风拂过，会很快过去，不如缓一缓、等一等，继续沿用老方法，观望一段时日再说。"跟风"的做法则显而易见了，就是部分学校违背方法论的基本原理，做不到具体问题具体分析，丝毫不考虑自己学校的具体环境、具体情况，一味地照搬其他标杆学校的做法，别人怎么做就照葫芦画瓢，最终呈现出来的也不知道是"葫芦"是"瓢"。

（二）实践层面

1. 体制改革与配套机制如何同步？

课程改革是教育改革系统工程的一部分，其成功归因于各个子系统改革的成功。新课程为了顺应国际和社会发展的需要，在课程结构设置、课程实施方案、课程评价等方面进行了大刀阔斧的改革，对学校人事管理制度、课程管理制度、中高考政策、教育质量监测制度、经费保障制度等配套机制提出了新的要求。以人事管理为例，新课改提出的"选课""走班"使得学校对于教师的需求产生了不确定性，且受学生选课影响需求变化频率较快，传统的人事管理制度及培训机制已无法满足这种变化，需要从宏观上长远地认真研究解决。

2. 课程改革与高考方案如何衔接？

新课程在多大程度上能适应高考的考试要求，这是学校师生和家长共同关心的问题，也是必须直接面对的问题。新课程的学习领域和学科课程标准下的教学内容在高考过程中能否得到体现，是关系到课改能否顺利进行下去的关键问题。这说明课改的评价导向非常重要，评价问题是制约新课程顺利实施的瓶颈。如何将选修课程、综合实践活动课程、综合素质评定等与高考或与高校录取工作有机结合起来，并统筹考虑学生职业规划问题等，以建立起科学的、有技术支持的课程评价体系，已成为当务之急。

3. 校本教研与教师培训如何提高？

如何使全体教师开展高水平的校本教研，获得高质量的校本培训，使他们领会到新课程的精髓，将课程改革的理念落实到课堂教学和教师的日常生活中去，是新课程顺利实施面临的一个重要课题。但就目前而言，在校本教研与教师培训上，还存在着"重知识轻情感、重理念轻案例、重证书轻实用、重灌输轻消化"等现实问题。部分通识培训的实用性不强，仅浮于改革表面，只对《基础教育课程改革纲要（试行）》进行浅层次解读，并未深层次引领教师深入理解新课改理念，极大地降低了教师成长与教研能力提升的实效。

三、课改：教师专业成长的沃土

理解和实施课程的能力、教研能力、合作共事能力、教学责任感等是构建现代教师素质的重要因素。教师在真实的、有质量的课改实践中，发展学生的同时，自身必然得到发展。一方面，课改能促进教师的专业发展；另一方面，教师的专业发展能促进课改生动活泼地开展。

育才中学作为高中课改样本学校，规划较早，准备充分，起步较稳，措施扎实，经过一年多的实践，取得了一定的成绩，积累了一定的经验，在省内外产生了积极的影响。但是，随着课改的不断深入，困惑越来越多，困难也越来越大，各种"矛盾"也越来越尖锐：认同新课程理念与准确把握新课程实践之间的差距，习惯的教学节律与课程环境不断变化之间的矛盾，个人教育信念与公共教育准则之间的差异，成人的教育意愿与学生文化之间的落差，等等。而这些问题与矛盾的解决都归结到教师如何有效地形成与新课程相适应的观念及行为方式上。

（一）新课程是教师践行责任的使命

课改没有旁观者，教师不能游离于课改之外，任何成功的课改一定是教师共同参与的结果。只有广大教师积极投身改革，承担庄严的责任，践行神圣的使命，才能将理想课程化为现实课程，才能将课堂实施的课程转化为学生获得的课程。责任是压力，更是教师成长的内在动力，每一个教师只有不断地调动、维护、充实和更新成长的动力源，组织、调度好动力分配，才能加速自身的成长。这种责任既可砥砺教师自己，又可给学生作榜样示范，使其达到预期的成长目标。也只有感受到了神圣的使命，才能发现机会、珍惜机会、抓住机会，提升自己的生活价值和生命境界。

（二）新课程是教师终身学习的平台

面对新课程、新教材中的若干新知识、新概念，有的教师可能会一时对某个问题不甚了解，有的教师还会把一些生动的课程内容讲得平淡无奇、味同嚼蜡。诸如此类问题，又该如何应对？泰然处之实不足取，博学多识应为上策。理解新课程需要学习，实践新课程更需要学习。教师要把新课程的挑战当成专业发展的新机遇，认真制订富有个性特点的专业发展规划，建立好个人成长档案，向同行学习，向学生学习，向书本学习，向实践学习。课程理念是教学行为的先导，而知识是教学行为的基础，我们必须根据新课程综合化的趋势弥补综合性知识，根据知识经济时代飞速发展的现实关注前沿性知识，根据学生学习心理、学习兴趣和生产实际、生活实际、科学技术中的实际应用挖掘教材中的潜在知识，用一眼汩汩流淌的泉水，浇灌学生的智慧之花，以终身学习的意识和行动、积极的心态，迎接挑战，在课改实践中实现自身的发展。

（三）新课程是教师反思实践的觉醒

在新课程实施过程中，教师不只是完成专家所交付任务的技术执行者，还应该成为一个自觉的反思实践者，一个自觉的行动研究者。这实际上是对教师本真生活的重新发掘，是对教师内蕴的重新发现，是教师职业生涯的一种觉醒。但是，教师的研究要以实践为依托，以问题为中心，在自己工作的实际环境中进行，研究的问题主要来自自己的日常教学。为此，每一个备课组必须认真规划和落实每学期中的具体问题，明晰每一阶段的推进策略，务求实效。教师要经常反思自己在实践中存在的问题，反思自己的学生观、教学观，自己的教学行为与学校教育目标的关系，自己的教学结果及其有关原因。在研究的途径上，可以探索多种方法，包括做笔记、写日记、写课程故事以及系统收集学生的作品等；还可以形成研究者团体，与专业研究者联合起来共同研究。教师通过反思自身实践，逐步认识和改造自己的教学行为、教学观念，在此基础上提高自己的教学水平和研究能力。不断地反思和觉醒，会让教师的心灵充满活力；不断地跨越和创新，会让教师的思想充满智慧；不断地进步与成长，是教师心智改善、思想成熟的永恒追求。

（四）新课程是教师携手合作的桥梁

一个优秀的教师必须能和同事互帮互助、互相欣赏、互相支持和合作，承认自己需要取得同事的支持，尽力维持与同事之间良好的关系，接纳同事在教学方面的意见。新一轮课程改革，需要教师面对更广泛的人际关系，包括教师与学生的关系、教师与家长的关系、教师与行政管理人员的关系、教师与教师的关系、教师与课程专家以及社会各界人士的关系等。这些人际关系不仅是相互间的联系，更是一种信息的交流、切磋与碰撞。课改着力培养学生探究与合作的能力，一个能激发不同学生积极参与、探究、讨论的主题，必然会有跨学科的综合性问题，因此必然需要相同学科及不同学科教师走到一起，彼此交流。合作出力量，合作出效益。教师之间需要营造一种和谐向上的合作文化，以新课程为桥梁，提高善于沟通的品质和能力，开阔设身处地为他人着想及推己及人的胸怀，积极进行多类型、多渠道、多层次、多方式的合作，从而使新课程融入每一个教师的心中。

课程改革是一个自我新生的过程，它为教师专业成长提供了重要契机和适宜土壤。教师在其中的专业实践活动，会使新理念内化为自己的实践智慧，进而充实自我，发展自我，超越自我，使自己成功地跃上新台阶。可以说，课程改革为教师设置了"最近发展区"，使教师"跳一跳"就能够收获成长的"果实"。

四、追求：走向课程经营时代

2004年开始的新一轮普通高中课程改革立足实际，借鉴国际课程改革的经验，最大限度地释放学校、教师的创造潜能，在深度、强度和影响力上远远超过以往的课程改革，具有"革命性"的意义。它打破了普通高中教育的原有局面，推动其由传统的教学管理走向课程管理，由单一的升学竞争走向特色的课程经营。这既是一次好处良多的发展机遇，也是一次前所未有的严峻挑战。

课程经营就是学校将新课程方案中的课程目标、内容、结构、开发、实施、评价等课程要素进行有效配置和创新实践，以实现课程功能和价值最大化的管理活动，目的是将新课程所凸显的先进教育思想和全新教育观念转化为具体的教育实践。以学生的个性发展为教育目标，以学生的全面成长为行动指针，以服务学生为工作重点，使每一个学生成功，使每一个教师成功，使每一所学校成功。它使课程目标由单一走向多样，课程核心由统一走向选择，课程评价由唯一走向综合。

（一）课程经营目标：由单一走向多样

普通高中教育具有双重任务，为升学和就业做准备，这是毫无疑义的。而我国现行的普通高中教育事实上只承担了一重任务，即仅仅以考试升学为目标。这种教育兼有现代市场文化和古代科举文化的显著特点。它把校长、教师与学生机器般地组织起来，并使之加速运转，使学校、家庭与社会较为急功近利。

《普通高中课程方案（实验）》指出："普通高中教育是在九年义务教育基础上进一步提高国民素质、面向大众的基础教育。普通高中教育为学生的终身发展奠定基础。"普通高中教育是追求卓越的面向大众的教育，这是本次课程改革对普通高中教育性质的客观认定。方案同时指出，普通高中课程应"适应社会需求的多样化和学生全面而有个性的发展，构建重基础、多样化、有层次、综合性的课程结构"。

这些都充分说明，新课程方案思想指导下的课程体系是多样化、开放化的体系，这是符合发展现状的。第一，人天生是多样的。那么，作为为学生终身发展奠定基础的普通高中课程，也必须是多样的。要求所有学生都学习单一的课程，必然与人的多样性发展相冲突。第二，多元智能理论认为，人的智力是多元的，每一个个体都能同时拥有多种智能。这些智能在每一个个体身上都以不同的方式、角度和程度组合而成，需要多样化课程加以引导挖掘。第三，20世纪中叶以来，世界的急剧变化给教育提出了新的要求。随着社会发展步伐的不断加快和新兴行业的不断涌现，社会对人才的要求也日趋多样。教育具有培养功能，应以多样化的课程结构来适应日益多元的社会需求和迅速变革的缤纷世界。第四，世界各国的课程改革都趋向于多样性。如法国认为学校应该让学生获得某种共同文化，获得知识和能力，成为现代社会警醒的公民，让学科的多样性在学生身上找到统一。韩国认为必须考虑学生的能力、个性、发展前途，使教育内容和方法多样化。第五，我国地域辽阔，发展很不平衡，不同学校和不同学生的情况是有差异的，某事物对于一些学校和学生而言是主要矛盾，对于另一些学校和学生则是次要矛盾。因此，需要不同地区、不同学校设置多样化的课程。第六，《基础教育课程改革纲要（试行）》为学校进行多样化的课程设置提供了政策依据。

此次课改将普通高中课程划分为学习领域、科目、模块三个层次。首先在学习领域、科目上新增了技术、艺术两大类，将综合实践活动中的研究性学习活动、社区服务、社会实践纳入必修科目，而且比重较大，达到23个学分，约占必修学分的19.8%；还有两类选修课程，所占比重也较大，基本分值为28个学分，约占毕业最低要求144个总学分的19.4%。选修课程为学校提供了更多的自主权，其范围涵盖了学校为学生发展创设的所有教育空间和为其提供的所有学习机会。学校通过系列主题活动、社团活动、学校文化建设等课程与必修课相互补充、相得益彰。学生学习的地点由单一的课堂走向了社会生活的广阔天地，不仅学到了知识和技能，还可以激发自身的学习热情和学习兴趣，丰富内心体验，培养乐观的生活态度、求实的科学态度和宽容的人生态度，为自己的终身发展奠定坚实的基础。这种基础是那些以知识技能的熟练化为课程目标，课程实施过于倚重接受学习、死记硬背、机械训练所无法比拟的。而模块的设置，有利于解决学校科目设置相对稳定与现代科学迅猛发展的矛盾，便于适时调整、充实富有时代特征的多样化内容。还有利于学校充分利用场地、设备等资源，提供丰富多样的课程，为学校有特色的发展创造条件。

多样化的课程体系必将改变普通高中教育的现实。学校的发展就是课程的发展，学校的特色就是课程的特色，学校的竞争归根到底就是课程的竞争。经营多样化的课程也为学生的自主发展、充分发展、和谐发展和持续发展提供了可能和保障。

（二）课程经营核心：由统一走向选择

我国的课程体制在1949年后较长一段时间内，照搬苏联的模式。教育行政部门依据国家的方针政策与各项标准，制定若干师生必须身体力行的教学要求与规章制度来实施管理。广大中小学校必然贯彻执行国家统一的课程政策，使用统一的教学大纲、统一的教科书，甚至使用统一的教学参考书，形成了"千校一面、万人一书"的格局。对同一年级的学生按照统一的要求和统一的进度进行教学，教师和教材处于教学活动的核心地位。在整个教学过程中，一味地统一灌输，只有教师"教"的自由，没有学生"学"的自由，拒斥学生的选择，将学生的个性扼杀在摇篮之中，让原本拥有多元智慧的万千学生只能按照课程设计者固定的方向和模式发展。久而久之，教育出一批不会自主选择、灵活应变，缺乏创新，毫无个性的"标准件"。

这在特定的时代背景下，对于统一人才培养规格，规范师生教学与学习行为无疑是有积极作用的，且对于保证教育教学基本质量和学校基本秩序也功不可没。但是，基础教育的责任是为造就数以亿计的高素质劳动者、数以千万计的专门人才和一大批拔尖创新人才奠定基础。党的十六届三中全会通过的《中共中央关于完善社会主义市场经济体制若干问题的决定》，把增强国民就业能力、创新能力、创业能力，努力把人口压力转变为人力资源优势作为教育改革的核心任务。

作为人生准定向阶段的普通高中教育，应当培养学生具有初步的科学与人文素养、环境意识、创新精神与实践能力；初步具有独立生活的能力、职业意识、创业精神和人生规划能力。新的时代、新的目标、新的任务需要的不仅是规范和规矩，更需要规范之外的创新，规矩之外的因时、因校、因人制宜，承认学生差异，尊重学生个性，在统一提升所有学生共同基础的前提下，为每一个学生提供不同倾向的发展条件和有选择的发展空间。

《普通高中课程方案（实验）》指出："在保证每个学生达到共同基础的前提下，各学科分类别、分层次设计了多样的、可供不同发展潜能学生选择的课程内容，以满足学生对课程的不同需求。"新课改赋予了学校合理而充分的自主权，为学校创造性地实施必修课程，因地制宜地开发选修课程，为学生有效选择课程提供制度支持。

因此，课程的选择性是本次课改的核心。因为每一个个体禀性资质不同，天赋潜能各异，这就决定了每一个学生在学习基础、兴趣爱好、职业倾向和发展方向等方面的差异。进入高中阶段后，这种差异表现得越来越明显，不同的学生将不可避免地朝不同的方向发展。因而相应的基础水准也不同，其学习内容与要求也是不同的。高中阶段的教育尤其应该从终身教育的角度，为每个学生提供自由塑造自己生活和参与社会发展的平台，培养学生认识自己天赋和发展倾向以及对未来作出正确选择的能力。

不同类型、不同潜质的学生要获得差异发展，必须要有选择性的课程结构与之适应。选择性的课程必将催生选择性的校园，选择性的课程所体现的价值将是调节学校教育活动的主要杠杆，富有理智挑战和价值引导的选择性课程是学校活力和特色的集中体现。进行制度创新，建立选课指导制度是实施选择性课程的重要保证。

1. 让每一所学校成为选择的校园

校长应当成为选择性课程的总设计师。这要求其具备个性化的管理风格和人格特征，对本校的规模层次、师资建设、发展战略进行深入探讨和科学规划，建立民主开放的学校课程研发系统，把对学生精神的唤醒、潜能的激发、心智的完善、自主的发挥作为学校一切工作的出发点和落脚点。

学校各部门的管理职能也要根据新课改的要求作较大幅度的整合。传统意义上的教务处、科研处、学生处、办公室、总务处要调整，集中力量，突出重点。以课改为中心目标，分享课程编制权和教材选择权，减少课程研发层次，提高课程研发综合效益，让选择性的课程观深入人心，并以此统率每一个教职员工的思想和行动。

2. 让每一个有效的课程资源为学生的选择服务

选择性课程必须要有充分的课程资源作基础，学校要建立课程资源管理数据系统，利用各种有效资源为学生的选择服务，体现学校的实力、活力和特色。①教师资源：对教师的学术功底、学术类型、学科特长等进行排队摸底、筛选提升，并进行专家引领和校本研讨，建立优势学科群，引导教师开发丰富多彩的高质量的选修课。②学生资源：研究学生的兴趣类型、活动方式和手段，研究学生在日常生活中以及实现自己目标过程中的活动载体，让学生用自己形成的课程资源教育自己、调节自己，提高课程的适应性。③学校资源：包括网络设备、图书馆等各种物态资源和特有的学校文化资源等；学校要拓宽校内外课程资源及其研究成果的共享渠道，如校际联盟等，实现优势互补。④社会资源：密切联系社会各系统，充分利用社会现有的丰富资源，研究社会需要的发展动向，探索社会需要的发展规律，以便确定学生有效参与社会生活和社会发展所必备的结构素养。

3. 让每一个师生成为选择性课程开发的主体

教师是选择性课程建设的主体，要有课程开发的意识和能力。同时，作为课程消费者的学生也理应是课程设计的主体。只有个性不同的学生全面参与、确立目标、投入情感、形成倾向，才能创造出生机勃勃、异彩纷呈的课程内容，课程才能建构起富有崇高使命和使学生不断发展的教育情境。教师只有融进每一个学生的价值追求和个性需要，才能得到学生的认同，知识与技能、过程与方法、情感态度与价值观的三维目标才能创生，全面发展的教育理想境界才能得以实现。学生和教师才能一起享受快乐和幸福，一起承担迷惘和痛苦，师生也才能在选择性课程的实施中共同成长，最终形成一个高效的学习共同体。

4. 让每一个学生享有充分的课程选择权

运用学分制调节：若按照每个学分18个学时计算，剔除高三下学期总复习时间，满课时为190个学分左右。但是本次课程设计没有满学分的概念，目的就是要让学有余力的学生选择一门或几门科目，充分挖掘潜能，展示特长，张扬个性，实现高中阶段的人生倾向性发展。

选择导师：让每一个教师接受学生的选择，真正建立较为稳定的导师制度。导师的职责将注重学生生理和心理特点、成长和发展需要，指导学生从自身的学习兴趣、成才志向、学习基础以及教育教学规律出发，选择适合自己的学习内容、程序和计划，培养学生的自主学习、自我规划和自我管理能力，淡化班主任和班级建制的功能。

编制选课指导手册：在选课前，对学生及家长进行培训，提供课程设置说明和选课指导手册。人手一张属于自己的课程表，为学生形成符合个人特点的、合理的课程修习计划提供指导和帮助。

普通高中教育应重视选择，让选择成为一种责任、一种目标、一种动力，让每一次选择成为一种以学生需求为价值取向的能动行为，真正创造出一种让学生脱颖而出、成为世界领先人才的充满活力的课程机制，使普通高中新课改为全民素质的提高、为中华民族的伟大复兴作出应有的贡献。

（三）课程经营焦点：由唯一走向综合

高考是中国社会生活中的一件热门大事，也是高校招生的重要环节。它以考试为手段对学生进行检测，以分数为指标来反映学生的水平。由于高考有严格的程序和公开统一的标准，再加上目前社会的诚信度不是很高，从基层党政领导到学校教师再到普通百姓，全社会都把高考成绩当成衡量教学质量的唯一可信的硬指标。"一切为了高考"的课程评价取向和"一俊（高升学率）遮百丑"的学校评价也就应运而生了。评价学生和学校的标准简单明了，一切以数字说话，一切以成绩排队。

以某市教育行政部门召开的某年度高中工作会议为例，会上下发的每校一份的高考统计数据就有若干种，涉及各区县上线情况、必考学科成绩、选考学科成绩、各科平均分等40种数据，条分缕析，不一而足。高考考得差的学校颜面扫地，考得好也不能喜形于色，谁知来年还能不能好。年复一年，日复一日，校长、教师的神经永远绷得紧紧的，不敢有丝毫懈怠。高考不仅仅是考学生，也是考校长、考教师、考家长。学生的压力则更大，十二年寒窗之苦在十几个小时内落定乾坤，何异于千钧系于一发。分数面前人人平等的高校招生制度，相对来说是公平的，也有利于维护社会稳定。但我们付出的代价也是巨大的，因为这种考试是把对每一个个体最复杂、最丰富的测量单一化、形式化了，其结果必然是"全面的丰收"导致全面的平庸。

《普通高中课程方案（实验）》认为，应当"建立发展性评价制度。实行学生学业成绩与成长记录相结合的综合评价方式。学校应根据目标多元、方式多样、注重过程的评价原则，综合运用观察、交流、测验、实际操作、作品展示、自评与互评等多种方式，为学生建立综合、动态的成长记录手册，全面反映学生的成长历程"。普通高中教育的评价从唯一走向综合，从静态走向动态，从封闭走向开放，从他律走向自律是本次课改的又一突出贡献，它必将对普通高中教育的健康发展产生重大而积极的影响。

1. 多元评价

多元评价是指采用多层次、多角度、多渠道综合评价的方式。如学校内部评价与外部评价相结合，必修课程评价与选修课程评价相结合，基本理论课程评价与综合实践课程评价相结合，基础课程评价与拓展课程评价相结合，过程评价与结果评价相结合，自我评价与互相评价相结合，量化评价与质化评价相结合等。

2. 动态评价

建立促进课程不断发展的评价体系，教育行政部门、社会专业中介机构和家长等定期或不定期地对学校课程的执行情况、课程实施中的问题进行分析评估和有效反馈，便于学校及时调整课程内容，改进教学管理，形成课程不断革新的机制。对情意领域（情感态度与价值观，创新意识、创新能力和创新精神等）的评价，要通过细心观察与深入分析，交流访谈与问卷调查，把握其发展性，重视其动态生成的过程。

3. 开放评价

封闭的系统因果关系比较清楚，较易评价，而开放的系统通常错综复杂，难以判断。本次普通高中课改从功能、结构、评价等多方面进行了深入的改革，关系到千家万户的切身利益，受到社会公众的密切关注，需要以主动开放的心态去迎接社会的参与和评价。例如，可以通过吸收家长、社区代表参加课改组织，落实面向家长及社会的听证会和学校开放制度，采用计算机网络及大众传媒等方式，双向互动、共同谋划适合学生发展的选择性课程评价体系，把开放性的评价当作完善普通高中教育自身发展的自觉追求。

4. 学分认定

不同的学科，不同的学校，不同的标准，学分的含金量是不一样的。学分的认定权在学校，一方面，扩大了学校的办学自主权，调动了教师工作的积极性和创造性；另一方面，面对目前商业化、世俗化未见明显转变的社会环境，教师和学校更承受着巨大的压力。因此，每一所学校，每一个教师都要恪守职业道德，维护诚信，信守公平，实践公正，变他律为自律，对自己负责，对学生负责。学校应当建立质量控制和保障系统，制定具有社会公信力的质量标准，唤醒学校自我完善的动机，形成自我监控、自我约束的机制，促进学校按照市场规则的价值取向发展。

5. 高考改革

高中课程改革与高校招生关系密切，新的课程改革必须要有新的高考制度来配套和保障。否则，将会因高考而走回头路，吞噬来之不易的改革成果。高考必须从考试理念、考核内容、实施方式和录取方式等方面进行改革，与高中各科课程标准相衔接和相贯通，将高中学分、特长学科学分和综合实践成绩作为高校录取和专业选择的重要组成部分，增加选修学分的权重；变一次考试录取为多次考试择优录取的方法，增加高校和高中毕业生的选择空间；实行高校单独考试或者多校联考，进一步扩大高校自主权和增加考生多次录取的机会；分散考试时间，减少来自各方面的压力；变单一的笔试为笔试与口试相结合的方式，增加其他行之有效的辅助选拔方式；变试题答案的封闭性、唯一性为开放性、多样性的有机结合，加强评分研究。总之，要综合使用科学的手段和方法，使高考为顺利实施普通高中新课改保驾护航。

五、素养：基础教育变革的使命

教育问题，是全社会都瞩目的民生问题，它不仅关乎国家、社会发展，更关系万千家庭未来。毋庸置疑，我国是一个人力资源大国、教育大国，教育规模傲立全球。但就目前来说，我国还不是一个人力资源强国、教育强国，尚处在"大国"向"强国"转变的荆棘道路上。

回顾教育改革历程，我们不禁思考：教育到底应该培养什么样的人？孩子们具备了哪些关键的核心素养，才能更健康、更幸福地生活发展，融入社会？对此，全球多国都作出了相关的研究与回应。

早在21世纪初，经济合作与发展组织率先发起研究，提出了核心素养的框架体系，将学生核心素养建构为"能互动地使用工具""能在异质社会团体中互动""能主动地行动"三大类。随后，一些主要发达国家或地区，如美国、日本、英国、芬兰、澳大利亚等纷纷启动了基于核心素养的教育目标体系研究，以进一步完善课程改革方案，全面提高教育质量。如日本核心素养体系将21世纪型能力确定为"实践力""思考力""基础力"；美国将21世纪核心素养分为"学习和创新素养""信息、媒介和技术素养""职业和生活素养"等。

受国际上核心素养研究潮流及成果影响，基于中国教育国情与发展需求，国内也相继拉开了核心素养研究的帷幕。2013年5月，北京师范大学林崇德教授牵头的"我国基础教育和高等教育阶段学生核心素养总体框架研究"项目正式启动。为响应党的十八大报告提出的教育方针，即"坚持教育为社会主义现代化建设服务、为人民服务，把立德树人作为教育的根本任务，培养德智体美全面发展的社会主义建设者和接班人"，教育部明确提出落实立德树人工程的十大关键领域，并提出把核心素养体系作为研究学业质量标准、修订课程方案和课程标准的依据，用于统领课程改革的相关环节，体现了国家"以学生核心素养发展为本"的教育研究与改革方向。

在3年多的时间里，林崇德教授带领北京师范大学等多所高校的近百名研究人员采用自上而下与自下而上相结合的整合型研究思路，通过基础理论研究、国际比较研究、教育政策研究、传统文化分析、实证调查研究等多种研究手段，完成了核心素养总框架的建构与内容的草拟、修订与完善。15个国际组织、国家和地区核心素养研究的细致比较，12个界别608名代表人物的面对面访谈，566名专家学者、校长、企业家的问卷调查，351万字的访谈记录和大量调查数据，60余次课题组专家论证会，20余次征求意见会，一连串不起眼的数字充分彰显了该课题研究的基础扎实、边界清晰、方法科学。

2016年9月13日，中国学生发展核心素养研究成果发布会在北京师范大学举行。一份满载了国民期待、课题组心血的集体智慧结晶如期发布，轰动了中国的教育界，刷爆了同行的朋友圈。该成果坚守"素养"这个中心概念，界定了"核心素养"的概念内涵，即：核心素养主要指学生应具备的、能够适应终身发展和社会发展需要的必备品格和关键能力。这一阐述从品格和能力两方面着手，既突出学生的发展，又兼顾了社会发展。成果指出：中国学生发展核心素养以培养"全面发展的人"为核心，分为文化基础、自主发展、社会参与三个方面，综合表现为人文底蕴、科学精神、学会学习、健康生活、责任担当、实践创新六大素养，具体细化为国家认同等18个基本要点，描绘了一幅中国学生面向21世纪的成长路线图。

该研究成果具有鲜明的时代特征和现实针对性。聚焦"全面发展的人"，充分反映新时期经济社会发展对人才培养的新要求，高度重视中华优秀传统文化的传承与发展，系统落实社会主义核心价值观。在"自主发展"主要表现描述中强调"具有数字化生存能力，主动适应'互联网+'等社会信息化发展趋势""具有网络伦理道德与信息安全意识"；在"社会参与"主要表现描述中包含"崇尚自由平等，能维护社会公平正义""能尊重世界多元文化的多样性和差异性，积极参与跨文化交流"。此外，成果还对实施素质教育和课程改革中存在的具体问题，比如课程教材的系统性、适宜性不强，高校、中小学课程目标有机衔接不够，部分学科内容交叉重复，学生的社会责任感、创新精神和实践能力较为薄弱等问题，都进行了针对性的设计。

成果的一大亮点是弥补了教育内容和过程的文化缺失。长期以来，我们的教育偏重分数，偏重知识，偏重技能，忽视人的主体意义，违背了教育"文以化之"的浸润作用，使本应丰富多彩的教育功能表现得单一、单薄，让教育过程变得枯燥、痛苦。在最应该有文化的地方失去了文化，由此造成了教育的异化。而该成果在"人文情怀"描述中包含了"具有以人为本的意识，尊重、维护人的尊严和价值；能关切人的生存、发展和幸福等"。

同时，成果强调实证，崇尚科学，杜绝臆想，关注理性思维，包含的内容有：崇尚真知，能理解和掌握基本的科学原理和方法；尊重事实和证据，有实证意识和严谨的求知态度；逻辑清晰，能运用科学的思维方式认识事物、解决问题、指导行为等。这一要点在目前可能出现简单复古、封建迷信抬头的情况下，显得尤为必要。

该核心素养研究成果固然意义重大，让人欣喜万分，但若以审辩的认知思维、全面的发展眼光来看，尚有需要不断完善之处。2018年3月，北京师范大学中国教育创新研究院在充分吸纳相关研究成果的基础上，基于我国科教文卫等事业发展需求，进一步追问"打下中国根基、兼具国际视野"的人应该具有哪些素养，提出了"21世纪核心素养5C模型"。

"21世纪核心素养5C模型"包括文化理解与传承（cultural competency）、审辩思维（critical thinking）、创新（creativity）、沟通（communication）、合作（collaboration）。鉴于这5项素养的首字母均为C，故称该模型为"核心素养5C模型"，这些素养则简称为"5C素养"。在5C素养之下又设有3~4个二级维度，具体如表2.1所示。

表2.1　21世纪核心素养5C模型

一级维度	二级维度
文化理解与传承素养	文化理解、文化认同、文化践行
审辩思维素养	质疑批判、分析论证、综合生成、反思评估
创新素养	创新人格、创新思维、创新实践
沟通素养	同理心、倾听理解、有效表达
合作素养	愿景认同、责任分担、协商共赢

文化理解与传承素养是核心，其内涵包括在认知层面对不同文化内涵、共性与差异的认知与理解，在价值观层面能够认同并愿意传承中华民族优秀文化，更强调在行为层面能积极实践优秀文化中蕴藏的价值理念。这一核心素养为5C模型的其他4个素养提供了价值引领。审辩思维素养强调理性、条理、逻辑关系，创新素养则要求打破固有常规、寻求崭新突破，此二者更多地表现为认知能力。沟通素养强调尊重、理解、倾听、共情，合作素养表现为共同愿景下的责任分担与协商共赢，两者侧重反映个体需要的社会生存技能。5C模型从不同角度刻画阐释了21世纪人才必备的核心素养，它们之间既各有侧重，又紧密关联，交融成一个多维的立体灯塔，为21世纪教育兴盛、学校变革、教师进步、人才培养指明航向。

第二节　学校践行课改

一、立足点：管理模式的创新应变

课程改革是从课程目标到教学形式的一次全新变革，一方面强调课程教材的三级管理体制，赋予地方、学校在课程设置、教学内容、教学要求等方面以更大的调整权力；另一方面则倡导教学方式、学习方式在信息时代下的更大变革，把实践活动、研究性学习、选择性课程等多种新的尝试纳入发展目标，这对学校教育教学及其管理提出了新的挑战。因此，创新管理模式，以更高效的制度管理、更完善的教学管理、更高阶的课程管理推进课改的持续深化。

育才中学作为国家和广东省样本学校，各职能部门管理突出课程建设，服务课程建设，并以此为中心合理调配人力、财力和物力等。校领导扮演着课程领导者的角色，既做一个技术领导者，更做一个文化领导者，把学校锻造成为一个富有凝聚力和可持续发展的课程建设共同体。同时经过深入思考，形成了明确的指导思想和实验原则，确立了深化改革所必需的后续措施及各种保障机制，将学校传统的教学管理、行政管理转变为课程领导、课程经营。

学校以民主决策为前提，实施科学而灵活的管理措施。学校要求制度管理与人本管理相结合，刚性管理与弹性管理相结合，共性管理与个性管理相结合。由以规范师生的教学行为为主、统一的考试选拔筛选为主，转变到以激发创造性教学为主，转变到多元评价、动态评价、生成评价相结合的管理层面上，体现以人为本的管理思想。

学校以学生需求为基础，实现课程选择性与规范性相结合。作为本次课改核心，选择性对于学生选择能力和人生规划能力的提升，对于学校特色的形成起着至关重要的作用。但这种选择不是随心随意地取舍，而是要在研究学生兴趣类型、发展趋向的基础上，对课程结构、学习领域的时段安排、学分认定等必须作出的明确而规范的要求。

学校以学生成长为导向，落实行政班管理与教学班管理相结合。学校进一步强化班主任及导师的教育引导作用，既有效利用行政班传统稳定、黏性较足的组织管理功能，又充分发挥教学班专业持续的教育教学功能，做到行政班与教学班两者并存，取长补短、相得益彰，最大限度地为学生发展创设尽可能多的教育空间和学习机会，进而形成每一个学生的学校文化认同感、集体荣誉感和心理安全感。

学校以教师价值为引领，强调教学管理与课程领导相结合。学校在继承传统教学常规管理优势的同时，也要树立课程意识，建立一个包括教材、师生、教学方式、情境与评价等多种要素的课程生态系统。一线教师积极参与课程管理，和行政人员、学生及社区代表一起参与课程规划设置、课程资源开发利用等，重建课程文化，设计有学校特色的课程方案，实施有效的教学转型。在破旧与立新、传承与创造之间寻求动态平衡，做到教学管理与课程领导的有机结合。

二、切入点：校长培训的科学实施

校长作为顶层政策层面与学校执行层面的衔接者，起着承上启下（承接决策，启动命令）、承左启右（承接关联，启动调配）、承前启后（承接传统，启动未来）、承中启西（承接本土，启动融创）、承点启面（承接指令，启动团队）的重要作用。在课程改革实施过程中，一所学校能否标新立异，成为领跑标杆，关键就在于校长是否具有先进的办学理念、管理思想与治学方略，就在于校长是否充分发挥出愿景建构者、改革领导者、文化促生者、资源联结者等角色的核心功能。因此，要想更好更快地落实普通高中新课程改革，培养出好校长是重中之重。

各级教育行政部门也认识到了校长培训的重要性，开始高度重视，投入了大量的培训资源，并取得了一定的成效。部分有自觉意识的校长开始通过培训机构参加各种校长培训班，期望以此提高自己的业务水平。我也曾多次参加国家、省级有关普通高中新课程改革的培训，这无论对自己视域的拓宽、理念的提升，还是对实践操作指导的帮助、问题解决能力的提升等都起到了重要作用。但毋庸置疑，校长培训中也存在一些不可忽视的问题，主要表现为以下四个方面。

第一，重知识轻情感。培训注重机械式地灌输知识、概念，对课改深层的经济社会文化背景剖析不够，轻视或忽视对被培训者的情感渗透，少有校长的情感参与和头脑风暴，致使被培训者对课改的体会不深，认识不高，理解不透，热情不够，使命感不强。

第二，重理念轻案例。培训的理念阐述过多，运用实际案例引领的较少。即使有所运用，也是一些极端的案例，不注意筛选，不具有典型性。一些专家甚至有嘲笑或贬低基层实践者的倾向，从而拉大了双方的距离，不能形成价值认同上的合力。

第三，重灌输轻消化。培训方式比较单一，多采用讲座式，呈现给被培训者的培训内容也是基于讲授者的能力优势方面和研究旨趣。数位专家在较短的时间内采用人海战术，轮番轰炸，整体推进。被培训者只能聆听和记录，很少有自己联系实际思考的时间，与专家对话的机会更是极少。即使被培训者有一些思维的火花，也因疲于应付培训而稍纵即逝、荡然无存。

第四，重短期轻追踪。很多培训只是集中在一两周时间内将课上完，无论培训效果如何，都以人捧一张结业证书合影留念作为完美落幕。至于培训过程无人关注，关于培训后对实践的指导作用和被培训者的素质提高情况更是缺乏追踪研究。有些培训表面上轰轰烈烈，实际上却收效甚微，既耽误了宝贵的时间，一定程度上也浪费了难得的培训资源。

既如此，又该如何提高校长培训的针对性、指导性、实用性和挑战性？我认为，主要有以下三个方面。

（一）培训准备

《礼记·中庸》有云："凡事豫则立，不豫则废。"意思是说无论做任何事情，事前有准备就可以成功，没有准备就会失败。要使培训具有针对性，就必须做好完备的前期调查摸底工作，制订出切实可行的培训计划。调查摸底的内容主要有以下三部分。

首先是被培训者的个人及学校情况。个人情况包括个人学习经历、学术水平、研究方向、实践经验、工作经历等；学校情况要涵盖办学规模、办学体制、经费来源、师资状况、办学业绩、办学理念、办学目标、办学特色、发展规划等要素。

其次是培训的实际需求。包括对新课程的认识与理解，课改的硬件与软件准备情况，推进课改的最大障碍或阻力是什么，可能遇到的困难，正在采取的应对措施，将要出现什么新问题，自己希望得到什么内容的培训，用什么样的方式培训，有什么样的预期，等等。

最后是培训教师的配备。给校长培训的师资来源不可过于单一，要充分体现多样性，最好能汇集教育行政人员、教研专家、课程方案制定者、课程标准制定者、学科专家及教材编写者、课程评价者、中高考命题者和实验区学校的校长等。只有师资多样、视角多元，才能使被培训者对普通高中新课程有更加全面的了解。

（二）培训内容

新一轮课程改革的幅度之大、程度之深、内容之广、难度之艰、影响之远是历次改革无法比拟的。因此，培训更要化繁为简，化难为易。培训的内容上要体现简明、实用的原则，重在引导发现、思考和解决实施普通高中新课程中的难点、热点问题，做到有的放矢，切中肯綮。依我之见，如下问题应是新课程改革校长培训的重点内容：课改的必要性、紧迫性、复杂性和艰巨性；如何准确、全面、深刻地把握课改；如何化解部分教师对课改的抵制甚至是反对；如何建立课改与教师成长的相互促进机制；教师需要什么样的校本培训；如何把师生互动、自主探究、合作学习与教学上的散漫、随意、肤浅区别开来；面对比较笼统的课程标准和多种版本的教材，如何把握模块教学的起点、深度和广度；如何有效开展综合实践活动课程；如何指导教师开发校本课程；如何监控实施新课程后的教学质量；如何形成课程发展与社会、社区、家长的良性互动；如何进行与新课程相适应的评价改革；等等。

（三）培训方式

好的方式事半功倍，差的途径事倍功半。完备的培训准备与完善的培训内容体系是校长培训成功的基础前提，而以什么样的方式展开培训、传递知识则决定了培训效果的好或差。因此，培训者要尊重被培训者的自我导向，建立一种平等、民主、合作、教学相长的新型关系，实现培训方式的个性化和多样化。

具体可参考的培训方式有：注重理论讲解与观念传递的讲座式、论坛式、会议式，强调研讨合作与互动交流的对话式、交流式、研讨式，关注案例研究与问题解决的问诊式、分析式、展示式，凸显实地调研与求实创新的观摩式、实践式、挂职锻炼式，还有定向自修式、网络互动式、导师指导式、菜单式等。

校长培训在课改推进中的作用举足轻重。但是，一两次培训和研修不可能从根本上解决所有问题，正所谓不可能毕其功于一役。培训只能起指导、引领、渗透的作用，为校长的成长和学校的课程发展提供机会。学习新课程理论，考察同行做法，规划和实施新课程，不能囫囵吞枣、生吞活剥，也不可操之过急、急于求成；要实事求是，一切从实际出发，通过创造性的学习、反思、实践，探索一条富有本地、本校特色的课改之路，这应是普通高中课程改革背景下校长培训的应有要义。

三、主攻点：校本教研的动力源泉

教师即研究者，是新课程的基本理念之一。教师在教育情境及教学过程中发现问题、明确问题，并将其作为研究对象予以深刻研究，最终解决问题。由此，便形成了校本教研的基本含义：即以教师为研究主体，以学校具体教育教学问题为研究对象，在具体情境中生成的教学研究。与学术性研究相异，校本教研基于学校，贴近教学实际，是一项"为了教学""在教学中""通过教学"的教研活动。

校本教研强调同伴互助、合作参与，需要教师与教师、教师与专家、教师与管理者及其他合作者之间的协调帮助。因此，其执行落实的首要关键便是做好组织搭建工作，即着力抓好备课组建设。备课组是校本教研体系中最基层、最具体、最前沿的阵地，其水平直接关系到校本教研的质量，因此要在教研流程上有明确而具体的规定。备课组组长应是年级学科质量的把关者和第一责任者，也是校本教研体系中最重要的力量。

校本教研的一大障碍是教师的成就动机缺乏，从而导致实效性较差。因此，要激发教师的成就动机，用共识来推动实践，用理想来引向深入，克服教师的职业倦怠，开展丰富多彩的活动，尽量减轻他们的工作压力。学校可以通过近期可实现的具体目标去引领教师，加强教师的工作责任感；编制教师专业发展手册，开展教师职业生涯调查，并印制"教师个人发展规划"，引导教师对自己的角色发展进行规划、定位，分析现实中的自我与近期目标的主要距离，从课堂教学、选修课开设、信息素养、外语水平等方面提供具体规划，小坡度地增强教师的成就感。另外，要对教师的专业发展提出一些长远规划，分析成为骨干教师和专家型教师的成长路径，为他们的终身发展明确方向。

学校是教学研究的基地，教育教学中的问题是校本教研的研究重心。这些问题应当是教师身边存在的、看得见、摸得着、抓得住的具体问题，是在实践中归纳汇集的，而不是预设推演的。因此，学校可构建以"一个问题"为中心的校本教研体系，备课组在每学期初，根据本年级、本学科的实际情况，经过集体讨论，确定教学中存在的一个具体问题以作为本学期教学研究的重点。教师的常规教学与具体问题紧密结合，使校本教研的成果落实在一个个具体教学问题的解决之中，从而使教师的校本教研能力在具体的教学实践中得到提升。表2.2为育才中学某学期初的具体问题研究案例示范。

表2.2　育才中学某学期初课题研究

科目	年级	课题名称	备注
语文	高一	新课改下字音、字形和字义的落实	
	高二	话题作文的常见模式	
	高三	考场作文的开头与结尾	
数学	高一	学习方式与学习内容的矛盾与化解	
	高二	课程目标与高考目标的同一性研究	
	高三	数学分层作业的编制与研究	
英语	高一	英语课堂学生"无须举手，自由发言"观测	
	高二	学生自主学习效益研究	
	高三	英语写作小窍门	
物理	高一	课堂教学目标的分解与实施	
	高二	必修课课程模块内容和课时匹配的研究	
	高三	物理高考复习策略与实践	
化学	高一	化学教学中多媒体使用"度"的研究	
	高二	化学基础知识的内化与拓展	
	高三	化学练习的研究	

（续表）

科目	年级	课题名称	备注
生物	高一	改革作业批改模式，培养学生主动学习的习惯	
	高二	生物模块教学过程评价研究	
	高三	综合科与生物单科复习备考知识的分类	
政治	高一	学会规划经济人生	
	高二	政治课中语言表达能力培养研究	
	高三	政治解题能力的训练	
历史	高一	历史学习方法ABC	
	高二	提高学生收集整理历史材料的能力	
	高三	历史复习中如何指导学生"把书读薄"	
地理	高一	地理课堂"问题情境的创设"	
	高二	正确使用地理专业术语，提高语言的准确度	
综合	高三	教学中如何突出广东特色	
通用技术	高二	适度利用电子游戏促进信息技术教学	
体育		广播操进场与退场过程中学生行为研究	

学校要制定校本教研考核的若干细则和要求，定期和不定期地检查校本教研的落实情况。从量和质上进行全面的考评，对于做得较好的要予以表彰和奖励，对不理想的要予以教育和帮助。教研考核要与教师的年度考核、评优、评先、岗位安排紧密结合起来。这样，用差异推动进取，用技术突破经验，不断地完善和总结，才能使校本教研沿着健康的轨道前进。

四、生长点：校本课程的开发管理

随着新课程改革的深入，课程权利的重心逐渐下移，各学校逐步建立健全校本课程开发机制，将校本课程的开发及管理作为学校管理亟待解决的重点事项。那么，学校究竟应该如何适应国家、地方、学校三级课程管理体制，高效地进行校本课程的开发管理呢？育才中学对此进行了一些探索。

（一）课程开发背景

20世纪末，育才中学的校园青春文学颇具影响力，这反映了五彩斑斓的校园文化和特区学生自主选择的发展意识。进入21世纪，学校以敏锐的洞察力和优良的超前意识，率先进行了普通高中课程改革实验。

2002年9月学校正式启动"育才双特工程"。"育才双特工程"是指凸显学校办学特色和学生个性特长。它以全面推行素质教育为宗旨，力争使每一个学生得到不同程度的发展，通过在全校开设"课程超市"，学生根据自己的兴趣爱好和发展方向选择课程，这充分体现了学生学习的主体性，调动了学习的积极性，为学生施展才华、张扬个性、体验成功提供了舞台，为学生的终身发展夯实了基础。

学校采取了一系列措施对课程资源、教师资源、学生资源、学校资源以及社区资源进行了摸底调研与整合，为校本课程的开发管理打下了坚实的资源基础。譬如，印发"教师可开设选修课程情况调查表"，汇总统计各类课程资源。对教师的学术功底、学术类型、学科特长等逐一访谈调查，开发丰富多彩的高质量的校本选修课。研究学生的兴趣类型、活动方式和手段，以及学生实现自己目标过程中的活动载体，用学生自己形成的课程资源教育和调节自己，提高校本课程的适应性。整合网络设备、图书馆等各种物态资源和特有的学校文化资源，以原校园网为依托，为每个教室配备大背投彩色电视机、电脑、投影仪等现代化教育设施，改组校园电视台，成立网电中心。同时，重新装修实验室，完善实验器材，批量购进关于课改的图书资料，组建实验中心、图书资料中心等机构，从而为校本选修课程的顺利实施在硬件上做好充分的准备。此外，还充分利用社会现有的丰富资源，研究社会需要的发展动向，探索社会需要的发展规律，以便确定学生有效参与社会生活和社会发展所必备的结构素养。利用蛇口的区位优势，建立了高科技园区、招商地产、招商物流、蛇口港等课程资源基地。与深圳大学、深圳市博伦职业技术学校等建立校际联盟，共享教育资源。

（二）课程内容设置

在对各类资源进行了充分发掘后，学校组织教师按照"教师申报—学校审批—编制清单—学生选择—排定课表—走班开课—学分管理—课程考核—成果展示—总结提高"的开设流程完成了校本课程的开发与管理。

在开发内容上，学校既注重学科的均衡性，又注意实用性和前瞻性；既强调学生个性发展的需要，又兼顾学校特色和地域特色。开设了科学探究类、社会文化类、语言修养类、信息技术类、艺术修养类、劳动技能类、运动竞技类和学术讲座类八个类别，并在高中课改实验开始后，把这些课程有机地纳入了八大学习领域及十几个学习科目中。每学期，学校根据师资力量、教学资源及学生的需求，有计划地推出30~40门课程供学生选择。经过一段时间的积淀，许多课程发展为育才中学的一张名片。如"青春读书课"系列丛书已由国内享有盛誉的商务印书馆正式出版，成为南山区课改的品牌项目并在全区推广，全国有100余所中学以此作为语文课外指定读物；时事论坛、心理修养及研究、英语戏剧表演等课程都带有浓郁的校园特色，成为学校的品牌课程；运筹学、动漫设计、英语同声翻译等课程具有一定的前瞻性，为大学学习作出了良好铺垫；法语入门、韩语入门、日语入门等多语种课程，则体现了学校外语教学的优势。

在课程管理上，早在2002年9月校本课程全面开设之初，学校就实行了学分管理和走课制，为此编制了"校本课程教师工作手册"和"校本课程学生登记手册"，做到教师有记录，学生有收获。校本课程的学分管理和走课制，与后来实施的普通高中新课程方案的要求是相吻合的，可以说是提前进行的课改预演。学生选课也由初期的手工填表，发展到上网选课，家长参与。随着高中新课程的正式实施，学校在前几年开设的140多门校本课程的基础上，对照普通高中课程方案进行筛选加工，使每门课程至少18学时，对应1个学分。教学与评价的方式也日趋多样。例如，"时事论坛"以时政热点问题为话题，由单一的教师主讲发展到师生讨论、学生演讲、相互辩论等多种形式；"花卉艺术"以展示和拍卖学生插画作品作为考核方式；"桥牌进阶"巧妙地把课程与比赛有机地统一起来。许多课程就这样通过不断创新而成为深受学生欢迎的精品课程。

校本课程形式生动活泼，内容丰富多彩，致力于培养学生的创新精神和实践能力，发展个性与特长，锻造健康体魄和审美情趣。校本课程的开发与管理激励了全校教职员工的积极性，从教师到教辅人员、后勤人员都踊跃申报课题，多层次利用了学校的教学资源，增强了学校的凝聚力，同时使教师自身的潜能得到充分提升，有利于形成自己的教学特色。

校本课程实践使我们深切地感受到，国家制定的基础教育课程三级管理的课改政策，赋予学校在课程开发和管理上更大的驰骋空间，学校的竞争将由升学的竞争转变为课程的竞争、办学特色的竞争。与时俱进地开发更多更好的校本课程，已成为满足学生素质教育、彰显学校特色的生长点。

五、平面化：课程整合的实践构想

学校课程体系建设是新课程改革步入深水区的重要标志。许多中小学校在探索过程中，出现了一些问题：课程的简单叠加现象普遍，教师、学生的负担越来越重；不同学段的课程目标衔接不足，课程开发的系统性、适宜性不强；课程开发用力不均，国家课程固步于课堂改革，课程开发局限于校本课程；学校课程成为国家课程、地方课程和校本课程的"拼盘"。凡此种种，我们不禁要问：怎样在国家课程标准下建立学校课程体系？如何攻克国家课程校本化这个最后的"堡垒"？精彩的学生活动丰富异常，却时隐时现、忽有忽无，怎样把学生活动纳入课程体系？

这些现象和困惑呼唤学校重新审视并重建课程体系，其基本途径就是课程整合。以培养每个学生的综合素养为目标，统筹安排国家课程、地方课程与校本课程，重组课程资源，重建课程结构，重构课程内容，从而建设学校课程体系。如何进行系统的构想与实践，就成为学校课程体系建设的关键问题。

（一）课程整合的方向和路径

以整合的方式重建学校课程体系，须明确课程整合的方向与路径，方能让学校课程具有系统性和针对性，富有弹性和张力。

1. 平面化：课程整合的基本方向

课程整合的方向，是关系到学校课程建设建立在怎样的基础之上，走向何方的问题，也是实施课程整合的首要问题。

①平面化：概念来源。

"平面化"概念的来源有三个：一是"平面化"设计风格，对应着"拟物化"的概念，意为去除不必要元素的极致简约的设计理念与风格；二是企业为解决层级结构的组织形式在现代环境下面临的难题而实施的"平面化"（或"扁平化"）管理模式，对应着"层级化"的概念，意在压缩管理层级，增加管理幅度，减少管理成本，通过放权激发创新活力；三是托马斯·弗里德曼（Thomas L. Friedman）所撰写的《世界是平的：21世纪简史》，意指在全球化背景下资源的广泛整合与生态的广泛影响，人与人、人与环境的联系越来越便捷、广泛，不同的人和部门应该承担不同的角色，相互配合，成为一个网状的平面。显然，抓住本质，系统建设是平面化的核心内涵，而平面化的背后是整合，其深刻意蕴即为整合提供方向。

②课程整合：走向平面化。

其实，课程本身也是"平"的。立体的三级课程仅停留于课程管理，在实际课程实施中，国家课程、地方课程和校本课程，都是框定的符号。任何课程都必须回到学校这个具体的教育教学环境中才有意义。从课程的现实角度来看，只存在具体化的学校课程，而不存在什么抽象的国家课程。因此，实践中的三级课程压缩成了一个平面，成为学校的课程。

平面化为课程整合确立了明确的方向：整体地规划，广泛地整合，系统地创生，开发思辨、交流、体验的课程。具体而言，包含以下三个方面。一是指向课程本质的整合理念。课程整合需要指向学校这个系统的发展需要与学生发展需求的二维关系。二是指向更加开阔的课程整合策略。在经济全球化背景下，教育同样要积极面对信息和资源的全球化，从广度与深度出发，多方面整合，形成二维向度的充满弹性的课程，从而促进学生全面而个性化地发展。三是指向学生需求的开发方式。从课程管理方面看，课程分为国家、地方与校本的三级课程，而在学校课程的实际建设过程中，课程并不存在层级，而是平面的。从学校课程的整体设计方面看，只有学校的课程；就课程的开发与实施而言，只有教师的课程；从课程的目标方面看，只存在学生发展需求的课程。就学生的发展需求而言，可以分为公共需求和特别需求两个方面，从而形成整合下的二维课程谱系。

2. 厘清内涵：确立课程整合的基本路径

课程整合的话题和研究由来已久，许多学校也能够达成理念认同，认为课程整合是必需且必然的，但在实践中却认为其立意高远而又无从下手。主要原因就是其概念并无定论，内涵需要厘清。课程整合是一个包含着多种思想、多样实践的概念，可以从纵向和横向两个维度去梳理其内涵。

①纵向剖析：课程整合包含三个层次。

第一，课程整合是一种设计思想。从宏观上看，课程整合是一种课程设计的理论以及与其相关的学校教育理念。或者说，是一种课程设计的思想、思维方式，用整合的思想思考办学方式、课程框架、培养目标、课程实施，用整合的思维方式思考学校课程体系的建设。在学校课程建设过程中，这种思想应贯穿课程建设的全程，包括课程体系的构建，课程目标、内容的确定，以及课程开发的方式等。

第二，课程整合是一种建设策略。从中观层面看，课程整合是把内在联系的不同学科、不同领域的内容或问题统整成一门新的学科，以解决教育领域中各学科课程存在的割裂、内容重复问题，通过多种学科的知识互动，形成综合性的课程内容结构，创立以人为本的课程文化。这种观点就是把课程整合理解为以课程建设为中心的重组策略，需要着重思考如何重组资源、内容、活动方式等。

第三，课程整合是一种开发方式。微观的课程整合认为，"一门学科，务必使学生理解该学科的基本结构，教一门学科就是在教一种整合的认知结构，学科教学本身就是一种形式的整合教学"，或者是"把学生在校内的学习同校外生活及其需要和兴趣紧密结合的整体化课程"。准确地说，这是一种课程开发方式，将两种或者两种以上学科内容、资源、教学方式等融合在一起，开发出新的课程。这就对教师、学生、教学本身提出了更高的综合性要求。这种课程要求并非面向知识，而是强调把知识作为一种工具、媒介和方法融入教学的各个层面中，培养学生的积极观念和综合实践能力。

应该说，课程整合三个层次的内涵不可割裂，且是其付诸实践的三个抓手，并构成了学校课程建设的一条基本路径：以课程整合的思想统筹办学理念、培养目标、课程框架和实施过程；形成课程整合的策略体系，明晰如何统筹国家课程、地方课程和学校课程，如何统筹课程和学生活动，如何统筹学校、家庭、社区的课程资源；以整合为课程开发方式，建立以学生为中心的、建构主义的、超学科的整体课程。

②横向构成：课程整合包括多个着力点。

在学校实践中，课程整合更多是指操作层面的具体事项，使学习计划中分化出来的各个部分比较紧密地联系起来。为实现全面深化课程改革的目标，一般从五个方面进行统筹，分别为统筹不同学段的教育目标，统筹不同学科，统筹各个环节，统筹各方面人员以及统筹各教育阵地。总体而言，这五个方面构成了课程整合的五个横向组成部分。

课程是学校育人的载体，是学校的"产品"，其质量决定着学校育人的质量，其特质决定着学校发展的特色。学校课程必须整体构建。相对而言，课程整合的横向构成因为"显而易见"，进而成为学校"喜闻乐见"的着力点。然而，这难以解决"整合的方向是什么？如何进行整合？"的关键问题。因此，这种横向构建必须建立在纵向剖析的基础上，沿着课程整合的基本路径不断深入，横向延展，以构建富有张力的学校课程。

（二）指向二维发展的设计理念

课程整合是一种思考方式，思考：学校是为了什么？课程资源是什么？怎样利用知识？整合下的课程设计理念，即是建立在处理好学校发展与学生发展的二维关系上，由此建立的整体规划是课程建设的框架，也是平面化课程整合的基本原则。

1. 学校发展：为课程种下学校基因

从学校发展维度上看，整合下的学校课程建设，是为了铸就学校的灵魂，让课程丰富多彩且具有学校神韵，让培养的学生具有学校特质。

①出发点：基于学校发展需要。

学校发展需要，决定了学校课程建设的基本特征。学校发展需要是课程整合的出发点，决定课程建设的方向。建立课程体系的影响因素有许多，包括教育及国家发展方向，国家的教育施政方针，以学校、教师、学生为主轴的教育规律，等等。而具体到学校教育，这些因素的结合点和落脚点在于学校的定位。比如，深圳育才的基本定位是：人文育才，质量育才，国际育才。主要表现为五大办学坐标：立足国际舞台，回应国家关切，担当区域使命，满足社会需求，突出学生中心。

为此，深圳育才形成了课程建设的四个方向：一是课程框架国际化，引进国际先进课程，拓展多元国际交流，打造特色化英语教学；二是课程体系本土化，坚持公民教育和课程创新，把学校发展联通国家发展的血脉，关注国家命运与未来发展，把培养重视国家利益、具有服务意识和社会责任感的未来创新人才作为学校的重大历史使命；三是课程实施校本化，课程的实施过程以为了学生的健康成长、终身发展为出发点，以奠基学生的人生幸福基础为归宿点；四是课程评价开放化，推行符合国际化需要、重视跨文化能力的课程评价。

②规划：基于顶层设计。

顶层设计让学校课程建设具有明确的方向、完善的体系和一定的特质。课程整合是一项系统而复杂的工程，需要对目标、内容、管理和评价等方面进行系统考虑和整体规划。倘若沿着从课程开发或不同学科间的内容整合出发的底层设计思路，忽略科学而系统的规划统整，课程之间容易缺乏关联，呈现出零打碎敲、多而杂的状态。因此，学校要发展，必须对学校课程进行整体思考和规划，构造学校课程的顶层设计系统，勾画学校的"课程全貌"。

课程的顶层设计是学校课程目标、课程结构、课程内容、课程设置、课程实施、课程资源、课程管理与评价等方面进行的整体规划。它是国家课程方案的校本化体现，是学校文化和学校课程领导力的具体表现。通过课程的顶层设计，可以构建学校需要的课程，提高课程对学生的适应性，提升教师的课程开发能力，并在课程资源等各方面实现更深层次的融合。

从某种程度上说，办学就是课程建设的过程，培养目标就是课程总体目标。因此，课程的顶层设计须寻求学校办学理念、培养目标及课程建设之间的整体而系统的设计。比如，深圳育才根据培养目标，提出办学定位，确立办学理念，设置有生活气息的课程，为每一个学生的未来学习和发展奠基，形成了学校课程文化的系统结构。

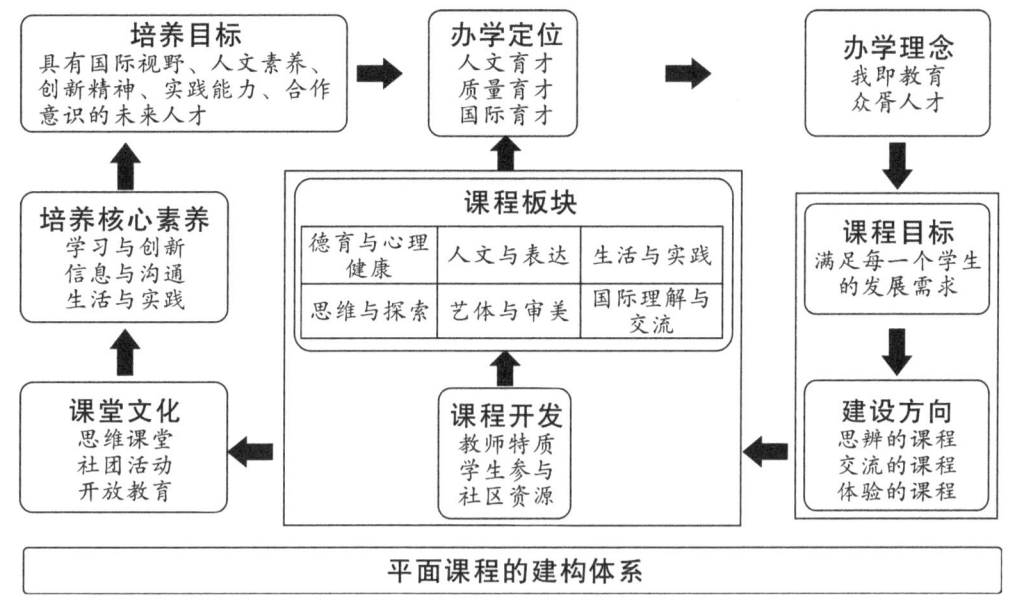

图2.1　深圳育才课程文化顶层设计

2. 学生发展：课程整合的归宿和落脚点

课程整合是为了更好地满足学生的发展需求，培育学生的发展核心素养。在课程的实际开发中，必须处理好学生发展需求与教师特质的关系。

①目标：基于学生发展需求。

学生发展需求决定课程建设的基本内容。学校课程建设的目标是在学生发展需求的基础上进行课程整合，因为课程整合是实现轻负高质、解放学生的有效途径，是满足学生需求、发展特长爱好的孵化器，也是帮助学生体验学科关联、进行知识创新重组的催化剂，能够有效促进学生全面发展、个性成长。

学校培养目标决定课程总体目标。课程建设是学校教学建设中的基础性环节，也是人才培养的关键环节。学校的培养目标应建立在国家需要的基础上，体现国家对国际化人才的时代需求，指向区域建设的需要。比如，深圳育才根据区域经济建设的需要，确立了"具有国际视野、人文素养、创新精神、实践能力、合作意识的未来人才"的培养目标。相应地，学校把课程整合作为课程建设的基本思路，寻求国际先进课程与本土课程的借鉴与融合，开阔国际视野，以课程整合守护我国的文化自尊，培育民族情怀，以课程的优势互补培养创新能力。

学生发展需求决定课程的发展目标。课程整合应该是学生中心的、建构主义的、以主题呈现的超学科的整体的课程，是超越单门学科有目的地组合知识、观点和探究问题，以达到学习者对主要观点、问题、人物或事件的更深刻理解。因此，课程整合或者说学校课程建设应该充分考虑学生的发展需求。深圳育才把"满足每一个学生的发展需求"作为课程发展目标，满足学生对于身心、审美、学习、生活、品德等基础性素养和信息、创新、国际等发展性素养的要求，建立了德育与心理健康、思维与探索、艺体与审美、人文与表达、生活与实践、国际理解与交流等六大课程板块。

②开发与实施：基于教师特质。

教师特质决定课程开发的主要方式。尊重教师特质是学校课程建设应遵守的重要原则。教师是课程的开发者和重要实施者，更好的课程需要更好的教师，更好的教师开发更好的课程。在课程的开发与实施中，总会融入教师个人的特质，基于整合的课程开发尤为如此。

开发课程是教师专业发展的重要标志。优秀的教师善于在自己特质的基础上开发能够满足学生发展需求的课程。因此，学校应鼓励通过课程整合，展示教师的特质，激发教师的文化自觉，在创新与实践中自主成长，培养理性与实践统一的教育智慧，把课程开发与实施作为教师专业成长的重要组成部分。

（三）指向二维向度的建构策略

在学校课程建设过程中，课程整合是解决课程改革中内容交叉重复、资源开发利用不足、课程开发系统性不强等问题的钥匙。学校需要从广度和深度两个方向，寻求更为开阔的整合策略，满足学生的发展需求。深圳育才根据实际情况确立了"T"形课程建设方针，探索课程的"压缩"和"丰富"，采用整合策略，通过各种手段打破既有壁垒，跨越时空边界，充分利用资源，设置文化课程。

跨文化整合。跨越国内外文化的鸿沟，用系列的国际化教育行动，拓宽学生视野和思维广度，培养学生包容、开放、批判意识等品质。比如，深圳育才在推进教育国际化的过程中，倡导成立了"蛇口国际教育联盟"，探索课程建设的交流与合作；引进"伟大原著"课程项目，从课程设置、教师配置、考核评价等方面进行系列创新。再比如，南山二外渗透国际理解课程，融入英语、语文、思想品德等课程，与姊妹学校深度交流、互动游学，相互学习核心课程、特色课程；定期与美国、加拿大、瑞典等国家的联盟学校进行国际视频交流；开设国际课程班，引进美国具有教师资格的教师，使用美国原版教材，从课程设置、教师配置、考核评价等方面进行系列创新。

跨领域整合。打通学校必修课程与选修课程的壁垒，满足学生的学习兴趣和特长培养。学校可以为具备特长的学生量身定制课程表，实施"垂直充实"和"水平充实"的课程方案，促进学生个性特长的发展；充分利用社区资源，让学习紧密联系身边的生活，提升学生创新的原动力；开发校本课程（社团），或开展各种科学实践特色活动，让学生亲自参加发明创造和科学探究活动，激发创新活力，培养学生的创新精神和实践能力。

跨学段整合。根据幼儿园、小学、初中、高中各个学段的情况，整合教育目标，在纵向上统一研发从幼儿园到高中，乃至高等教育阶段的学校课程，在横向上则有机结合学校里的工具性课程、认知性课程与情意性课程，开设环境适应、习惯培养、主题活动、亲子体验等课程，进行知识前置或后置调整、学科大组融合，帮助学生顺利度过关键学段，形成超越学段的视野和技能。让大学的"创新之光"照进中小学，引领学生未来的创新之路。如南山二外充分利用资源，让部分学生赴美国俄亥俄大学、代顿大学等校园学习，感受先进的创新文化；与深圳本地的大学联系，分享国际国内最新创新成果。

跨学科整合。通过包班实验、双语实验等，整合学科资源和学习方式，让轻负高质成为现实，充分解放学生的空间和时间，跨越学科边界，激发创新灵感。以统一的主题、问题、概念、基本学习内容连接不同学科，使学生在此过程中建立系统的思维方式，体验知识之间的联系，进而向社会延伸，为学生提供完整的教育情境。如南山二外的教师自觉寻求跨学科的资源整合，开设"成语中的物理原理"课程，在"杯弓蛇影""刻舟求剑""扬汤止沸"等成语中，通过平面成像与光的折射、相对运动与参照物、水的蒸发与温度变化等物理知识分析成语的本义、引申义、比喻义，让语文与科学互通，让学习过程灵动而充满趣味，提高学习的有效性。跨学科整合删减了课程之间无意义的重复内容，让课程内容相对压缩，课程实施更富效率。

跨阵地整合。统筹课堂、校园、社团、家庭、社会等阵地，发挥学校的主渠道作用，加强课堂教学、校园文化建设和社团组织活动的密切联系，促进家校合作，广泛利用社会资源，科学设计和安排课内外、校内外活动，营造协调一致的良好育人环境。整合一线教师、管理干部、教研人员、专家学者、社会人士等力量，充分发挥各自优势，如一线教师教书育人，管理干部提供服务保障，教研人员进行教学指导，专家学者作出研究引领，社会人士参与教育教学的监督。同时，学校还可以邀请专家、学者担任兼职教师，为学生提供专业知识讲座。全员围绕育人目标，协调各方力量，形成育人合力。

跨要素整合。发挥课程标准的统领作用，协同推进教材编写、教学实施、评价方式、考试命题等各环节的改革，使其有效配合，相互促进。制定学生发展核心素养体系和学业质量标准，明确学生适应终身发展和社会发展所需要的必备品格和关键能力；确定课程方案，提高思想性、科学性、时代性、适宜性、可操作性和整体性，合理确定必修、选修课时比例，加强职业体验、社会实践方面的课程，精选课程内容，科学确定课程容量和难度；重新编写、修订高校和中小学相关学科校本教材，加强各学段教材上下衔接、横向配合，根据学生年龄特点，密切联系学生生活经验，设计教材内容的呈现和编排方式；加强评价的育人导向，实施中小学教育质量综合评价改革，完善科学多元的评价指标体系。

（四）指向二维谱系的开发方式

教育就是培养未来，课程就是培养学生未来素养。因此，课程是一种特殊的"产品"，指向学生的未来发展。在课程开发方面，学校、教师与学生之间就形成了特别的"供需"关系。

1. 课程的二维谱系：公需课程与特需课程

从平面化的指向来看，为了兼顾课程开发的"成本"与终端体验，可以把学生的发展需求分为公共需求和特别需求两类，即共同的需求和个别的需求。对应地，开发的课程谱系就分为公需课程与特需课程两大类。

公需课程是学校基于学生未来发展，研判未来应具备的必要素养而开设的课程，指向全体学生。主要包括语文、数学、英语、科学等基础学科的校本化重构课程，以及学校文化的引导类课程，以必修的方式呈现。

特需课程是基于学生特殊发展需求而开发的课程。特需课程又分为两类，一类是学校根据学生个性化发展需求调查提供的"超市式推送"课程，以选修的方式呈现。这类课程包括社区、教师、家长、学生等开发的课程，即所谓的校本课程，还包括艺术、体育等走向专项化的细分课程。第二类是根据学生个别化发展需求开发的订制课程。这类课程由学生提出内容和时间上的特殊要求，学校整合各种资源而予以开发。比如，深圳育才的一名高中学生，提出了为期一个月的订制课程"蛇口网谷与我的生活"，以探索蛇口网谷这个平时离自己很"遥远"的高科技园区，它的产业结构和产品究竟对人们的生活产生了什么样的影响。自提出订制以后，又有十几名学生加入这个课程小组。学校组织科学、信息技术教师，联系蛇口网谷的代表性企业，共同开发了这个课程，并在实施过程中，让学生实地考察、动手实践，满足了他们的内在需求。

2. 课程开发生态圈：提供学生发展需求的良好环境

为了更大限度地满足每一个学生的发展需求，学校需要建立更加开放的课程开发生态圈。

一方面，从课程的联动开发着手。课程整合对教师的要求很高，其综合性和延展性对课程开发提出了团队合作的要求。深圳育才根据学生发展需求建立了学校、教师、家长、学生、校外脑库和社区资源的课程联动开发机制，让课程趋向于无限延展，为学生提供更加丰富多彩的课程。在课程的联动开发中，学生提出需求，教师主导内容，不同行业的专家提供专业支持，社区资源提供环境、场地支撑。在这样的课程中，可以有多个"教师"同时参与教学。比如，一个教师在开发的"生活中的礼仪"课程中，发现自己在涉外礼仪方面并不擅长，于是邀请开发团队中任职乘务员的家长现场讲述并演示，有效提升了学生的体验和参与度。

另一方面，从课程的校际共享着手。基于学校发展要求课程整合，让不同的学校具有了各自的特色。课程的校际共享可以更大限度地满足学生的发展需求。比如，深圳育才充分利用4所幼儿园、4所小学、2所初中、1所高中的集团特点，开放课程共享，采用教师、学生走校的方式，打通横向和纵向的通道，让学生的选择有了更大的空间。

3. 课程开发方式：让课程富有弹性和张力

学校是课程开发的主阵地。为实现学校育人目标，运用课程整合，应采取合适的课程开发方式，以兼顾国家课程和学校课程，凸显学校特色和教师特质。

①继承与拓展。

在语文、数学、英语等学科课程的开发中，在国家课程标准框架内，协调并明确国家课程与教师自主创新的关系尤为重要，继承与拓展成为必然。

继承。国家课程校本化，是围绕学校育人目标的二次开发，是基于学校实际情况的创新实践，不是"为了特色而特色"的课程建设。国家课程对于学校课程的开发具有巨大的指导意义，执行国家课程标准，继承国家课程的主要内容，乃至继承国家课程提倡的学习方式，都是学校课程开发必须遵守的准则。因此，继承是学校课程开发的重要方式之一。继承，并不意味着全盘照搬，吸取合理的成分，适当地选择与重组是其重要内涵。

拓展。不同的教师生成不同的课程。在继承的基础上，学校应鼓励教师根据学校的育人目标、教师的自身优势，根据自己对课程的独特理解、学生的具体情况，拓展国家课程，在此基础上形成衍生课程，以培养学生的综合素养。从课程的设置和存在方式看，衍生课程包括"分离式"与"嵌入式"两种形态。比如，深圳市南山区育才第一小学以语文学科为核心，同科学、美术、品德与生活等学科相整合，开发出"中国人·雅生活"的传统文化体验课程，通过包粽子、制作月饼、品茶等活动，学生体验民族文化，提升综合素养。该课程与语文课程相对分离，设置独立课时，成为学校的特色课程之一。一名英语教师开发了"校园情境口语"课程及教材，与国家课程相结合，切实培养学生的口语能力。此课程镶嵌于英语课程中，采用课前三分钟及适时情境运用的方式，让英语课程充实且有效。拓展让课程打上了教师的个人烙印，从而让课程更加丰富多彩。

②细分与综合。

面对体育、艺术等国家课程，需要解决学生的技能形成与庞杂内容之间的关系，满足学生快乐参与的需求，并形成影响其一生的技能和能力。

细分。传统的体育、艺术课程的教学大多是点到为止，如何让学生真正形成具有兴趣爱好的技能，是学校课程开发必须面对的问题。对于个人的未来发展而言，拥有健康的身心、积极的生活态度，是获得幸福未来的基础，也是素质教育的重要内容。深圳育才提出"2+2+1"工程，即2项体育特长，2项艺术特长和1项特别表现，开发对应的课程，培养学生的体育和艺术技能。根据教师的特长，将艺体学科细分，体育课程分为足球、篮球、自行车、摔柔、田径等，艺术课程分为油画、速写、素描、舞蹈、乐器、声乐等分项模块，以学期、学年为时间单元，学生根据自己的兴趣爱好自主选修，以培养学生的艺体技能和特长。

综合。部分课程存在内容上的交叉、重复现象，必须采用综合的课程开发策略，让学习更富有效率。比如，心理健康与品德课程中关于学会做人、做事方面的内容存在一定的重复情况，学校采用课题引领、教师合作的融合策略，以主题单元的方式集中开发综合性课程。

③创设与引进。

继承与拓展，细分与综合，是国家课程校本化的开发方式，能够满足学生在课程标准下的发展需求；而开发更加丰富的校本课程，有利于满足学生更加个性化的发展需求，从而让学校课程更加丰富均衡，也更加凸显学校的特色。

创设。教师、学生和家长都应是学校课程的重要来源。深圳育才中的学校的教师、学生和家长每学期都会开发丰富多彩的校本课程（社团），供学生自由选择。学校还通过各种科学实践特色活动，让学生切身参与发明创造和科学探究活动，培养学生的科学精神、科学方法、创新精神和实践能力。比如《科技环保行》的微电影拍摄，学生自己设计、拍摄、编辑科技环保小视频，记录自己用废旧物品做手工、探索家电节能小技巧的经历等科学实践活动。

引进。校内教师不应是课程的唯一来源。充分利用社区资源，大力引进高质量的丰富课程，也是提升学校课程品质的重要方式。比如，深圳育才每个学期引进足球、网球、游泳、滑冰、棋类等体育课程，乐器、声乐、舞蹈、绘画等艺术课程，此外，还引进校外脑库、日语、韩语等课程，让大师引领学生成长，让课程更加专业。

六、落脚点：过程性评价的内涵与操作

新课程改革背景下，过程性评价成为高中学生学业成绩评价体系的重要组成部分，得到了新课程实验区学校的广泛认同和重视。过程性评价是一种在课程实施过程中对学生学习进行评价的方式。科学地进行过程性评价，对增强学生学习动机、提高学习效果等有着积极而显著的作用。但就表面的情况来看，过程性评价作为新兴发展的评价理念和方式，人们对其概念理解存在着一定的偏差，相当一部分学校也因种种原因令其形同虚设，甚至完全取消。如何准确把握过程性评价的内涵与实践，实现过程性评价的应有价值和功能，是每一个课程理论工作者及一线实践者必须面对的问题。

（一）过程性评价的内涵

现代认知心理学派认为，要想理解行为就必须考虑行为背后隐藏的过程。过程性评价采取目标与过程并重的价值取向，对学习的动机、效果、过程以及与学习密切相关的非智力心理因素进行全面的评价。过程性评价主张内外结合的、开放的评价方式，强调评价过程与教学过程的交叉和融合、评价主体与客体的互动和整合。它以过程体验为基础，以促进发展为目标，以自我反思为途径和手段，以矫正优化学习方法为导向，与主张筛选和甄别的终结性评价相对。

过程性评价的功能包括对学生学习质量水平作出判断，肯定成绩，找出问题；促进学生对学习过程进行积极的反思，提高思维参与度，从而更好地把握学习的方式方法；学生理解和掌握评价的基本方法，作为与终身学习相呼应的有机组成部分，将实现终身的可持续发展；教师通过关注学生学习过程，深入发掘教学存在的问题并予以改善，实

现教与学的兼得。

过程性评价与终结性评价从不同的角度来衡量学生的学习状况，有着各自的优势和用途，既不会互相排斥，也不能互相取代。它们同为完整教学评价的两个侧面，不可或缺。我们不能因为提倡过程性评价就忽视甚至否定终结性评价，而应思考如何不断提高评价的科学化水平，提高学生的学习效率，尽可能减轻他们的身心负担。过程性评价与终结性评价有着广泛的联系并可以相互转化。比如，模块结束时的考试应当是一个模块的终结性评价，但相对于高考来说，它又是一次过程性评价；而将高考置于整个人生长河中来看，它又只是人生众多检测中的一个重要环节，是人生历程中的一个重要里程碑，算不得是终结性评价。

过程性评价不能完全等同于形成性评价。尽管它们均有助于促进学生的发展，但过程性评价更强调评价的激励功能，更尊重差异，关注情感、意志，鼓励学生进行个性化创造，帮助学生改进学习方法，完善学习过程，优化思维方式，提高思维品质。而形成性评价则更追求特定目标的达成，强调知识技能的掌握。

过程性评价与综合素质评价不是一个层面上的概念。过程性评价主要指向学业成绩，它是学生学业评价的有机组成部分。而综合素质评价范围较广，内容丰富，是学生毕业或升学的重要参考指标，主要围绕品德与素养、审美与艺术、运动与健康、探究与实践、劳动与技能等维度。在操作上，综合素质评价是在教导处、班主任的组织下，以班级为单位对学生的道德品质、公民素质、情感态度、合作精神、日常表现等方面进行综合评价。

过程性评价只是众多评价方式中的一种，必然有所能有所不能。对此，我们在认识上既不能窄化，也不能泛化，更不能神化。过程性评价的手段、方式、途径可以多样，可以根据科目、时间、对象等的差异而采用不同的评价内容和标准，可以采用量化、等级、质性评价等多种方式进行，还可以结合课堂、作业、模块结束、学期结束等时段有机进行。

（二）过程性评价的操作

育才中学在普通高中新课程学生学业评价体系中对过程性评价进行了可贵的探索，大致经历了通用—分类—质性评价三个阶段。在普通高中新课程实验的第一年，学校制定了统一的《学分管理条例》、高中模块学习学分认定表、高中模块学习过程评价表及操作说明，确保学分认定的科学性、真实性和规范性。第二年则按照领域或学科类别进行评价。第三年采用小组评价、学生总结自述的方式，运用质性评价把学生和教师从烦琐的数据中解放出来，让学生总结反思模块学习的得与失，让其他学生从中借鉴，学生普遍感到收获很多。这种把量性评价和质性评价结合起来的方式，创造性地体现了普通高中新课程发展性评价的理念。

1. 各科通用的过程性评价

从表2.3可以看出，学科类学分的获得必须同时具备修习时间、过程考核和模块考试成绩三项条件：出勤占总修习课时的5/6以上；学习态度、学习方法等学习过程考核不低于B等（考核一般分为A，B，C三个等级，A为优良，B为合格，C为不合格）；模块考试成绩在及格以上。

表2.3　高中模块学习学分认定表

模块名称：分子与细胞　　班级：高一（10）班　　任教教师签名：×××

学号	姓名	出勤考核				过程考核	模块考核		学分评定/学分	备注
		旷课	迟到	病事假	等级	等级	成绩/分	等级		
041001	×				A	A	85	A	2	
041002	×				A	A	94	A	2	
041003	×				A	A	99	A	2	
041004	×				A	A	93	A	2	参加课外兴趣班
041005	×				A	A	97	A	2	

评价维度：从表2.4和表2.5可以看出，过程性评价从学习目标、学习态度、学习能力三方面进行综合评定。其中，学习目标主要包括模块学习目标明确，有自己的修习计划并能根据实际进行调整等维度；学习态度主要包括学习兴趣、学习动机、努力程度的自述，对小组其他同学打出互评等级时，从互相帮助的精神等维度进行；学习能力主要包括学习方法、习惯、质疑、反思、动手、创新、交流、合作能力，以及平时的作业、测验、实验的表现等维度。

评价等级：一般以A，B，C三个等级呈现，A为优良，B为合格，C为不合格。

评价方法：以学生自评、学生互评与教师评价相结合。学生的自评、互评以学习小组为单位进行。学生按项目打出自评等级，进行一定的自述，并对小组其他同学打出互评等级，由小组长进行统计，科代表和小组长负责监督各小组的评定情况。通过自评和互评的过程，每个学生能进一步了解自己的优点和缺点。小组评定结束后将自评、互评情况交由科任教师汇总，科任教师按照"从多""从高""三者相等取其中"的原则，参考学生平时的表现，结合自己的评价，最后确定学生该模块学习过程的评价等级。

表2.4　高中模块学习自评互评表

模块名称：分子与细胞　　班级：高一（1）班　　任教教师签名：×××

学号	姓名	自我评价				小组互评			
		学习目标	学习态度	学习能力	总体等级	学习目标	学习态度	学习能力	总体等级
041062	×	A	A	A	A	A	A	A	A
041063	×	A	A	B	A	A	B	A	A
041064	×	B	A	A	A	A	B	A	A
041075	×	A	A	A	A	A	B	A	A

表2.5　高中模块学习过程评价表

模块名称：分子与细胞　　班级：高一（1）班　　任教教师签名：×××

序号	姓名	学生自评			学生互评			教师评价		
		等级A	等级B	等级A	等级A	等级B	等级C	等级A	等级B	等级C
1	×	√			√			√		
2	×	√			√			√		
3	×	√			√			√		

2. 分科类的过程性评价

以高中语文学科为例，从情感、态度与价值观，过程与方法，学习成果，特长及学习成果展示，个人小结及反思五个具体的评价维度出发，根据学科特点，进行针对性的评价。如表2.6是佛山市某校的高中语文学科过程性评价内容设计。

表2.6 佛山市某校高中语文学科过程性评价内容设计

模块_____ 班级_____ 学生_____ ____年____月

评价维度	评价内容	评价等级		
		自评	组评	师评
情感、态度与价值观	热爱祖国的语言文字，积极提高运用欣赏能力			
	维护祖国的语言文字，抵制不良语言现象			
	关注生活中的语言现象，并能分析判断、取舍			
	按质按量完成学习任务			
	学习中表现自信、勤奋、坚毅，追求卓越			
过程与方法	独立思考，善于发现问题，有自己独到的见解			
	合作意识强，勇于表达，专注倾听，乐于交流			
	注重体验美，创造美，陶冶性情，涵养心灵			
	善于计划、比较、反思、总结、调整			
	勤于整理、辨析、积累，以各种方式充实自己			
学习成果	阅读广泛，读经典著作，读完整著作			
	表达交流语言规范、清晰、诚恳、有感染力			
	积累丰富、完整、准确，灵活运用			
	书写工整认真、整洁美观			
	作品丰富、完整、有创意；笔记有条理、清晰			
特长及学习成果展示	背诵的篇章			
	阅读的书籍			
	发表及其他			
个人小结及反思				
总体评价等级				

3. 以质性评价为主的过程性评价

以质性评价为主的过程性评价一般分为学生自我展示、学习活动评议、教师随机评价三种方式。

①学生自我展示。

新课程要求改变被动接受式的学习，提倡自主、合作和探究的学习方式，使学生学习发生实质性的变化。通过过程性评价，学生产生学习动机或好奇心，从而自发、主动学习，达到高水平的学习质量。同时，引导学生学会自评，通过自我评价来了解自己的进步，发现自己的不足，监控自己的发展，并在这个过程中养成自我反思的习惯，提高自我认识的能力，从而达到学会学习、自我提升的目的。

学生自评必须与下一阶段的目标设定联系起来。因为，只有同下一步的努力方向、方法联系起来的自我评价，在教育实践中才具有应用、研究的价值。否则，自我评价只能助长自我满足或悲观失望的情绪。学生在自我展示阶段可以陈述某一模块的学习情况，也可以展示自己的学习成果，如学习计划、课堂笔记、作业、课外摘抄等。以下是育才中学一名高一学生的自我评价案例。

文言文是高中课内语文学习的一个重要内容，它的背诵记忆量大，对于翻译的要求也高，课内知识比重大。这一模块的古文学习，我分为课前、课中、课后三个部分。课前我一般先熟读全文、注音，标出书下注解的重点并尝试理解文章大意，对于难以解答的重点难点做好标记。不足的是不能每课坚持如此，对于课后习题的重视不够，今后可以借助参考书对课后习题等先进行浏览。

上课时我基本能集中精力，提高效率，通过教师的讲解与拓宽深化原有记忆，汲取新的知识，将教师拓展的知识记录在书上。不足的是有时开小差，漏过了知识要点，以后要做到有目的、有重点，对于自己未弄懂的东西要特别关注，争取在课上弄懂。

课后部分我做得也不够，只做到了每学完一课便及时背诵，并将需背诵文段默写一遍，但未能及时巩固知识。并且平时很少整理自己的知识结构体系，导致问题倚叠如山，以至于考前难以应付。同时课外涉猎不够，且对于古文字词用法没有系统归纳分类，导致我课外文言文阅读能力较差，课外名句所知太少，知识运用不够灵活。今后应温故而知新，及时解决问题，整理知识，拓宽阅读范围，多记课外名篇佳句，在文言文学习上加倍努力。

通过上述案例，可以看出过程性评价能让学生养成良好的学习习惯和学习能力，形成有效的学习策略。近几年的实验表明，学生的合作意识、动手能力、口头表达能力、思维能力较强，则学习视野较宽，学习潜质较好，在课堂中更加容易沟通和对话。

自我评价通过考察与学习密切相关的非智力因素，比如对学习任务的意向、学习的习惯、透过学习过程反映出来的情感和态度等，给自己和同伴以信息反馈，唤起学生进行比较深刻的反思和总结，使其对自身有更加全面和深刻的认识，从而提高学习的效果和质量。学生的自我评价成为自我教育、自我矫正的过程，能够改善学生的心理状况，拥抱积极向上的变化。

②学习活动评议。

通过开展一些有益于学习效果提升的活动，发展学生的特长，挖掘学生的潜能，张扬其个性，激发其学习热情，同时体会到合作学习的乐趣。以下是某历史教师对于学生学习活动的评议。

2005级高一（10）班，下午第二堂历史课，我坐在学生中，学生×××从容地站在讲台上。他声音响亮而清晰、有理有据地分析着日本战后经济崛起的原因，时而打开课件图片、文字，时而在黑板上画着示意图，台下的同学们听得聚精会神、津津有味，时不时地报以欢呼和笑声。

目前，各班有3个小组完成了3课教学任务，效果很好，而且在教师的指导下，学生的课越上越精彩，条理性越来越强，人也越来越从容。一些很腼腆的学生，也敢于上讲台了，讲起课来头头是道。学生讲课不仅要点突出，思路清晰，有讲有练，而且还更注意讲课的效果和形象，课件也越做越专业，学习的积极性越来越高，人也越来越自信、优秀。

该班学生×××下课后从2楼冲到5楼历史教师的办公室，上气不接下气地说："老师，日本为什么在战后发展那么快，我觉得仅从教材上叙述的内容来看是不能说服人的，我认为……"第二堂课下课铃声刚落，他又气喘吁吁地跑上来，"老师我还有一个问题……"

我们看到，通过对这一过程的正面评价，学生的潜能、个性、热情、学习能力与方法都悄然发生了变化。他们组织协调、搜集资料、制作、展示的能力得到了显著提高，而且所有学生都能在教师的鼓励中获得成就感，获得自信。

在学习过程中，把学生相互评价作为交流的平台，通过学生之间的相互观察和提醒，可以促使他们不断自我反思，从而提高学习策略和方法水平。考试测验不能完全评价学生的能力，如口语表达能力、解决现实科学问题的能力、创新能力等都可以通过过程性评价表现出来。同时，过程性评价还能给学生提供展示阶段性成果的平台，激励学生学习并产生成就感，品尝探究的乐趣，获得持续发展的动力。

③教师随机评价。

教师评价以课堂为主要途径，以学习方式为重点，关注学生可持续发展。评价过程中，教师尊重学生的个性差异，提倡以鼓励、表扬等积极的评价为主，倡导自主合作、交流探究的学习方式。教师通过语言、情感和恰当的教学方式，尽量从正面加以引导，不失时机地从不同角度给不同层次的学生以充分的肯定、鼓励和赞扬，使学生在心理上获得自信和成功的体验，激发学生的学习动机，诱发其学习兴趣，进而使学生积极主动学习。

如在高中思想政治关于"我国公民的民主参与"教学中，教师以独出心裁的"春游+听证会"活动教授、强调了社会听证制度。活动前，教师简单介绍了听证会常识，学生很感兴趣，纷纷踊跃报名，且做了大量的准备工作，仔细询问各旅行社报价。听证会上学生积极发言，向旅行社提出了若干疑问，包括具体价目、行车安全、伙食标准等。过程中，他们消除了疑虑，增加了社会经验。学生体会到理论与实践相结合的重要性，享受到了成功的喜悦，对政治学习也更感兴趣了。

过程性评价为教师的教学调整提供及时的信息。在评价过程中，教师通过观察学生学习的态度、兴趣、行为及各种表现，对学生微小的进步都作出肯定论断，具体到如何指导学生掌握某一学习内容的方法。教师认真收集各种反馈信息，评价自己教学上的不足，及时调整教学方案，改进教学方法，研究教学策略，使评价目标更有效地服务于学生，作用于教学，全面提高教学质量。

但在学生评价中，教师需要注意这样一些问题：对学生的指令和要求要明确、具体、清晰；要注意评价的教育性，保证评价的公正度和信度；要保护学生的自尊心、自信心，尊重学生的隐私，关注学生的处境和需要；要注重学生发展变化的过程，以鼓励为主；要有利于促进教学，有利于学生反思不足，有利于促进思维水平的提高，从而调整学习策略，明确学习方向，同时要关注学生的发展性和差异性。

4. 关于开放性试题的过程性评价

开放性试题与具体学习内容相结合，应是过程性评价的重要组成部分。通过作业及测试的及时反馈，学生能围绕学习中的关键问题，积极参与反思，这是提高学业成绩和教学效益的重要途径。为适应新课程理科教学的要求，部分学科开展了开放性试题的研究，在模块考试中适当地安排一些开放性试题。开放性问题的确定，难点主要是阅卷时评分标准难以把握。但经过教师们讨论、修改和实验，这类题在过程性评价中受到了学生的欢迎。以下是生物学科必修模块一考试中的一道题目。

科技小论文：结合所学内容，列举威胁人类健康的主要因素，简要分析其原因。（8分）

要求：1. 字数不少于300字；2. 要紧密结合教材和自己的生活实际；3. 层次清晰，语言流畅。

学生答卷及点评："科技小论文"具有较大的开放性，给予学生足够的思考和回答空间。但解答时要求他们结合教材和生活实例展开，也就是进行了一定限制。某版教材关于健康的话题主要在第一章和最后一章。因为学生未学遗传内容，对遗传因素以及涉及遗传机理的知识在本次评卷中不作要求。下面选取部分样卷，并就有关评价问题进行有重点的简要点评。

样卷：威胁人类健康的因素主要有物理因素、化学因素和生物因素。物理因素，主要有射线和创伤。许多有害射线会造成人体细胞癌变，如血癌、皮肤癌等。创伤是人的撞伤、破裂，损坏人体细胞，造成局部细胞坏死。化学因素，主要是一些有害物质进入人体，造成人体疾病，甚至死亡。如，一氧化碳进入肺部，会迅速与血红蛋白结合，以致人体细胞不能正常呼吸，造成死亡。亚硝酸根离子进入人体会致癌，腌制、烤炸及有黄曲霉菌的食物都有亚硝酸根离子，我们一定要少吃，尽量不吃。还有，如碘离子摄入过少，会引起甲状腺肿大，所以要提倡在食盐中加碘。生物因素更是非常多。如感冒病毒会引起感冒，HIV病毒会破坏人体免疫系统，引起艾滋病；还有肺结核、痢疾等，都是由细菌引起的；蛔虫引起腹痛等。我们一定要注意保护自己的身体，保护环境，有病要早发现，早诊断，早治疗。

阅卷教师点评：既联系了生活实际，也联系了教材实例；既讲到各因素，也分析了其原因。层次清晰，重点突出。本答可以得7分。"威胁人类健康的因素主要有物理因素、化学因素和生物因素"，这在教材中有所介绍。这名学生的答案基本符合要求，但为什么不给满分呢？因为除了课本上的分类方法，还应该加上"自身原因"，例如遗传因素、生活习惯等。

此外，在构建学生学业评价体系的实践中，要坚持评价主体的多元性、评价内容的丰富性、评价标准的差异性、评价方式方法的多样性，以及过程性、发展性原则，重视评价时机、价值取向、自我体验与潜能挖掘；在运用策略上，坚持情境的真实性、过程的动态性、个体的参与性与标准的发展性，充分发挥评价的导向作用，通过公正、客观的评价，激励学生自主管理的积极性，同时实现对学校教育质效的监控。评价的层次有学校评价、班级评价、学生个人评价，评价的主体有教师评价、家长评价、学生自我评价和学生互相评价等，评价方式包括语言、书面、口头等。对学生的个人评价以学期为单位，由班主任收集、汇总，分别收入学生成长记录袋，记入学生成长手册或档案。

过程性评价既要评价程序与内容体系，又要评价实施过程中的师生行为与体验。要始终坚持目标多元、形式多样、注重过程的原则，综合运用多种手段，做到评价过程的动态化，给予多个评价维度、多次评价机会。坚持评价主体多元互动，社会、教师、家长、同伴共同参与；评价方式多样综合，教师参评、同学互评、学生自评、家长社区辅评等；实践手段丰富多彩，既采用问卷调查、数据考核等定量评价方法，又采取同学评鉴、行动观察、档案袋或成长日记等定性评价方法。

经过几年的实践，我们发现在学分认定和学生平时的学习中充分体现过程性评价后，学生变得会学习了，学习兴趣也浓厚了，学习方法更加科学了，学习效果也明显提升了，教师的教学针对性也更强了。就新课程实验后的第一年高考来说，我校的各项指标都超过以往。当然影响高考成绩的因素相当复杂，不是说实验了高中新课程，高考就一定能考得好。但至少可以说，真心实意地去实践高中新课程的理念，高考成绩一定不会因此而掉下来。

不过，过程性评价在实际操作过程中也有许多问题值得注意与反思：一是与社会的传统评价观念相冲突，需要进行积极的舆论引导；二是与现行考试采用终结性评价相悖，需要在理论和实践的摸索过程中不断研究和协调；三是过程性评价标准比较模糊，缺乏一些具体的维度和规范的模式，需要进一步明确评价的内涵和标准，设计评价方案和工具，不断反思和改进评价方案，从而使过程性评价的标准更加清晰明朗，更加具体规范；四是要处理好全面性与可操作性的关系。为此，过程性评价工具的选择和设计具有很大的自由空间，应体现简洁、有效、可行的原则。此外，学生在过程性评价中的自我评价过高也值得研究。

七、闪光点：教研写作的方法路径

对于教师而言，写作是其成长的软实力，考核的硬指标。因为，只有通过写作，才能将教育教学中发生的教育故事、经典案例、论文报告、反思记录等予以深刻地提炼、完整地总结、专业地表达，才能形成可持续、可借鉴的系统性教研成果，帮助自己及更多教师走向专业发展之路，为学生的成长、教育的进步奠定坚实的基础。

（一）走向幸福：为什么要写作？

美国未来学家约翰·奈斯比特教授在《大趋势》一书中提到，当代社会应该记住五件最重要的大事，其中之一是"在这个文字密集社会里，我们比以往更需要具备基本的读写技巧"。在哈佛大学，不论文理，不论学科，所有的大一学生都必须修习写作课。可见，写作是精英不可或缺的能力素养。

同时，写作也是教师最好的学习与成长方式。它是对自然社会、生存生活的细致观察与理性思考，是对沿途见闻、书本阅读的用心感受、精心提炼，是对教学经历、教育情感的梳理展示、凝练升华，是对知识积淀、才情见解的运用表达与自然外化。文字的力量是巨大的，使用语言的能力很大程度上决定了人的发展潜力，长期潜心地写作可以修炼生活处世的不凡耐心，对语言的运筹帷幄能帮助掌握更多的交流主动权，深化多层的思考感悟能衍生出多维立体的思想，照亮人生的幸福之路。

（二）重在规范：如何写全文章？

纵然写作、科研有万般利好，然而在真实的教学工作场景中，我们常听见关于写作、科研无用的纠结、埋怨之声。细细想来，写作、科研就真的一无是处吗？做一名科研型教师就真的毫无用处吗？答案自然是否定的。在我看来，写作、科研有这样几个好处：首先，改善职业处境，守住激情，消除倦怠，让心灵放飞；其次，改善教学状况，解决问题，提高效益，为自己减负；最后，改善人生命运，提高专业层次，保护切身利益。总之，锤炼文章就是教育教学思想的不断打磨，写好科研文章，不断提炼教科研成果，是教育家型教师的重要标志。

既已明确教育科研的重要性，那么对于如何开展教育科研、提炼教研成果、写好科研论文的研究便是重中之重。在指导教师教研的多年实践中，我常常听到教师们向我反馈道："我知道写作的重要性，但我实在是不知道写什么，怎么办？""我又不是语文老师，要怎么写呀？""说起来头头是道，为什么下笔时大脑就一片空白？""一篇论文包括哪些部分？先写哪儿，后写哪儿呢？"这些疑惑或问题是客观存在且再正常不过的，接下来，我将结合自己的写作实践经验，和大家分享一些关于科研论文写作的心得与技巧。

做好选题立意，让行文脉络清晰。抓住教育热点，反思教学难点，解决实际痛点，是一篇科研论文成功的开始。教师的优势是充足的经验、丰富的材料及持续的实践，在其中挖掘出新的观点、新的材料、新的方法是一篇好论文的基本标准。"写什么？"是一个不成问题的问题，而其解决的基本策略在于"追问"二字。从立意到论证，追问的过程主要可以分为以下六个层次。①目标：我想解决什么问题？②价值：为什么要解决这个问题？③过程：我是怎么解决这个问题的？④方法：我有什么好的、新的路径？⑤论据：这些做法有什么理论依据？⑥界定：其中有哪些概念需要说明？在写作技巧方面，则要时刻铭记"90%的时间放在下笔前的准备上"这句话，沿着"确定题目—收集资料—分析资料—提炼主题"的路径执行，过程中充分运用观察、调研、访谈、比较、归类、抽象、概括等方法。

掌握写作灵魂，让文章熠熠生辉。在具体的论文写作过程中，很多教师对文章的框架搭建、行文顺序等不甚了解，甚至有些不知所措，存在着"先写哪一部分？各个部分有什么讲究？有没有什么写作的捷径？"等疑问。对此，首先要理解学术论文的文本结构，掌握一篇完整的论文构成包括：题目、署名、摘要、关键词组成的前置部分，引言（绪论）、本论、结论组成的正文部分，以及参考文献、致谢组成的后缀部分。然后，按照一定的步骤、要求及写法对各个部分分别攻破。此处，我以《高中课程改革：实验、问题与对策——基于一所样本学校的案例研究》一文为例进行具体阐述。

1. 前置部分

题目，即题之"目"，是全文内容的浓缩、主旨的提炼，要求炯炯有神、简洁准确、冲击力十足。在写法上，要咬文嚼字、再三斟酌，选用简明扼要、内涵丰富，能恰如其分地表达文章意蕴的词语，最好不用缩写词、生僻词，字数原则上少于20个，如语意未尽可用副标题补充说明。如《高中课程改革：实验、问题与对策——基于一所样本学校的案例研究》的主要内容是介绍高中课程改革中育才中学的做法，反思存在的问题，并展望解决的策略。其价值是为学校实践提供明确的借鉴，为课改决策提供翔实的素材和来自一线的观点。那么，在确定该文题目时，就要把最重要的关键词"高中课程改革""实验""问题""对策"呈现出来，同时避免累赘的修饰。又因其所写的内容完全是基于育才中学，如果不加以限定，范围太大，是一个作者无法完成的任务，所以必须要加一个副标题"基于一所样本学校的案例研究"予以说明。

摘要，顾名思义，摘其之"要"，意在抽取提炼出要旨、要义、要点，起着凸显论文价值，让读者在最短时间内获取关键信息、了解全文观点的作用，还可供二次文献采用。因此，摘要是对全文内容的简明总结，应与正文内容保持契合一致，不要有正文所没有的内容；要有吸引力、易读性，能迅速吊起读者的胃口，同时注意不要引用文献或采用含义不清的术语和缩写。摘要内容与题目、正文相对应，在写作方式上要注意：独立成文，简练但完整，叙述目的、方法和结果等（一般以150~300字为宜），包含与整篇论文同等量的主要信息；摘要不是简单地复制、粘贴，要写对问题的解决方法和主要结论，即论文的核心、最有价值的部分，最能体现论文创新之处；要如实地反映文献实际，不加主观见解或评论，如"本课题达到国内先进水平"等，也不必写"供同行参考"之类多余的话语；摘要一般不分段落，不能采用第一人称；在"对……进行了研究""通过……分析……""提出了……建议""报告了……现状""进行了……调查""得出了……结论"等句式表达中，不必使用"本文""作者"等作为主语。

关键词，是起到概括、提醒作用的一组独立词汇，通常为3~5个，全部来源于标题或文中，正文均围绕此开展论述。

2. 正文及后缀部分

一般来说，正文的布局通常为总—分—总结构。引言（绪论）部分提出问题、目的、意义，说明论述的范围和特点。本论部分是文章主体，提出观点并进行论述，介绍具体的做法。结论部分进行思考总结，提出发展展望。

其中，引言的关键要素在于立题、引句。立题指介绍论文的动机和目的，包括课题背景现状、提出原因、提出路径、解决方法、创新之处及应用前景等。引句则指根据现有研究状况，确立本文拟要解决的问题，从而引出下文。在具体写法上，引言要做到：开门见山、简洁明了、重点突出，一般不予以分段，字数控制在250字以内为宜；通俗易懂，面向普通读者，少用生涩难懂的行话，如要使用专业术语、缩写词或特别符号等，则要在引言中定义说明；避免与主题信息无关的评价语、客套话等开场白，更不要与摘要雷同或写成摘要的注释。值得注意的是，引言不是正文所必需的部分，如无必要，也可不写。如我在《高中课程改革：实验、问题与对策——基于一所样本学校的案例研究》一文中就没有特意写引言部分，原因有二：一是该论文与常见论文不同，不是针对论点的研究论述，而是介绍学校高中课程改革的实验情况、问题与对策；二是因为第一部分内容可以起到引言的部分作用，介绍了课程改革实验的现实背景，"把育才中学作为高中课改的样本学校可以反映出基础教育阶段课改的整体性和连贯性，具有较高的推广价值"为引句，也能体现论文价值。

本论是整篇文章中篇幅最长、内容最丰富的核心部分，在写作时务必要思路清晰、层次清楚，否则极容易出现"洋洋洒洒几千字，稀里糊涂不知所云"的尴尬境地。因此，在本论写作中要恰当、标准使用小标题，醒目的标题具有点石成金的作用，能帮助厘清行文思路。通常，标题的表示格式为：一级标题——"一、"；二级标题——

"（一）"；三级标题——"1."；四级标题——"（1）"；五级标题——"①"。一般情况下，只需用到三级标题即可，避免过度分层给人以行文零散的感觉。本论的内容一般围绕着"做什么""怎么做""有怎样的效果""还有什么问题""怎么解决问题"几个方面展开，论述时要实事求是，尽可能利用数据和事实说明问题，同时可借助图表等表达，使内容化繁为简、直观明了。但要注意，已有图表时，文字部分不应再重复叙述。

结论是文章叙述得到的结果，是全文的总结。内容上可以是结论导出，对前文论述的明确、简练归纳，也可以是讨论，如提出建议、研究设想、尚待解决的问题等。行文上，可以采用"综上所述，……"的句式。参考文献是文章的论据汇总，要求注重格式、注重来源，因为关乎文章品质和品位。在用法上，遵循三点原则：不勉强，不堆砌，按需而用；广为人知的知识，不必引用；引新，引经典，引高品质文章。

好文章成于用心，粗制滥造低质量，千锤百炼出精品。每一篇优秀的文章都要经过作者反反复复地修改，大到文章段落布局、标题拟定，小到词语运用、标点使用，都要用心思量、斟酌。那么，如何才能做到不仅写全文章，还能写好文章呢？

首先，选好一个主题。文章选题要新，有独创性，避免人云亦云；要小，有可行性，避免大而无当；要实，有实践性，避免故弄玄虚。在具体操作上，则可沿着"善于发现，问题即选题；规范表达，让问题变主题"的基本路径凝练主题，让其能清晰指明研究对象，说明研究中心内容。如"区域性初中语文课外阅读课程化的实践研究"，清晰指出了研究的内容和方向，即初中语文课外阅读课程化的实践。

其次，把准三个策略。一是从编辑视角看待文章写作，磨题目，磨摘要，磨小标题，磨参考文献，做到"乍一看，是好文章"。二是从读者角度读文章，磨语言，使行文流畅、文风平实、语言生动，使其达到"读读看，还是好文章"的境界。三是从研究者角度审视文章，磨观点，讲究公平公正有创意，磨结构，做到逻辑严谨、层次分明，实现"仔细看，真是好文章"的目标。

最后，避免一个问题。常有作者为了显示自己观点的价值性，而喜欢刻意贬低他人的观点，失去了论述的准确性、公正性，让人读起来有些刺眼。故此，在进行论述时，要以正确理解他人观点为前提，实事求是，充分肯定他人的成绩，给予正确中肯的评价。不苛刻，不言过其实，语气温和，注意用词，以无损作者的方式指出缺陷，对事不对人。

教研写作，概括起来就是三句话：标题浓眉大眼，炯炯有神；结构玉树临风，不蔓不枝；内容有血有肉，饱满充实。过幸福的教育人生，是一名教师的中国梦、教育梦，教研写作是实现这一梦想的桥梁。其过程是辛苦的、困难的，但它能够让我们的思想闪闪发光，让我们的人生成长升华。人生渴望精彩，教研需要理性。因为理性，我们的教育人生定能实现精彩之梦！

第三节　积极稳妥课改

一、我愿做个温和的改革派

深圳市南山区是一个名校辈出的教育强区，既有老牌的育才中学、深圳市南山外国语学校、深圳南山实验学校等校闻名遐迩，又有新创办的南山二外声名鹊起。南山区的教育之所以名声赫赫，与其对基础教育学校的高起点定位息息相关。以南山二外为例，其创办之初便被寄予厚望，办学模式定位对标上海市静安区教育学院附属学校。几年来，南山二外依托南山区教育科学研究中心的资源优势，将教育科研与教学实践充分结合，取得了显著的成就，成长为一所名校，还收获了别称——"南山区教科中心附属学校"。

但和很多学校一样，南山二外是一所纯粹的"地段式"学校，不能挑选生源，而是要对现有生源"照单全收"。这样一来，我所面临的问题是：在生源不可选择的情况下怎样做教育？怎样办学校？怎样当校长？对此，我认为，首先必须尊重学生的身心发展规律，其次是尊重教育本身的规律，最后是要满足社会的需求。只有将这三者结合起来考量，才能让一所学校既有"美好的前途"，又能满足眼前的需要。

自1983年高校毕业至2009年，我一直是一名"高中教育人"，从一名普通语文教师到校长，我切身经历了近年来高中教育改革的全过程。20世纪80年代国家提出要全面发展教育，虽然也追求高考升学率，但大部分学校对国家倡导的"全面发展教育"落实得还比较好。到了90年代末，片面追求升学率的情况愈演愈烈。2004年至今，高中课改从开始实施便经历了专注、变味到饱受争议。其中的原因有很多，比如很多地方借素质教育之名搞应试教育，家长对学校、孩子的评定局限在考试成绩，最终导致全员追求升学率。在这种情况下，高中学生渐渐变得苦不堪言。

实际上，任何一种改革都会经历非常艰难的阶段，不可能一蹴而就。很多教育改革者较为盲目，为追求短期利益而忽略了对教育发展前途的规划。但我们不能一遇到阻力就畏葸不前，重拾旧鞋走老路。我们需要把国际视野和本土情况结合在一起，把先进的理念和眼前的教育现实结合在一起，采取一种循序渐进、积极稳妥的态度，改革这条路才会走得更稳、更扎实。所以，如果要问我到底是一个怎样的校长，我的回答是：我愿意做一个温和的改革派，让理想之光照进现实。

离高考越远，就越能接近教育的本真。这是我在几十年高中教育职业生涯中的一点体会。成为"义务教育人"后，我最真切的感受是，义务教育阶段的孩子的精神面貌非常不一样，他们天真、烂漫，就像一张张白纸，你给予什么颜色，它就能呈现出什么样的画面。这也正是教育本真的淋漓体现。同时，孩子又是天生的艺术家，是未经包装的诗人，他们充满想象与好奇的世界是一个光彩熠熠的星空。这与生俱来的浪漫与诗意是被渲染了还是黯淡了，全在于学校。

所以，我在南山二外的"十二五"规划中提出了"用教育家文化滋养每一个孩子"的教育理念，期望以最炙热、最淳朴、最本真的校园文化浸润孩子的心灵，浇灌孩子的成长。

"小立课程，大作功夫"，这是朱熹论学中的经典表达。毫无疑问，课程是教育领域中一个含义丰富而又使用广泛的术语，也是摆在教育工作者面前的一个永恒的课题。在追求梦想的征途上，每一个平凡的教育工作者都应该是伟大的教育家，每一个伟大的教育家又都应该是平凡的教育工作者，唯有在新变中思变，在守正中创新，才能培育好教育这棵自由生长的大树，才能培养出不负家国厚望与人民重托的时代新人。

二、少一点急不可耐，多一些儒雅守正

身处急剧变化的社会生态，被时代的洪流紧紧裹挟，人们更需要多一点修为，多一份儒雅，多一些守正。因为，急功近利，心浮气躁，对人对己都不利；道貌岸然，蝇营狗苟，对事业对社会更有害。社会改革如此，课程改革也是如此。课程改革本质上是文化积淀、文化再造的过程。只有沉静思考，方能行稳致远；只有坚守正道，才能创新发展。

（一）儒雅守正方为"人道"

"儒雅"就是温文尔雅，谦易平和，气度不凡；不装腔作势，故作高深；不掉书袋，不作矫情。读书人儒雅，博学多识，风流倜傥；军人儒雅，智勇双全，运筹帷幄；

商人儒雅，童叟无欺，诚信自律；艺人儒雅，平心静气，德艺双馨；官员儒雅，以民为本，脚踏实地，定会对社会文明程度的提升和社会风气的净化大有裨益。

"守正"就是品行端方，恪守正道与原则。司马迁在《史记·礼书》中指出："循法守正者见侮于世，奢溢僭差者谓之显荣。""正"者，大道也。既包含道德操守，又包含客观规律，还包含正确理论。"天地有正气，杂然赋流形。"天地之间有一种正气，靠这种正气万物才能生生不息，生长流传。人有了正气，才会有底气、雅气、大气与锐气。有了这些，就有了通往真正成功的阶梯。

"儒雅守正"是一种实际践行的常态，也是一种追求未来的情怀。它是一种精神面貌，一种风度气质，一种品格操守，更是一种干事创业的境界。

（二）儒雅守正需要实力与内涵

实力，要用长时间去蓄积。有实力者，不疾不徐，低调内敛，遇事从容，遇险淡定。它不是屹立的山峰，而是退潮后的礁石。实力，当然可以向外辐射、展现、张扬，但实力不是为了炫耀，更多时候是对于知识、批评、误解、异议的包容与吸纳，是为了让自己的内心安详美好。得意时不忘形，失意时不茫然，需要时不退缩，以风雷之势挺身而出，这才是实力的最佳阐释。

苏轼曾说："宁可食无肉，不可居无竹。"意思是说生活不可以过得太庸俗。丰厚的内涵，是美好人生的固有之义。要让内涵丰富饱满，精神不可贫瘠，追求不可物化，爱好不可寡俗。当一言一行、一举一动有了分寸，有了气度，有了魅力，有了宽容，那就是内涵丰厚的表现。

真水无香，大音希声。在世俗中，在人间烟火中，内涵就是高辨识度和鲜明的标签。人须是一个能静心读点书的人，一个追求有高度的人，一个灵魂干净的人，一个思想有境界的人。唯如此，才能在人头攒动、熙熙攘攘之中，被一眼识出。如诺贝尔文学奖获得者莫言，外貌并不出众，在日常生活中也不善于交际，但是走近他，便会不由自主地生出尊敬之意，为他儒雅的风度所折服，这就是内涵丰厚的魔力。

（三）儒雅守正需要思考与责任

古希腊哲学家苏格拉底曾说过一句非常著名的话，"认识你自己"，充分体现了对人价值的思考，对思想自由的追求。"未经思考的人生不值得一过"，独立的思考能力是现代公民的应有素养，没有独立思考，一切就无从谈起。独立思考，并不是怀疑一切，抛弃信仰，变成虚无主义者，而是在纷纭复杂中，在思想争论中，不轻易肯定，不轻易否定，广泛收集材料，多方比较，用事实说话，用自己的思考去判断。思考的大脑，只有在摩擦中、纠结中、矛盾中，才能变得睿智清晰，才能富有创意。

小泽征尔是世界著名的交响乐指挥家，在一次世界优秀指挥家大赛的决赛中，他按照评委会给的乐谱指挥演奏，敏锐地发现了不和谐的声音。起初，他以为是乐队演奏出了错误，便停下来重新演奏，但不对劲的感觉让他怀疑是乐谱有问题。这时，在场的作曲家和评委会的权威人士坚称乐谱绝对没有问题，是他错了。面对一大批音乐大师和权威人士，他思考再三，最后斩钉截铁地大声说："不！一定是乐谱错了！"话音刚落，评委席上的评委们立即站起并报以热烈的掌声，祝贺他大赛夺魁。

"经得起诱惑，耐得住寂寞。"这句话很值得玩味，因为它既是一种格调，也是一种底线。越往人生的上游走，诱惑就越多。所以，人要有良知，有定力，有原则，有底线，有规矩。于公，要对得起国家及社会，努力当社会良知，当正义、善良、公德的守护者、匡正者、提升者；于私，要对得起个人及家庭，对得起有无限可能的人生。天堂地狱，圣人魔鬼，有时就是一步之遥，一念之差。不一定每个人都会成为社会的精英，不一定每个人都能到达成功的巅峰，但只要坚守住底线，就是堂堂正正、问心无愧的人，到哪里都可以酣然入睡。

（四）儒雅守正需要团队与创新

德国社会学家韦伯曾说："人是社会性的动物，只有在集体中才能更好地体现出人的价值，脱离了群体的人是没有任何社会意义的。""一枝独秀难为景，万紫千红才是春。"这些都表明了团队集体、合作意识的重要性。科研需要合作，家庭需要合作，朋友需要合作，公司需要合作。合作就像空气和水，无处不在，无时不在。只有把自己融入团队中，融入集体中，领导力、领袖气质才有了基础。在发展他人的过程中成就自己，这就是团队合作的精髓。

守正不是守成，不是食古不化，墨守成规。古往今来，优胜劣汰，适者生存。在不断变革的社会背景下，必须审时度势，推陈出新，与时俱进。抱残守缺，刻舟求剑，不思变化，只会越来越被动，越来越落后，越来越式微。GoPro（运动相机）创始人兼首席执行官尼克·伍德曼，经历过两次创业的失败，身心疲倦之余，他到海边冲浪。在冲浪时，喜欢玩花样的伍德曼发现，很多冲浪运动员都希望能够记录下自己与大海搏斗的英姿，但不防水、难以固定的摄影器材很难实现他们的愿望。伍德曼由此获得了创新的灵感，他用一种以贝壳为原料制成的带子来固定摄影器材。就这样，他开发出第一根GoPro相机固定带，并花了两年时间进行优化。现在，GoPro已经风靡全球，一个创新性的想法变成了价值千金的大生意。

第三章

思行：追梦与逐浪

那么，出发吧！为了一个诗意的梦想，为了一个无悔的选择，为了一份坚定的誓言。作为一名校长，心中既要装着先行者的背影，又要装着千百师生的面影；双耳既要聆听高处的潮音，又要谛听低处的足音；双眼既要遥望远方的日影，又要凝视近处的身影；双脚既要踏着坚实的大地，也要跨越无数的坎坷。我执着地用心血灌注教育这棵自由生长的大树，执着地用一朵云推动另一朵云，用一个灵魂唤醒另一个灵魂。

第一节 我是校长

一、校长是一份"良心活儿"

根据《说文解字》的释义,"是"是会意字,指的是夏至时分太阳走到空间的基准点上,意为正而不偏、直而不缺。由此,"是"引申出"正确""善"等含义。《淮南子》中有"立是废非"的说法。"是"还意味着"遵从、以之为法则"。《荀子》中也有"不法先王,不是礼义"之语。

尽管,"是"是我们使用比较多的汉字,如"我是教师""我是政协委员""我是商人"等等。当人们习惯用这样的句子向别人介绍自己,却往往忘记了"是"字之前,是方方正正的"我""我们",而"是"字之后,是这些称谓附带的职业法则,也是"我""我们"应该正确遵从和恪守的。

我从事教育工作40年,任校长30年。我是一名普通的校长,早晨7点,我会站在校门口,向每一个到校的教师、学生致意,让他们以一个愉悦的早晨开启美好的一天。尽管后来因多方面原因而无法做到每天如此,但我始终坚信教书育人是一项"良心活儿",要发自内心地尊重师生。校门左侧的空地则是我早间的另一个工作地。这里常会聚集一小群家长,我听他们提出心中的疑惑,再给出我的回答,家校间的晨会就这样自然形成了。

我的教育事业起步于语文教师岗位,我将对人文教育的关注融入学校教育中。在"减负"的过程中,我主张"做加法",把学生不喜欢的事情替换成他们喜欢、需要的事情,如阳光体育、公民教育、综合实践等。让学生成为完整、健全的人是我们的育人目标。

我曾经是教育行政人员,对于教育行业的认知和在教育一线的打拼经历,让我对制度设计有更充分的理解,对这个行业充满信心。我是"叶延武教育科研专家工作室"的主持人,也是全国第一个"明天教育家"工作室的发起人。在一个个工作室里,我们共讨论、做研究、办活动,及时交流每一个课程设计的环节,每一个教学组织的细节,并探索改进的方案。

我还是全校每一个教师和学生的社交平台的"校长粉丝"。每天登录社交平台,看看教师和学生的学习和生活,尽量了解每一个教师的近况,尽量熟悉每一个学生,把社交平台变成一个新的瞭望窗口、一座新的沟通桥梁。

我几乎成了学校的"保姆"。我会处理校长信箱里的每一条建议，学生的疑问、家长的建议，我会尽力做到回应。

我有很多身份，但逛校园时的我是最幸福的。看到每一个学生青春洋溢的脸庞，就好像可以切身感受到他们的成长，就好像可以看到学校的进步。

在教育战线工作了40年，我最大的一个感受是，现在的教育越来越难办。多年前，因个别校长的不雅事件，校长的社会形象受到了很大冲击，我很痛心。学校不是一般场所，校长是灵魂的引导者、学生成长的守望者，道德要求只能更高于常人。

做校长很累，需要业务过硬，也需要在行政、管理上下功夫。教育改革、服务都要向前进，需要制度设计，也需要校长的胆识和智慧。每当我听到来自不同年级学生的声声"校长好"时，我的内心就很满足，觉得再苦再累都值得。此时，耳边似乎依旧萦绕着学生稚嫩纯净的问好声，沉稳大方、天真活泼。我无法辜负他们，是学生推着我前行。

二、学生也是我的老师

2009年8月，我离开了育才中学，来到了南山二外当校长。薄薄的一纸调令，终结了我近30年的高中教育生涯，也终结了我几十年来一成不变的生活状态。

从一所高中学校的"老校长"，到一所九年一贯制学校的"新校长"，我在与学生的心灵撞击中经历着心态的转换和教育状态的改变，也感受到一种全新的成长，使我更加幸福地行走在教育之路上。几年来，在这所满是生机与活力的校园里，发生了很多学生与我的故事。这些故事虽然微小朴素，却让我倍感幸福，更牵引着我冷静思考，走向新的教育境界。

南山二外是一所年轻的九年一贯制学校，充满着活力与朝气。但是，20多年的高中校长之旅，让我形成了固定的思维方式与工作方式——基本上以升学为工作的重中之重。从2004年开始进行的高中课改探索和研究，让我在高中同行中小有名气，所以要舍弃近30年的心血积淀，对于我这样一个"老高中人"来说，心里其实是极不情愿的。坦白地说，当时的我，骨子里不屑于小学教育，对初中的教学及管理也无意钻研。然而，生活总是充满着惊喜与未知，竟然会有那么多意想不到的馈赠。

进入这所新学校后，几十年来未曾看到的校园景象"横空"出现在我的眼前：活泼多样的课堂教学场景、充满律动的课间游戏、洋溢着幸福满足感的师生笑脸、一个个生龙活虎的身影、一只只高高举着的小手……这才是生命的呈现，如花般繁盛，如叶般葱茏。

这些景象一次次有力地冲击着我，一次次真实地温暖着我，一下子唤醒了我的耳朵，浸润了我的心灵。教学楼里飘出的读书声、歌声、欢笑声，那般自然、干净，荡起了我心底久违的旋律。这一切都让我激动、沉醉，甚至让我对自己以前的教育观念产生了怀疑，心中多年建构的"教育大厦"发生了倾斜。我渐渐地爱上了这所崭新的学校，爱上了这里活泼清新的教师和学生。

现在，如果让我说出曾经历的高中教育与小学教育的不同，那么我可以概括为一句话：高中教育是我像纤夫一样拉着一条大船向前走，走得艰难、沉重，而小学教育则是孩子们热情地推着我向前奔跑，跑得快乐轻松！或许，这才是课程改革的意蕴所在。

三、讲好故事是一种领导力

如前，在南山二外，是可爱的孩子推动我前行，让我对教育有了更新的感悟、更深的热爱。下面我将用4个简单却充满着温情的小故事带你走进孩子的内心，感受教育的真谛。

"校长，您怎么不回答我呀？"

每天早晨，我都会准时站在校门口，迎接每一个到校的学生和教师，向他们微笑点头。不久，学生都认识我这个新校长了，看见我就向我鞠躬问好。美好的一天就在这如花的笑脸、暖暖的问候中开始。

一天早上，一大群学生一起走进校门，"校长好！""校长，您早！"他们向我问候，有的还向我敬礼、鞠躬。我也笑着点头说"你好呀！"，一切如常。然而，随后发生的事情让我感到非常意外。那天中午，一个低年级学生看见了我，跑到我面前说："校长，我早上向您问好，您怎么不回答我呀？"

被他这样一问，我突然愣住了。按照我的习惯，凡是学生向我问好，我都会回应的。我回忆了一下当天早上的情景，想起来应该是那一群学生涌进来时，我没有对每一个学生的问候一一作出回应。

原来，一句简单的问候，不只是礼节性的，更应该是充满爱意、关切和尊重的；原来，学生对校长或教师的行为是这样在意，一句冷淡的应付、一个不屑的表情，都可能会伤害到他们的心灵。

感谢这个学生的一句"反问",它让我清楚地认识到:应该善待每一个学生的言行,真诚地触摸每一个学生的心灵感受。之后,我便对每一个学生的问候都一丝不苟地真诚回应。没想到,这竟得到了学生百倍的回报。我每天中午去食堂吃饭都要经过学生餐厅。这时,学生们有的在排队等待,有的在吃饭。但是,只要一发现我来了,他们便高呼:"校长好!校长超好!"那声音震耳欲聋,那情景让我受宠若惊。后来怕影响学生就餐,我就干脆晚一些时间去吃饭,或者绕道避开。

和学生之间的真诚问候成了我快乐的源泉。只要听到学生稚嫩清脆的声音,我就觉得很愉快,而学生也毫不吝惜对我的友善。有一次,我正向洗手间走去,一个小男生看见我后,高声喊:"叶校长好!"我笑着回答:"你好!"他的同伴拉着他说:"校长要上卫生间,你就不要问好了!"他理直气壮地说:"看见校长就要问好的,无论在哪里。"童言稚语令人失笑,却又让人感到是那样的纯真。

在南山二外的校园里,听到的是至真的话语,看到的是至纯的笑脸。这些都促使着我不断思考:应该用什么样的教育回馈这些至真至纯的孩子?经过调研、论证,我提出了"用教育家文化滋养每一个孩子"的核心理念,要求教师们真诚地热爱学生,满足学生的合理需求。在此基础上,我又提出为每个学生量身定做成长方案,实现"一生一案",规划他们的发展路径,把知识关爱、能力关爱和文化关爱贯穿在学生的整个成长过程中。

"用教育家文化滋养每一个孩子"是我对自己原有的教育理念的超越,它改变了我的教育状态,让我承担起新的责任,品尝到新的快乐。同时,它也改变了我的生活状态:生活单纯了,因为返璞归真了;笑容灿烂了,因为理念明晰了;步子轻快了,因为心胸开阔了。这,才是一种幸福、完整的教育生活。

"校长,您很可爱!"

有一次,一个外地参访团来学校访问,我陪同客人边走边介绍学校的情况,走到二年级某班的时候正值课间。这时,一个小男生走过来拉住我的手,一直陪着我们走。客人们都以为这个小男生是学校哪个教师的孩子,因为认识我,所以跟我这么亲热。我告诉他们,其实那是一个普通的、我根本叫不出名字的学生,他们都乐了。我问那个学生为什么紧紧拉着我的手,他说:"校长,您很像我外婆的同事,笑容总是那么灿烂,您很可爱!"他的话让我笑出了声,我知道,这是学生对我的最高褒奖。

回想原来在高中的我,总是步履缓慢、面容严肃、心情焦虑,展现出一种英雄迟暮的状态,似乎这才与庄严而又激烈的高考氛围相匹配。可是,自从来到南山二外,我的心态变得平和了，严肃的表情消失了，那些可爱的学生让我每天沐浴在阳光之中，他们纯朴又清新的气息感染着我，让我找回了久违的年轻。

学生与我的亲密无间，渐渐地化成了一份信任，也让我陷入深思：怎样更加尽责地滋养学生的成长，才能不辜负他们的赤子之情？"我希望我的孩子读什么样的学校，我就做什么样的校长。"一所学校要办成什么样子，校长的"样子"是决定性因素。

于是，在来到南山二外的第二年，我便提出了以"责任、阳光、服务"三要素为核心的"三核拓展式"学生人格养成模式，与家庭、社区建立积极的伙伴关系，强化"服务与反哺"的文化建设，培养学生的阳光心态，让每一个学生笑起来，让校园灵动起来。这样的人格养成教育，让年轻的南山二外更加富有活力。

"要是校长来看，我会演得更好！"

苏霍姆林斯基说："校长的一个最主要和最重要的品质就是，深深热爱孩子，有跟孩子在一起的内在需要。"这几年来，我尽量婉拒一些与教学无关的事务，几乎天天待在校园里，跟学生谈话聊天，与学生一起参加活动；躬身实践，深入课堂，贴近"地面"开展研究。让我这样乐此不疲的原因，是来自学生的一句"怨言"……

有一天，学校话剧团在多功能厅进行节目彩排，节目要接受学校的审查，然后去市里参加比赛。不巧，我正好外出参加一个会议，无法对他们的节目发表意见。后来听说学生表演得非常精彩，评委给予了高度赞扬。可是，几个小演员却一脸沮丧，怏怏地说："可惜，叶校长没有来，要是校长来看，我会演得更好！"

学生的话语让我更加真切地感受到了他们对我这个校长的深深依恋，我感到有些自责和内疚，甚至觉得自己剥夺了学生展示精彩的机会。学生如此期盼校长、在乎校长，总想把自己最动人、最闪亮的一面展示给校长。他们的单纯、善良，对校长和教师的依赖与信任就这样和盘托出。

校长只有和学生在一起，他的工作才有意义；校长的工作只有贴近了学生、贴近了教师，贴近了家长，贴近了课堂，他的根才算是扎到了教育第一线，才不至于失重，他的思想才不会飘浮在空中。

"校长，我这样推断对吗？"

推开教室的门，不惊动课堂，静静地坐在后面看着学生，这是我最乐意做的事。而那一次的随手一推，竟开辟了教学改革的新天地。

"同学们，这首《有的人》的作者是著名诗人臧克家，他被誉为农民诗人，请大家在书上批注这四个字……"这是一节小学语文课，就在所有学生都忙着做批注时，一只小手举了起来："老师，为什么是农民诗人？""哦，大家都这么称他，你只管这么记就行了！"学生坐下来继续做批注，教师继续着诗意的讲解。

下课后，我走到那个学生身边，问他："为什么会问那个问题呢？"学生说："因为我听到老师说了那四个字之后，我就猜会不会是因为臧克家是位农民，或者是他写的诗都是关于农民的。校长，我这样推断对吗？"我回道："无论对不对，校长都要表扬你，因为你会思考！"

这节课后，我的心情很沉重，那个学生自然灵动的思维让我感触颇深。如果教师就从那个学生的质疑开始，放开学生的思维双翅，让他们去大胆推断、求证，那么他们认识的绝不仅仅是臧克家写的这一首诗，而是诗人热爱祖国、热爱人民的伟大情怀，同时更让学生拥有了灵敏、缜密而透彻的思维习惯和思维能力。这正是教育的主要任务，而学生已经向我们的课堂提出了这一要求。

于是，我在南山二外提出了"思维课堂"的概念，带领教师一起探索"两心一线"（以学生为中心，以思维为核心，以活动为主线）的导学模式，要求课堂教学内容问题化、问题思维化、思维活动化，着力培养学生的自主思维、批判精神和创新意识，发展学生思维心理、思维技能、思维品质，形成高阶思维，最终培养学生解决实际问题的能力；要求教师呵护生命成长，全纳所有学生，建立平等、理解、信任和相互尊重的师生关系。

就这样，在摸索中坚持，在坚持中摸索，几年下来，学校的办学水平得到明显提升，学生的学业成绩、课业负担情况、睡眠时间、健康状况等指标连续三年在教育部学业质量检测中名列南山区前茅。

学生带给我的心灵冲击太多了。我想，我还会更加热爱学生，更加深入他们的精神世界中，用充满真诚的人文情怀，把充满理性光辉的爱洒向每一个学生，让他们得到最好的发展，也让自己的人生更加丰盈！

第二节　追梦深圳

一、育才中学：特区教育改革先锋

育才中学成立于1983年，是改革开放后成立的第一所职工子女学校。2000年，学校移交至南山区政府管理。2003年，广东省第一家公办教育集团，即深圳育才成立，育才中学成为其中的唯一一所高中学校。

育才中学高标准建设、高起点办学，坚持深化教育改革。1985年，学校就开设了电脑打字、服装剪裁、文学创作等选修课，牢固树立育人为本、人人成才的思想，把着眼点放在提高每个学生的素质上。学生郁秀于1990年创作的小说《花季·雨季》引起轰动，开创了当代校园青春文学先河，获中宣部"五个一工程"奖。1997年，小说被搬上银幕。因办学出色，1993年6月学校被评定为深圳市重点中学。2004年，学校被确立为"国家级高中课程改革样本学校"，被誉为"深圳特区教育改革的先锋"。

文化厚重。学校办学起点高，有着厚重浓郁的文化底蕴，着力于文化育人。学校文化吸收了外国的"新"东西、古代的"好"东西、当代的"活"东西，将沿海的"开放"文化，内地的"传统"文化有机地结合起来，海纳百川，形成了"自主、开放、包容、创新"的文化品质，确立了"我即教育，众胥人才"的办学理念，注重人文性，不断提升人的素养和境界。学校以理念、环境、活动、教学、制度、行为为载体，在传授知识的同时，试图建立一种平等、民主和互相调适的关系，注重师生间的心理交流、情感交流，以教师自身的世界观、人格、兴趣、能力、气质等方面的文化修养，潜移默化地影响学生，形成互相尊重、理解、关心、爱护的文化氛围，并内化学生的行为准则和价值观念。在育才中学，师生合理的需求总能够得到尊重，师生美好的愿望总能够得到理解和赞扬。我们没有更多的大楼，但我们追求的更多是"大气"和"大师"，因而学校培育了众多的名师和一系列名闻遐迩的文化品牌。

品位高雅。育才中学的校园不大，可能正好给了我们着眼精细、追求精致、崇尚高雅的契机。我们曾以高雅文化为研究课题，追求卓越与不同凡响。高雅的品位从哪里来？靠学习，靠全面提高教师自身文化品位和综合素养，靠教师个体和群体自主、积极、终身的学习，把学习内化为一种日常生活方式，进而建立一种学习型的学校文化，拓展教师的多种教学技能，提升教师的教学智慧，以适应丰富多彩的选修课的需要，为教师的持续发展和不断提高创造环境、条件和氛围。我们以精心作为工作态度要求，以精细作为工作过程要求，以精品作为工作结果要求。校园里，师生的言谈举止都体现出儒雅和得体。教师以"教育家"为目标，把教育当成事业和艺术去精雕细刻，孜孜以求，以著书立说作为教学之余的主要生活方式。学生发表作品、出版专著是一件平常事。书卷气、书香校园的浸染，与国际友人日常交往的便利，钢琴、芭蕾等艺术的熏陶，孕育了育才中学学生清新高雅的气质：自信与内敛、规范与洒脱、从容与张扬、严谨与活泼在他们身上实现了有机统一。

内涵丰富。高中的内涵和功能是什么？答案肯定是丰富和深刻的。我们不能不面对高考，不能不面对升学率，但这绝不是唯一，我们更需要的是和谐发展；我们不仅要培养学生，还要培养教师，实现师生的双向成长；教师不只是进行教学，还要会反思和研究，学会与他人和谐相处；学生不只是接受知识、服从教育，还要获得幸福、受到尊重和得到成长关怀；学校不仅要关注学生的学习，还要关注他们的品行；"兵教兵"、学生听证与自主管理、每天一小时课外活动、丰富多彩的社会调查和实践，"刚需+特需"的平面化课程，"重整主题，问题导学，深度学习，活动落实，有效反馈"的高阶思维课堂。这些无不拓展了现代教育的内涵和丰富了高中的功能，使得学生的个性特长和核心素养协调共进，"自信儒雅、守正出新"的育才气质充分彰显。正如张汝伦教授所指出的："通过教育传授继承下来的东西，有看得见的知识和技能，也有看不见的智慧、品位和修养，还有作为个人与国家立身、立国、立于世界上和天地间的根本道与理，终极价值与生命意义的追问与认同。"

个性鲜明。开放的环境、先进的理念、文化的熏陶、科学的引导、课程的支撑，培育了育才中学师生鲜明的个性。个性生长需要宽松的环境和不羁的精神。育才中学是师生的精神家园，在这个精神家园里，他们能够体验到心理和精神的舒适、愉悦与满足，而不是紧张和压抑；能够体验"富氧"而不是缺氧的精神呼吸，能够品味高雅而不是粗俗的精神食粮，能够感受成长和发展的快乐和幸福，而不是体验成熟的焦虑和恐惧。学校将发掘人的潜能、发展人的个性作为课程目标，以学校文化为逻辑起点，从建校初的十几门选修课发展到140多门选修课，为学生提供了"色香味形"俱全的精神大餐。烹制这些营养丰富的精神大餐的过程，是因势利导、扬长避短、巧用差异和发挥差异的过程，也是人尽其才、物尽其用，充分挖掘和利用人的潜能的过程，这些过程搭建了师生张扬个性的平台，撑起了学术自由与创造无限的一片天空，提炼了一种个性的、适应未来发展的、深入骨髓的精神。它从实践上把握了教育本质的深刻性，附着了学生培养过程中的精神支点，提供了教育发展的创新力，实现了学校成长的增值功能。

育才中学是深圳教育改革创新的一面旗帜。因为，她有实践的独特性、积累的稳定性、参与的全面性、社会的公认性。

二、南山二外：家长争做"教育家"

培养教育家型的家长，把家长作为办学的重要力量，充分挖掘、运用家长和社区的教育资源，引导家长了解现代教育规律，了解国内外前沿教育理念、教育形式及教育方法，与学校一起探索青少年健康成长规律，鼓励家长参加教育教学实践活动，领悟并掌握科学的家庭教育方法，促进家长自身及孩子共同成长，这些都是教育家文化的重要内涵和实践。学校制定了《南山二外教育家型家长成长标准》，从个人修养、家庭礼仪、学习指导、和谐交往等方面指引家长发展。

在这一理念的支撑下，学校建立了互补型家校社教育平台，家长委员会参与学校发展、课程建设、质量检测等决策活动；每学期定期组织召开校家委会工作会议，我亲自汇报学校工作计划和总结；定期利用家长开放日、家长会等时机对家长进行集中调研。同时成立了"明天教育家"家长学校、"教育家型家长研究工作室"，在家庭教育课程开发方面输出了很多鲜活的案例，如多位家长自主开发的"少年与法律""经济全球化与财商""思维导图的运用"等课程，激发家长的内在动力，助力家庭教育不断走向成功。

2011年2月25日，"明天教育家"家长学校正式成立。在短短两年多的时间里，"明天教育家"家长学校共开设课程12节，不仅吸引了众多家长参与学习，同时也吸引了众多家庭教育专家前来免费授课。专家们被南山二外家长的求学热情深深打动，南山二外家长也被各位专家的精彩讲座深深吸引。

（一）最有意义的一节课

2011年3月24日，"明天教育家"家长学校迎来了建校以来的第一课。在一片热烈的掌声中，我们迎来了来自美国的廖本荣先生、苏珊博士和希瑟博士，为我们的家长主讲《国际视野下的家庭教育》。

那天晚上，南山二外礼堂灯火通明，场内座无虚席，嘉宾和家长的热情充溢在礼堂的每一个角落。这次讲座以互动的形式进行。刚开始的时候，我们的家长不知是初次参加这种培训活动还是有些羞涩，鲜有发问，主要是由几名教师询问美国和中国教育的区别等问题。当大家在发问者、答问嘉宾和翻译者之间"纠结"的时候，会场后方一名家长高高地举起了手。她拿到话筒后，用非常流利的英语直接和来自美国的嘉宾交流了起来，并在间隙用汉语向其他家长介绍他们交谈的内容。现场一片寂静，都被这名年轻家长的英文水平和对国内外教育深刻的理解所折服。提问结束后，包括美国嘉宾在内的所有人都为这名家长长时间地鼓掌。也许是这名家长的热情点燃了大家，也许是自己的疑问已经冲出心门，霎时间，众多家长开始"抢"话筒，或用汉语大声发问，或用英文直接提问。这堂课结束后，很多家长都还意犹未尽，迟迟不愿离开会场。

"开学第一课"既让"明天教育家"家长学校有了一个高起点，也对它提出了一个"高要求"。我认为，每个学校都在做家长学校，而我们的"明天教育家"家长学校要有创新，要规划好课程，要制定"好家长"评价标准，让家长培训序列化、课程化和高端化，以更好地服务学校的教育教学。

（二）最受家长欢迎的一节课

2011年6月25日，经一名南山二外家长的推荐，应"明天教育家"家长学校的盛情邀请，清华大学著名家庭教育专家王晶女士为家长们主讲了《成功家教三步法》，让我们的家长在育儿观念上受到了一次"通透"的洗礼，成为迄今为止最受家长欢迎的一节课。

王晶老师在报告中分别从生理角度、儿童心理角度、儿童行为学角度等细腻、深刻地剖析了孩子产生各种各样行为的根本原因。她时而阐述理论，时而举例论证；时而告诉家长要正确面对和理解孩子的各种各样的行为，时而教给家长用科学的、有针对性的方法指导和纠正孩子的各种行为。王晶老师思路清晰、逻辑缜密，讲课时旁征博引、口若悬河、深入浅出，到会的家长都声称这节课既启智又开心。

摊开家长们的记录册，一个个都记得密密麻麻，非常详细。这让王晶老师也非常感动。

"明天教育家"家长学校自开办以来，始终坚持家长自愿参与原则。每次家长学校培训之前，主持人都会提前把本期培训的主题、主要内容、主讲嘉宾介绍以及时间安排告知全校家长，然后让家长们根据自身情况决定是否参加这次活动，充满人文关怀。因此，"明天教育家"家长学校无论是时间安排还是聘请的嘉宾都让家长们非常满意。因为家长学校相关工作安排得细致到位，所以积累了很大一部分每场必到的"粉丝家长"，参与学习的家长人数也是次次攀高。

（三）最让人感动的一节课

2012年10月7日，天微凉，"明天教育家"家长学校请来了著名心理学专家陆惠萍女士主讲《好父母决定孩子的一生》。

由于前9期课程的反响非常好，与会家长都说学到了很多东西，家长学校在家长中间有了很好的口碑。一样的形式，一样的宣传，但是那一天，人山人海，会场和走廊都挤满了听课的家长。为了让家长听得舒服一点，家长学校工作人员将全校的小圆凳收集过来给家长坐，但还是不够。有家长还在陆续赶到会场，且几乎没有家长离场。

在无计可施之下，主持人只好让一部分家长坐到舞台的后面。这样，主讲人陆老师的前面、后面、左边、右边都是听讲座的家长，让她非常感动，也非常兴奋。

陆老师讲课幽默风趣、简洁明了，讲述内容案例丰富、发人深省，讲课方式自由洒脱、张弛有度，会场笑声阵阵、掌声连连，让我们的家长也"累"有所值。家长们说，我们在孩子教育方面都存在不同的疑惑与困扰，学校安排这样的培训是急家长之所需的创新、务实之举。

每次开课，都会有惊喜，惊喜的是嘉宾们讲得深刻和精彩，惊喜的是家长们积极参与和用心学习；每次开课，都会有开课的遗憾，遗憾的是每次开讲的时间总是那么短，遗憾的是家长们每次都不能跟嘉宾老师充分地聊上一回。

所以，每次都会出现这样的一幕：主讲嘉宾正想往外走，没走几步就被一名热情的家长礼貌地"截"住，耐心地回答家长的真诚提问。没走几步，又会被另一名家长礼貌地"截"住……虽然，时间在一点点地靠近深夜，疲惫感遍布全身，但嘉宾和家长都非常舒心，因为真诚的沟通让身体暂时忘却疲惫。

几乎每一位给"明天教育家"家长学校主讲过课的嘉宾，都直接或间接地盛赞我们的家长是素质高、学习热情高和对孩子教育关注度高的"三高"家长群体。

"明天教育家"家长学校的成功也引起了一些媒体的关注，媒体对南山二外将这个每个学校都有的家长培训模式作出了不一样的成绩产生了浓厚兴趣，《神州（校长）》杂志2012年第10期就以《他办了一所"家长学校"》为题做了深度报道。

（四）"明天教育家"家长学校为了孩子的明天

学生在成长的过程中，除了在学校的时间，还有很大一部分时间是在家和父母朝夕相处的，很多人虽注意到了家长在孩子成长过程中所起的至关重要的作用及不可替代的影响，但都苦于找不到如何最大限度地发挥家长的正面教育能量的良策。家长学校给家长制订成长计划，帮助他们成长，进而通过他们去影响孩子，这样才更有利于孩子的健康成长。

我们所提的"教育家型家长"，不是我们最终评价或者赢得一种社会身份，而是朝着教育理想前进的一种方向。我们成立"明天教育家"家长学校，终极目标不是培养一些具有独立人格和独立思维能力的教育家家长，而是帮助家长更科学地教育孩子，让孩子愉快学习、健康成长，让孩子拥有一个更加美好的明天，为社会输送更为合格的人才。

在南山二外，有醉心教育的教师，有自信阳光的学生，有关注教育进步的家长，无论是访问这所学校的校长、教师、学生还是家长，听到最多的是"我们的学校"。"我们的"不仅仅是一个语句中的定语，更显示出一种深厚的归属、由衷的热爱和对于自己学校的共同期待和梦想！

三、教育社区：向着幸福蓬勃生长

人类历史进程表明，教育和社区是紧密相连的，有居民的地方就有教育，且涉及社会生活的各个领域。进入新时代，以社区为载体，面向社区全体居民提供便捷优质的教育服务，健全家庭、学校、政府、社区协同育人机制，建设"人人皆学、处处能学、时时可学"的教育社区，对于加强中国特色社会主义民生建设，满足人民群众对美好生活的追求，有着重要的推动作用。因此，建设教育社区，共创幸福家园，已成为新时代创新社会治理的重要路径。

（一）社区

在学者形成"社区"这一概念之前，社区作为人类社会生活的重要关系已经存在。一个国家可以是一个社区，几户人家组成的小村庄亦可为一个社区。社会学一般把社区界定为利益共同体，强调人与人之间的利益关联性，生活在其中的成员基于公共利益和自身利益参与社区活动。

现代社会不断发展，物质财富较为满足，但人们的幸福感并没有随之提升。城市尤其是大城市越来越成为陌生人社会，不确定性带来的茫然和焦虑等心理问题显著加重，迫切需要建立有效的沟通和改善机制，让社区留得住记忆，记得住乡愁，真正成为培育社会认同与国家认同的共同价值观、奠定和谐社会基础的共同体。

（二）社区教育

社区教育（community education）起源于1844年丹麦人费勒尔创办的世界上第一所民众高等学校。此后，欧洲各国纷纷效仿。20世纪初，美国教育家杜威提出"学校是社会的基础"的思想。随后，这一思想由曼雷和莫托在美国的密歇根州进行实验。主要内容是公立学校为社区提供教育资源，把学校与社区沟通起来，使学校成为社区的一种资源，为社区服务。

2016年，教育部等9个部门发布《关于进一步推进社区教育发展的意见》，鼓励各级各类学校积极筹办和参与社区教育。这是近年来我国官方推动、多部门联合印发的第一个推进社区教育发展的指导性文件，目的是积极开展青少年校外教育，创新社区教育形式，推进社区教育信息化，鼓励相关行业企业参与社区教育，引导一批培训质量高、社会效益好的社会培训机构参与社区教育。

（三）教育社区的内涵与价值

1. 教育社区的内涵

目前学界关于"教育社区"的定义和研究基本处于空白状态。"教育社区"与"社区教育"这两个概念看似相近，但词序不一样，含义也不尽相同。

社区教育主要指"教育在社区中"。教育只是社区中的一个组成部分，它的形式比较单一，渠道相对狭窄，主要通过学校或引进质量较好的社会培训机构参与社区教育活动来提高居民的素质。

教育社区是指"社区在教育中"。以教育作为社区公共服务中心，突出教育在社区邻里、康养、创业、就业、交友及治理等诸多场景中的统摄作用，挖掘各大场景中的教育内涵，建立政府主导、高校引领、社会组织参与、基础学校依托、企业服务、社区协调的创新共同体，形成社区所有成员共享幸福生活的教育生态圈。

作为一种新型的教育形态，教育社区把提升人的安全感、获得感与幸福感作为根本使命，把创造人的幸福能力作为核心价值追求。从社区教育发展到教育社区，是一种迭代和升级。教育社区的构建，能够冲破原有社区管理体制的弊端，以学习者为中心，形成一个各种教育元素的集合体，实现教育与社区的全面一体化，最终达到高品质、自然态、持久性的学习化社会目标。

教育是一个民族和国家发展的基石。自古以来，中国都十分重视教育的作用，把教育当作正风俗、治国家的重要国策，运用教育感化、政教风化、环境影响等有形和无形的手段综合施策。《礼记·经解》曰："礼之教化也微，其止邪也于未形，使人日徙善远罪而不自知也。"这里的"教化"主要是指教育。因此，突出教育在社区建设中的引领作用，对缓解不同利益群体间的矛盾、丰富社区居民精神生活、提升全民综合素质、促进社会公平，有着不可替代的作用。教育社区可以重塑教育格局，浓郁文化氛围，美化生态环境，和谐政民关系，体验幸福生活，为全体成员的发展提供高品质的人文关怀和精神价值。

2. 教育社区的价值

社区是社会基本的构成单位，社区内的教育服务是居民"学校后教育"的"加油站"和"助推器"。因此，以教育作为公共服务中心，理应成为学习型城市建设、终身教育服务的有力抓手。

教育作为解决不平等现象的重要支点，承载着人类的美好期许。改革开放以来，中国教育事业扎根广袤大地、托举民族复兴，成就举世瞩目，但教育公平仍然是社会关切的焦点。针对民办教育领域出现的违规办学、无序竞争，以及过度资本化、过度商业化的问题，校外培训机构出现的超纲教学、提前教学、强化应试、制造焦虑等不良行为，家庭教育的缺位、家庭教育主体意识的缺乏导致未成年人受伤害的极端事件屡屡发生等问题，国务院、教育部等相继发布《中华人民共和国民办教育促进法实施条例》《关于进一步减轻义务教育阶段学生作业负担和校外培训负担的意见》《中华人民共和国家庭教育促进法》等文件，进一步加强对义务教育阶段学校的全面管理，严格治理校外培训机构，让家庭教育从"家事"上升为"国事"。政策的落实将推动教育行业回归育人本质，重塑国民教育新格局。

"双减"政策实施以来，过去由培训机构占用的学生时间，需要通过更有意义的方式来弥补。做好校外教育服务工作，需要优化资源来满足学生个性化、差别化、实践化的学习需求，促进学生个性发展，提升学生综合素养。社区是人成长的生活环境，社区中的自然资源、建筑设施、人文景观都能成为教育资源。好的社区，可以为学生最直接地提供生活世界中应有的人际交往和社会发展的自然体验过程。教育社区的建设能够承接"双减"政策下学生的学习空间和时间，避免学校为营造生产、生活情景而绞尽脑汁，也可缓解家庭盲目参加校外辅导所带来的精神焦虑和经济负担。

（四）教育社区的实践主体

教育社区实践是一项系统工程。政府、高等学校、社会组织、基础学校、企业等主体要各司其职，各尽所能，通力协作，形成合力。只有构建富有张力的教育共同体，才能实现教育社区的高质量发展。

政府主导。政府及教育主管部门对教育社区建设起主导和统筹作用。关于社区建设中的教育，尽管有若干理论研究著作，也不乏政府意见，但尚缺乏健全的法律法规和地方政府部门的具体实施方案。要完善政策空间和组织建设，通过组建相应的独立行政部门或科室，成立社区学校，配备专职人员建立协调机制，统筹规划，使教育社区建设成为政府和教育行政部门的日常工作，引导利益相关者落实相应的教育责任。

高校引领。高等院校在教育社区中承担着方向引领、队伍建设、实践指导、专业支持和问题解决的重要任务。尤其是师范类院校可通过开设相关专业课程加强教育社区学科建设，并将理论应用到实践当中。与社区内的教育机构共同培养教育社区服务专业人才，通过提供专业培训，提高从业人员的业务素质和能力。如2020年9月，上海开放大学启动了《探索上海家庭教育指导师制度》，将助力上海市在"十四五"期间，培养一万名家庭教育指导师和志愿者，并将围绕"理论研究高地、资源建设高地、实践的试验田"三大核心功能，开展家庭教育研究和实践工作。

社会组织参与。社会组织或公益组织机构可发挥各自的优势，参与到教育社区服务产品的开发当中。如妇儿中心、博物馆、文化馆、美术馆、青少年宫、社康心理咨询室等公共文化服务机构可定期与社区教育机构合作，共同开发教育类服务产品，开展公益性教育宣传、教育实践活动等。建立公益家教中心，提供24小时指导，解决家长因教育环境、教育政策等变化带来的焦虑。可定期开展父母学堂、亲子学堂、公益讲座等社区教育支持行动，为家长提供教育帮助。广泛联结各行各业、各公共服务机构、各友好社区，加强交往，利用周末、寒暑假等时间组织主题研学活动，开阔视野，丰富孩子学习和生活的经历。

基础学校依托。不论学校教育出于怎样的动机，其结果都会对特定社会的形成、维护或强化有所"贡献"，并因此而在事实上成为形成、维持或强化特定社会的一种"工具"。学校是社区的教育中心、文化中心和活动中心，为社区发展提供广阔的物理空间和强大的精神堡垒。"未来的学校不仅是儿童相互学习的场所，是教师们相互学习的场所，也是家长和市民相互学习的场所。"增强学校与社区的双向互动，周末、节假日学校向社区开放体育场馆、艺术空间、信息技术教育等设施，对社区的文体活动和经济社会发展具有重要作用。健康向上的学校文化，对学生、家长及居民有直接和间接的熏陶和引导。学校举办各种讲座、报告会、沙龙等活动，对于传播科学知识、提高科学素养、倡导现代文明、培育社会主义核心价值观能产生积极的辐射作用。

企业服务。企业可起到协调共建的作用。允许营利性、非营利性组织进入社区，提供满足多层次需要的专业化的教育服务，使得社区成员能够根据自身需要、兴趣以及消费水平挑选个性化的教育服务。通过市场化的运营，可有效提高教育社区的多样性与创新性。此外，企业还可承担"秘书处"的职责，比如通过定期组织联席会议，举办交流论坛，以及定期开展调研与督导工作，促进教育社区建设进程中的资源整合、信息交流、活动组织及成果展示等，助推更具创造力、凝聚力和生命力的教育社区建设。

（五）教育社区的展望

教育的目标是促进人自由而全面的发展，走向幸福完整的人生之路。教育社区建设的目标是期望在任何地方（anywhere）、任何时间（anytime），通过任何方式（anyway），任何人（anyone）都能学到想学的任何内容（anything）——5A教育。展望教育社区建设，应着力做好全覆盖教育服务、全生长教育支持和全领域教育赋能等方面的顶层设计。

1. 全覆盖教育服务

教育社区倡导教育的空间连续，即360度的全方位教育，包括学校、家庭、社区教育生态一体化。目前，教育发生的空间场景大多是独立的、关联甚少的。除了在学校能明显感知到教育氛围外，走出校门，回到社区及家中，教育元素的渗透则很不充分。住宅设计的高明之处在于通过功能改造影响生活行为，进而改变生活方式，创造健康良好的生活环境。同理，舒适、开放且类型丰富的教育设施配置，能给社区居民带来舒适感和幸福感，激发其参与教育社区建设的内在动力。

通过调整改善家庭的空间布局与家庭陈设，从客厅、卧室、书房与儿童间着手，从传统文化、教育、心理等角度，营造有教育功能的"境"。借境而转心，使得家庭的房间与家具陈列都成为滋养孩子身心、有助于孩子成长的教育资源。设计家庭泛在阅读区，给教育一个专门的场地空间，让教育在书香盈盈的环境中自然发生。

从室内延伸到户外，打造覆盖儿童快乐、青年沉浸、老人康养、全时全龄的社区成长空间。在儿童成长的过程当中，"玩"不仅是天性的表现，同时也是培养自主性、社会性，形成个人修养、个人品质的过程，对于儿童建立与他人和谐相处的意识尤为重要。社区应增加更多有助于儿童自身发展的活动场所，如结合阳光草坪可营造自然度假空间氛围的中央宿营区；结合多功能空间和四季植物体验，打造寓教于乐的植物王国，感知不同季节的植物样态与生长特性。除满足儿童需求外，利用楼栋大厅、架空层公共空间，开展公益培训、学习交流、读书分享、讲座展览、非遗传承、科技产品体验等活动，满足不同层次的学习、社交需求，使居民尽享快乐时光。

加大社区在体育设施方面的投入，赋予社区居民更多康体运动的机会，不仅可以提高身体素质，还有助于思维发展和合作培养，提高生活情趣。设置以节气、四季等为主题的社区健康系统，打造随时随地随心的自主运动空间，提高健身者的互动性、趣味性。除常规的游乐设施和环保塑胶跑道外，还可以根据每个社区的地形特点，布置造型丰富的游戏墙供儿童钻、爬、攀登；利用修剪整齐的植物布置成迷宫，提升儿童的记忆力和判断力；布置小沙坑，有助于培养儿童创造性思维。此外，还可根据社区规模设置各类专业运动室，免费供孩子对接学校体育课程与考试科目，让居民进行日常体育健康活动，迸发运动激情，拥抱美好生活。

2. 全生长教育支持

教育社区强调教育的时间持续，即从婴孩到老年全龄段的无缝隙教育。这与法国保罗·朗格朗提出的终身教育一脉相承。教育即生长。生长是自然的过程，是连续的过程，前一阶段的生长为后一阶段作准备与铺垫，也会在过程中螺旋式上升。全生长教育符合生命生长的规律，保持生命各个阶段教育的连续性，严防教育中断带来更多的危机，充分彰显"生长"价值体系的时间意涵。

家庭是人生的第一所学校，家长是孩子的第一任教师，同时也是影响最持久的教师。每个孩子从呱呱坠地到咿呀学语，从蹒跚学步到步伐矫健，孩子婴儿期、儿童期的绝大部分时光都在家中度过。家庭教育生态的良性循环是全生长教育实践的基础工程。家庭教育生态应当包括：孩子能够以书为友，与书结伴，奠定良好的精神底色；体格健全，人格完善，沟通顺畅，合作共事；高雅的情趣，健康的爱好，一两样特长。2022年1月1日实施的《中华人民共和国家庭教育促进法》是一部调动全社会力量共同做好家庭教育工作的法律，将为促进未成年人全面健康成长提供有力保障。建立健全家庭学校社会协同育人机制，在社区内设立家庭教育指导机构，开展家庭教育研究、服务人员培训以及公共教育服务产品研发等工作。地方政府可根据实际情况和需要，通过补贴、奖励激励、购买服务等措施对家庭教育指导机构进行扶持。

学校教育是教育社区实践的中坚力量。要积极发挥中小学、幼儿园在人生发展中的独特价值。校园是孩子生长的沃土，学校教育决定着孩子社会化的走向与水平，是生命个体社会化的重要基地。厚植中华底蕴，融会国际理念，沿着传统—引进—融合—创新的发展轨道，创办面向世界与未来的有中国灵魂、中国价值的现代学校。立足阶段变化、彰显生命活力是学校教育生态健康的亮点所在。通过学科拓展、课程整合、创立社团，挖掘每个学生的潜力，激发孩子的蓬勃活力。从以"双基"为中心的时代走向以三维目标为指向的时代，进一步走向以素养为核心的时代。

"大学后教育"是成人实现自身和谐发展的延伸教育，也是构筑终身学习体系的重要环节。社区可加强与企业、高校（职业院校）、科研院所和社会机构合作，充分发挥其在不同领域的优势，提供琳琅满目、营养丰富的"菜单"，既能够满足在岗人员的发展需求，又能够帮助失业群体或弱势群体实现再就业，且在当前国家大力鼓励职业教育发展的政策形势下，能为职业院校服务社区发展带来新的机遇。职业教育的融入，对于推动教育社区的建设具有重大意义。比如，在社区里广泛开设沟通、谈判、理财、恋爱、婚姻、育儿、养生、游戏、压力管理、情绪管理、危机管理、社会责任、治理与服务等公益课程，实现"大学后教育"常态化、专业化和可持续化。

人口老龄化是今后较长一段时期我国的基本国情。老年教育是教育社区的重要阵地。随着社会发展，传统的家庭结构改变，出现越来越多的空巢老人，他们缺乏家庭关爱，导致身心受影响。有效开展社区老年教育对于提高其生活质量有着十分重要的作用。比如在大多数双职工家庭当中，老年人承担着照顾小孩的任务，针对这部分老年人，社区中可增设有关育儿方面的课程或讲座。再如，老年人往往无法适应当下信息技术的高速发展，社区中可设计相关的自主学习课程，让老年人能在享受高科技带来的便利的同时学习新事物。而对于受教育程度较高的老年人来说，可在文学艺术、经济政治等方面满足其学习需求。对于老年人的权益保护、防骗保护和临终关怀教育也必不可少。

3. 全领域教育赋能

教育社区强调教育对社会各领域的支持。《学会生存——教育世界的今天和明天》指出，未来的教育必须成为一个协调的整体，在这个整体内，社会的一切部门都从结构上统一起来。随着终身教育理念的广泛传播，学习型社会建设的大力推进，"学习即生活，生活即学习"必将成为现代居民的一种生活方式。而教育社区则是实现该目标的直接载体。它使学习者在自己居住的区域内通过学习与他人建立融洽的人际关系，不仅可以满足居民对自身精神文化生活的需求，还可以增进和谐友爱的氛围，在教学相长的过程中改善居民的心境。

在社区内建立情感关怀类社会组织和社区文娱类组织，提供情绪纾解、释放的平台，让怨言戾气的居民有表达的空间。通过情绪发泄、情感抚慰，压抑的内心就会变得平心静气，家庭、邻里社会矛盾也会随之减少。同时，此类组织也能知晓群众的冷暖和疾苦，在第一时间发现可能造成社会矛盾或冲突的隐患，成为及时反映不利于社会和谐稳定的"信息源"。此外，针对青少年受到的各种心理问题的困扰，可通过建立心理工作室的方式，在保障学生及家庭隐私的前提下，开展青少年心理健康、家长家庭教育风格测评，及早发现问题、解决问题，发挥工作室"前哨站"的作用，对于和谐社会建设具有积极的意义。

"双减"政策下，知识教育、应试教育逐渐走向素养教育、生活教育。营地教育是培养学生实践能力、团结协作和创新精神的重要渠道。2016年，教育部等11个部门联合发布《关于推进中小学生研学旅行的意见》，提出要把研学实践教育活动纳入课程体系之中，研学实践教育活动迎来了前所未有的发展。教育机构可以结合本土特色，利用丰富的自然资源、人文资源，开设社区夏令营、冬令营，让青少年在自然体验和集体生活中收获身心成长。还可以通过农业市集、艺术市集、四季庆典、节气生活等周末营地，陶艺、染织、造纸、身心、食养等兴趣课程，为家长及孩子打造家门口的素质教育基地。

在大型商住综合体内，以"一站式服务"理念为核心，集中教育资源，打造集教育、购物、休闲属性于一体的资源共享中心。在教育服务的基础上融入文化、娱乐、休闲、餐饮、健身、美容、托管、会议等多业态，打造未来的生活学习中心，满足现代人对于生活品质、生活效率和生活幸福的全方位需求。成年人在工作之余及自我受教育的同时，也能平衡与家庭的亲情陪伴，在亲子学习、团队学习中学会相处、用心沟通，在增强个人幸福感的同时，共同营造快乐氛围、传递快乐情绪，从而增强个人和团队的幸福持续能力。

人工智能时代是推进5A教育社区建设的重大战略机遇。科技正在深刻改变着教育理念和形态，智能技术将进一步与教育教学深度融合，衍生出全新的智能化教育创新场景。建设全生态教育和开放式学习平台，搭建全方位交互式学习生态系统，融合人工智能+物联网+机器人+创客+编程，满足学习的多向互动和实时反馈，实现"所见即所学，所学即所用，所用即所长"的时代跨越，走向学习、工作、教学和休闲一体化，彼时，教育者与受教育者的身份可以随时互换，"人人为师，时时有师，事事可师"成为可能，让教育社区真正成为一个满足生命需求、享受幸福人生的共同体。

四、学校规划：描绘发展蓝图，探索创意路径

学校规划是连接过去、现在和未来的一座桥梁，是教育理论、思考与实践的有机融合。没有顶层设计与系统引领，办学就缺少方向感，缺乏凝聚力，缺失感染力。一份好的规划是一所学校教育哲学、历史底蕴、文化性格与精神气象的独特展示，是一个校长思想力、凝聚力、表达力和领导力的集中体现，同时也是学校发展的灵魂。围绕着既定

的教育理念书写学校规划，描绘师生共同成长的蓝图，是一所学校取得突破，实现高质量发展的重要起点。

（一）何为规划？

学校规划自20世纪80年代中后期产生以来，迄今已有近40年历史，它通过学校发展的整体设计，促进学校管理效能的提高和学生的全面发展。学校规划涉及学校的教育目标、发展方向、课堂教学、学校管理、资源统筹以及学校文化建设诸多方面，所面对的是教职员工、学生群体、教育行政领导及社区居民，包括经常变化的教育内容、教育资源和教育环境。学校规划可以帮助学校管理者和教育工作者更好地了解学校的优势、需求和挑战，制订相应的解决方案和行动计划，提高学校的管理效率和教育质量，促进学校可持续发展和师生更好地成长。

1. 规划是一个文化检视过程

文化因素在学校规划中发挥着至关重要的作用。在制订规划时对学校所处的文化背景进行检视，可以帮助学校管理者更好地了解当地的历史、传统，了解当地教育的发展状况、特点和趋势，从而可以更好地制订学校的发展目标和策略。

2014年的深圳育才，正处于集团化办学方兴未艾乃至大力发展之时，而其内部却又面临着"同根不同步，面和心不和"的文化分离状态。在对学校发展历程和文化背景的深入调研和分析后归因，深圳育才过往取得的成就最主要在于育才文化的引领。在新的形势下，更需保持育才的文化自信，坚守重新出发的决心。基于此，我提出了"文化创新，走向专业"的发展目标，短短几年，基本建成"我即教育，众胥人才"的育才文化体系，成功将深圳育才打造成与蛇口自贸区相适应的创新型、国际化教育集团。

2. 规划是一份问题解决方案

一份完整的学校规划需要解决的问题涉及诸多方面，比如教育教学质量、学生发展、教师成长、学校管理、资源配置、社会关系等等。针对这些问题，学校需要进行全面的分析和规划，提出具体的解决方案及制订行动计划，并提高学校、家长、教职工等各方的认同和参与度，从而确保规划的实施效果。

2009年，我国改革开放进一步深入，经济发展方式加快转变，对全面推进素质教育、培养创新人才的要求更加迫切。南山二外地处深圳市南山商业文化中心区，且作为南山区教育科学研究中心附属学校，面对如何满足国家对创新人才的需求、社区对优质教育的期盼以及区教育局对教科中心附属学校的厚望，提高教师的素质成为当时学校亟待解决的迫切问题。因此，制订学校规划，出发点必须是问题，也就是洞悉学校发展现状，及时发现和研究学校发展面临的机遇和挑战。

3. 规划是一条创意办学路径

学校管理者需要不断开拓新的思路，提出新的创意，探索出更好的发展路径，为学校发展注入新的动力。比如，进行新的教学模式的创新，采用新的教学方法和手段，开展多元化的课程设置和评价方式，从而提高教育质量和效果；再如，建立信息化、智能化体系，优化设备和平台，使前沿科技和教育能够有机结合，从而提高教学效率。

近几年，我国经济社会发展逐渐步入新时代，社区居民不再满足于传统的教育模式，而是更加追求个性化的学习资源、人文化的学习环境和泛在灵活的学习体验。2021年，我刚任星河教育总校长的时候，提出了构建教育社区的设想，星河作为一个涉及产业运营、地产开发、城市更新、商业管理、物业服务的大型综合性集团，在探索更加适合未来社区生活场景的道路上，有着独到的优势与强劲的实力。新型教育社区，将真正构建终身学习体系，指向社区全龄人群的教育需求，形成全覆盖、全生长、全业态的教育服务生态。

（二）做规划不是一件容易的事

难。在学校规划制订的过程中，每个层级都有不同的职责和关注点。教师主要负责教学和学生管理，更关注教学效果；中层管理人员负责学校的具体管理和组织运作，需要做好协调；校长作为学校日常管理者，负责学校整体规划和战略决策，考虑的是学校整体发展的方向问题。制订学校规划最难的就是从校长的角度去做全局思考，同时还要兼顾基层、中层员工的诉求，这极大地考验规划制订者的视野及智慧。

烦。学校规划不是一个新的东西，无论是大学、中小学还是幼儿园，或多或少都有自己的发展规划。长久以来，学校规划也有了一定的框架和范式供后来者参考。然而，随着社会和科技的不断发展，教育形态在不断变化，教师和学生的需求也在不断变化。具体到每一所学校，其所处的文化背景、发展状况和需要解决的问题不尽相同。这些都将导致拟定学校规划将是一件既烦琐又复杂的任务。规划制订者需要不断挑战既定的思维模式，敢于尝试新的思路和方法，还需要具备良好的表达能力、严谨的逻辑思维能力，以达到更好的规划效果。

杂。学校规划需要考虑的因素非常多，包括教育教学、学生管理、师资队伍、校园建设、财务预算等多个方面。这些因素之间的关系错综复杂，互相影响，需要全面考虑，协调安排。这就要求规划制订者必须对学校的整体情况有全面的了解，了解每个细节问题的背后所蕴含的意义和影响，才能作出合理的规划决策。而在规划制订的时候又容易出现"眉毛胡子一把抓"的现象，比如工作目标和要求过高、措施工作量大、面面俱到、没有筛选出当前学校最需要优先解决的问题等，导致规划无法落地。既要考虑全局，又要协调各方利益关系，还要保障具体可行，这都需要制订者颇费心血。

空。学校规划的制订是一个起点，而非终点。在实际操作过程中，许多学校把规划当作是应付上级要求而制订的"文本"，文本形成后，即束之高阁，不去考虑下一步的实施、调整和评价，成了印在纸上、挂在嘴上、停在行动上的摆设。如果缺乏明确的责任人和组织机构，缺乏有效的推进计划和执行方案，缺乏明确的实施计划和监督机制，得不到社会各界的认同、支持与论证，那么规划就无法得到有效的落实，最终只能成为一纸空文。

（三）何为好的规划？

一流的规划重格局。一份好的规划应该具有适配性、系统性、创新性、可行性四大特点。

1. 适配性

试想，将一份获得嘉奖的学校规划套用到另一所学校中去，就一定能帮助另一所学校获得更好的发展吗？答案是否定的。学校规划的制订会因为各种因素影响而有所不同。我在为南山二外做规划的时候，学校才成立5年，无论是学校本身的年龄还是在任教师的年龄都十分年轻，我在当时提出了建设"教育家文化"，也是希望年轻教师可以此为毕生追求的职业目标，学校可以积极建设民主、人文的管理文化，最终能够构建适合每个孩子成长需要的文化场域。而我在给深圳育才做规划的时候，面对这样一所历史悠久的名校，需要做的不是为其提供一个新的文化理念，而是如何更好地坚守育才已有的优秀文化，形成文化认同，延续育才的文化担当。因此，学校规划的制订需要考虑适配性，只有适应学校的实际情况和特殊要求，才能够确保规划的成功实施和学校的长远发展。

2. 系统性

规划是一项系统性的思维过程，它需要将不同的元素、资源等有机地组合在一起，来达到预期的目标。在进行学校顶层设计的时候，需要对教育事业的整体发展趋势、国家政策等有深入的了解和把握，考虑到学校的长远发展方向和目标，还需要对学校内部组织架构、各相关成员之间的关系、运作机制等进行规划和设计。只有顶层设计合理，才能够在规划的实施过程中，确保整个组织的高效运作和协调配合，从而推进学校的发展。几年前我在给深圳育才做规划时，如何做好系统建设、坚持顶层设计就是一个极大的挑战。当时的深圳育才已经形成了"4所幼儿园、4所小学、2所初中、1所高中、1个社区学院"的战略格局，做好整体规划并要兼顾成员校的个性化发展实非易事。在不断的研究和验证之下，我们终于确立了深圳育才办学模式，并提出要在5年内，全面提升深圳育才的学习力、思考力、凝聚力、创造力和战斗力。

3. 创新性

规划想的是未来的事情，是一种超前的设想。一份好的规划需要规划制订者有"创造未来"的想象力，有开阔的视野，并通过深入思考和探索，把握机会和挑战，形成具有前瞻性的预测。此外，规划过程中还需要突破思维惯性，不拘泥于过去的经验和做法，不断推陈出新，探索新的教育模式和教学方法，将创新理念融入规划中，学校才能更好地适应时代和社会的变化，为学生提供更好的教育资源和服务。比如《星河控股集团教育发展中心"十四五"发展规划》就适时提出了要联合星河旗下的相关公司，探索人工智能、大数据、云计算等新应用技术在基础学校、社区教育服务、教育Mall等业态的渗透，充分利用科技提升学校管理能力、教师教学质量，将科技项目作为教学内容，全方位培养学生的创新精神和实践能力。

4. 可行性

在做规划时，需要进行充分的调研和分析，全面了解学校现状和未来需求，制订详细的实施计划，必要时还要考虑引入专家给予专业指导意见，确保规划实施的可行性。在制订星河教育发展规划之前，我花了3个月的时间，充分了解星河30余年的发展历程和教育公益事业，并深入思考如何通过教育帮助集团实现"提升城市品质，创造美好生活"的愿景，如何通过教育与社区的结合来满足社区居民多元化的教育需求；思考在未来的5年里，一个刚成立不久的教育发展中心又该如何统筹所有资源一步一步实现"建设具有区域影响力的教育共同体"的目标；历史回溯、现状分析、理念引领、目标确立、任务拆解、措施保障、专家论证，每个步骤的钻研和打磨都是为了确保规划的顺利实施和目标的圆满达成。

（四）规划的主要内容

1. 为了解决什么问题？

规划制订者首先要明白的是，规划不是来源于上级的文件和指示，而应该是为了解决发展中的不足和存在的问题。问题的解决不是一蹴而就的，需要通过对未来几年的规划来实现。为了解决存在的问题，我们是否有明确的目标和方向？是否有解决的思路？是否有与之相匹配的人力、物力、财力？如何去获得这些资源并保障它们的使用效率，才应该是制订规划的初衷。

2. 学校究竟要往什么方向发展？

明确学校发展方向可以帮助规划制订者更好地确定发展目标，以指导学校的发展方向和路径，帮助学校更加有效地利用有限的资源，集中精力做好有限的事情。在发展方向的指引下，具体目标才更有针对性和可行性。比如围绕学校发展方向，可以更加明确学校文化、教学工作、课程体系、队伍建设、学校特色等具体目标，从而进一步明确发展思路和工作策略，帮助总体发展目标的实现。

3. 前期重要的成功经验和存在的主要问题是什么？

学校规划应是立足过去，指向未来，既有对过去的诊断分析，又有对未来的预测和憧憬。回顾学校办学历史，认识学校自身发展的优势和存在的问题、面临的机遇和挑战，才能凝练学校文化，凝聚人心，引领全校师生抓住机遇促发展。成功的经验不仅可以为后续的规划提供宝贵参考，还可以增强规划者的信心和动力；而前期发展存在的问题同样可以为后续的规划提供重要借鉴，让规划者更加谨慎和深思熟虑。这也是为什么"发展基础"会是一份规划最开始的内容。只有充分了解了前期重要的成功经验和存在的问题，才能更好地为实现发展目标打下基础。

4. 分析工具是否形式？

在一些发展规划中经常会看到PEST分析或者SWOT分析工具的运用，这些工具可以帮助规划者全面地了解环境和内部情况，为制订可行的规划提供重要参考。PEST分析是一种对宏观环境因素进行评估的方法，包括political（政治）、economic（经济）、social（社会）和technological（技术）四个方面。SWOT分析是一种对内部和外部环境进行评估的方法，包括strengths（优势）、weaknesses（劣势）、opportunities（机会）和threats（威胁）四个方面。我们在做学校规划时，很重要的一点是需要分析当时以及未来的教育政策、所拥有的资源和条件、所处的社会文化环境、所面临的技术创新，还可以从文化理念、硬件条件、师生队伍等方面进行整体分析，把握学校基础、困难、机遇与挑战等等。工具的运用是为了帮助我们更好地制订可行规划，而不是机械地套用模板、流于形式。只有融会贯通，充分考虑数据和事实，集思广益，才能使分析结果准确、全面，并具有实际意义。

这十几年来，我分别担任了几所学校的校长，并制定了学校发展的五年规划，得到同行的高度评价。特别是2020年主持制定的《深圳市南山区第二外国语学校"十二五"发展规划——用教育家文化滋养每一个孩子》获评南山区第一名，受到了南山区教育局的通报嘉奖，产生了积极的社会反响。时至今日，还时常有同行来索取。为方便读者了解，趁本书结集之际，特将三部规划略加完善并附录于书末。

第三节　逐浪变革

一、寻找学校发展的第三条曲线

为什么有的学校在成为一个时期的名校后逐渐回归平庸？为什么一些学校在经历快速成长期后校长领导力显著下降？为什么有些学校在教学改革中举步维艰？为什么一些学校在经历管理变革促进了学校的快速发展之后，又难以持续？素养时代，如何在推动学校发展的同时突破创新人才培养问题？在学校办学过程中，面对这样的问题，又如何破解？

（一）深度变革：学校发展的三条曲线之思

20世纪90年代，美国未来学院院长扬·莫里森提出了"生命周期线"理论，可以为我们思考素养时代下学校发展中的问题带来启示，进而找到解决问题的策略。莫里森总结了世界许多著名企业成长发展的规律，提出了"第二曲线"理论。第一曲线即企业在所熟悉的环境中开展传统业务所经历的企业生命周期，而第二曲线则是当企业面对未来的新技术、新消费者、新市场所进行的一场彻底的、不可逆转的变革并由此而展开的一次全新的企业生命周期。

两条生命周期线适合所有的行业，一所学校同样如此。学校的创立和发展必然进入第一条曲线：起始期、成长期、成就初期、成就高峰期、下滑期和衰败期六个阶段。如果能够在高峰期到来之前，找到制度建设这个关键点，就能推动学校走过高峰期，提升发展高度，从而进入学校发展的第二条曲线。但第二条曲线并不具备永久性，在"刺激"效能"过期"后，就转化为第一条曲线。

第一条曲线为资源发展线，这是一个以硬件发展为主的发展模式；第二条曲线为管理推进线，是以制度创新为主的办学模式。这两条曲线是大多数学校都必然经历的，但硬件资源和制度仅仅是教育的保障，没有进入教育的核心，停留在外围的变革并不能够激发学校发展的内在动力，经历下滑期和衰败期难以避免，如图3.1。因而必须采取更深层次的变革，推动学校更为科学地强势发展，形成学校发展的第三条曲线。

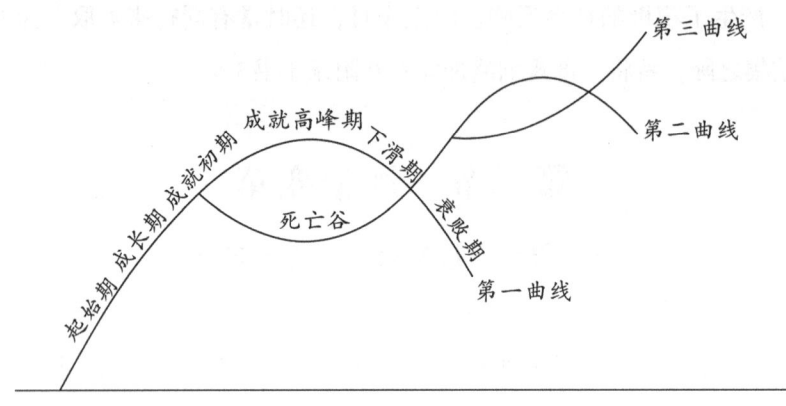

图3.1　学校发展的三条曲线

从历史视角来审视，企业的生命周期曲线的本质指向即企业的创新线。根据发展阶段不断转型与变革，是生命周期曲线核心要义。

（二）深度转型：寻找第三条曲线的支点

当前，我国发达地区实际上正经历着第三条发展曲线之问。这条曲线既是创新之问、转型之问、变革之问，对领导者而言，更是内含着社会变革进程是适应性要求的顶层设计与底层设计之问。

就一所先进学校的发展变革而言，必须立足发展改进模型，在教育内核寻找合适的支点，进行深度变革，推动深度转型，撬动学校的持续快速发展，进入第三条曲线的轨道。这条曲线属于内涵发展模式，把学生作为变革的起点与核心，以文化创新推动教育教学方式的深度转型，表现及评价方式也以"量"为主演变为以"质"为主，"量""质"齐升。因此，文化创新、深度转型是第三条发展曲线的核心内涵。

表3.1　学校发展三条曲线的主要特征

学校发展曲线	发展方式	主要支撑	发展核心	表现方式
第一条曲线	硬件积累和更新	资金	校园	硬件建设水平
第二条曲线	制度创新	管理	教师	量的提升
第三条曲线	文化创新	学校文化	学生	量质齐升

教育的本质是育人，学校文化在育人过程中具有强大而深远的影响力与推动力。创新学校文化，促进每个学生健康、充分地发展，是实现学校深度转型应然的支点。

（三）顶层设计：以创新型文化为学校发展的育人内核

创新人才培养与素质教育一脉相承，而且是在为创新人才成长奠基这个更高层面上所实施的素质教育。因此，培养创新人才应是学校深度转型的主要目标指向。创新型文化作为奠基创新人才成长的关键要素，理应成为学校深度变革与转型的育人内核。创新型文化是以创新为动力的文化形态。在学校变革中，它以教育规律为指向，一方面表现为更为高效的创新育人方式，另一方面表现为营造有利于创新的文化氛围，以创新型文化育创新人才。

创新人才培养模式须围绕培养"创造性人格"和"创造性思维"这两个核心维度进行建构。创造性人格和创造性思维不仅仅靠天赋，更重要的是后天培养。对创造性人格形成较大影响的有四个核心要素：环境、课程、课堂三个显性要素，以及隐藏在三者背后且处处显示其力量的教育理念（见表3.2），创造性思维的培养也是如此，这四点也是学校文化建设的核心要素。因此，创新人才培养模式应是对这四个要素进行深度变革。

表3.2　创新人格的特点及其影响因素

创新人格的特点	指向的理念或措施	对其形成较大影响的因素
有高度的自觉性和独立性	以学生为中心的教育	环境、课堂
有旺盛的求知欲	满足、激发求知欲	课程
有强烈的好奇心，对事物的运动机制有深究的动机	保护好奇心，引导探究学习	课堂
知识面广，善于观察	激励求知，培养观察能力	课程、课堂
讲求条理性、准确性、严格性	引领严密思考、表达	课堂
有丰富的想象力，敏锐的直觉，喜好抽象思维，对智力活动与游戏有广泛的兴趣	启发想象，鼓励思考	课程、课堂
富有幽默感，表现出卓越的文艺天赋	尊重个性	环境、课程
意志品质出众，能排除外界干扰，长时间地专注于某个感兴趣的问题上	培养意志力和学习兴趣	环境、课堂

创新人才的培养应该是一个完整的生态系统，需要坚定素质教育，从多方面完善创新人才培养体系，在理念、环境、课程、课堂四个关键要素的文化创新基础上设计创新人才培养模式（如图3.2）。在这个模式中，办学理念（包括学校核心文化和创新人才培养理念）是模式的灵魂，学生是中心，以此为基础创新文化环境、课程文化及课堂文化，在这个统一的文化创新教育场域中，滋养学生成长，培育创造性人格，培养创造性思维，促进全面发展，从而达到促进创新人才成长的目标。

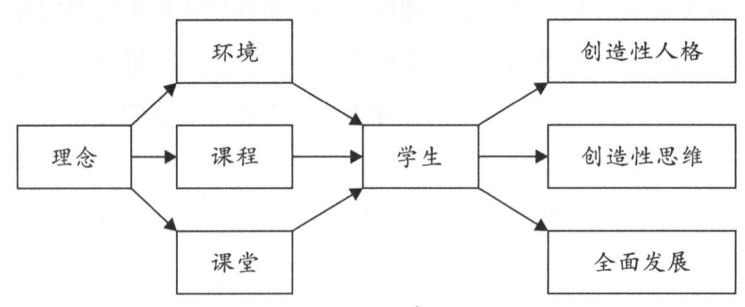

图3.2 创新人才培养模式

（四）四维创新：用教育家文化滋养每一个孩子的底层设计

寻找学校发展的第三条曲线，实现深度转型，需要校长做到以下几个方面：具有政治家的视野，审视国际发展的形势，了解国家对创新人才培养的迫切需要，敏锐察觉学校发展的成败得失；具有社会学家的关怀，清楚个人成长的生态环境，学校发展方向及策略的制订兼顾教师和学生的群体和个人需求；具有教育家的专注和专业，尊重教育规律，始终专注于教育家办学，做课程与教学的领导者，洞察教育教学改革的方向；具有企业家的精神，把学校的发展作为自己毕生的事业，谋划学校的未来发展。南山二外是一所九年一贯制学校，在顺利进入第二条发展曲线之后，我对学校的未来发展和创新人才的培养深入思考，重视文化的影响力和推动力，着力创新型文化建设，找到了学校发展的第三条曲线——文化引领线。

办学理念（包括创新人才培养理念）是创新人才培养模式的灵魂。教育家办学是创新人才培养的有效途径，正是在此基础上，南山二外形成了教育家文化的办学实践框架。以教育家文化为支点，引领学校整体建设，描绘出学校发展的第三条曲线。

遵循教育规律、满足社会需求和实现学生发展是教育家办学的核心内涵，也是创新人才培养的根本保证和基本原则。学校发展的创新文化根本上是教育家文化，教育家文化是建立在"教育家办学"理念基础上的学校特色文化，是学校文化的高级形态。

二、集团校教学主任领导力培养

随着基础教育的变革发展，20世纪90年代以来先后出现了职业教育集团、民办教育集团和公办教育集团，呈现出多性质教育集团并存办学的局面，这是现阶段基础教育变革对"人民群众不断增长的教育需求同教育供给，特别是优质教育供给不足的矛盾"所作出的积极回应。集团化办学的优势之一体现在多学校、多学段、多体制，但是有的教师抱怨小学、初中培养出来的优秀学生却都跑到顶级高中去了。我并不认同此观点，试想如果我们培养的学生都是优秀的，我们还在乎那些"凤毛麟角"吗？所以我觉得问题的根本在于我们的教育还不是最优质的，没有形成优秀的群体，也说明我们的办学质量有一定的提升空间。抓集团化学校的办学质量，就要从底层抓起，夯实基础、打好根基。无论是幼儿园、小学、初中，还是高中，只要是从育才校园走出去的学生，都应该是优秀的，我们应该有这样的信心与决心。

对于深圳育才的历史，要尊重学习，但不能变成牵绊；对于育才的品质，要挖掘彰显，但不能夜郎自大。我重返育才，看到育才各校在全区的排名，也深感肩上的担子很重。很多教师还沉浸在《花季·雨季》那个年代，殊不知，当初育才与深圳中学、深圳实验中学一起被誉为深圳教育"三驾马车"的辉煌历史已经离我们远去。育才如何传承创新、继往开来，值得我们每一位认真思考。

（一）从管理到引领：教学工作的定位与思路

高质量是集团化办学的生命。无论是集团层面，还是学校层面，都应当毫不犹豫地把教学工作摆在首位。集团层面如何抓教学？我认为，首先要充分发挥引领的作用，实现从管理到引领的转变，如可以从专业的角度，借助项目研究，实现专业上的引领。为此，我将集团教学工作的思路归纳为"纵向贯通，横向联合，互帮互学，整体提升"这十六字口诀。

1. 纵向贯通

深圳育才拥有从幼儿园到高中，再到成人高等教育的教育生态链，这是我们的优势。因此，各学段间的无缝衔接工作显得尤为重要，关乎生态的良好运转循环。我们的目标是打造深圳育才"十五年一贯制"的教育，提供一站式教育服务，让学生的成长之路畅通无阻。有学者认为学校的产品是学生，我认为这是不科学的，甚至是不人道的，学生怎么可以成为产品呢？其实，学校的产品应该是课程。如果我们能对集团各学段的课程资源进行整合研究，那么学生在一级一级跃进的时候，阻力会更小，进步会更快，成长会更好。我们所有教师都要有"集团大家庭"的观念，要把育才教育的基础抓牢，这样高中的优质生源才有保障，高中的成绩上去了，育才这块牌子自然就亮了。这也是集团实现"纵向贯通"的关键所在。

2. 横向联合

深圳育才有4所幼儿园、4所小学、2所初中，但目前同学段之间的校际交流远远不够，办学水平也存在显著差异。从南山区小学学业水平抽测的结果中，我们可以看到，每所学校都有自己的优势学科，比如育才二小的语文成绩和育才三小的数学成绩都排在第一的位置。但学校间也存在一定的差距，有的差距还较大。如果能够打破学校之间的壁垒，各学段实现优势学科教育资源共享，那么这必然会提升集团整体的办学水平。"横向联合"并不是要取缔集团每所成员学校的特色项目，而是强强联手，实现育才教学水平的高位均衡。

3. 互帮互学

正如前面所说，深圳育才是个大家庭，所以各所成员学校之间在工作交流上不应有所保留，而应该像对待自家人一样，坦诚以待、互相帮助、互相学习。建议在开学前一周，集团召集各校的教学主任开个碰头会，同一学段的可以一起研究制订基本接近的新学期教学计划，方便合作交流。同时，聆听不同学段的教学计划，对自己本学段教学计划的制订也会有所启发。这样的碰头会不是要增加成员校的负担，而是要给大家创造更多互帮互学的机会。另外，集团可以充分发挥学科指导委员会的作用，组织4所小学、2所初中进行统一教研，共享优势资源，实现共同提高。

4. 整体提升

如果我们做到了"纵向贯通""横向联合"和"互帮互学"这三点，深圳育才的教育教学质量便可以得到保证，办学品质也可以得到整体提升。集团是一个整体，没有高中就没有品牌，就没有较大的影响力，而没有其他学段就没有基础，就没有强大的支撑。深圳育才是"联邦式"的办学体制，只有每所成员校（园）都有自己的特色，取得一定的成绩，成为真正的优质学校，才能共同铸就"育才"这块闪亮的品牌！

（二）从夹心到核心：学校中层领导力的认识与提升

深圳育才的各个教学主任，都是校长与师生，乃至家长和社会之间的重要桥梁。

离开强有力的中层，校长纵有三头六臂，教师尽管神通广大，学校也很难跑得快、跑得稳、跑得远。因此，教学主任在学校发展中起着中流砥柱的作用，是盘活一所学校的关键因素。

1. 中层干部的"四员"角色

有人说，中层是夹心层，处于兵头将尾的位置，受命于决策层，受制于一线教师，既要正确理解校长的决定，又要重视一线教学状况的分析，集多重角色于一身。教学主任需要做好"四员"，即战斗员、指挥员、调度员、助理员。

战斗员。我们每位教学主任都身担学校各项重任，既担当主要学科的教学，又从事繁重的教育教学管理工作。所以，教学主任首先应该是一名能在一线冲锋陷阵的战斗员，这需要努力做好以下两点。一是勇挑重担，不怕吃苦。教学主任是学校最繁忙的人员，每天除了上课，就是听课、研讨、检查等各种工作，几乎没有休息的时间。但是工作就是这样，既然从事了这项工作，就要兢兢业业，以实际行动证明自己的价值。二是要做好示范。在任教学科中，教学主任要走在前面，备课要成模板，上课要成示范，教研走在前面，成绩位居前列；管理工作更要以高标准要求自己，凡是要求教师们做到的，自己必须先作出样子。

指挥员。作为教学主任，应该清醒地认识到，学校教学工作是由不同的岗位来完成的，凡事不可能事必躬亲，更不可能单打独斗，需要依靠集体的力量来落实。好比打仗，教学主任的位置就是前沿指挥，真正打仗的还是全体教职工这支大部队。因此，教学主任还需要努力做好两点。一是要有前沿的思想。思想决定着行动，这就要求教学主任必须学习，掌握各种先进的教育教学理论，既有管理方面的，又有学科教研方面的。只有这样才能在工作中得心应手，常做常新。二是对各项工作严要求、高标准。每项工作都要考虑仔细，站在高起点上谋划，小到材料整理，大到规章制度的制定都要从严要求。教学主任只有指挥得当，追求高效、务实的工作作风，才能使工作少走弯路，少做无用功。

调度员。作为一名优秀的中层干部，要能够审时度势、通权达变，创造性地执行上级决策。在实际工作中，教学主任需要花一定的时间协调各方面的工作。比如，遇到教师请假或较长时间的培训、外出学习，要及时地安排好临时的任课调动，确保学校教育教学工作正常有序开展，努力为学校教学工作保驾护航。优秀的调度员，不仅善于应急处理，更善于整合资源、合理调度。

助理员。教学主任毕竟是校长开展教学工作的助手，是校长办学思路的实施者，是学校具体决策的执行者，所以教学主任要经常性地给校长提出各种建议，帮助校长管理学校，处理各种事务。作为教学主任，首先要敢于提建议，不能畏首畏尾，相信校长的信任，也相信自己是有能力的。其次，要为校长排忧解难。当下，校长的工作非常难，要处理来自各方面的压力、问题。因此，教学主任要想尽一切办法帮助校长解决遇到的各种问题，这样才能齐心协力做好学校的各项工作。

2. 中层干部的领导力内涵及"五力"模型

谈到领导力，很多人首先想到的是校长，其实，领导力是每个人都能具备的一种能力。在一所学校里，校长是战略性领导，借以发挥领导力的因素或渠道要比教学主任多。而教学主任属于战术性领导，更需要关注当下，其核心任务在于执行。

那么，什么是领导力呢？我认为，领导力就是带领组织、个人，包括自己，拥有梦想、规划梦想、实现梦想的能力。具体表现为感召力、前瞻力、决断力、执行力、影响力。

感召力。感召力也被称为"领袖气质"，是最本色的领导能力。一个人如果没有坚定的信念、崇高的使命感、令人肃然起敬的道德修养、充沛的激情、宽厚的知识面、超人的能力和独特的个人形象，就只能成为一个管理者而不能修炼成领导者。因此，感召力处于领导力的顶层。具体表现在以下两个方面。一是精神引领。中层要让基层为学校付出，自己首先要做到勇于献身、兢兢业业，教学主任的敬业精神与教育激情，可以直接带动一线教师全身心投入教育教学工作中。二是行动垂范。以身作则是中层干部领导力的重要基础，要证明什么东西重要，最好的办法就是身体力行、树立典范。

前瞻力。前瞻力也被称为"预测思维"，就是看到别人看不到的地方，算清别人算不清的账，做别人不愿做的事。从本质上讲是一种着眼未来、预测未来和把握未来的能力。可以从以下五个方面进行理解：一是分析前景，未雨绸缪；二是依据现状，预测未来；三是知己知彼，有备无患；四是总结经验，争取主动；五是把握机会，时不我待。我们每个人都需要始终保持学习、忧患、创新、奋斗的状态，要有比较高的人生境界。如此，才能让自己的预测思维带有全局性、长期性、综合性、挑战性等特点。

决断力。"当断不断，反受其乱。"有一个古老的故事，它讲的是：一头驴子，肚子饿得咕咕叫，于是它到处寻找吃的东西。幸运的是，它很快发现左边和右边都有一堆草可吃。于是它到了左边那堆草边，可审视一番后觉得左边的草没有右边那堆草多，所以饿着肚子跑到右边去。到了右边以后又发现右边的草没有左边那堆草的颜色青。想想，还是回到左边去吧。就这样，它一会儿考虑数量，一会儿考虑质量，一会儿分析颜色，一会儿分析新鲜度，犹犹豫豫，来来回回。这只可怜的驴子，最后就这样饿死在左右纠结奔跑的途中了。这个故事带给我们一些新的启示：教育是一项复杂的工程，每天都会遇到各种问题或突发事件，如果这时候过于谨小慎微、缩手缩脚，害怕承担失败的责任和风险，不敢作出决断，往往会错过解决问题的最佳时机，让学校处于更大的危机中。在关键时刻作出决断、做好决断，是学校教育教学工作高效运转的有力保障。

执行力。中层干部的执行力直接决定着学校发展的好坏。所谓执行力，就是把计划、方案、学校的办学理念和思想变成现实的综合能力。一般包括岗位认知能力、政策领悟能力、计划条理能力、组织实施能力、综合协调能力、深刻洞察能力、大胆创新能力等。简单地说，执行力就是按质按量按时完成上级领导交代的任务。在日常工作中，我们要把执行力转化为自动、自发、自觉的行为，努力提高自身的业务素质和解决问题的能力，不断加强学习、更新观念。我发现身边的人在遇到问题时一般有两种选择：一种是不怕问题，想方设法解决问题，千方百计消灭问题，结果是圆满完成了任务；另一种是面对问题一筹莫展，不敢碰硬，结果是问题依然存在，任务也不能完成。反思对待问题的两种选择和两个结果，我们会不由自主地发问：同是一项工作，为什么有的人能够做得很好，有的人却做不到呢？其中的关键就是思想观念认识的问题。我们常说，观念决定思路，思路决定出路。只有转变观念，解放思想，才能始终保持快速发展，才能始终充满蓬勃旺盛的精力。

影响力。影响力是领导者积极主动地影响被领导者的能力，包括改变别人观念、影响别人行动的能力，体现为个人的威信、号召力以及别人对于他本人的信服程度。我们说某个人很有影响力，指的就是此人可以很大程度地让别人相信，他的言行和见解一贯都很有说服力，所以即便是别人在没有论证的情况下，也多半会选择相信他，"权威"就是影响力最高水平的代名词。那么我们如何施展自己的影响力呢？一种是主动影响。首先要了解自己，了解自己的信念与价值观。能清楚表达并实践自己信念的人，才能让别人信任。其次要了解试图影响的对象，深入了解其价值观、信念与需要，并敞开大门让其他人参与。在参与过程中，团队成员就会接受我们的目标并将其转化为他们自己的目标，建立起共同的价值观。最后是进行打动人心的说服行动，大禹治水的故事告诉我们，堵不如疏。站在对方的立场分析现状、提供策略、预测结果，这种影响效果是最佳的，影响力也是最大化的。另一种是被动影响，比如我们可以加强自己学术方面的研究，提升管理能力，梳理教学成果，在南山区乃至更大层面建立自己的学科地位，自然可以扩大自己对别人的影响力。

深圳育才是我们共有的家园。她有着辉煌的昨天，有着充满挑战的今天。希望大家不停思索、不懈努力、不断创新，团结一心、携手共进，继续整体提升育才的办学水平，共同创造育才更加美好的明天！

作育英才，"育才"曾经是我们共有的名字，而教育永远是我们共有的事业，生长始终是我们共有的梦想。作为一名想干良心活的校长，我深深地明白，教育是一个宏伟的工程，课程是一项重大的课题，学校是一个复杂的机体，我曾经壮怀胜游，走上思想的高地，走进行动的阔地，走出一种生长的姿态，走出一片生长的胜地，愿青葱与茂盛是学校永远的风景，也是教育永远的风景。

第四章

思得：在思维课堂上诗意地栖居

学科教学是学校教育最基本的活动形式，是学校课程的核心和主体。学生获得知识、掌握技能、挖掘特长、形成品质等行为，都是在学科教学的过程中得以实现。换句话说，学科教学是作用于学生生长的土壤、空气、阳光和水分，对于学生生长来说，学科教学扮演着十分核心的角色，承载着分外繁重的任务。

第一节 思愿教与学

一、学科教学的定位与期待

为确保学科教学达到应有效果,深圳育才特别成立了学科教学指导委员会,以期共同探讨学科教学中存在的问题并交流提出对应的解决方案。

深圳育才学科教学指导委员会的成立是其在时代背景新常态下的应变之举。今天的蛇口可谓是深圳特区、深圳湾区、自由贸易区、国际化示范街区四区的叠加,经济、科技发展之快对教育提出了更多、更高的要求。如何抓住历史性机遇,提高教育质量来为自由贸易区建设服务,让大批来蛇口的外籍人士、高端人才安心工作,将成为深圳育才义不容辞的责任。

新的背景、新的挑战带来新的机遇、新的目标。立德树人,将有志之士、有识之士、有为之士团结起来,建立起育才特色、育才风格、育才流派的学科标准和学科教学体系便是集团学科教学指导委员会组建的宏伟目标。在这里,"立德树人"是一种价值取向,"有志之士"指有志向把教育教学、教育研究、队伍建设等工作做好的人,"有识之士"是指有见识、有学问、有见地的人,"有为之士"是指能做事、做好事、有责任和担当的人。如此,我们才能有基础、有实力形成育才特色、育才风格、育才流派的学科标准。所谓特色,是指人无我有,人有我优,人优我特。育才特色是一种境界,是一种追求,其风格、流派都要打上地域特色、学校特色和时代特色,使其具有唯一性。

(一)学科教学的新认知与再定位

全新地认识与定位学科教学是建设特色学科标准与学科教学体系的基础前提。

首先,要意识到学科教学不仅仅囿于学科本身,还要形成学科系统的知识、技能和素养,进而走向学科教育。这就需要深入挖掘各学科的育人功能,坚持立德树人,注重培养学生的动手能力、创新精神和责任担当,让学科教学变得丰满、立体、富有生命力。学科教学应该把学生发展体系中的"德育为先、能力为重、全面发展"作为追求的三大目标。

其次,学科教学要走向课程统领。所谓课程,它是教育思想、教育目标和教育内容的主要载体,集中体现国家意志和核心价值观,是教学活动的依据,直接影响人才培养的质量。课程是解决"为什么而教"的问题。以建筑为喻,课程是图纸,教学则是具体的施工过程;以比赛为喻,课程是比赛的方案、策略,教学则是具体的比赛过程;再以音乐会为喻,课程是曲谱,教学则是具体的演奏过程。两者同等重要,相互依存,相互支撑。每一个学科教师都需要认真学习教育部颁布的《基础教育课程改革纲要(试行)》和《关于全面深化课程改革落实立德树人根本任务的意见》,从而明确自己的教学起点。只有先找到巨人的肩膀,才能超越巨人,攀登理想高峰;只有在课程统领下开展学科教学,才能知其然并知其所以然。

再次,学科教学要走向学段衔接。集团成立学科教学指导委员会的重要任务就是认真研究各学科如何实现学段的有机衔接。以理科为例,初中的物理、化学与小学的科学在内容上不仅有贯通,而且出现重叠、重复的问题,这就需要教师思考和研究自己的学科如何实现纵向贯通、横向联合、相互协调、有机整合。这项工作十分必要,因为只有处理好学段衔接,才能提升教学效益,才能设计各学段的教学质量标准,规定各学科教学的程度、深度和广度,最后才能产出实实在在的成果。

最后,学科教学要走向学科素养。无论是学科教学走向学科教育、课程统整,还是学科价值,最后都要归结于学科本身,即崔允漷教授所言的"回家"。把所学的知识问题化,即补充背景知识,让学生知道这一知识"从何而来",让教材内容变得有温度、有情感,以实现教学内容的"有趣"。把所学的知识情境化,即介入真实情境,让学生知道、体会教材中学的知识"到哪里去",能解决真实世界中的问题,以实现教学内容的"有用"。把所学的知识结构化,帮助学生理解、记忆和迁移,以实现教学内容的"有意义"。把学习、反思、评价、改进等作为滋养学生学科素养的基本环节。

(二)对学科委员的新期待

学科教学的新认知与再定位对集团学科教学指导委员会各委员提出了更多的要求与期待。其中,专注与热爱居于首要。数学家欧拉执着于计算出彗星轨道,过度的工作使他右眼失明也决不放弃,这种精神与追求值得我们学习。即使是瓦匠、木工或裁缝这样的纯技术活,如果数十年如一日地专注研究,也必定会炉火纯青,并能领先周边,产生一定的影响。若我们在职业生涯中,也能发挥钉子精神,专注研究自己的学科教学、学科课程、学科的上下衔接和左右贯通,多年后必定也会产生奇迹。然后,要做到垂范与引领。所谓垂范,就是做好示范,能够带领他人,发挥引领作用,展现自身内涵。每一次上课、每一次交流、每一篇文章都要有超越意识,提高自己的学术地位,增强自己的底气。不要人云亦云,而要说自己的话,有自己的特色。

研究与创新更是重中之重。我们虽然每天面对着同一批学生,但是教学内容不一样,教学要求不一样,学生的学习状态也不一样。我们应当觉得每一天都是全新的,然后用一种研究的心态去对待每一节课,对待每一个学生,对待每一天的教学。台湾课程专家欧用生教授的《教师即陌生人》让人印象深刻,只有感到每天都是新鲜的,每天都有新发现,才能激发自己的兴趣,才能更专注地投入。教师是否职业倦怠、能否目标坚定和能否执着追求,与每天是否有新发现有着密切关系。我们教师经常要写新的东西,如果自己都不能写好新的文章,就不可能培养学生创新的能力。就像没有当过教师的人当校长,他的专业程度会大打折扣。自贸区的腾飞需要创新,身处自贸区的学校更需要变革、创新,我们要有研究意识、研究精神,运用创新思维、创新能力,提高学科教学效益与质量。

合作分享与传播辐射能更快、更广地焕发出育才的魅力与光彩。以宽广的胸怀,相互沟通、互通有无,才能整体推进集团的教育教学质量,实现教育的高位均衡,正所谓"奇文共欣赏,疑义相与析"。作为学科委员要把自己的经验与实践传播、辐射给他人,一是要有专业发展,提高教学研究成果,提高学科影响程度。如育才的生物教研组组长夏献平老师,一个人带动了一个学科,让每一个组员都得到很好的成长。二是要不断学习,没有学习就没有专业发展的可能。写作是最好的学习,课堂是检验教师成功的舞台,因为中小学教师主要是一线实践的主导者、参与者。只有课堂变革了,学校才能改变;只有课堂优质了,学校才能超越;只有教师有创造,学生才能有创新;只有课堂进步、教育提升了,教师才能成长。所以说,学习始终是每一个教师的终身任务。

育才气质有八个字,即"自信儒雅,守正出新"。自信儒雅从何而来?自信儒雅是一种丰厚的学识、良好的修养。肚里没"货",无法儒雅,只能捉襟见肘、六神无主。所谓守正出新,就是要清楚教育目前的基点在哪,哪些是常规,哪些要创新。

二、思维课堂的意蕴与实践

思维是自然界最美丽的花朵,思维能力是人类区别于动物最核心的标志。苏格拉底曾说,未经省思的人生是不值得过的。孟子也曾说:"思则得之,不思则不得也。"西方近代哲学之父勒内·笛卡尔更提出"我思故我在",将思维提升到"人的存在"的高度。

比知识更重要的，是思维方式。杜威曾经指出，学习就是学习思维，强调一切教学的首要任务在于培养灵敏、缜密而透彻的思维习惯。素质教育和新课改的重要目标就是培养学生的创新精神和实践能力，而这两者的核心都是思维。

早在20世纪40年代，美国便已经开始将批判性思维作为教育改革的主题。而在当代中国，要打破当前应试教育中学生被动学习、死记硬背的状况，培养学生自主学习的能力，就必须培养学生的思维能力。南山二外提出的思维课堂为新时代的课改和素质教育作出了有益的探索。

（一）思维课堂的意蕴

1. 课例：思维课堂的诞生

在南山二外的课堂上，令人印象深刻的是教师对学生思维的重视。在八（3）班的一节"认识简单机械"的科学课上，课堂上的小组讨论、展示和所有其他活动都是围绕学习中的问题，以激发和促进学生思维为旨归。为了让学生理解杠杆的概念，夏旸老师让学生先观察一些生活中的杠杆实物图片，让他们从这些各不相同的具象中归纳总结出它们的共同点，每个小组分别提出一个，后面的小组不能和前面的重复。学生经过思考讨论，由4个小组分别总结出了支点、转动、硬棒和力，最后教师引导学生将这些关键要素整合，得出杠杆的定义：在力的作用下，能绕固定点转动的硬棒。这一过程锻炼了学生的抽象思维能力。

在本节课中，"力臂"是一个关键却有些难懂的概念，为了更好地让学生思考和理解这一概念，夏老师在班里做了一个小游戏，让全班力气最大和力气最小的两个学生分别站在教室前门的两侧，进行一场力量对抗：力气大的学生在靠近门轴的内侧位置推门，力气小的学生在远离门轴的外侧位置推门，结果力气小的学生一只手就轻而易举地赢了力气大的学生。

这时学生对力臂已经有了一些认识，但还不够深入和准确。一个学生说，"力臂就是力到支点的距离"。夏老师没有直接肯定或否定，而是反过来让力气大的学生推门的外侧，但只能向门轴的方向用力，让力气小的学生推内侧，结果仍然是力气小的学生"四两拨千斤"，轻松获胜。学生们全神贯注地观看这场在教室里的比赛，在笑声中生动直观地认识到，力臂不仅和作用力距离支点的远近有关，还和力的方向有关，从而更好地认识了力臂。

接下来，夏老师对这一活动进行了简要的总结和提升。他将日常生活中的经验和学科知识结合起来，运用学科知识对这些感性的经验进行理性的分析和解读，引发学生的学习兴趣和深入思考。

注重学生思维能力的培养，在南山二外，这样的课堂已成为常态。

2. 定义：什么是思维课堂？

思维品质、思维能力和创新精神的培养是实施素质教育的核心。这一新型人才培养目标迫切要求我们在继承原有教育教学优势的基础上，着力培养学生的自主思维、批判精神和创新意识，思维课堂正是在这种时代的召唤中应运而生。

①基本内涵。

思维课堂是以培养学生良好学科习惯和学科思维为价值追求的课堂，是以思维人格为核心目标，以深度思维为主要活动，追求教学本质的课堂文化。它以"问题导学、深度思维、活动落实"为基本内涵，以"学习为中心、思维为核心、活动为主线"为基本原则，遵循"内容问题化—问题思维化—思维活动化"的逻辑顺序。在目标上，思维课堂突出思维能力的提升；在过程中，思维课堂讲究思维活动的层次；在方式上，思维课堂注重思维火花的碰撞。

②构成要素。

思维课堂主要由学习共同体、教师与内容、问题、思维产品和技术环境五大要素构成。

学习共同体。在思维课堂中，所有的学生构成了一个强大的学习共同体。对于每一个学习共同体的成员来说，其周围的成员及其共同的实践活动、共同的话语、共同的工具资源等，构成了一个学习的环境，有着共同的目标与愿景，遵循一定的规则和文化，进行知识与意义的建构，实现思维的充分发展。

教师与内容。在思维课堂教学中，教师充当着情境的创设者、活动的组织者、学生思维发展的协助者、问题探究的指导者等多重角色。思维课堂的教学内容则以问题形式呈现于课堂，力求内容问题化、问题思维化、思维活动化。

问题。根据中小学生思维发展特征，教师引导学生在发现问题、提出问题的过程中，要注重问题的层次性和延展性，使设计出的问题符合学生的思维特点，激活他们的思维，拓宽他们的思路，将课堂的学习与思考推向更宽广的领域。

思维产品。思维产品主要指学习共同体成员经过集体思维碰撞后产生的思想、观点和方法，是一种集体智慧，是思维课堂教学所追求的目标。

技术环境。作为学生获取信息、处理信息、交流信息、评价反思的信息化教学平台，技术环境具有多媒体化、网络化、交互化等特点，能突破时空限制，实现师生互动、生生互动和资源共享。

③基本特征。

与其他课堂文化和教学模式一样，思维课堂有着自身的特征。它使课堂话语从知识传递的"双基话语"转向自主建构的"思维话语"，从"课堂控制论"走向"课堂互动论"。

第一，注重人文与突出理性的统一。思维课堂突出思维培养，追求人人走向深度学习。但在实践中依托学科，要求精心设计，以思维为内核构建、整合教学目标，用挑战性的问题激发思维的兴趣，用思维的角度转换、策略运用、类比分析等方式突破知识与技能，主导过程与方法，引领情感、态度和价值观的深度体验和理解；充分尊重学生的思维方式和思维习惯，引导学生自主提出问题、分析问题、解决问题、问题反思，进行民主讨论；在学生自由思考的基础上，教师进行问题聚焦、有效引导、民主评价，从而形成人文与理性和谐统一的课堂氛围。

第二，集体思维与个体思维的统一。思维课堂注重思维的深度与分享的广度。它包括个体思维的深入挖掘与集体思维的快乐共享，只有做到兼顾思维的个体发展和集体提升，才能实现真正意义上的思维课堂。在课堂教学中，学习是基于个体、依赖个体的知识建构过程，每一个学生在学习中都作为主体而存在。但是课堂上的学习活动不是孤立的，而是一种集体的学习模式，需要综合利用动作、图像、符号等认知方式达到行为、直观、概念等学习方式的高度统一，实现思维的互补、交融与提升。

第三，教师研导与学生研学的统一。教师和学生作为思维课堂的互动主体，教师在研究导学过程时的深入思考和学生在学习过程中的探究实践，是思维课堂的价值所在。

教师必须突破课堂教学的狭小空间，走向更为广阔的研究天地，研究范围包括课前的分析，如对课程和学生作出科学分析和问题预设，选择有效策略，支持学生结构化预习；包括课中支持，如提供有效资源，进行合理指导，促进个性化学习；还包括课后诊断，如设计使用学习活动导航单，记录学生学习中的状态、思维过程和活动组织等方面存在的典型问题，评估搜集整理的信息，确定需要采取的引导策略和行动。

学生的学习活动也应走向探究视角。课堂上，鼓励学生运用发散性思维、逆向思维、批判性思维等多种思维方式，形成个性化的思考，表达个性化的想法；课外活动中，鼓励学生通过丰富的社团活动和研究性学习，拓宽知识视野，交流独特思想，提高综合素养。

第四，问题导学与深度思维的相互促进。问题导学、深度思维是思维课堂的重要特征，也是思维课堂的必然要求。在思维课堂中，问题导学与深度思维相互促进，表现在学中问、问中思、思中动的深度学习过程。孔子提出"不愤不启，不悱不发"的教学原则，主张帮助学生形成主动思考、深入思考的习惯，其实质是强调问题导学与深度思维的结合。问题导学可以发挥问题情境的优势，有效唤醒学生的内部动机，最大限度地发挥学习者的学习积极性和主动性；深度思维则能挖掘问题的本质，不断激发内部的潜力。

（二）思维课堂的实践

1. 实施策略

当今国际基础教育，关于思维教育的课堂有三种模式：一是独立于具体学科的专门的思维技能训练课程；二是与某一具体学科教育相结合，如数学与逻辑；三是将思维教育融合进学校整个课程设置和培养目标，形成校园整体文化。南山二外的思维课堂属于第三种。它是一种课堂文化，将其理念、目标融进每一门学科，并以此统整学校的课程体系。

南山二外在"用教育家文化滋养每一个孩子"的教育理念指引下，遵循教育规律，立足国际舞台，满足社会需求，突出学生中心，让每一个教师做实践的思考者、思考的实践者，将思维课堂建设作为顺应国际教育发展趋势、提升基础教育质量的重要抓手。

①把握学生中心，构建思维课堂的基础。

以学生为中心，是思维课堂的构建基点。第一，学生是课堂文化建设的中心，教学观、学习观、课程观等的确立均围绕这一中心。第二，学生的现状是课堂教学的起点，包括已有知识与生活经验，现阶段身心发展水平等，所有课堂教学活动的设计与开展都以此为依据。第三，学生的思维活动是课堂教学过程的核心内容，思维目标的预设与生成、思维产品的内化与展示、思维策略的反思与评价等，构成思维课堂的活动环节。

以学生为中心，思维课堂旨在建立平等、理解、信任和相互尊重的师生关系。教师的角色定位由参与者、组织者转向"生命的呵护人"，无条件地积极关注学生；教学过程全纳所有学生，促进个性化学习，倡导自主学习、小组合作学习、探究学习等多样化的学习方式；激活学生个性思维，营造人人参与合作、人人得到展示、人人获得指引的课堂学习氛围；用心搭建促进学生个性化学习的细节，如课桌摆放、小组展台、时间分配、状态记录、内容重构、激趣引疑、思维引导等。

②激活学生思维，凸显思维课堂的核心。

思维发展是学习的本质特点，但并不意味着它作为学习的一个单元可以被独立掌握，因为思维隐藏于知识学习的过程中，是在感性认识的基础上，进一步抽象概括的反映。只有在思维过程中获得的知识，才具有逻辑的使用价值。显然，只有在学习的过程中巧妙地利用思维才能掌握知识的价值，而在这个过程中，思维也作为无形的知识得到了锻炼、提升。

思维课堂确立了培养良好思维习惯、培育创新意识的目标指向，同时明确了其内容指向，包括知识建构的思维方式、问题解决的思维策略、认识世界的思维体系。以激活思维为核心，在不断探索和创新中提升学生的思维品质，展现思维课堂的无限魅力。

③丰富课堂活动，提升学生的思维品质。

有效的课堂活动能大幅度减轻学生的学习焦虑，有效提升学生的思维品质。在活动中，学生能获得丰富的知识经验与积极的情感体验，形成"我能学""我乐学"的自主学习意识。丰富的课堂活动，给学生创建广阔的学习空间，使学生自觉进入思考状态，从而激发学生的深度思考，提升学生的思维品质。

丰富课堂活动，人人深度学习，是思维课堂的必然要求。只有深层次的思维可以引起心智系统的变化，表面思维仅根据资料和信息反馈引起行为上的变化。思维存在于个体内部、伴随个体外部的活动过程中。因此，思维课堂中，强调以活动为主线，培养学生的自主学习能力，提升学生的思维品质。

2. 操作模式

①模式框架。

南山二外确立了以学生为中心、以思维为核心、以活动为主线的"两心一线"三个关键导学要素。以此为基础，根据学科的特点和学生的认知方式，确立了思维课堂的四种基本课型，分别为思维预热课、思维建构课、思维拓展课和思维体验课。每种课型都建立了基本的导学模式，形成操作的基本流程，并在四种基本模式的基础上，分别构建了导学模式的各学科变式和教师个人变式，以突出学科专业特点，发挥个人专业特长，让思维课堂更灵动、更有效。在具体操作中，以六个行动元素、三个学习工具为支撑，最终达到学校的培养目标。

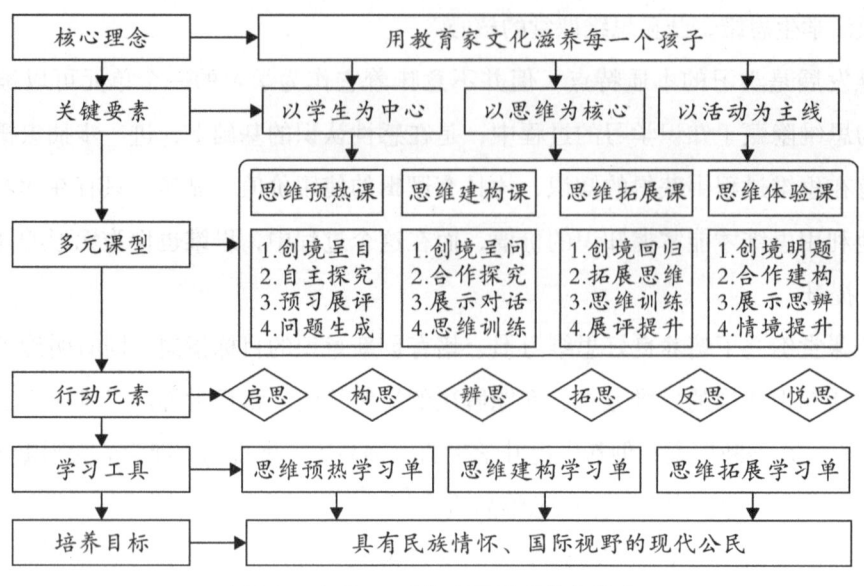

图4.1 "两心一线"思维课堂操作模式

学科变式和教师个人变式是突出学科特点和教师优势的创新操作模式,体现了对教学模式的灵活运用。比如,根据英语学科的学习特点,建立多样化学习的思维课堂导学模式,强调在个体学习、小组合作交流、小组游学、展示等多种学习方式,在思维训练中提升语言运用能力。

思维课堂突出思维核心,以精心设计的问题情境作为课堂教学主题,探索知识本质,实现深度学习,形成探究性、生成性、发展性的问题研究课堂。通过整合课程资源,运用信息技术,优化活动设计,改善课堂环境等措施,形成体验性、交互性、展示性的生动活泼的课堂,提升活动质量。

思维课堂的逻辑顺序为"内容问题化—问题思维化—思维活动化",其基本含义就是以关键问题为主导,以深度思维为核心,以任务型思维活动为主线。以关键问题为主导,就是创设富有思维含量的问题情境,确立自主探究的主题,形成思维表象。以深度思维为核心,就是在自主协作探究的学习过程中,聚焦主题问题,进行分析、综合、评价及反思,生成新问题,改进思维策略与方式,形成思维产品。以任务型思维活动为主线,就是在问题发现、问题分析、问题生成和问题解决四个阶段的学习过程中,展开深度思维,提升创新意识和实践能力。

②具体操作。

第一,理念更新,重视理性认同。课堂文化建设的关键是师生观念的改变。思维课堂建设,关键是认识到教育的主要任务,不仅是积累知识,更在于发展思维。在思维课堂建设过程中，采用多种方式，引领师生更新认识，凸显思维的核心地位。

在校园、教室等环境中，布置思维课堂概念建设等警句，让师生耳熟能详，启发思考，引起重视；在课堂上，教师强调思维的作用、思维的基本策略，以提高学生的思维能力；在科组活动中，加强对思维课堂基本理念的研讨，教师学习心理学、教育学中相关思维的理论；在读书沙龙中，查阅国家教育规划纲要、课程标准等关于思维的要求与建议。

第二，课堂革新，突出六个操作要素。课堂文化的开展与推进，需要有操作的"抓手"。思维课堂建设，以模式框架为参照，要求有情境、有问题、有活动、有方法、有深度、有验证，围绕这六个操作要素，让教师对思维课堂从理念认识跨越到实际操作。

有情境强调思维需要在一定的环境中进行，引导教师创设思维情境，引领学生在情境中有效思考，生成思维；有问题强调要设计一个好的问题，它需要有充分的思维含量，要能激发学生思考，让学生沿着问题去解决；有活动强调作为思维载体的活动，要求避免活动有余、思维不足，要明确活动的思维目标；有方法、有深度强调思维策略的引导以及对思维活动的要求；有验证强调教师对思维活动的目标达成情况进行监控、验证，形成有效的评价反馈。六个操作要素，让全校迅速进入思维课堂的"神形兼备"阶段。

第三，教研创新，推进"案例式"研讨。把每一节课都当作案例研究，是思维课堂教研的基本理念。学校以"学生为中心、思维为核心、活动为主线"设计观察框架，形成教师导学、学生活动、师生互动、教学流程、资源运用、目标达成等基本观察维度，细化观察点，推行设计观察量表，一个教师研究一个具体观察点。以客观描述和数据统计为依据，通过归因得到结论，呈现理性思维过程和主要建议，进而指导思维课堂。

恩格斯说过，一个民族想要站在科学的最高峰，就一刻也不能没有理论思维。思维课堂正是以思维发展为核心，以培养学生创新思维和创新能力为目标的教学文化。思维课堂的生成，打破了知识和权威垄断课堂的局面，实现了对传统教学文化的颠覆与超越，必将促进学生创造力的提高，提升学生的生命质量，推动人才培养模式的创新。

三、"三师一体"教学模式

思维课堂的提出与实践为教学质量的提升开辟了一条通道，对于优化教师教学、启发学生思考有着显著的作用。但任何一种教学模式要想持久地落实执行、持续地发挥效用，都需要有一套科学的教育教学管理机制驱动。"三师一体"便是班主任、教学班教师和导师三者以服务学生为目标，相互融合渗透的一种多渠道的管理机制，它是常规管理、教学提升、个性育人的内核引擎。

"三师一体"即以行政班为基本管理单位，以教学班为重要的教学组织形式，以导师作为两者交叉的空白点予以补充和延伸，形成的以行政班班主任教师日常管理为基础，教学班教师实施教学管理为重点，导师实施个性化教育为目的的科学管理系统，对学生实施立体网络化的整合教育。普通高中新课程改革以来，育才中学对此进行了有益的尝试。

（一）班主任：以新课改理念统领班级常规管理

班级是学校常规管理的基本单元，也是学生学习生活的基本单位。班主任则是班级集体的领头羊，是班级学习与生活的组织者、管理者与监督者。班主任既是学生与学生之间、学生与各学科教师之间、学科教师与学科教师之间、学科教师与学校之间的纽带，也是学校、家庭、社会教育的沟通交往中必不可少的桥梁，更是新课程改革背景下，核心素养培养及德育实施的关键人物。因此，无论是在班级管理理念还是在管理能力上，班主任都应贯彻新课改要求，追求更新、更多、更高的进步与提升，要做到：

第一，对普通高中教育的性质和培养目标要有清晰的认识。普通高中教育是在九年义务教育基础上进一步提高国民素质、面向大众的基础教育。班主任要把培养学生继续学习的能力、适应社会的能力和自主创新的能力放在首位，以"为每一个学生的终身发展打下良好基础"作为做好班级工作的目标。

第二，回归学生的生活世界，提高教育的针对性。没有针对性的教育是失败的教育。班主任可以社会实践和社区服务为抓手，组织系列活动。如到外资公司、国际学校进行交流或参加海外夏令营活动；走进社区，调查社区社情，参与社区规划，提出社区建设合理化建议，体验社区干部工作，等等。以此，引领学生走向生活、走向社会，适应未来生存和发展的需要。

第三，引导自主管理，建设和谐的班集体。班主任要培养学生的自主意识和自主管理能力，引导他们准确地认识、调节、完善自我。可以要求每个学生都确立一个目标、一个精神偶像、一句激励自己的座右铭等。在此基础上树立起班集体建设的共同愿景，形成和把握班集体的整体思路，组织必要而富有特色的活动，建立和谐向上的班集体组织，让每一个学生都充分享受班集体的温暖。

第四，用心跟踪，及时记录学生的成长轨迹。班主任在学生入学之初便为每一个学生建立成长档案，其中不仅包括学生历次考试成绩、班主任学期评语，还要将切实体现学生真实情感与经历的文章作品、荣誉校报、自我总结、活动感悟等纳入其中，以综合反映学生的学习历程。还可以加强综合实践活动的指导力度，培养学生的创新精神和实践能力。

（二）教学班教师：以模块教学及考核为工作重点

新高考打破了传统的文理分科，以"3+1+2"的组合选科模式取而代之。由于自主组合类型较多，教学模式也由固定班级教学转变为走班制教学。选择了相同模块的学生组成的班级称为"教学班"，该班学生的构成可以是跨班级甚至是跨年级的。

教学班是实施高中新课程后教学管理的基本组织单位，是实现教学目标的主要形式。与文理分科时代下行政班与教学班二合一的模式相比，实行走班制教学以后，班级以模块教学时间为周期，流动性强，组织黏合性较差，管理难度大增。因此，教学班教师责任重大，应该做到以下几点。

第一，建立和健全班级组织。在班主任的协调下，成立班委会，选好课代表，负责教学班的日常管理，如考勤监督，检查作业完成情况，协助维持学习纪律，及时与教学班教师沟通，反映教与学的双边情况；协助教师开展一些具有模块特点的集体活动，增强教学班的活力和凝聚力，提高学习效果。

第二，差异化对待必修课与选修课。必修内容是学生获得基本知识和基本技能的保障，体现了学生发展的共性和基础性。模块教师在必修模块教学时没有必要过多地拓展和加深。选修课程是满足学生多元化的学习需求，使学生获得个性化发展的课程。教学时可以结合学生的个性、特长较大程度地开发学生的潜能，保证必修与选修课程所体现的学生共性与个性协调发展的新课程理念的落实。

第三，做好学习过程的引导与监控。教师对学生的评估不仅要注重结果，更要注重过程，注重引导、激励和赏识，引导学生树立明确而富有个性的学习目标。而且要注意适时地调控目标，注重学生学习兴趣、学习潜能的激发，培养学生的团队精神和积极进取的意识。通过学生自我评价、学习小组评价和教师评价，从发展性目标出发，多种角度、多种层次、多种方式来评估学生，明确学生的努力方向。

第四，严格实施学分认定程序与标准。模块教师要科学、规范、制度化地对学校课程和学生学业进行学分管理，对学分的认定要做到公正、公平、公开，确保学分认定的权威性和真实性。在认定过程中，坚持原则，把关守口，保证质量，对于在模块考核中有弄虚作假的行为、修习时间明显不足、模块考核不合格的学生坚决不授予其学分。

（三）导师：以实施个性化指导为教育目标

在新一轮高考改革"指挥棒"的影响下，班主任制度面临空前挑战，亟须一种更富指导作用、更具黏性特征的管理机制加强班级管理。因此，借鉴大学教育，匹配新课程改革需求，导师制度作为一种新型教学辅助与管理制度应运而生，给新课改的落实提供了强有力的保障。

导师作为学生知识学习、品格锤炼、思维创新的引路人，在学生成长过程中要勇于担当起生活指导、行为匡导、特长示导、学业辅导、心理疏导及生涯规导的核心职能，给予学生更多的个性化指导，成为德育工作的助推器。在具体的实施中，导师则要坚持思想教育与知识传授相同步、课堂教育与课外教育相补充、共性教育与个性教育相协调、严格管理与言传身教相配合、正面灌输与实践体验相联结、榜样引领与文化熏陶相结合的原则，科学发挥"引路人"的关键作用，最终实现校园环境和谐、文化浓厚，学生明礼诚信、言行规范，学习秩序井然、风气蔚然的美好图景。

完善的制度建设是导师制实施的基石。学校层面可以制定导师聘任、培训、考核制度，以实现导师的福利保障、能力培养及优胜劣汰。于导师自身工作而言，则需要建立与学生、家长间通畅的沟通机制。及时了解学生学习、生活及身心各方面的情况，疏导学生的心理压力，排除不良情绪对学生的影响。还可以采取集体指导与个别指导相结合的方式，每学期期初、期中、期末对学生进行一次集中指导，每学期至少与每一个学生进行单独谈话2~3次，与家长沟通1~2次，并做好记录。

导师制建立导与学的"共同体"。导师制是新课程改革下的新教育方式，导师工作是班主任工作的必要补充和延伸。原则上，全校每个教师和教育教学管理人员都可以成为学生的导师，都有义务指导学生。一般情况下，高中从高一入学开始就为每10~15个学生配备一名导师，一定三年，跟踪指导，便于师生间相互了解，同时增强导师的责任感。导师在指导过程中注重导向性、激励性、调节性和科学性，确保实施富有个性的科学指导策略，形成一个高效的导与学的"共同体"。

"三师一体"是新课改下教育教学模式的一种创新探索。班主任、教学班教师和导师的设立不是相互割裂的，而是相互补充、相互协同的，在教育的功能和目标上是和谐统一的。正如苏联教育家马卡连柯所言，如果有5个能力较弱的教师团结在一个集体里，受着一种思想、一种原则、一种作风的鼓舞，能齐心一致地工作的话，那就比10个各随己愿地单独行动的优秀教师要好得多。在学生成长的过程中，每一个与学生直接接触的教师都会对学生有一定的影响，任何学生的成长，都是教师集体努力的结果。

第二节 思促大语文

一、语文教学的问题与出路

随着新课程改革的不断深入，语文学科的基础地位及考试分数的"大科"地位得到了充分的突显，一度有了"得语文者得高考"的言论。诚然，语文在各学科间的地位是至关重要的，所能起到的作用也是不可取代的。它不仅仅是口头语言与文字语言的机械组合，还是思维的工具与思想的载体。正如华罗庚所说："不管学文学理，都要学好语文。因为语文天生重要。不会说话，不会写文章，行之不远，存之不久。"

但事实上，语文学科并没有受到大部分学生的热爱，语文教师的职业生存状况分外艰辛，教学效果也不尽如人意，或者说存在着比较多的问题。语文教学存在的问题是一个由来已久、范围宽泛、影响巨大的重要问题。现代语文教育，从1903年开始计算，至今已有100多年的历史。其间，风风雨雨，是是非非，语文教育一直处于风口浪尖。

据实而论，近十几年来，国家对语文学科进行了较大力度的改革，广大语文教师也为改革付出了许多心血，取得了有目共睹的改革成绩。但为什么还是会有那么多的质疑与反差呢？这就涉及评价的标准问题。公说公有理，婆说婆有理。若这个"理"的参照物未能确定，那必然是混乱不堪的。因此，语文学科的建设迫切需要建立完整的评价体系，遵照一套看得见、摸得着、用得上的统一标准。我们能否建立起这样的一套评价体系？例如，经过12年的基础教育学习，一个学生的识字量、词汇量、成语、文言文实词虚词、经典古诗文等分别应掌握到多少？想象力、求异思维、批判性思维又该体现在哪里？考试的范围就在这些确定的要求之内，应通过一定的检测来确定学生处于哪一个掌握层级。

语文教学问题不仅仅是语文学科特有的问题，还是整个基础教育存在的问题中的一部分。它不是一个孤立的问题，它既有语文教育的内部原因，也有语文教育的外部原因；既需要实践的不断探索，也需要理论的不断完善。

快速发展的社会经济对语文的发展造成一定影响。莫言曾说："现代社会，消费方式越来越多样化。一方面，客观的社会进步造成了大家阅读量减少，这是不可避免的。"众所周知，中国的语文有其特殊性，比较讲究积累、沉淀、渗透、感悟，以隽永、含蓄、炼字炼句等见长。但当下，社会急速发展，讲求经济效益，普遍重视物质财富的积累，淡化对精神世界的丰富。社会缺乏浸润静谧的语文学习环境，人们也缺乏时间、耐心、精力去体悟感受中国语文的博大精深，灵活运用中国语文的隽永优美，大多数都是希望功利性地借鉴、照搬一些语文学习和考试的已有经验，帮助自己考取高分，提高成绩排名。如此一来，语文的学习就难免囫囵吞枣，得其形而未得其实。

同时，信息化社会的到来改变了传统的通信、阅读方式，书信相交、见字如面的唯美故事随着时代的发展早已一去不返，导致人们的书写能力及书面表达能力迅速退化，下笔有神终变成为提笔忘字。

快餐文化的席卷造成语文学习的片面化。近年来，随着微信公众号、抖音、小红书等新媒体的兴起，许多快餐式、碎片化的文章蜂拥而至，一时之间"乱花渐欲迷人眼"。其中有不少的"鸡汤"文、励志文或者是经典解读文，看似文采飞扬、逻辑清晰，说得头头是道，引得读者频频点赞、转发。但若细细推敲，则会发现其行文随意、观点随性，甚至有些文章为了博取读者眼球不惜反其道而言之，让人心生误解。可怕的是，一些学生不再读经典作品原著了，转而去阅读一些公众号上的转载或是解读，甚至是一些动漫式的翻版。因公众号推文审核并不像书籍出版那样严谨细致，且推文内容过于碎片化，难以自成体系，学生读了这样的文章只会离经典越来越远，找不到中国传统文化的"源"，只能反复咀嚼别人加工过的"流"。久而久之，就丧失了全面掌握经典作品的机会，丧失了对原创作品的自我理解与欣赏品鉴，这对语文整体素养的提升有很大的冲击。

社会生活面的狭窄造成语文知识面的狭隘禁锢。由于高考升学压力巨大，学生参与的社会活动少之又少。但凡与高考有关的活动则趋之若鹜，与高考无关的则置若罔闻。社会实践时间少得可怜，与自己独立生存、生活能力息息相关的事情也多数选择视而不见，只因其中并未蕴含任何高考知识点。由此学生缺乏生活的积累、实践的感悟，写出来的作文就全靠主观臆想，读来空洞乏味、苍白无力，犹如空中楼阁，不切实际。

缺乏沉淀、反思、写作。尽管现在学生的活动范围早已不复以往"三点一线"的单调，跨出国门对相当一部分的学生而言并非罕事，学生的口语表达能力也令人赞赏。但他们只是浅尝辄止，鲜少反思旅途中的所见所闻，鲜少用文字记录下来，因而也就较难将世间缤纷万象有深度、有个性地表达出来。

高考试卷命题结构影响语文能力的均衡发展。虽然近年来高考改革力度较大，课程内容尽量贴近学生的生活实际和高中教育的实际，但在语文的教学过程中，还是会按照高考语文试卷的模块区分，将整体的语文内容切割成条条块块、枝枝节节，影响语文学习的系统性。且高考试题力求覆盖面广、知识点全，学生疲于应对、负担加重，留给能充分体现语文水平的作文写作时间不多，通常仅有40~50分钟，如此短的时间内完成的作文，其质量好坏可以想见。

语文教师队伍的素质制约着学生语文素养的提升。与其他学科相比，语文的课程内容浩如烟海，语文涵养的形成也并非一朝一夕之功，需要经过多年的阅读积累、生活体悟，甚至需要具备一定的语文天赋。因此，一名优秀的语文教师大多需要经过专业师范院校多年的熏陶教化。然而现实中，语文教师的薪资待遇与工作特点，并不足以吸引优秀的生源报考师范类院校。即便有些学生迫于种种原因报了师范类院校，毕业后的首选也是出国留学或是报考公务员。如此一来，师资力量尤其是语文教师的力量得不到优秀人才的后续补充，教学水平及教学结果自然得不到显著提升。

课程改革有待进一步完善。2004年开始的普通高中新一轮课程改革，其中的一个内容是增加了大量的选修模块。从改革内容理论上来看，大部分学校只用1.5学年便能上完所有的必修内容，余下的1.5学年大部分时间都可以用来上选修课，但这显然不符合我国高中教育的实际情况。一方面选修课程内容在各省高考知识点中占比太小，导致大部分学校仅用很少的时间挑着上少部分内容，以节省出大量的时间来复习备考，这是违背课程设计者初衷的。另一方面，选修课所占课时量太大，而且模块与模块之间结构混乱，必修与选修课程之间的衔接也不紧密，有的章节甚至是无规律可循，这给教师授课与学生系统学习带来了挑战。

外语、数学学科挤占语文学科的教学时间。在教学中，常有这样的观点：语文学科的成绩并不是一蹴而就的，一般也不会因为多学了几篇课文、多背诵了几篇诗词就在阅读、写作能力上获得显而易见的进步；而外语、数学同为主科，地位亦十分重要，且能够在短期内通过单词语法背诵、听力训练、题型讲解、错题更正等方式提高分数。因此，有的学校便会在课程安排上对外语、数学进行倾斜，会在考试前挤占语文学科的早读、晚修时间。而外语可多次参加考试并取最高分计入高考总分的改革也促使学生改变学习计划，使其能用在语文学习上的精力大打折扣。

以上问题，是语文教育发展中存在的问题。既然是发展中的问题，我们就要用发展的眼光去解决，既不能墨守成规，对过去的那套方法顶礼膜拜，也不能全盘西化，完全用工具理性、标准分析来代替语文教学改革。我们要在传统与现代之间，寻找一种张力，达成动态中的平衡，这才是语文教学取得成功的康庄大道。

二、在语文思维课堂上诗意地栖居

新课程改革以来，语文课堂教学最引人瞩目的变化，莫过于对语文实践的加强。《义务教育语文课程标准（2011年版）》指出：语文课程是实践性课程，应着重培养学生的语文实践能力，而培养这种能力的主要途径也应是语文实践。这一定位，一方面意味着语文课程要由"教的课程"向"学的课程"转型；另一方面也意味着语文课堂要由"知识课堂"向"实践课堂"转变，其重要性是不言而喻的。

然而在实际教学中，许多人往往会片面理解这种教学转型，认为语文实践知识可有可无，关键在于学生的日常"活动"，比如听说读写，花样繁多的表演、绘画、演唱、多媒体展示等，致使课堂空前"热闹"。一言以蔽之，课堂上一派"乱花渐欲迷人眼"的生动气象，学生所得却往往是"浅草才能没马蹄"。

殊不知，语文是一门学科课程，这一课程形态决定了语文课堂的听说读写必须凸显其"学科"意义。所谓学科，是学术的分类，它是一个知识体系。语文实践的真正目的，其实并不在于"活动"本身，而在于以"活动"为中介，引导学生更有效地经历和接受语文知识，在大量的语文实践中掌握运用语文的规律。

（一）阅读教学是一种"思维的实践"

阅读教学，作为一种基本的语文实践，归根到底表现为一种"思维的实践"。从思维方式上看，它包括直觉思维、逻辑思维等；从思维主体上看，它包括集体思维、个体思维等；从思维客体（内容）上看，它可分为语言思维、话语思维和作品思维三个层次。

其中，语言思维着眼于语言的认识与使用，话语思维着眼于读者与文本、作者之间的心灵沟通，作品思维则是从"怎么写"的角度去理解文本，三者构成语文课堂基本的思维客体（内容）和思维路径。而思维客体（内容）的展开，实际上就是思维主体综合运用各种思维方式的过程，具有牵一发而动全身的重要作用。

从课程论角度来说，课程的全部问题在一定意义上就是内容问题。课程的目的、课程的设计、课程的实施以及课程的评价，都围绕着课程内容安排及其结果而展开。因此，语文课堂的语言思维、话语思维和作品思维，对于建构语文"学的课程"，提高语文课堂教学的有效性，具有十分重要的现实意义。总之，只有在奔涌着语言、话语和作品思维的语文课堂上，学生才能诗意地栖居。

下面以冰心散文诗《荷叶·母亲》的教学为例，谈谈语言思维、话语思维和作品思维在语文课堂教学中的特点和作用。在落英缤纷的语言丛林里，语文课堂的语言思维以语言的认识和使用为直接目的。因而它在阅读教学中一般都交织着语理和语感两个基本维度。亦即通过语言实践，敏锐而直觉地领会语言的意义；通过语理分析，把握语言事实中具有普遍性的语言规律。二者之间是辩证统一的。

请看下面的教学片段——

师：课文标题已经明示这是一首散文诗。诗的主要特征之一，就是借助具体形象来抒发思想感情。本文中的主要形象是——

生：荷叶、红莲。

师：对了！请大家先浏览课文中描写红莲的语句。

（生浏览）

师：红莲是全文着力描写的重点。请同学们参照下面的示例，给描写红莲的句子作批注。

那一朵白莲已经谢了（"烦闷"之情，怎一个"谢"字了得），白瓣儿小船般散漂在水面（多可爱的"小船"！"散漂"又见多少惋惜之情）。梗上只留个小小的莲蓬和几根淡黄色的花须（这是"繁杂的雨"摧残的结果。"只""个""几根"等字词，凸显出现实的残酷和作者的伤感情绪。白莲的遭遇，是否预示着红莲的命运？令人担忧）。

（生作批注，教师个别指导）

师：好了，下面我们来展示交流各自的学习成果。展示的方法是，大声读句子，小声读批注。（教师示范）

生："那一朵红莲，昨天还是菡萏的，今晨却开满了"，句中的"开满了"表现红莲开得茂盛，透露出"我"的喜悦之情。

师：又用一个"却"字，是不是更能传达出"我"的庆幸和欣喜之情呢？

生："亭亭地在绿叶中间立着"中的"亭亭地"，写出红莲的美好情态，"在绿叶中间立着"暗示夜雨中的红莲可能得到过荷叶的遮蔽。

师：哦，这样写是不是也为下文写荷叶护莲做了铺垫？

生："那朵红莲，被那繁密的雨点，打得左右攲斜"中的"繁密"表现雷雨之猛、雨点之多，"打"字表现风雨力度之大。

师：这两个词抓得好！不过，它们在字面上写的是风雨，不是红莲啊……

生：是红莲，从侧面写红莲。

师：那有没有正面写红莲的词语呢？

生：有！"左右攲斜"，它写出了红莲的危险境地。

师：从"我"的角度看呢？

生：也流露出"我"对红莲生存境遇的同情和担忧。

师：有通过正面写"我"来侧面写红莲的句子吗？

生：有！"在无遮蔽的天空之下，我不敢下阶去，也无法可想。"这里的"不敢"既说明风雨之猛，又说明"我"想去帮红莲却又不能去，心里很着急，从侧面烘托红莲的处境危急。

师：还有"无法可想"，这个词语是不是更能表现此刻"我"的焦急和万般无助之感呢？不过，一朵小小的红莲，谢了也就谢了，何以令"我"如此焦急和无助呢？真实吗？

生1：好像有点夸张……

生2：一点也不夸张，因为作者十分喜爱红莲，不忍心看到它受到伤害。

生3：这是一种真情实感，因为课文中的"我"是一个小孩子，在"我"眼里，红莲此刻被雨"打"，就好像是"我"自己正被雨"打"一样。

师：说得真好！这的确是一种儿童所特有的情感体验。作者以儿童的眼光来打量这个溢满风雨的世界，这个世界于是就因一个孩子的注视而显出人性的至善至美，雨打红莲的一幕因此成为一桩揪心的往事，荷叶护莲的一幕更是成为母爱的风景，情真意切、感人肺腑。

上述教学片段较好地处理了语理和语感的辩证关系。一方面，运用示例法引导学生进行语言实践。即提供白莲的批注示例，暗示批注方法，让学生给描写红莲的语句作批注。所谓作批注，就是直接接触语言材料，就是语言实践、语言涵泳，浸润式习得，温儒敏教授称之为"语文阅读教学最佳的境界"。

通过作批注，学生品出了红莲"开满了"带给"我"的喜悦之情，品出了红莲"亭亭"的美好情态，品出了"繁密"一词传达的雨势之猛，品出了"不敢"一词透露的心理之矛盾，以及这种矛盾心理与红莲之间的关联。这样，每个词语就不再是静止的符号,而是充满了生命活力的文化载体,显示出红莲形象的丰富意蕴。

另一方面,运用点拨法引导学生进行语理分析。例如,在成果展示中当学生说出"今晨却开满了"中"开满了"的含义时,教师马上引导学生揣摩"却"字的表达作用;当学生指出"在绿叶中间立着"暗示夜雨中的红莲可能得到过荷叶的遮蔽时,教师马上引导学生思考这一描写对下文写荷叶护莲的铺垫作用;当学生说出文中写雨的句子是对红莲的侧面描写时,教师马上引导学生寻找这个句子中正面描写红莲的词语("左右攲斜"),从中领会红莲所处的危险境地,继而又引导学生从"我"的角度来思考这个词语的含义,即"我"对红莲生存境遇的同情和担忧,再引导学生找出文中通过正面写"我"来侧面写红莲的句子,牵出对"不敢""无法可想"等词语的品析。当学生理解了"我"的焦急和万般无助之感后,教师又启发学生进一步思考"我"如此焦急和无助的真实性,这实际上是关于课文叙述视角的追问:作者以儿童的眼光来打量这个溢满风雨的世界,这个世界于是就因一个儿童的注视而显现出人性的至善至美……总之,围绕着红莲的形象,教师从词义、句义、描写方法和叙述视角等方面,引导学生对课文进行了深入细致的品析。其中并没有过多使用概念术语,更没有架空分析,知识线索始终结合语感、贴着语境展开,因而适应七年级学生的具体学情,教学效果自然不言而喻。

(二)话语思维:走进作者微妙的心灵世界

语文课堂的话语思维,就是听话人通过文本实现与说话人心灵沟通的思维活动。由于说话人不在场,听话人的注意力主要就集中在对文本信息的把握和回应上。其中的"把握"是指站在说话人的立场上来理解文本,领会说话人的原意。"回应"是指站在听话人的立场上来理解文本,形成听话人的理解或评价。

请看一个教学片段——

师:请一位同学来朗读课文第6~9自然段。

(生朗读)

师:这位同学读得很好,仿佛年轻的冰心在向我们讲述一个儿童眼里的荷叶怎样在雨打风吹下,勇敢地、无私地为弱小的红莲撑起一方宁静的天空,进而联想到生活中母亲对自己的呵护。下面请同学们再次默读课文,思考几个问题,并且从中任选一个来谈谈自己的看法:

①默读课文第6自然段,说说其中两个"旁边"之间有何内在联系。

②默读课文第6自然段,说说其中"忽然""慢慢""正"等词语的含义。

③默读课文第7自然段，说说应怎样理解雨势的"不减退"和红莲的"不摇动"。

④默读课文最后两段，说说其中蕴含的思想感情。

⑤你心中的母爱和作者表达的母爱含义相同吗？

（生默读并思考）

生1：我选择问题①。"我"的"旁边"是母亲，体现着母亲对女儿的呵护；红莲的"旁边"是大荷叶，表现荷叶对红莲的呵护。作者意在用后者隐喻前者。

师：也就是说，作者把两幅画面组合在一起是为了形象地表现母亲对儿女的呵护。

生2：我选择问题②。"忽然"一词，表现事情发生得很突然，"我"没有想到；"慢慢"一词，表现荷叶的"慈怜"；"正"字表现荷叶对红莲的倾情呵护。

师："慈怜""倾情呵护"，说得好！不过，"忽然"一词，是不是含有"我"看见大荷叶"倾侧了来"保护红莲时的意外和惊喜之情呢？

生3：我选择问题③。雨势虽"不减退"，但因为有荷叶的庇护，红莲才会"不摇动"。作者这样写，意在突出母爱的力量。

师：可见荷叶母亲是多么勇敢啊！

生4：我选择问题④。课文结尾蕴含着作者对母爱的感恩之情。母亲就像荷叶护红莲一样，用自己的生命为我们撑起一方温暖的晴空。只有伟大的母爱能永远保护我们度过人生道路上的风风雨雨，坎坷磨难。

师：这仅仅是对母爱的感恩吗，是不是也包含着作者对母爱的哲理思考呢？

生5：我选择问题⑤。我心中的母爱是母亲对儿女的爱，作者表达的母爱却不只是母亲对儿女的爱，比如像母亲一样爱大自然。

师：有道理！母亲爱自己的儿女，是至真至纯的。像母亲一样爱大自然、爱社会、爱他人、爱自己，也是至善至美的啊！前者可以叫"母亲的爱"，后者可以叫"母性的爱"，后者包含前者，是对前者的深化或哲理升华。课文中所讴歌的正是这种"母性的爱"，它就是冰心所顶礼膜拜的——不分生、死、人、物，使万物调和的"万全的爱"。

上述教学片段清晰地区分了属于说话人的言内之意、言外之意以及属于听话人的言后之意。

言内之意，即文本中写了什么。例如，文中写了两幅画面的叠合："我"的旁边是母亲，红莲的旁边是荷叶；写了"一回头忽然看见红莲旁边的一个大荷叶，慢慢地倾侧了来，正覆盖在红莲上面……""雨势并不减退，红莲却不摇动了"等。这些内容都是学生一望而知的内容，但却是阐发言外之意的基础和根据。

言外之意，即说话人的意图。它一般隐含在字面意思的背后，若隐若现，往往需要经过一番咀嚼玩味才能获得确切的理解，故而是阅读教学的重点和难点所在。上述教学片段中的前4个问题，实际上就是针对"言外之意"来设计的。例如，问题①要求学生说出第6自然段中两个"旁边"之间的联系，就是为了引导学生去发现"荷叶护莲"和"母亲护我"两幅具体画面之间的同一性，即作者表现母爱的真实意图。问题②要求学生说出第6自然段中"忽然""慢慢""正"等词语的含义，就是为了引导学生透过这些词语的字面意思，领会其中隐含的"我"的惊讶、大荷叶的"慈怜"及其对小红莲的倾情呵护。通过这些问题，教师引导学生成功地完成了对文本的深层解读。

言后之意，即在听话人身上产生的效果。例如，问题⑤要求学生思考自己心中的母爱和作者表达的母爱含义是否相同，这实际上就是站到文本之外，从读者的立场来评价作者的思想感情。师生通过区分两种"母爱"的不同含义，一方面进一步加深了对文本内容的理解；另一方面又从中获得了对自然、社会、人生的有益启示，最终达成了与作者心灵的沟通。

（三）作品思维：开出智慧的花朵

语文课堂的作品思维，是指从"怎么写"的角度出发来解读文本的思维活动。这里的"怎么写"，不是撇开了内容的纯粹形式，而是指作者在写作过程中"怎么想"。它具体表现为内容的有序组织和有形呈现的思维过程。因而，从"怎么写"出发的文本解读，主要就是从文本内容的组织和呈现入手，把作者的写作思维过程"还原"出来，把创作的智慧凸显出来。比如：

师：请同学们看屏幕。（屏显小诗）这是选自冰心《繁星》的一首无题小诗，请全班齐声朗读这首小诗：

"母亲啊！天上的风雨来了，鸟儿躲到它的巢里；心中的风雨来了，我只躲到你的怀里。"

师：这首小诗与课文的结尾很相似，它们都采用儿童视角，借助具体形象来表达母爱的情感和哲理。不过，小诗属于自由诗，课文则属于散文诗。散文诗兼有散文和诗的特点，它融合了诗的形象和散文的细节。所谓诗的形象，是指融入了诗人思想感情的客观物象，如"几处早莺争暖树"中的早莺；所谓散文的细节，是指散文中所描写的人、事、物、景等方面富有特色的细枝末节，如朱自清《春》中描写的春草、春风、春花、春雨，以及蜜蜂、蝴蝶、风筝、孩子等具体细节。请同学们比较课文和小诗，分别从人、事、物、景等方面，具体说说课文融合了哪些"诗"的形象和"散文"的细节。

生：（七嘴八舌地）荷叶、红莲、白莲、莲蓬、白瓣儿、菡萏、绿叶、雨声、雨点、雷声、浓阴的天、无遮蔽的天空……

师：这是景物细节，人物呢？

生：祖父、母亲、三姊妹、"我"……

师：如果从事件细节看呢？

生：父亲朋友送来两缸莲花，祖孙月夜赏莲，白莲谢了红莲开了，雷雨打得红莲左右攲斜，母亲唤"我"到她身边，大荷叶护住小红莲。

师：如果再从心绪角度看呢？

生：有些烦闷，仍是不适意，不宁的心绪散尽了，深深地受了感动。

师：所有这些景物、人物、事件、心绪，都是围绕着哪两个形象展开的？

生：红莲、荷叶。

师：课文通过这两个具体形象，表达了一个什么主旨？

生：对母爱的赞美和哲理思考。

师：同学们从不同角度，找出了课文中所融合的"诗"的形象和"散文"的细节，领会了"散文诗"融合"诗"的形象和"散文"的细节来书写思想感情的基本特点……现在老师把大家的思考归纳一下，请看屏幕：

五幅画面：两缸莲花、月夜赏莲、莲谢莲开、雨打红莲、荷叶护莲（情景交融）；

四种心绪：烦闷、不适意、不宁消失了、感动（心绪变化呼应莲的处境变化）；

三次看莲：看莲谢莲开、看雨打红莲、看荷叶护莲（情节跌宕有致）；

二个形象：红莲、荷叶（主要形象，串起为数众多的形象群）；

一个主旨：母爱的哲理（形象背后的意蕴）。

由上述归纳可知，课文有点有面、有详有略、有实有虚、情景交融、情理相生，"诗的形象"和"散文的细节"达到了自然而完美的结合。

从作品思维角度看，上述教学片段有一条明晰的教学线索：作者是怎样融合"诗"的形象和"散文"的细节来表达对母爱的哲理思考的？它具体表现在两个方面。

一是主旨的有形呈现。教师先展示冰心的一首短小的自由诗，作为散文诗《荷叶·母亲》的参照，指出它们所具有的"诗"的同一性：借助具体形象抒写思想感情。同时指出它们的差异性：散文诗融合诗的形象和散文的细节。然后，分别从景物、人物、事件、心绪等角度，引导学生审视课文中的细节，并把所有这些细节一齐向红莲、荷叶两个主要形象聚集，再向主题思想的光点聚集，形成作品的基本轮廓。这样，就动态展现了作品主旨的有形呈现过程，突出了散文诗借助诗的形象抒写思想感情的特点。

二是内容的有序组织。所谓序，就是文脉（或意脉）。《荷叶·母亲》的文脉，具体表现为散文化的细节之间的有机联系。在上述教学片段中，教师巧妙地引导学生把握了这种联系。例如，在学生审视课文细节的基础上，教师把大家的发现归纳为五幅画面、四种心绪、三次看莲、二个形象、一个主旨，并且指出画中有景、景中有情，指出心绪变化呼应莲的处境变化，指出"我"的三次看莲构成跌宕有致的情节脉络，指出红莲和荷叶两个主要形象的统领作用，最后指出主要形象所负载的"母爱的哲理"。这样，学生就在迷离混沌的文本结构中发掘出了这首散文诗的规律性，既领会了散文诗融合"诗"的形象和"散文"的细节的特点，又深化了对文本内容的理解，最终把语言艺术鉴赏引向了洞明之境。

三、文化建设视野下语文课程资源的开发与利用

课程资源，指课程要素来源及实施课程必要而直接的条件。从结构上来看，《基础教育课程改革纲要（试行）》将其分为校内课程资源、校外课程资源及信息化课程资源三大类。按课程资源的性质进行划分，则可以分为自然课程资源和社会课程资源。对课程资源的开发利用，是新课程改革的重要内容，也是突破新课改重难点的关键因素。

没有课程资源的广泛支持，再美好的课程设想也很难变成实际的教育成果。虽然课程改革已走过数十年的风雨历程，但是对于课程资源的开发与利用，特别是语文课程资源的开发、整合，还未真正引起重视，还未建立起生动开放的语文课程资源模式。为改变这一现状，南山二外在"用教育家文化滋养每一个孩子"的理念指导下，努力整合校内外资源，探索语文课程资源的新形态，使语文课程资源呈现多样、多元、多极的生动局面，促进了学生全面而有个性的发展。

（一）优化课程资源载体——语文课程结构多样化

生活的范围有多广，语文课程资源的范围就有多广，教科书以外的其他各类语文课程资源对学生的发展具有十分独特的价值。因此，要开发、引入多种资源，努力使语文课程结构多样化。

丰富文本和多介质资源，为学生提供丰富的语文资源。在南山二外，学生人手一册语文工具书、校刊校报和文学刊物《海蓝蓝》《陌上花》；我们还将绘本、朗诵和诗歌阅读校本教材、叶圣陶先生91年前编写的《开明国语课本》等引入课堂，极大地弥补了语文课本的简略；此外，学校的广播、电视、电影、网络等多介质的资源也被我们整合到语文资源体系中。语文课堂中随时利用网络呈现生动的图像、动画与文字资源，使语文课堂与外界密切相连，体现了语文资源的多维性、动态性。

拓展语文教学组织形式，为学生带来多元的开放学习体验。过去语文教学的组织形式只是语文课堂，语文教学沉闷而缺乏活力。从文化建设视野出发，南山二外努力拓展语文教学组织形式，在低年段开展了包班教学实验。一名教师既教语文又教数学，或者既教语文又教英语。这样，就为语文课程的跨学科教学提供了充分有利的条件，使各学科资源得以融会贯通。此外，如演讲与口才、绘本故事欣赏、绘画与作文、思维火花等多门校本语文课程的开发，丰富了语文课堂的组织形式与内涵，使语文教学呈现多样化、生动性、开放性的特点。

延伸环境资源建构坐标，为学生营造有趣的沉浸式教育文化。校园的物质环境和精神环境作为"教育表达式"，集中反映了学校的教育哲学。学生在对校园环境进行反复感知、解读与体味的过程中，可以不断塑造自身，提升语文素养和文化价值观念。如南山二外把班级文化环境建设作为语文课程环境资源的重要组成部分。每一个班级环境文化都有主题，如"花""阳光""小荷""智慧树""海洋星"等等。学生赋予这一主题有关的文章、诗歌、哲理启示，既充满情趣，又创生了具有独特价值的语文课程资源。此外，仅有校园环境资源的表达是不够的，课程环境资源还应该延伸到社会和自然之中。鼓励学生关注生活，组织学生讲述、描绘、展示自己的游历生活。这不仅能让他们开阔眼界、增长见识，也是提高语文素养的重要途径。

充实活动资源表现形式，为学生搭建丰富的成长课程空间。学生语文综合素质的提高，离不开活动资源的充实与丰富。语文课程的活动资源主要有校园读书节、话剧节及以年级组为单位的读书会等，为广大师生和家长提供读书交流及分享的大平台。此外，还可以组织开展"书香宝贝"评选活动、现场作文比赛活动、古诗文诵读活动、才艺广场展示活动等。

学校不仅要忠实地使用课程文本资源，还要尽最大可能丰富课程结构。突破单一结构模式，把语文的素材性资源和条件性资源加以综合利用，构建具有超越教材品质的课程文化，打破传统的一本教科书、一支粉笔、一块黑板唱主角的语文教学模式。这样，才能使课程空间变得宽阔而多彩，使学生的课程体验更加丰富，从而让学生的语文素养得以自由生长。

（二）丰富课程资源开发路径——语文课程主体多元化

与课程相比，课程资源往往是零散存在的，缺少了逻辑上的连贯性与组织上的系统性。因此，必须对课程资源进行持续性的开发，才能有效发挥课程资源的教育价值，使得课程资源要素进入课程。语文课程资源开发应该以人为本，唤醒师生作为课程主体的生命意识。

教师即课程资源，一名优秀的教师就是内涵丰富的语文课程。在课程实践过程中，教师扮演着课程资源体系中的一个复合型角色。他既是要素性资源，即语文知识和语文素养的载体；又是语文课程实施的条件性资源，即任何课程资源都需要经过教师的职业行为才可以实现教育的价值。基于此，南山二外遵从"用教育家文化滋养每一个孩子"的理念，致力于培养教育家型教师。通过学校论坛、校本培训和教研、教师集体阅读等方式提高教师的语言素养、文学素养和人文素养，使教师作为要素性资源的功能最大化。教师即课程资源还体现在教师能够根据自己的特长开设校本课程。把教师作为语文课程的资源来开发和利用，其情感个性、价值取向、气质风度、思维习惯、语言风格等显性或隐性的资源，对学生的人格养成、生命发展具有重要意义。

学生不仅是课程资源的消费者，还是语文课程资源的生成者、吸收者与转化者。在丰富多彩的生活体验中，他们以主体的身份自觉或不自觉地挖掘、筛选与吸收外部信息资源，在自主合作、自主探究、自主思考中，以丰富多彩的课程姿态互相呈现。他们的知识储备、生活经验、对课程的情感态度和价值认同，会生成对课程资源是主动吸纳、被动消费还是冷淡拒绝等不同的态度。同时，学生自身的差异也是有效的课程资源，即差异也是资源。不同的文化背景和生活经验，不同的知识储备和思维方式，使得学生在合作交流的过程中优势互补，取长补短，达到资源共享。

家长是语文课程资源的一座"富矿"。南山二外充分发挥家长在课程资源建设中的主体作用，通过微信互动群进行课程资源开发的专题讨论，从全体家长中筛选邀请具备科学教育理念、有一定教育实践经验、表达能力较强的代表作为家长讲师团成员，定期或不定期地为学生上课或开设讲座。家长代表们根据自己的专长，开设了"语言与表演"训练班、"重要历史人物"专题讲座、文学创作专题讲座、户外观察、深圳历史探究等语文课程，成为学校语文课程资源的一道亮丽风景线。

（三）延展课程资源天地——课程实施多极化

课程实施是实现预期教育教学效果的必要手段，是一个多维整合、综合利用、双向转化课程资源的动态过程。基础教育课程改革的其中一个重要具体目标是"改变课程实施过于强调接受学习、死记硬背、机械训练的现状，倡导学生主动参与、乐于探究、勤于动手，培养学生搜集和处理信息的能力、获取新知识的能力、分析和解决问题的能力，以及交流与合作的能力"。因此，根据语文课程资源多元开放的特点，要实行多极化的课程实施策略，让学生成为学习的主人。

善用多极空间，课程资源实施环绕式浸润。校园内的空间课程资源，尤其是语文课程资源俯拾皆是。校训墙、图书馆、阅览室、黑板报、走廊文化墙、校园网等都肩负着课程资源开发与利用的特殊使命。各种专用教室、计算机室、书画室、心理教育感统训练室等的合理使用，保证了学校资源空间利用的最大化。此外，还可与社区紧密联系，把社区作为语文教育的一个课堂，譬如，在社区阅读节开展"图书漂流"活动，分享阅读的快乐。大自然也是我们利用语文课程资源的有效空间，能为课程注入鲜活的语文元素。把语文课堂搬到大自然中，如在红树林自然保护区观察鸟类活动，在垃圾处理厂考察并开展环境主题教育，在荔香公园感受生命的珍贵等。

开掘多极渠道，课程资源实施多样化呈现。南山二外改变了过去以纸质教科书为唯一呈现方式的教学模式。除优化纸质资源之外，还开掘电子渠道，让学生在电脑室、校园网的电子资源库中，开展语文电子书、数据光盘的阅读与使用，使语文课活起来，恢复它"有声有色"的本来面貌。微信是目前流行的网络交流工具，我们建立了语文教师微信群、学生学习微信群，让师生在群内阅读、发表、提问、探究。通过网络虚拟社区的开设，加上丰富的网络资源和各种形式的软件资源，语文课程资源的呈现方式和渠道变得如此丰富、如此鲜活。

创新多极活动，课程资源实施动态化积淀。在传统的语文活动诸如朗读、讲述、写作以外，我们还创设了新的语文课程活动方式，如课前三分钟的"日有所诵"、校园语文日、语文课本影视周、走廊歌会、礼"帽"巡游会、广场才艺展等活动。这些新鲜、有趣的活动逐渐成为语文实践活动新的方式，受到了学生的热烈欢迎。

对语文课程资源多样、多元、多极的开发与利用，有利于打通语文课程建设与外部世界的广泛联系，实践语文即生活的理念，为学生构建一个开放的学习环境，引导学生热爱母语，厚实文化积淀，为学生的生命发展奠基。

四、语文教学内容的三个层次

语文教学内容是一个确定性和不确定性兼而有之的复杂系统。其中，确定性是指语文课程内容的逻辑性，不确定性是指语文教学内容的生成性。根据读者对文本结构的不同心理选择，可以将语文教学内容分为语言、言语和作品三个层次，对应地将学科研究对象的交际问题区分为语言问题、意识问题和语用（言意矛盾）问题三个层次。接下来，将从三者的整体关系出发，阐述语文教学内容生成的基本路径与规律。

（一）语言层次的语文教学内容

在语言层次上，学生的注意力集中指向言语中的语言事实（字词句）。例如，文言文在用字、构词、造句等方面和语体文相比存在着许多差异，这些差异往往构成语言的"不透明"问题，在客观上阻碍学生对作品内容的审视。这时，就需要把"不透明"的语言（文言实词、虚词、句式等）转化为问题加以思考，作出适当的解释。于是，语言层次上的学习，就呈现为"语言事实—语言问题—语言规律"的基本过程。

1. 亲历语言事实

苏联心理学家维果茨基曾说：艺术开始于形式开始的地方。同理概之，阅读开始于语言事实开始的地方。言语中的语言事实，是言语诉诸阅读感知的物质外观，包括汉字、词语、句子和篇章等不同层级，它们"既是一个系统，各项要素都有连带关系，而且其中每项要素的价值都只是因为有其他各项要素同时存在的结果"。"同时存在"意味着摆在我们面前的是一种"状态"（共时性结构），语言学家费迪南·德·索绪尔认为这种语言状态以两种关系作基础：一是句段关系，指各个词（要素）相继出现，一个挨一个排列在语言的链条上面；二是联想关系，指在该言语之外各个具有某种共同点的词汇在人们的记忆里联合起来。前者是在现场的，如"悠然见南山"的"悠然""见"；后者则把不在现场的要素，如"蓦然、突然、忽然……""望、看、观……"联合成潜在的记忆系列。

这样，言语的形成，实际上是句段集合与联想集合在纵横两条轴线上同时运行的结果。它们相互制约，维持系统内同时存在的各项要素间的复杂平衡，其中任何一项（如"见"）都相对于其他项（如在场的"悠然"，不在场的"望、看、观……"）而存在，本身并无独立的意义和价值。

因此，文本阅读意味着对上下文和现场内外语言事实的联系和联想，意味着对语言状态的亲历和体验。语言教学应该从语言事实而非语言学概念出发，引导学生通过实践亲历和占有语言，不断提高驾驭"语言状态"的能力。

2. 探究语言问题

本处提及的语言问题，指的是言语中的语言问题，它基于语言事实。"语言活动不可能永远流畅无阻地进行，哪怕是语言能力十分完美的人。我们经常会遇到表达上的障碍，感到词不达意、言不由衷而不得不从流畅的语言过程中抽身出来，置身语言之外斟词酌句；理解别人的话语尤其是书面语时，更是常常会因为遇到疑难费解之处而不得不停顿下来，同样置身于语言之外去推敲琢磨。"这里的"词不达意""疑难费解"等，指的是经验层次的语言问题，其中一部分可以通过个体的涵泳体悟加以解决；另一部分则需要上升到科学的层次，给出科学的解释。

例如，朱自清《荷塘月色》中描写道："层层的叶子中间，零星地点缀着些白花，有袅娜地开着的，有羞涩地打着朵儿的；正如一粒粒的明珠，又如碧天里的星星，又如刚出浴的美人。微风过处，送来缕缕清香，仿佛远处高楼上渺茫的歌声似的。"这段话隐含着通感等普遍的语言规则，单凭语境无法得到透彻的理解，需要将其视作普遍的语言事实，从修辞学角度设计有关问题引导学生思考。如：零星的白花，怎么会有"袅娜""羞涩"的不同情态？又怎么会像"明珠""星星""美人"？白花的"缕缕清香"（嗅觉）怎么会跟"渺茫的歌声"（听觉）相似？……对这些问题的探究，既有助于从文本的语言层面深入文本的意蕴层面，又有助于学生形成普遍的语言经验。

3. 把握语言规律

语言规律，指语言事实中所包含的普遍的语言规则。语言规律的掌握，是语言素养发展的重要标志。关于语言素养，我们可以借鉴有关知识内涵的理论，将其分成三个方面：第一，知道语言"是什么"，即拥有关于语言的事实性知识，如语法知识、修辞学知识等；第二，知道"怎么做"，即掌握语言运用的技能；第三，关于语言的情感、态度与价值观，包括对语言学习的兴趣、情感、习惯以及对语言的认识等。这三个方面是有机统一的整体，学习者在实践中把握语言规则，即"语言事实—语言问题—语言规律"的过程，实际上是语言素养诸方面协同发展的过程。也就是说，语言规律来自实践，用于实践，只有知道了"怎么做"，语言规律对于个体来说才是现实的。

例如，鲁迅的《从百草园到三味书屋》写道："不必说碧绿的菜畦，光滑的石井栏，高大的皂荚树，紫红的桑椹；也不必说鸣蝉在树叶里长吟，肥胖的黄蜂伏在菜花上，轻捷的叫天子（云雀）忽然从草间直窜向云霄里去了。单是周围的短短的泥墙根一带，就有无限趣味。"作者用"不必说……也不必说……单是……"这一句式的紧密逻辑关系，引导读者总览了儿童眼中百草园的多彩景象，又选择泥墙根一带的"无限趣味"作为强调的重点，领起下文的具体描述。如果引导学生仿写，就能把语言规律的认识、应用，及其相关的情感、态度和价值观统一起来。

总之，语言层次的语文教学，旨在引导学生在实践基础上积累普遍的语言经验。学生通过亲历语言事实，探究语言问题，把握语言规律，把外在的语言知识内化为主体的认知结构。这样，既能解决实际存在的语言问题，又能在下一次语言活动中提取和运用它们。当这种"提取和运用"可以不假思索地、下意识地进行时，语言知识就以潜意识或下意识的方式存在于人的大脑中，成为一种稳定的个性心理特征，进入言语能力范畴。

（二）言语层次的语文教学内容

言语的实质是信息，语言往往是背景。上海新纪元双语学校李海林校长曾说："语感的结果是言语内容的获得。"在言语层次上，学生的注意力集中指向言语内容。言语内容如窗外的景色，言语形式如透明的玻璃窗户，我们能没有意识到窗户玻璃的存在就一眼看到窗外的景色。在日常生活中，我们时常就是这样凭借"语言无意识"的语感，从文本中汲取思想信息，获得审美体验的。但是，语文课堂的语感实践有其特殊性，即它要探寻语感状态下的意识活动规律，把意识层面的问题纳入"交际问题"范畴来加以研究，把言语的意识规律纳入"交际规律"范畴来加以把握。这样，读者对言语内容的理解过程，一般就沿着"言语内容—意识问题—意识规律"三个层次演进。

1. 体验言语内容

言语内容，是作者意识活动的过程和结果。文本解读，是读者主体与作者主体、文本主体之间的对话过程，它指向文本意义的生成。这个对话过程，首先是通过读者主体的"思"与"反思"来实现的。

图4.2显示，读者主体理解文本意义的过程包括两个最基本的思维环节：一是把意识之外的文本内容（文本对象）转化为意识之内的表象和思想（对象意识）；二是把该表象和思想（对象意识）作为思考的对象，也就是把关于文本内容的感觉、知觉、表象、概念、判断等作为思考的对象，形成"觉其所觉""知其所知""思其所思"的意识（自我意识）。后者在哲学上被看作是一种"对思想的思想""对认识的认识"的"反

思"。"反思"的工具是语言，语言是意识的镜子，通过这面镜子，意识（自我意识）终于站到意识（对象意识）之外看到了自己，终于能像聆听别人的话语一样清楚地聆听自己，并且言说自己，与自己的心灵进行对话（即内部言语交际）。

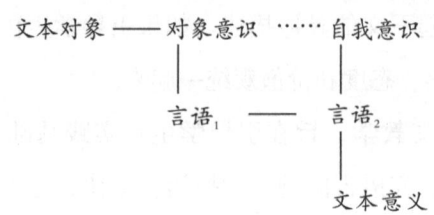

图4.2 读者主体理解文本意义的过程

思维的本质特征正在于这种人与自我的对话——"反思"。所谓文本意义，即是这种"反思"的成果，尽管这种"反思"有直觉的和逻辑的、即时的和延缓的等种种区别。读者主体对言语内容的体验，在很大程度上就是人与自我的这种思与反思的对话体验。它内在地包含了读者主体与作者主体、文本主体之间的对话体验，它是一切思想信息或审美体验之源。因此，语文课堂中读者主体的涵泳体悟具有极重要的意义。

2. 思考意识问题

意识问题，即指言语内容层面的矛盾。思维始于问题，思维最根本的性质就在于对问题的反思。当我们把语感看作是一种语言无意识的直觉思维时，我们时常忽略甚至否认"反思"的存在，认为"'直觉'一词的意思简单地说就是没有经过反思"，这就等于消除了"直觉思维"的"思维"性质。而实际上，直觉思维是对思维对象从整体上考察，调动自己的全部相关知识经验，通过丰富的想象作出的敏锐而迅速的假设、猜想或判断，它省去了一步一步分析推理的中间环节，而采取了"跳跃式"的形式。换言之，直觉思维并非"没有经过反思"，只是其"反思"的过程高度简化了，敏锐而迅速，以致我们几乎毫无察觉而已。

从这个意义上说，作为语言无意识的语感，则是融合了感性和理性的综合思维过程，它在一定条件下（如"书读百遍"）可以达到理性分析所能达到的目标（"其义自见"）。但这并不意味着文本解读可以排斥理性分析。言语内容层面的问题，一部分可以通过学生的顿悟和体验加以解决，另一部分则需要借助理性分析手段，将经验层次的问题上升到科学的层次，通过有目的、有意识地探究方能澄明。后者就是孙绍振教授曾说过的"学生一望无知，甚至再望也还是无知"的问题。

例如，朱自清《背影》中潜在的"意脉"变化、流动过程：从公然拒绝父亲的关怀到深深地被父爱所感动，曲折的情感经历更见父爱之厚重，也见"我"对父爱的理解之深切。理解这样的问题，要有读者主体的阅读体验作基础，又要充分考虑作者主体、文本主体的制约。因而，需要适当借助理性分析手段，否则阅读教学就可能流于随意和肤浅。《义务教育语文课程标准（2011年版）》既强调阅读获取信息、认识世界的功能，同时又强调阅读发展思维、获得审美体验的功能，而这两方面功能的发挥，都有赖于个体对"问题"的思考。语文教学应"善于抓住学生在阅读过程中常见的问题，让学生通过自己的阅读体验和探讨去逐步加以解决，感受力、理解力与表达能力都会很自然地得到提高"。

3. 认识意识规律

语感层次上的读写活动，包括一般意识形态层面的文章活动和审美意识形态层面的文学活动。不同意识形态决定了文章和文学的不同性质，也决定了文章读写和文学读写在意识活动上的不同规律。

例如，文章的功利目的是直接的，文学的功利目的则是间接的，因而文学阅读需要保持无功利目的才能进入文学的审美世界，否则就会导致无功利的"审美距离"消失而无法"欣赏"作品的美；文章主要是"概念"话语，文学则主要是"形象"话语，因而文学阅读强调审美直觉，"它是感性的而不是推理的，是直接的而不是间接的，是体验的而不是分析的"；文章富于认识性，文学则富于情感性，因而文学阅读强调审美评价，需要在直接的情感体验过程中领悟其深层隐伏着的间接的理智认识。

但是，文章和文学阅读在意识活动规律上也具有同一性，即都要求读出文本主体、作者主体和读者主体，力求三者和谐有机地统一。读出文本主体，就是尊重文本，把"文本内容当作文本内容"来理解，身临其境地化作文本中的叙述者或抒情主人公去体验人物的思想感情。例如《丑小鸭》，读者就要把自己化作这篇童话中的丑小鸭去体验其非同寻常的成长之旅，同时把文本中的天鹅蛋当作童话意象来理解，这样就不会产生"鸭蛋孵化不出白天鹅"之类的奇谈怪论。

读出作者主体，就是尊重作者，尊重历史，把"作者的思想当作作者的思想"来理解。例如《马说》，仅仅读出千里马的抑郁不平，以及当权者的愚妄浅薄，其解读还流于肤浅。韩愈在言说千里马遭遇的同时，也在传达另一层意思，那就是他自己的怀才不遇、穷困潦倒。

读出读者主体，就是尊重读者的独特体验，把"作者的思想当作读者的评价对象"来理解。例如《马说》，作者旨在希望当权者识别人才、重用人才，但这只是人才问题的一个方面，当代的读者可能会由"伯乐不常有"的客观现实联想到人才自身的主客观因素，如是否适应社会需要，如何在困境中造就等，并用现代观念重新审视和深化对文本内容的理解，获得人生的启迪和思想的乐趣。这样的阅读，才能实现跨越时空距离的"沟通"，达到历史和思想的高度。

当然，就理解文本内容而言，作为语言无意识的语感活动并不是唯一有效的途径。从文本解读的专业性上说，我们更需要把语言和意识、形式和内容既区别开来又联系起来，在二者之间的对立统一关系中去把握作品对象，使我们的阅读体验得到进一步的升华。这样，我们就既不能满足于"用什么写"的语言层次，也不能满足于"写什么"的言语层次，而要进入"怎样写"的作品层次。

（三）作品层次的语文教学内容

德裔美籍哲学家赫伯特·马尔库塞认为，艺术作品并不是内容与形式的简单组合，也不是单纯的一方压倒另一方，而是在形式的主导下，内容与形式在艺术中的完满整合。语文作品的基本内涵亦如是，即"写什么"和"怎样写"的整合统一。

在作品层次上，学生的注意力集中指向文本形式和文本内容之间的整体关系（结构）。通俗地说，就是把文本形式和文本内容既区别开来又联系起来，把"作品"视作二者相互依存、相互渗透和相互作用的过程和结果。这时候，学习者面临的主要矛盾，既非单纯的语言表达上的矛盾，也非单纯的意义建构上的矛盾，而是二者之间的对立统一。因此，作品层次的语文教学内容，主要就是在语言认知和言语体验的基础上，反思文本"为什么这样写"。它具体表现为"文本体验—语用问题—语用规律"三者间的关系。

1. 反思文本体验

文本体验，指言语层次上的阅读体验，即阅读一篇作品所获得的整体感受，一般侧重于文本内容方面。语文课堂上的阅读与自然状态下的阅读有不同之处，它并不满足于获取文本信息，掌握语用规律才是它的最终目的。这样，它就需要在文本体验的基础上进行反思，主要包括：把文本看作是作者有意识的语用行为，把文本内容看作是被充分形式化的内容，进而把作者的言语过程还原出来；把言语形式和言语内容区分开来，思考特殊的言语形式在言语内容上传达出了怎样特殊的意味，产生了怎样特殊的表达效果，等等，从中把握文本的隐性结构、文体规范、艺术风格及其价值等，知其然并知其所以然。

2. 研究语用问题

语用问题，就是指语言和意识之间的矛盾问题。语言和意识是同一过程的两个不同方面，我们运用语言表达意识，生成语言作品。因此，我们的注意力往往就由意而言——这个"意"应当用哪个词来传达，或由言而意——这个词是否传达了这个"意"，这就是我们通常所理解的语言使用。

然而，只要仔细推敲我们就会发现，这种认识其实是相当肤浅的，因为它的前提是假定"意"是现成的，不用临时去创造的。可实际情形是，"意"是瞬息万变的，它从根本上导致了"言"的千变万化。而且，纵然语言千变万化，也还有"只可意会，不可言传"的时候。美国作家威廉斯说："要一句'新'的诗出现，还得依赖一种'新'的思想生成。"这一见解可谓是鞭辟入里，恰到好处。语言使用的问题，不可能仅仅从言意关系的静态层面上得到理解，还应该追问意识缘何生成，意识的生成怎样导致了语言的发生，以及主体语言能否满足和在何种程度上满足了主体意识外化的需要，最终成为富于生命内涵的话语形态。

这就是发生学意义上的"实在、意识、语言"三者关系。任何文本建构都隐含着三者之间相互依存、相互渗透和相互作用的整体关系，任何言意矛盾也都是关于三者之间的双重转化过程，而并非只存在于语言和意识二者之间。其中，任何一种转化的成败，都会直接导致主体语言的成败。唐代诗人贾岛曾用"二句三年得，一吟双泪流"来形容其"独行潭底影，数息树边身"两句诗的创作艰辛，足见言意矛盾的复杂性和重要性。

因此，文本阅读应善于发现隐含在文本中的言意矛盾，并将其转化为问题来加以探讨。例如，我们可以"把未经作者主体同化（创造）的，原生的形态想象出来"。就是说，把"实在、意识、语言"中的"实在"想象出来，把它和"语言"所表现的"意识"进行比较，从中发现种种隐含的言意矛盾。例如《木兰诗》，如果把花木兰十年征战的全过程想象出来，把它和文本内容作比较，就可以发现文本特有的生活节奏、叙述视角、叙述动作等。

此外，还可以通过"炼字"来"炼意"，把文本中的某个词换成其他相关的词，以生成言意矛盾。例如，王安石"春风又绿江南岸"一句中的"绿"字，在选定之前曾先后改掉了"入""到""过""满"等十几个字，我们可以通过对它们的比较思考，领会"绿"字的多层含义及其表达效果。

3. 遵循语用规律

以言意矛盾为切入口来探讨语文教学内容，意味着要从语言作品的高度来看待我们的言语对象，揭示其中隐含着的、具有"作品性"的语用规律。所谓作品性，就是指"写什么"与"怎样写"的统一。在这个问题上，当代文学理论早已突破"内容决定形式"的传统观念，认为内容与形式之间应是相互规定的。

一方面，一定的内容要求并规定着相应的文学形式；另一方面，一定的内容又必须达到充分的形式化，融入文学形式之中。并且，在文学之美的创造过程中，形式对内容的表现（即内容的形式化）具有更重要的意义，艺术形式除了对内容具有表现和塑造的意义外，其自身也具有独立的审美价值。据此，我们可以把语文课的"作品性"内涵理解为以下四个方面的语用规律。

一是形式表现内容的规律，指内容的形式化，包括内容的有序组织和有形呈现。例如，《口技》以"善"一字立骨，挈领全篇，属于"有序"；对口技表演过程的正面描写和侧面烘托，属于"有形"。作者通过"序"与"形"的和谐组合，实现了"将生命表现于形式之中"的使命。

二是形式塑造内容的规律，指形式的内容化，即形式的生成作用使内容得到深化或升华，并产生新质。例如，鲁迅《祝福》中对祥林嫂的描写："她一手提着竹篮，内中一个破碗，空的；……"作者用逗号把"空的"二字隔开，使语言节奏变得短促，"内中一个破碗"停顿一下才说出"空的"，表明叙述者不忍睹、不忍说祥林嫂连饭也要不来的孤苦惨境，流露出对祥林嫂悲惨遭遇的深切同情和沉痛心情。如果将其改为"内中一个空的破碗"，或"内中一个破碗是空的"，虽字面意思与原句相同，但流露的感情却有些淡漠，其表达效果就远不如原句。

三是文体规范，指文本的具体样式，即"表现手段和表达方式的总体"的约定俗成。如诗歌以凝练的语词、跳跃的结构、鲜明的节奏和韵律，高度集中地反映生活和抒发感情；小说侧重于刻画人物形象，叙述故事情节，生动展示生活图景。

四是形式美法则，它在文艺学中是指文学作品作为"有意味的形式"具有审美特质，在这里我们不妨把文章作品的形式美追求也包括在内。

鲁迅先生曾指出："凡是已有定评的大作家，他的作品，全部就说明着'应该怎样写'。……因为在学习者一方面，是必须知道了'不应该那么写'，这才会明白原来'应该这么写'的。"朱伯石先生也说过："纵览古今百家之文，其'立意'高下之关键，不在于'写什么'，而在于'怎样写'。鲁迅写胡须（《说胡须》），写风筝（《风筝》），写狗、猫、鼠（《狗·猫·鼠》），写跳蚤、蚊子、苍蝇（《夏三虫》）……都写得寓意深刻，发人深思，正如王夫之所说的，'烟云泉石，花鸟苔林，金铺锦帐，寓意则灵'。"可见"怎样写"并非单纯的形式问题，它实际上属于思维方式范畴的问题，即写作过程中"怎样想"的问题。它决定着人们可能在写作中怎样提出问题和提出什么样的问题，决定着人们如何分析和综合写作中所提出的各种问题，决定着人们对写作中诸种问题思考的广度和深度，决定着人们把思考付诸写作行动的方案与措施。一句话而言，"怎样写"既规范着人们"写什么"，也规范着人们"写得怎样"。在这个意义上说，"怎样写"是一个事关语文课堂全局的根本性问题。要想实现语文课堂的优质高效，就必须从改变当前语文教学重"写什么"而轻"怎样写"、阅读在感知层次滑行的流弊开始。

五、高中语文选修课程教学的问题与对策

高中语文选修课程是《普通高中语文课程标准（实验稿）》新增的内容，是高中语文新课程改革的重大举措。其一方面拓展、深化了必修课程的内容，另一方面结合学生的兴趣、爱好，让学生有选择地学习，从而开阔知识视野，发展技能、特长，陶冶情操，提高整体素养。通过高中三年必修与选修课程的学习，学生在积累与整合、感受与鉴赏、思考与领悟、应用与拓展、发现与创新五个方面得以全面提高和发展。

新课改的实施，为传统高中语文教学注入了新鲜活力，带来了许多可喜的变化，也出现了许多体现新修订的课程标准理念的实践活动。但选修课程教学实践面临着许多无法回避的问题，影响教学效率和质量的提高。下面将在分析高中语文选修课程存在问题的基础上，阐述解决问题的办法，并呈现育才中学的一些探索。

（一）存在问题

1. 选修课程所占课时比重过大、内容偏深

根据《普通高中语文课程标准（2017年版2020年修订）》（以下简称"语文课程标准"）安排：普通高中语文课程由必修、选择性必修、选修三类课程构成。必修课程，每个高中学生必须修习；选择性必修课程，学生根据个人需求与升学考试要求选择修习；选修课程，学生可自由选择学习。三类课程分别安排7~9个学习任务群，具体课程结构、学分及教学课时设置详见表4.1。

表4.1　普通高中语文课程结构及学分

必修（8学分）	选择性必修（6学分）	选修（任选）
整本书阅读与研讨（1学分，18课时）	（整本书阅读与研讨、当代文化参与、跨媒介阅读与交流在选择性必修和选修阶段不设学分，穿插在其他学习任务群中）	
当代文化参与（0.5学分，9课时）		
跨媒介阅读与交流（0.5学分，9课时）		
语言积累、梳理与探究（1学分）	语言积累、梳理与探究（1学分）	汉字汉语专题研讨（2学分，36课时）
文学阅读与写作（2.5学分，45课时）	中华传统文化经典研习（2学分，36课时）	中华传统文化专题研讨（2学分，36课时）
	中国革命传统作品研习（0.5学分，9课时）	中国革命传统作品专题研讨（2学分，36课时）
思辨性阅读与表达（1.5学分，27课时）	中国现当代作家作品研习（0.5学分，9课时）	中国现当代作家作品专题研讨（2学分，36课时）
	外国作家作品研习（1学分，18课时）	跨文化专题研讨（2学分，36课时）
实用性阅读与交流（1学分，18课时）	科学与文化论著研习（1学分，18课时）	学术论著专题研讨（2学分，36课时）

注：语言积累、梳理与探究任务群贯穿整个高中阶段，既有课内活动，也应有课外任务。本任务群的课时，在必修和选择性必修阶段，可以有两种分配方式：或集中安排，或穿插在其他学习任务群中。如何分配课时，由教材编者设计或教师根据自己的教学计划安排。在此，未给出具体参考。

从学分及课时设置上看，选择性必修课程共9个任务群，6个学分，90课时；选修课程共9个任务群，12个学分，216课时，供学生自由选择，整体呈现出学习任务群多、学分赋值大、教学课时长的特征。选修课程课时多，语文课程标准的要求却比较空泛。于是，部分学校为了追求升学率，要么只开设与高考内容相关的选修课程，其他选修课程一带而过；要么就索性提早复习应对高考。这就导致了必修课程落实不充分，学生基础不扎实的局面。

从课程结构上看，选择性必修课程与选修课程各有9个学习任务群，每个任务群下都有指导性的学习目标与内容。各学习任务群内容既独立成篇，彼此间又渗透融合，衔接延伸。但高考命题的选材又并非如此分类，单取任何一种教材都不能涵盖高考范围，少选难以全面，多选又重复，教材太多太杂，选者无所适从，既浪费资源又耽误时间。

从选修课程的内容来看，现行的高中语文选修课程教材与大学中文系的教学内容有所对应。而教材由某一领域的专家编写，虽体现了专业知识方面的优势，但编选出来的教材比较多地重视知识的专业内涵而忽视了学生的知识结构和现有的接收能力，致使内容过于专业、深奥，也与选修课程设置的初衷相抵牾。

2. 课程资源匮乏，学生的选择权无法落实

语文课程标准指出，教学时要特别注意加强必修、选择性必修、选修三类课程之间的衔接和统整。既要整体把握必修和选修课程的关系，更要注意不同课程专属任务群和共同任务群的衔接。显然，要满足学生需求，就必须提供充分整合的课程资源，其中教师和学校文化资源优势是关键。

新课程的实施，虽然在理论层面上做足了功夫，但学校和教师在教学资源的开发和整合上准备不足，存在结构性缺陷。课程资源的匮乏必然与学生需求产生较大的矛盾。由于高中语文教学工作压力大、任务重，教师几乎没有脱产培训学习的机会。尽管也有利用假日参加各种讲座，进行短期培训，但时间太短，一般只有三五天，蜻蜓点水，收效不大。学生有强烈需求的课程，由于缺少相应的师资，或不能开课，或即使勉强开设，课堂上也是漏洞不少。

选修课程的选学，理应由学生根据自身的发展需要及个人的兴趣爱好自主选择。然而，对于开设的选修课程，学生没有选择权，教师没有选择权，学校也没有选择权。囿于高考的迫切需求，学生选择权无法落实，学校灵活安排选修课程的自主权被剥夺，对教学内容的选择权也被剥夺。所谓"为学生的个性发展提供更为广阔的自由空间"，也只能停留在理念表述层面。使高中语文选修课程达不到培养学生兴趣、特长的目的，失去了其应有的价值。

3. 教师课程素养淡薄，教学方法陈旧单一

语文课程标准指出，语文教师应充分发挥自身的潜力，参与必修课程和选修课程的建设，积极利用与开发各种课程资源，创造性地开展各类活动，提升自身的教学水平；应聚焦课程目标，明确问题，整理、优化课程资源库，通过必要的精简、调整、补充，加强语文学习活动中内容和目标的整合，形成与教材相呼应的开放的教学格局。

但不少高中语文教师缺少课程素养，在课程意识、课程理解和课程整合上基本是空

白的。若干教师把选修课程当成必修课程来上。选修课程一开设，教师们就开始迅速地翻阅各种教辅、习题集，编写与教材同步的"学案"，其思想内涵、价值取向、情感熏陶统统被支离破碎的知识点所代替。

高中语文新课程中的选修课程虽然仍以一门门"课"的形式体现，但课与课之间不是互相割裂的，而是有着千丝万缕或显或隐的联系。教师应有课程意识，把握选修课程拓展性、提高性的要求和特点。以应试为目标的教学方式必然带来对教材生吞活剥的"肢解"，引发教学内容与教学时间的冲突。教师为了赶进度、省时间，忽略了学生的自主、合作、探究学习，许多内容都由教师一讲了之。教学方式的陈旧落伍，严重挫伤了学生的学习积极性。基础性都得不到保证，更别奢谈个性发展了。

（二）对策建议

如何克服高中语文选修课程教学中面临的问题？育才中学在几年来的探索中形成了一些可资借鉴的经验。

1. 尊重学生个体差异，梯级、多元开发课程

高中语文课程要满足多样化和选择性的需求。在选修课程的设置上，一定要注意学生素质的差异，对教学内容作适当调整，或增减内容，或放缓速度，或增加难度，有梯度地安排教学。

例如，学校在组织集体备课时，采取分工合作的方式，不同教师负责钻研准备选修课程中的不同板块内容，并随时进行集体讨论，解决所遇到的疑难问题。

在教学组织上，把学生分成几个相对集中的班，由几名教师轮流指导。在保证学生对所学内容有整体了解的基础上，根据学生不同的学习程度，允许学生根据各自兴趣有所侧重地学习与理解。在指导学生阅读时，努力做到深入浅出，不做架空分析，以利于学生更加准确地解读。

对于校本选修课程，学校充分考虑形成梯度，以专题学习形式为主，开发有夯实基础知识的，有拓宽知识视野的，有提高思维品质的，有锻炼实践能力的，有增强文学修养的课程。几乎每一个选题，都是一个特有的系列。具体可分为如下系列。

①基础性选修课程。

基础性选修课程多是针对学生感到困惑的领域，或者针对学生学习的薄弱环节设置的知识性较强的专题，与必修课程形成一定的关系。或强调为必修课程学习服务，如文言文阅读入门；或强调在必修的基础上提高，如唐诗鉴赏；或注重与必修课程形成互补

关系，如当代小说导读；或对必修课程的有关问题进行深入探究，如汉语文字学。

②核心性选修课程。

核心性选修课程则是那些在语文基本素养中居于核心地位的课程。如要培养学生的古典文化素养，其核心课程是唐诗宋词选读、《史记》选读（或《论语》《孟子》选读、唐宋八大家散文选读、《红楼梦》选读）；要培养学生现代文学素养，其核心课程是现代散文选读（也可选用现代诗歌选读、短篇小说选读、中外戏剧名著选读）；要培养学生的综合素养，其核心课程是写作。这些选修课程是高中学生的必选课程。

③拓展性选修课程。

拓展性选修课程则根据学生的基础和个性，为其提供发展、提升的方向，如开设影视剧欣赏、话剧表演、演讲与辩论、小说艺术及其创作、书法课程等，着眼于提升学生已有能力。为全年级乃至全校学生开设的通识性选修课，如青春读书课、中国古代文化典籍选读等课程，则注重对年轻一代进行文化熏陶、浸润。特别是青春读书课已形成品牌，在海内外都具有较高知名度。这种以文本阅读为载体，以形成学生良好的语文素养、促进学生发展为目的的校本选修课程，为学校营造了温馨的人文环境，促使学生作家、诗人不断涌现。

2. 综合分析学情，制订有效教学策略

教学成功的标志之一是学生能够积极主动地学习，有效地吸收和运用。选修课程教学更要研究学生的经验储备、能力水平，考虑学生的可接受性，把握学生学习能力的"最近发展区"。高中语文选修课程资源的开发，目的是更有效地激活高中生学语文、用语文的兴趣，更有力地提高高中语文选修课程教学的效率。而要实现这些目标，必须依赖有效的学情分析，通过对学生现有状态的改善，提升其学习品质；尊重和突出学生的学习个性和学习愿望，注意构建学生个性化的学习空间。

比如，在选择汉语文字学这一课程的教学方法时，制订以下这样一些步骤。第一，教师讲授。重点是根据案例，传授学习和研究的方法。第二，让学生查阅资料，形成汉字学方面的教案，在课堂上进行展示。组织学生进行社会用字调查，启发学生分析形成社会用字现状的原因。学生直接参与展示、讨论，进行社会实践，能得到多方面的收获。第三，举办"汉字能否实现拉丁化"的辩论会。第四，让学生学习文献检索的技巧，学习写作小论文，在不断修改的过程中，学习研究问题的方法。

再如，选修中国古代诗歌散文欣赏课程时，教学过程可如下设计。第一步，课文品读。先让学生通过诵读深入文本，解决诗文理解方面的问题，再在此基础上含英咀华，品味鉴赏诗文,又采用打擂的方式引导学生对诗文进行辩论,最后联系现实抒发对诗文的体会。第二步,广泛阅读与课文相关的背景材料以开阔视野。第三步,援引阅读与文本相关的研究文章。第四步,从某一角度联系已学过的诗文进行比较阅读。在这样的学习过程中,学生的综合能力得到了发展。

在同一选修模块中,有的学生对这个专题、单元或领域有兴趣,有研究基础,有些则对另一专题、单元或领域有兴趣。这时就需要教师充分尊重学生的学习需求,准许其有所侧重,各尽所能。面对课堂生成的问题,教师应做到三点:一是学会倾听,不轻易否定学生的发现与质疑,把探究权交给学生;二是要注意引导,提醒学生关注文本,使学生的观点生发真正做到言之有据,言之有理;三是提高自身素养,做学生学习的合作者、引导者。比如在"诗歌与散文"模块,重点培养学生的文学审美能力,而对某一诗歌专题的内容,有的学生愿意研究其情感、意境,有的愿意研究诗人的创作背景,有的愿意研究其翻译的准确性,等等,要尊重学生的选择。在学习目标和学习内容上,要尽可能让学生自主选择;在学习过程和学习方法上,也要允许学生有一定的自主选择权。学习过程中能充分发挥个性,学生就有了学习的主动性,愿意进行探究和合作,选修课程的教学目的就很容易达到了。

六、元宵灯谜是打开《红楼梦》的一把钥匙

与朋友闲谈之时,总有人问:自己或孩子想读点书,能否给点书单建议呢?每每于此,我总是好为人师地推荐几部中外经典,其中少不了曹雪芹的《红楼梦》。因为它不仅是中国文学的顶峰,也是中国文化的集大成之作。但话音未落就有人面露难色地表示:我们也知道它好,但尝试看了好几次,就是读不懂,翻了几页眼皮就开始打架了。

和其他几部古典名著相比,《红楼梦》在阅读上确实有点难度。一是书的来历扑朔迷离,极富传奇色彩,书名又多种多样;二是人物众多,单有名有姓者就有400多人,且人物关系错综复杂;三是诗词曲赋谜语较多,有的晦涩难懂;四是行文往往"假语村言,真事隐去",使用了一些隐晦笔法。

诗词曲赋渗入传统小说,或正是中国小说的特点之一,因为白话小说是由说(对白)唱(韵文)文学演化而来的。而有些文人为了炫耀自己的才情,故意秀几首"情诗艳赋"而不惜编造故事,不仅不能和作品有机融合,成为不可或缺的组成部分,反而穿凿附会,支离破碎,游离于情节之外,成了作品的赘疣,这就是明清时代书坛上充斥着

大量才子佳人小说的原因。

《红楼梦》则不一样，尽管诗词曲赋分量不少，但它们是作品不可分割的一部分，是时代文化精神生活的反映。这些韵文，"按头制帽"，诗如其人，丰富、凸显了人物性格，暗示了人物的未来命运，增加了作品的艺术情趣，还能反衬后40回在情节上的不尽合理及艺术上的巨大落差。如果我们抽取删除作品的韵文部分，将会使它残缺不全，有些情节安排无法合理，整个作品也会大为逊色。

《红楼梦》的最大特点是如实描写，并无讳饰。节庆也不例外，书中描写了贾府的各种节庆活动，几乎涉及了中华民族每个重要的岁时节令。纵观这些详略有序的节庆描写，不难看出，作者除了对除夕和新年重中之重地进行了描写之外，就是浓墨重彩地描写了元宵节。贾府的元宵节是在第十八回"林黛玉误剪香囊袋，贾元春归省庆元宵"开始的。元春晋封贤德妃，回家省亲，适逢元宵佳节。在这一回中，作者借元春的目光，展示了贾府的花团锦簇、灯光灿烂，烘托出贾府的大富大贵，非寻常人家可比。恰如篇中所写："且说贾妃在轿内看此园内外如此豪华，因默默叹息奢华过费……"

第二十二回"听曲文宝玉悟禅机，制灯谜贾政悲谶语"，元春省亲回宫后，特地制作了灯谜由太监送出，命大家去猜，猜中了的人也作一个送去给她猜。这样来来往往，以灯谜为媒介与家人同庆皇恩浩荡、元宵团圆，贾府一时掀起猜谜热潮。

这些灯谜是撬开《红楼梦》艺术宝库大门的一支支杠杆，是打开《红楼梦》的一把把钥匙，在整部书中有着极其重要的地位和作用。它基本上以诗歌的形式出现，读者理解、把握、领悟了这些谜语，也就大致读懂了《红楼梦》。

谜题一
能使妖魔胆尽摧，身如束帛气如雷。
一声震得人方恐，回首相看已化灰。

贾府在四大家族中之所以居于首位，是因为它财富最多、权势最大、地位最显赫，更因为它拥有能够确保这种显贵地位的大靠山——贾元春。贾妃是贾府的家族荣光，是她把贾府推向了荣华富贵的顶峰。承袭世代勋位的贾府，因着她进宫又成了皇亲国戚。小说前半部着力书写贾府"烈火烹油，鲜花着锦"的如日中天，但正如回前诗批云：豪华虽足羡，离别却难堪。博得虚名在，谁人识苦甘？是享尽荣华还是跌入深渊？从贾妃省亲的一段描写中，我们可以感知到它更多的是指向生离死别的惨痛。

贾妃垂泪，彼此上前厮见，一手挽贾母，一手挽王夫人，三人满心皆有许多话，但说不出，只是呜咽对泣。邢夫人、李纨、王熙凤、迎春、探春、惜春等，俱在旁垂泪无言。半日，贾妃方忍悲强笑，安慰道："当日既送我到那不得见人的去处，好容易今日回家，娘儿们一会，不说说笑笑，反倒哭起来，一会子我去了，又不知多早晚才来！"说到这句，不禁又哽咽起来。

而元春所出之谜的谜底"爆竹"也隐喻了她的人生轨迹。盛极一时、威风八面，却还是避免不了早逝的悲剧。民间迷信称爆竹能驱鬼除魅散秽气，故说能使妖魔鬼怪闻之丧胆。"身如束帛"形容爆竹像一卷束起来的绢帛。后两句说尽管爆竹气势宏大却极易毁灭，是"一响而散"之物。

原来竭尽铺陈的才选凤藻宫、加封贤德妃、秦氏大出殡、元宵夜省亲等"一声震得人方恐"的宏大场面正是为了衬托"回首相看已化灰"的人世悲剧。家运兴旺，势力煊赫，接着就是烟消火灭之时。元春如昙花一现，荣华富贵顷刻瓦解，作者所精心构建的儿女乐园——大观园也随之风流云散了。

"故向爹娘梦里相寻告：儿命已入黄泉，天伦呵，须要退步抽身早！"元春的谜语成了恰切她家族命运的谶语。这个灯谜当是她入宫得宠和短寿的形象写照。脂砚斋评道："此元春之谜，才得侥幸，奈寿不长，可悲哉。"

谜题二

大哥有角只八个，二哥有角只两根。

大哥只在床上坐，二哥爱在房上蹲。

众兄弟姐妹中，除迎春外，贾环是另一个没有猜出元春灯谜的。他自己所作的这一谜题，也被太监带回。太监说："三爷说作这个不通，娘娘也没猜，叫我带回问三爷是个什么。"众人听了，哑然失笑。

贾环所出灯谜的谜底是枕头和兽头。众人为什么发笑？一是"只八个""只两根"文理不通，是一个病句，放在诗歌里很是扎眼，更谈不上什么风雅。二是指代宽泛，事物之间缺乏有机联系，生拉硬扯，从形状上看八角枕头和屋檐上的两角怪兽相差甚大。三是太过直白，缺少意味，既然是床上的、房脊上的东西，就不宜直说。这个谜语制得脑洞大开，也难怪元春"没猜"。同样是没有猜到元春的谜语，迎春的反应却和贾环迥然不同。迎春认为是玩笑小事，并不介意，而贾环却觉得没趣，甚至是伤到了自尊，很是郁闷。稀松小事之间便可以看出前者平淡不争，后者心思颇重。

《红楼梦》艺术上的一大成就是把相同类型的人物描写得反差特别大，让读者读完后绝不会混淆。贾环是贾政的三儿子，赵姨娘所生的庶子，为贾元春、贾宝玉同父异母之弟，系贾探春同父母之弟。在书中，贾环的形象常常作为宝玉的陪衬，又成为其亲姐姐探春的对照。他举止猥琐，顽劣无赖，"不成体统"。他与丫头们掷骰子，明明自己输了，却放刁耍赖，反说"莺儿欺负我，赖我钱，宝玉哥哥撑我来了"。他与王夫人房中丫鬟彩云相好，彩云把王夫人房中东西偷出来送他。事情败露后，宝玉主动担责，代为受过，不料反使贾环生疑，责怪彩云有二心。更为恶劣的是，他忌恨宝玉，还想做贾府继承人，在赵姨娘的唆使下，屡次加害宝玉，宝玉被烫是他有意而为，宝玉挨打因他落井下石。这些卑劣的思想行为，都与他庶出的特殊地位和对财富权力的贪欲直接相关，让如斯浊流猜谜或制谜也真是难为了他。读罢，我们不得不佩服作者出色的模拟本领和诙谐风趣的文笔，在"追踪蹑迹，如实描写"中，在看似非常自然的状态下流露出明显的感情色彩。

谜题三

猴子身轻站树梢。

贾府的元宵灯谜活动源自元春，而真正开展猜谜活动，"作为屏""写出来粘于屏上"的策划者、组织者则是贾母。小说里第一个掀起头脑风暴的就是贾母这个"猴子身轻站树梢"的谜题。从贾母的地位来看，这可算是预示人物与家族命运的一个总起，使人想起王熙凤在第五十回"芦雪庵争联即景诗，暖香坞雅制春灯谜"中的"一夜北风紧"。贾母这貌似一句信手拈来的"粗话"、大白话、顺口溜，却神韵无穷。既符合"老太君"自我寻乐的长者身份，又饱含着丰富深刻的社会心理内容。

"站树梢"是指"立枝"，立在树枝上，"立"与"荔"谐音，所以谜底为"荔枝"。但猴子站在树梢上终不能持久，因此，贾母灯谜的寓意在于暗示将来的"树倒猢狲散"。这句在秦氏托梦预言贾府后事时郑重提到过的俗语，想必大家记忆犹新。此时此刻，贾家大大小小、老老少少的"猴子们"还都在树梢上无忧无虑地嬉闹，丝毫没有"树倒"的危机感。

贾母，又称"史太君"，也被人们称为"老祖宗"，是贾府里的"太上皇"。她在家中的地位，恰似一只站在树梢头的"老猢狲"。她寿高、福深、识广、威重，为人通情达理，治家游刃有余，处事深明大义，是一个诗礼簪缨之族的贵妇人。她初嫁到贾府时，正是荣国府鼎盛之时，曾躬逢几次金陵接驾的盛典。她一直是荣府家政的主持人，直到年纪大了，才渐渐地不管事，交给了王夫人和王熙凤，日常就带着孙子、孙女们吃喝玩乐，安享晚年。她看到"文"字辈或归隐或昏聩或恬退，只把希望寄托在宝玉身上，希望他能继承祖业，让这个封建大家族绵延久远、万世流芳。

鉴赏《红楼梦》人物时，人们往往把晴雯比作黛玉的影子，把袭人当作宝钗的影子。其实，从某种程度上说，王熙凤就是贾母的影子。一次，宝钗讨好贾母说："凤丫头凭她怎么巧，再巧不过老太太去。"贾母说："我如今老了，哪里还巧什么。当日我像凤哥儿这么大年纪，比她还来得呢。"贾母这话可不是夸张，她的见识、做派、修养、风度等都要在王熙凤之上，比王熙凤"来得"！在工艺、美术、鼓书、戏曲等方面的见解更是十分了得。

元宵节，贾母点戏，一出《寻梦》、一出《下书》，吩咐只用箫和笙笛。同是大户人家的贵妇人薛姨妈甚为惊奇："实在戏也看过几百班，从没见过只用箫管的。"贾母却认为没什么稀奇，只是个人讲究罢了。可见贾母对艺术的赏鉴，是很清奇脱俗的。

凤姐喜欢讲笑话，贾母讲的笑话数量虽不多，但辛辣程度胜过凤姐一筹。如贾母讲"十房媳妇"的笑话，可窥其艺术水准。

贾母是维护封建大家族秩序的重要支柱，也是家族纲常宗法的一个象征。她看到大观园三观渐趋不正，道德严重滑坡，吃喝聚赌成风，则采用雷霆手段，雷厉风行，对于各式违纪人员，或申饬，或革职，或打板子，或罚月钱，或逐出园子。她运筹帷幄，指挥若定，当罚则罚，无时无刻不在考虑贾家的安危，不在挂念孙子孙女们"健康成长"的生活环境，其韬略手腕远胜凤姐。

但不管怎样，大厦将倾，无人能支。贾母既像立在枝上摇摇晃晃随时掉下来的一只老猴子，又像自己保存许久的一株人参——"固然是上好的……但年代太陈了。这东西比别的不同，凭是怎样好的，只过一百年后，便自己就成了灰了。如今这个虽未成灰，然已成了朽糟烂木，也无性力的了。"这话说的是人参，也是贾母，更是贾家。

谜题四

身自端方，体自坚硬。

虽不能言，有言必应。

贾政出的灯谜谜底是"砚台"。"必"与"笔"、"言"与"砚"谐音，"有砚必应"即有言必应。贾政参与猜灯谜，众人的谜底却都是不祥之物，贾政烦闷，大有悲戚之状，回至房中只是思索，翻来覆去竟难成寐，不由伤悲感慨，暗示着这些谜语的含义都会在书中后文应验。这个谜语从谜面到谜底都十分切合贾政的处世哲学与性格特征。所谓"端方"，与第二回冷子兴说他"为人端方正直"相合，即林如海口中的"为人谦恭厚道，大有祖父遗风，非膏粱轻薄仕宦之流"。

贾政官至工部员外郎，是一个标准的"公务员"。工部主要掌管全国的水利与土木工程之事，下设四个司，贾政便是其中一个司的副司长，官从五品。他管辖的范围有限，也没什么油水，基本属于工薪阶层。但他内心向善，行为守法，为官清廉，克己奉公。他也渴望有高升的机会，凭着国公的家族出身，女儿元春尊为贵妃，内兄王子腾为九省提督，内弟薛家世代皇商，稍加运作便可擢升，但身处"三年清知府，十万雪花银"的权力诱惑中，陷于相互倾轧、尔虞我诈的官场旋涡中，他依旧坚守良心，保持做人的品位与尊严，实属难能可贵。

也因着这样的思维模式，贾政给读者留下的是一种时刻维护皇权、思想僵化、感情枯寂、背时迂腐、庸碌无能的形象。在宝玉大观园题对额出奇制胜，赢得众人"哄然叫妙"时，他内心虽无限欣喜，但脸上不露声色，摆出一副严父教子有方的架势，甚至训斥谩骂：畜生，畜生，可谓"管窥蠡测"矣。但如果圣上"有言"，那他当然"必应"无疑。在第十八回中我们就能看到只要"贾妃看毕，喜之不尽"的诗，"贾政等看了，都称颂不已"。

宝玉喜欢自由随性，而贾政追求贤良方正，二者泾渭分明，父子冲突不可避免。贾政的职业本能使他意识到，若让贾宝玉的思想行为自由发展下去，必然酿成大祸，那么，宝玉挨打则不可避免了。贾政不仅毒打了宝玉，竟还想结果儿子的性命，其凶狠决绝的程度，让人心生惶恐。

谜题五

天运人功理不穷，有功无运也难逢。

因何镇日纷纷乱？只为阴阳数不同。

迎春出的灯谜谜底是"算盘"。"天运"指算盘上的珠子有时碰在一起，有时分离，在没有计算出"数"之前，谁也不知它是离是合，只能听天由命。"人功"是指算盘上的珠子得靠人手去拨。结局明明是人拨出来的，但又不随人的意志而改变，不为人所预知，这个道理很难理解，所以称"理不穷"。如果"数"中注定两颗珠子相离，任你怎么拨，珠子也是不会相逢的。"镇日"即整日，算盘每次运算的数字既不一样，珠子所代表的数字又不相同，这就难怪进退上下，乘除加减，整天纷纷不止了。

这一灯谜借整日乱纷纷的算盘隐喻贾迎春的逆来顺受、任人摆布的性格及出嫁后的悲惨际遇。本来贾府祖上对孙家"有功"，但孙绍祖恩将仇报，对她百般折磨、不曾消停。"一载赴黄粱"，迎春出嫁后不久就被虐待致死，无奈只能发出"无运也难逢"的宿命感喟了。

迎春，贾府的二小姐，人称"二木头"。其生母不详，与贾琏为同父异母的兄妹。她生性愚钝、懦弱无能、自我封闭，与同为庶出的探春相比判若两人。她不但作诗猜谜不如姊妹们，在为人处世上也只知退让、任人欺侮，对周围发生的矛盾纠纷一概采取不闻不问的态度，极为老实木讷。

她逃避一切，总想远离是非。她的攒珠累丝金凤首饰被人拿去赌钱，她不追究，别人要替她追回，她说"宁可没有了，又何必生事"。事情闹起来了，她也不管，却拿一本《太上感应篇》自己去看。抄检大观园时，丫鬟司棋被逐，迎春虽然感到"数年之情难舍"，掉了眼泪，但司棋求她去说情，她却"连一句话也没有"。

她"金闺花柳质"，贵为千金小姐，但命运极其悲惨。从小生母去世，父亲贾赦和邢夫人对她毫不怜惜。她的乳母违规，一样受到邢夫人的苛责，显示出她得不到家庭的照顾与温暖。虽说是嫁给孙家，不如说是去抵债。因为，贾赦欠了孙家五千两银子。在大观园众女儿中，迎春是家长包办婚姻的一个牺牲品，也是最先显现其悲惨命运的。她出嫁后，大观园人气渐消、景象寥落，愈加萧瑟凄清。自此，悲凉之雾，一阵浓似一阵。

谜题六

阶下儿童仰面时，清明妆点最堪宜。

游丝一断浑无力，莫向东风怨别离。

探春出的灯谜谜底是"风筝"。清明时节，春光烂漫，东风乍起，飘飘荡荡的风筝装饰洁净的天空，格外耀眼。但一旦风筝断线，那本来可以依仗的东风只能送它远走，而且风越大，风筝飘得越远，就真的怪不得东风了。正如《分骨肉》中所说："从今分两地，各自保平安。奴去也，莫牵连。"脂砚斋评说："此探春远适之谶也，使此人不远去，将来事败，诸子不至流散也。"

探春是贾府的三小姐，她与同是庶出的姐姐"二木头"迎春形成了鲜明的对比。在诸姐妹中，她最聪明、漂亮，也是最能干的一个。这朵"玫瑰花"，好看，却也不好惹，连凤姐和王夫人都让她几分。她工诗善书，趣味高雅，曾发起建立海棠诗社。在她的意识中，区分主仆尊卑的封建等级观念不可僭越。她之所以对生母赵姨娘如此轻蔑厌恶、冷酷无情，重要的原因是赵姨娘作为一个婢妾地位的人，竟敢逾越"上""下"界线，冒犯她作为主子的尊严。

在探春看来，抄检大观园这一出，在贾府这种诗书礼仪之家"引出这等丑态"比什么都难堪，她"命众丫鬟秉烛开门而待"，只许别人搜自己的箱柜，不许动一下她丫头的东西，并且说到做到，绝无回旋余地，这也是为了在婢仆前竭力维护自己作为主子的威信与尊严。

末时运不济，空长八斗才。探春心怀天下，经世致用，对贾府面临大厦将倾的危局颇有感触，她想用"兴利除弊"的改革来挽回这个封建大家族的颓势，但这只能是无济于事。她庶出的地位、没落的时代与衰败的大家族，与她的能干、聪明和要强，注定了要与毁灭的命运形成巨大的反差。《分骨肉》中的"从今分两地，各自保平安"，也印证了她一去不归的结局。

谜题七

前身色相总无成，不听菱歌听佛经。

莫道此生沉黑海，性中自有大光明。

惜春出的灯谜谜底是"佛前海灯"。佛前海灯，即长明灯，供于寺庙佛像前，灯内大量贮油，中燃一焰，长年不灭。"色相"，佛教名词，指一切事物的形状外貌。"菱歌"，乐府诗中有菱歌莲曲，内容多唱青年男女的爱情。"不听菱歌"即不食人间烟火，看破红尘。前二句说惜春未出家之前处于繁华的尘世，总未能修成正果，但她后来幡然醒悟，一心遁入空门。"沉黑海"，投身佛门表示永远与人间荣华欢乐隔绝，在世人看来，这无异于沉入看不见一丝光明的海底。最后一句是说，海灯看似暗淡无光，内中自有光焰照彻，暗喻惜春出家为尼的归宿。

惜春是四春中最小的一个。在她出场的时候，作者就形容她尚小，基本上不参加一些成年人的活动。她的父亲贾敬在书中开场就年岁已高，在道观中沉溺修道炼丹，最后死于金丹中毒。她的母亲在书中并未提及，只说她一直在荣国府贾母身边长大。由于没有父母怜爱，养成了孤僻冷漠的性格。书中说惜春"勘破三春"，出家为尼，这并不表明她在大观园的姊妹中见识最高、最能悟彻人生的真谛。恰恰相反，作者在小说中非常深刻地剖析了惜春的人生抉择。

惜春在贾氏姊妹中年龄最小，当她逐渐懂事的时候，周围所接触到的多是贾府已趋衰败的景象。四大家族的没落命运，"三春去后诸芳尽"的不幸结局，使她为自己的未来担忧，现实的一切已对她失去了吸引力。特别是妙玉被劫后，她终于下定决心剪发修行，毅然弃世。惜春"心冷嘴冷"，即"高冷"之人。她的处世哲学是"我只能保住自己就够了"，这样的世界观是贾府上下个个都是"乌眼鸡"的恶劣环境造成的。抄检大观园时，小小年纪的惜春表现得异常镇静。她咬定牙，撵走犯了小错的丫鬟入画，对别人的流泪哀伤无动于衷，这本身就是她对现实绝望和逃避的表现。所以，当贾府一败涂地的时候，入庵为尼便是她最好的选择。

曹雪芹是个清醒的现实主义者。他并没有按照佛家理论，把惜春的皈依佛门看作是抛开烦恼、普度众生，从此能获得光明和超度的幸福之路，而是按照现实与生活的逻辑来描写她的归宿。"可怜绣户侯门女，独卧青灯古佛旁。"在《红楼梦》原稿中，她所过的"缁衣乞食"的生活境况，要比续书所写的悲惨得多。

谜题八

朝罢谁携两袖烟？琴边衾里总无缘。
晓筹不用鸡人报，五夜无烦侍女添。
焦首朝朝还暮暮，煎心日日复年年。
光阴荏苒须当惜，风雨阴晴任变迁。

宝钗出的灯谜谜底是"更香"。更香用于计时，即在香上标出刻度，以燃烧的长短计算时间，或燃一支为一更。首句"朝罢谁携两袖烟"：早朝回来，两袖所沾宫中余香已经无影无踪。比喻荣华逝去以后，两手空空，一无所得。第二句写更香的特征。古代的香种类繁多，更香与弹琴时用的鼎炉之香和熏被褥衣裳之香均无关，即用排除法揭示了谜底。"琴边衾里"比喻白天弹琴、夜晚同枕的夫妻生活，故此句隐含宝钗金玉良缘的婚姻化为泡影之意。

颔联写更香的作用在于报时。"晓筹"是指清晨时刻，"鸡人"是古代宫中头戴绛帻（红布头巾，象征雄鸡冠）、专职司晨报晓的卫士。"五夜"即五更，古代计时将夜里时间五等分，称五更为五夜。"添"指添香。此联意思是说宝钗在宝玉出家后独守空房，因愁闷而夜夜难眠，故不用鸡人报晓，也不用侍女添香。

颈联描写更香燃烧的情景。说更香被从头上点燃，从外向内燃烧，永无休止之时。比喻日后宝钗的痛苦极深，竟到了年年月月、朝朝暮暮、焦首煎心无法解脱的地步。

尾联说时间一天天消逝，更香不断地消耗着自己，而同风雨阴晴的变化无关。暗喻纵然青春可贵，韶华应当珍惜，但因世事风云变幻，也只能任其自然了。这正符合薛宝钗"安分随时"、讲究现实功利的性格特征。

作者本意是指"金玉良缘"终为"金玉成空"。但后来有的版本将这首诗谜的归属给了林黛玉，大概以为宝钗既与宝玉结了亲，就不应说"琴边衾里总无缘"，倒不如用以指黛玉更像。学者蔡义江先生则认为，在原稿残缺又不能苛求续补者也具备曹雪芹同等才情的情况下，把这首做得很巧妙的谜诗归属于聪明灵巧的林黛玉，只要勉强可解，也并没有什么不好，是符合一般读者心意的，但书的逻辑发展不应是这样。

从判词、红楼梦曲、脂评等暗示及其他佐证材料来看，黛玉并非因"调包计""金玉"成婚气愤抑郁而死，而是因贾府飞来横祸，宝玉被拘过度痛惜泪尽而亡。贾、薛结合以后，一个万念俱灰，弃家为僧，一个独守闺房，遗恨终生，至少表明宝钗最后并没有获得什么精神安慰。在《终身误》里也有类似说法："纵然是齐眉举案，到底意难平。"可见，续书中写薛宝钗得了贵子，将来还振兴家业等，都是无稽之谈，无异于痴人说梦。

综观这几个灯谜，几乎每个都寓意深刻，耐人咀嚼，充满了神秘色彩。作者用天上月亮的圆满反衬人世的残缺与分离，有着极强的艺术感染力。它们与第五回描述的伏线遥相呼应，前后勾连，但又不像第五回经由宝玉看来、听来的，而是让每个人写出自己的谶语，其悲凉意义着实更进一层，"千红一哭，万艳同悲"的命运越发不可挽回。因此，这些灯谜，丰富了故事情节，丰满了人物形象，丰厚了作品内涵，隐喻了大观园被毁灭的悲剧。

"开谈不说《红楼梦》，读尽诗书亦枉然。"《红楼梦》是中国人对世界文学的杰出贡献，也是中华民族的骄傲。它是幸运的，不同民族、不同国家的无数人钟爱它；它也是不幸的，没有完整地流传到后代，这是文学之大憾、人类之大憾。但凭借作者擘画的骨架，埋伏的草蛇灰线，我们可以很好地了解全书。其中的灯谜，只是小说叙述文字之外，诗、词、曲、歌、谣、谚、赞、诔、偈语、辞赋、联额、书启、酒令、骈文、拟古文等众多韵文中的一种，但为《红楼梦》全书作出了巨大贡献。《红楼梦》其他回目对灯谜也有精彩的描写，本书只是把元宵节的灯谜作简要述评，已使我们耳目一新，叹为观止了。

第三节　思成好教师

一、素养时代下的教师使命

"教育是世界上最特别最奇妙最千变万化的事情，教育也是最坚韧最牢固最不会变化的事情。"

2500多年前，孔子从山东曲阜一路风尘仆仆到达洛阳，问道老子。老子说，天下一切都在变，不应该再固守周礼了。一个"变"字，道出了天地万物的高妙，这是老子的超人之处。但孔子一心想恢复周礼，在纷乱的大地上建立一种稳定的秩序，这又是孔子的伟大之处。两者互为补充，相得益彰，共同构筑了人类精神世界的巅峰。

变中有不变，不变中有变，世界的奥妙在乎变与不变之间尔。从1872年清政府先后派出120名幼童赴美留学，至2020年新冠疫情之下"逆全球化"趋势萌芽显露，教育的对外开放再次受到前所未有的冲击。岁月奔腾百余载，教育在"变"与"不变"的矛盾对立和共生共融中螺旋上升，不断发展。

变化的世界呼唤怎样的教育？不变的教育使命需要怎样的教师？如何以不变应万变？吸纳全球教育研究先进成果，结合中国教育本土优势，中国学生发展核心素养与5C模型先后问世，标志着中国教育由"双基""三维"目标时代迈向了"素养时代"。文化理解与传承、沟通、创新、合作意识与审辩思维等，构成了当代学生的核心素养追求。

素养时代的教育对教师提出了更高层次的要求。置身于条件得天独厚的现代化环境，浸润着国内外课程的先进理念与方法，使用着智能化的教学技术，教师理应构筑育人高地，自觉提升专业发展能力，促进学校变革，引领学生发展，不断满足人民群众对优质教育的不变追求。

一是领导素养。教师作为道德价值、课程理念、教学方法的示范者、交互者与领导者，始终扮演着不可替代的重要角色，行走在灵魂滋养的最前沿。专业权威、魅力十足、交响和谐的领导素养，是教师立德树人、启智激趣、授业解惑的境界升华。拥有领导素养的教师，具有坚强的意志力、清晰的教育愿景、高尚的道德品质，能率先垂范、积极担当，激励团队热情，鼓舞团队士气，调动团队积极性。如此，终将形成从德育到智育、从个体到群体、从空间到时间的多维度的全面的助推力量。

二是课程素养。教师应当作为主角参与一种富有张力、深度与广度的课程实践。以国家认同为方向，以润泽心灵的中国语文为龙头，以全面整合的人文社科与自然学科为两翼，在同一课题项目统领下跨越学科、跨越领域、跨越学段、跨越文化的边界，建构全学科或超学科的课程体系。这种课程的跨越整合是全方位的。它要求做到教育文本内容与学生实践活动相统整，课堂知识学习与美丽自然体验相结合，先进教育理念与现代智能科技相融合，中国文化基因与国际流行元素相链接。

三是教学素养。方向反了，越奔跑距离目标只会越遥远；思维错了，越努力反而会越糟糕。关注考试的教学浮于表面，注重思维的教育沉于心间。教师在教学中要将内容问题化，问题思维化，思维活动化。最终超越知识的藩篱，挖掘出知识内容背后的素养内涵，如路径选择、生活态度、社会情感、合作意识、沟通技巧、包容美德、仁爱精神、负责品质、生命感悟等，不断培养学生的自主思维、批判精神、创新意识，为其保持学习的活力和动力提供源源不断的养分。

四是评价素养。有一年，全美国有545个美国高考满分者，其中365人申请哈佛大学，但165个被拒之门外，因为他们干巴巴的考分背后，没有活生生的综合素质。通观近年强基计划中各高校选拔学生的核心依据,也融合了考生高考成绩、高校综合考核结果、综合素质评价情况这三项要素。因此,采用多样、立体的评价方式,关注每个学生的沟通合作、心智发展、创新创造和社会担当等非学术能力,是教师的必备素养。"改进结果评价,强化过程评价,探索增值评价,健全综合评价"似一把利剑,斩断"唯分数、唯升学、唯文凭"的教育质量评价绳索,试图从根本上解决评价指挥棒问题,成为避免"洋高考"尴尬局面的一场及时雨。

五是写作素养。某统计结果显示,获得诺贝尔奖的要比一般的科学家写作能力高上20倍,但是实际可能是100倍。教师想要成为专业大家、行业典范,专业表达素养不可阙如。写作是对自然、社会观察思考的结果,对人生感悟与生活体验的沉思,对书本阅读与社会见闻的提炼,对教学经历与教育情感的升华,对知识积淀与才情见解的外化,对语言文字与精神领悟的实践。每个教师都要学会抓住热点难点,写好专业文字,让思想传播;有理有据有实,掌握写作灵魂,让文章生辉,是实践智慧的分享传播,也是职业生涯的灵魂画像。

有人说,教师这个职业是伟大的,也是压力十足的。教师职业中饱含使命,平凡里显示神圣,岁月间见证生长。以秋为始,以夏为末,这是一个光阴的故事。送走一届一届的学生,又迎来一拨复一拨更加鲜活稚嫩的面庞,一起书写人生最动人的诗句。朝气蓬勃的学生来来往往,而教师自己似乎总是留在原地,渐渐老去,这需要莫大的勇气。但教育又是伟大的,素养时代的教育不只教知识技能,也能让人胜任任何学科和职业;不改变生活环境,却能深刻改变人们的思维方式;不创造任何财富,却能让人获得终身幸福的能力。

教师是伟大的。每一个教师都怀揣着桃李天下、梦圆中华、和合万邦的初心与梦想,看着每一届学生走出大山,走出故土,走出国门,走向世界,走向不确定的未来,虽心怀怅然,又满怀期待。一转身,又是一个个紧张忙碌的春夏秋冬。愿每一个教师,都能承担起这份时代赋予的美好期冀与使命,挖掘人类的共同价值,善待自己,关爱学生,上下求索,奉献社会,共同镌刻中国教育改革的美好未来。

二、教师评价素养的概念与行动

随着基础教育课程改革的不断深入,人们逐渐认识到提升教师的评价素养是深化改革必须面对的关键性问题。然而,有学者研究发现,我国教师的评价素养处于较低水平，教师拥有的评价知识与技能不足且结构失衡。又因职前教育缺乏评价素养提升的相关培训，校本行动便成为提升中小学教师评价素养的重要途径。

（一）基本概念

鉴于教师评价素养研究在国内还是一个比较新的领域，学校首先有必要厘清几个基本问题，以确定培训内容、方式和方向，制订有针对性的培训策略。

一是"什么是评价素养"的问题，对此的回答有若干不同的阐述。学校应依据本校的教育理念、教师的评价素养状况、学校当前需要解决的问题，选择最适合本校情况的定义。例如，某校基于"关注学生成长过程"的教育理念，选择了美国博伊西州立大学的评价素养定义，即"有评价素养的教育者应该了解合理的评价、评估和交流实践；知道运用何种方法来收集可靠的信息；无论运用成绩报告单、考试分数、档案袋还是会谈的方式，都能有效地交流评价结果；能通过让学生参与到评价、记录和交流中，促使学生的动机和学习成绩最大化"。同时，该校针对学校目前需要解决的问题，在上述定义的基础上，又加入"在进入评价领域时知道自己评什么，为什么要评，怎样最好地评价学业成就"部分。

二是"评价素养包含哪些方面，如何确定校本化内容"的问题。国外有研究指出，教师评价素养的主要内容包括八个方面：评价的基本概念，评价的使用，评价的规划与开发，评价的解释，评价结果的描述，评价的评估与改进，反馈和评分，评价伦理。学校应立足校本，从促进学生发展的角度，关注教师对于评价素养的主观诉求及客观需求。鉴于此，教师评价素养的内容至少应包括：懂评价，即理解评价的相关术语及其意义；会评价，即能利用访谈、观察、记录、测试等方法，正确评价学生的学业成就，能运用布卢姆认知教育目标分类学等理论，开发比较合理的评价工具；能交流评价结果，即根据相关评价的结果，与家长、同事、学生等进行有效交流与解释；善于正确利用评价的结果，发现教学问题，改进教学，完善评价方案。

（二）基于学校

多数教师对于评价的理解来源于感性认识而非扎实、系统的学习或培训，在实施评价时多依赖以往的教育经验而非坚实的理论基础。因此，对照评价素养已有的研究结果和当前学校的实际情况，有必要重视以下几项校本行动。

增强教师在课堂教学中的评价意识。这需要学校管理者和教师把评价和教学目标、教学策略等放在同等重要的位置。在教学改革过程中，学校管理者应让评价进入教学模式，使其成为课堂的"规定动作"，并尝试在不同环节中开发不同的评价工具，分析其目的及功能，使教师在教学的每一个环节都清楚要达到什么目标（教学目标），怎样让学生达到目标（教学策略），怎样知道是否达到了目标（评价），达到目标的情况（评价分析），并能根据评价结果改进教学。

加强对评价结果的运用。教师在进行课堂评价时，要注重寻找评价结果背后的意蕴，既要关注班级整体的学业成就状况，分析哪些教学目标已经达成，哪些还需要改进，重点问题是什么，原因是什么，等等；也要关注学生个体的评价结果，帮助学生找到知识、技能、策略等需要提高的方面，在教学中进行有针对性的引导。学校要引导教师分析评价结果背后的信息，将其作为调整教学策略的逻辑支撑，把评价结果作为下次教学的起点，而非本次教学的终点。

选择合适的评价方式。一种评价方式或评测数据在指向一定的目标及内容时，有时不能准确体现该目标的特点，有时无法正确归因。如两个班级在某科目的测试中，A班的平均分是91分，B班的平均分是89分。平均分是学校运用最多的评价方式，但这组数据并没有体现出两班的级差情况，也没有表现出每个班的纵向进步情况，由此若得出"B班比A班的整体水平差"的结论就显得有些片面。因此，教师应了解各种评价方式及数据的功能和特点，学会选择适当的评价方法，运用多种评价方式，准确反映评价内容，达成评价目标。

设计有效促进学生学习的评价方案。促进学生学习是评价的最终目标，也是教师设计学生评价方案的出发点。教师在开发学生评价方案时，要把学生纳为评价主体，促进学生自主学习、自主反思。在开发学生评价工具时，必须和学生交流并共同确定评价标准和评价清单，让学生据此评价自己或他人。表4.2为学校开发的英语课堂促进学生发展口头展示能力的评价工具。在此指引下，学生能始终对照评价的方向进行"有路线"的学习。

表4.2 英语学科口头展示评价

评价项目	分值	得分/分
实物/幻灯片	10	
音量	10	
发音	10	
目光交流/站姿	10	
信息量	10	

（续表）

评价项目	分值	得分/分
创意	10	
计时	10	
准备情况	10	
组员的支持及帮助	10	
练习设计，问题回答（质疑）	10	
总分/分	100	
更多评论： 签名： 日期：		

开发促进学生学习的连续性评价方案。评价对学生学习的增值作用体现在"指导学习—评价—获得评价结果—分析评价信息—利用评价信息进一步指导学习"这一持续发展的过程中。评价方案的开发也应有这样一个循环，做到前期有计划、有诊断、有分析，后续有指导、有实施、有监控，形成连续性评价方案。表4.3为学校开发的小学数学学科的学生个人学业评价表。此评价工具从学习方式到学习策略，从学习习惯到学业情况，都予以了关注，是一种连续性的促进学生学习的评价工具。

表4.3　数学学科学生学业评价

学生姓名：	
数学学科学习基本情况	
优点	改进点

（续表）

学生知识掌握情况调查			
四年级下册			
序号	知识考点	学生掌握情况	备注
1			
2			
3			
……	……	……	
预期目标			
学科教师建议			
自我计划			
自我评价及督导改进			

日期：_____

三、班主任是学生的良师益友

班主任工作是学校里最重要也是最基本的工作，就好像人体系统里面最基本的呼吸系统、循环系统，最基本的东西往往是最重要的，班主任工作就是学校系统里面的一个重要系统。班主任既要教得好书，还要凝聚育人当中最为关键的东西，要把注意力放在每个学生身上。学生的学业成绩、身心健康都和班主任有着至关重要的关系。因此，班主任工作压力更大，责任也更大。育才中学有班主任促进计划，对长期做班主任的教师给予奖励，给班主任的经费和津贴也有一定的提升，在评优评先以及职称评聘当中对班主任都有比较大程度的倾斜，但这些津贴和倾斜都不足以弥补班主任工作的辛苦及付出。对于班主任的辛勤付出，学校仍在努力提升班主任待遇，使这支队伍更具战斗力，更有魅力。

（一）班级文化建设：以爱相伴，以情相融，以诚相待

班级文化建设和学校文化建设是结合在一起的，它是学校文化建设的有机组成部分。

1. 班级文化建设要让学生有心理安全感

在班级文化布置中，需要营造一种舒适的、温馨的空间。首先在班级环境的布置中，不能用搭配不当的色彩，比如全部是大红、大黑，横梁上挂着大号字的标语，这在心理上会给学生很大压力，又如有的教室的白纸黑字横幅，给人一种冷冰冰的感觉。根据我的观察，教室内比较适合绿色、蓝色、鹅黄色、淡黄色这些比较淡雅温馨的颜色，这跟自信儒雅的育才品质是比较匹配的。此外，班主任工作要给予学生心理安全感。最重要的是倾心于班级，倾心于班级的每一个学生。有一句谚语这样说：爱自己的孩子是人，爱别人的孩子是神。我在这句话后面加了一句：爱所有的孩子是圣。爱自己的孩子每个人都会做，爱别人的孩子是神，因为像佛陀那样普度众生，爱天下万物，不是普通人能做得到的。但我认为，爱所有孩子是圣，圣是至高无上的，班主任这种爱每一个学生的心胸和情怀就是圣人了。学生对于教师的每个言行都有自己的评判，哪怕只是一年级的小学生。我常说三句话：以爱相伴，以情相融，以诚相待。为什么有的教师工作很勤奋很努力却得不到学生的支持？这是因为工作方法还不对，还不科学，光强调学习、强调成绩是不行的，他还没有走到每个学生的心里去，还没有很坦诚地、敞开心扉地跟

学生交流，只有把这三句话和班级管理结合在一起，才能赢得学生的喜爱。

2. 班级文化建设要让学生有发展方向感

班级里面每个学生怎么发展，班集体怎么发展，都要有方向，要给学生指明方向。为什么我们说现在的学校不会因为现代技术的高度发达而消亡，反而越来越多？这就是学校教育和班级教育的重要性。在20世纪80年代的时候，考不上大学的学生都去读广播电视大学了，广播电视大学在那个年代风靡全国，但大学没有因为它的兴起而减少，中小学也没有因为慕课、科技发达而减少。这就说明了班级是一个集体，它有人际交往，有情感交流。人际交往就是一种社会属性、一种社会样态在班级里面的浓缩。既然一个班级就是一个社会，那这个社会就要有一定的理念、一定的方向、一定的凝聚力和号召力。所以，班级在提倡学校办学理念、学生气质的前提下，也可以设计一些班级理念、班级格言、班级口号、班训、治班名言等，在精神上号召大家一起前进，使得每个班各具特色。班级方向感很重要，方向比速度更重要，方向对了才能走得更远。

3. 班级文化建设要让学生有集体荣誉感

我们每个人都有责任有义务为班级作出贡献，所以班主任要精心尽力地组织好班级活动。班主任、任课教师都是班集体的一部分，要形成一种向心力、凝聚力，这样班级集体荣誉感才会形成。班级荣誉感一旦形成，也就不容易出现班级不文明行为。因为在班级常规考核中，每个学生的言行和班级考核得分是紧密联系在一起的，这就形成学生自己去管理班级的氛围。学生自主管理是学生发展的最高阶段，班级建设就要通过一些活动、班规等来体现学生的集体荣誉感。

4. 班级文化建设要让学生有成长幸福感

治理班级的关键，一靠民主，二靠科学。我从自己做班主任开始就特别崇尚这两句话，要真正和学生形成一种民主、平等的关系，形成一种平等相待、推心置腹的关系，使学生感觉到他在这个班集体里面是不可分割的一员，使他们在班级里除了收获成绩，还收获了怎么与人相处、如何战胜困难等，这都是班级这种组织才有的，是其他不能代替的。班级教育的功能是独一无二的，千万不能小看。

（二）教育内容：要更加凸显学校品质

班主任的德育工作应该怎么跟学校的理念、学校的大方向结合在一起？育才中学已经形成了几十年的德育特色，比如开创深圳市先河的艺术节、体育节、毕业典礼的模式，以及合唱比赛、军训等，都充分体现了学校的精神内核。

1. 强化"自信儒雅，守正出新"的育才品质的教育

育才中学的气质，是由几十年来历届毕业生身上的特质总结概括出来的。自信，是育才中学的学生和教师身上体现出来的勇气、力量和毅力，是取得一切成功的前提条件；儒雅，体现了育才中学的内涵、气质，一种比较丰富的学养，比较好的谈吐、比较好的举止，有绅士风范。班主任可以把"自信儒雅"分别落实到活动中来。

如果说"自信儒雅"强调的是精神修养的层面，那么"守正出新"则重在实践，重在行动。所谓守正，就是做人的一些基本文明，守正的"正"，就是恪守正道，就是遵守基本的规范、基础的文明，追求行正、法正，学生成长要走正道。汉字里"实事求是"的"是"字，下面是"正"的变体，"求是"其实就是求正确的东西。出新，在现今社会更需要创新，需要变通。

2. 加强"责任、服务、阳光"的教育

延伸开来就是要有责任意识、服务心态、阳光人格。第一，要有责任意识，每一个学生都要对他们的班级、小组、学校、教师负有责任。这就需要分解、努力一下，把这些融入教学内容中，形成高一、高二、高三年级班会系列的内容，形成基本的德育模式。第二，要有服务的心态，把服务他人作为一种心态，这就是所谓的"舍"和"得"两者都处理好了，自己有了服务意识以后，心胸也就开阔了。第三，就是要有阳光人格，阳光人格的人是自信的、乐观的、积极的、坦诚的，这样的人就是一个简单的人，生活这么美好，不应该辜负这美好的时代。阳光的人格，就是积极向上，不说三道四，不传播负能量，而是要弘扬正能量。

（三）班主任工作提升：要有一种研究的态度

班主任工作要有一种研究的状态。高中的班主任学术性比较重，这就要求他们要用一种研究的心态去对待班主任工作，不能像小学班主任那样只处理一些事务性的工作。苏霍姆林斯基曾说：如果你想让教师劳动带来乐趣，使天天上课不至于变成一种单调乏味的义务，那就应当引导每一个教师走上研究这条幸福的道路上来。通过研究，教师会发现很多乐趣。就如同古希腊哲学家赫拉克利特所说，"太阳每天都是新的"，虽然工作周而复始，但我们每天都有新的期待，都有新的劳动成果，都有新的思路，我们要充满希冀。班主任工作虽然很平凡、很琐碎，但是所谓成功与伟大就是在平凡中作出不平凡的坚持。比如统计不按时交作业的学生，然后再有针对性地去做工作，对这些经常不按时交作业的学生，在放假时发短信给他们的家长让其督促一下，这样班主任就占据了

工作的主动性。

班主任要提升自己的研究能力，主要有三个途径。一是在实践中学习。结合《班主任》《班主任之友》等期刊的案例进行学习。二是在反思中研究。经常反思自己的班级管理实践，做到同样的错误不再犯，创新的工作多思考备选方案，好中选优。三是在表达中提升。有反思之后要表达出来，表达出来就是与同伴切磋，智慧延伸，共同提升。

（四）社团活动：要加大社团建设力度

学校社团活动作为一种校园文化，不仅可以帮助学生获取丰富的学习资源，还能为学生提供展示风采、增进交流的平台，对陶冶学生的情操有着潜移默化的影响。社团活动组织可以通过各种方式进一步丰富内容、活跃形式、扩大范围。

学校组织。社团建设是校园文化建设的重要内容，能极大地满足学生的全面发展。学校要组织领导社团的招募、评定、审定活动，让学生在社团活动中可以充分展示自己的才能，发现学习生活之美，感受校园生活的快乐。

教师指导。学校社团的主体是学生，但是并不等同于社团活动完全由学生自发组织。每个教师都有责任和义务辅导社团活动，教师可以不定期地参与到社团活动中来，观察活动的全程，切实体会学生的感受，这样才能更好地指导社团活动的方向，引导其有序发展。

评选表彰。学校每年都要大规模地评选表彰优秀社团，以起到反馈和激励的作用。比如，将社团评选结果与师生评定相结合，表现突出的个人予以荣誉嘉奖或者计入成绩加分项，促使学校更加注重社团建设的成效，调动教师与学生参与的积极性。

措施保障。社团建设需要具备一定的物质条件，比如为社团建设提供相应的设备、场地、师资、时间等，还要关注社团具体建设中活动开展、参观学习、升级改造等经费的投入，从而更好地促进学生社团成长。

四、指导选科是教师必备的能力

2014年9月，国务院发布《关于深化考试招生制度改革的实施意见》，提出了"2014年启动考试招生制度改革试点，2017年全面推进，到2020年基本建立中国特色现代教育考试招生制度"的总体目标，标志着新课程改革的持续深化。该意见在高考考试科目设置方面作出了明确的说明，即高中不再分文理科，高考总成绩由全国统考的语文、数学、外语3个科目成绩和学业水平考试中的思想政治、历史、地理、物理、化学、生物6科中自主选择3个科目的成绩组成。部分省份在试点推行过程中采取"3+1+2"的模式，产生了12种选科组合；部分省份采取"3+3"模式，产生了多达20种组合的选择对象。而选科是否恰当又决定着高考成绩的好坏、专业填报的范围及毕业后的就业方向。如何帮助学生选择适合的学科组合，既满足学生自身兴趣爱好，又基于学生学习擅长，有效保障高考成绩，是家长关注的重点问题，也是高中教师重要而必备的能力。

（一）新课程改革下选科存在的问题

一是不确定性及选择能力匮乏带来的非理性跟风。大部分学生长期处于生活被家长安排、学习被教师安排的状态中，久而久之便形成了"万事等安排，选择有障碍"的综合征。而新高考以多元学科组合赋予学生自主选择权利的同时，也带来了极大的不确定性。这使得他们对未来的高考产生了恐惧、担心，出现了选择焦虑，也错误地认为解决这种焦虑的出路就在于抱团取暖、跟风选择，认为大家选什么自己就可以跟着选什么，没有考虑到未来有什么问题风险。

二是师资力量等资源限制下的学校强制性引导。"3+1+2"新高考模式下，走班制教学全面推行，学生理论上可以根据自己的兴趣能力选择想去的科目和层次班级上课。但大部分学校尤其是农村地区学校场地资源、师资力量有限，学校只能为节省运营成本、方便师资配置而减少某部分科目组合的开设，有的学校甚至将12个组合缩减至4个组合。这种客观条件的限制对于学生自主选科权利的行使及新高考改革的落实产生了消极影响。

三是现实驱动的科目选择功利主义取向。在行使选择权的过程中，学生往往存在着这样的矛盾心理：感性上认为学业兴趣与学科专长是作出选择的首要依据，但理智上依然受报考高校专业的学科要求及自身学习成绩的影响。例如，部分高校陆续出台了各专业的报考科目要求，选考物理学科则可报考近九成专业，甚至有一些文科专业也提出了物理学科的选考要求。出于大学选专业的现实目的，很多学生都会舍弃自己的兴趣，而被迫选择物理学科。

（二）新课程改革下选科的原则策略

人人都有选择权，这是新课程改革赋予新时代学生的神圣权利。选择的不断增加是社会发展和文明进步的重要标志，特别是信息化社会，面对丰富多彩的真实世界和变幻莫测的虚拟世界，学生必须作出符合自己特性的明智选择。而高中学生处在人生发展的关键时期，对人格的独立追求和对事业的成就体验日渐提高，无时无刻不处于选择之中，因此要充分使用选择权，享受选择权。

为了保障学生选择权的顺利有效实施，使学生选择结果的效用最大化，帮助学生确定适合的考试科目组合，从而在高考中考取理想的成绩，顺利地被理想院校心仪专业录取，学校、教师、家长应充分结合学生学习情况、专业爱好及不同科目组合适合就读的专业等，做好深入、专业的研究，为学生提供合理建议，在进行选科指导时可沿用"学生兴趣定位—过往成绩剖析—录取条件分析—科目竞争研究—报考专业权衡"的策略路径。

坚持兴趣导向原则，做好学生兴趣定位。兴趣是最好的老师，没有兴趣的学习是枯燥乏味、动力不足的。如果学生的各科成绩相对均衡，没有明显的偏科现象，那就应该帮助学生认识到自己的兴趣所在，了解最喜欢的大学与专业，并基于此选择感兴趣的科目组合。

辅以成绩导向原则，科学分析学生实力。诚然兴趣很重要，但在高考这个大环境之下，成绩依然是选科的关键衡量指标。对于偏科严重的学生，应在理性分析过往科目考试成绩的基础上，优先选择等级为A或者B的科目。或是采用排除法，将拉分严重的科目首先排除在外，再在剩下的科目中结合自己的兴趣进行选择，确认组合。

全面分析录取条件，有的放矢选择科目。新课改允许高校指定学业水平选择性考试科目（以下简称"选考科目"）中的必考科目，学生只有选择了指定的科目，且成绩达到了录取要求，才能被高校录取。如此一来，高校在一定程度上能够决定学生的科目选择。因此，在指导学生选科前，教师要通过与高校招生部门沟通，或上网搜集相关招生条件资料，做到心中有数。还要做好对学生综合考试成绩的评估，除了选对必考科目，还须尽可能地确保学生擅长学习该科，经过努力后该科目成绩能达到高校要求。

研究科目竞争情况，因人而异匹配难度。大学录取不仅仅是分数绝对值的比拼，更多时候还是成绩排名先后的结果。同样的绝对值分数在不同的组合中排名可能会有很大差异，不同的科目组合呈现出不同的竞争难度，这是毋庸置疑、客观存在的事实。因此，教师应注重收集试点地区各个大学对不同选考科目的录取情况，作为选科的重要参考。如"物理+化学+生物""物理+化学+历史"组合，此类组合可报考的专业较多，选读的学生较多，且多为成绩优秀学生集中地，竞争较为激烈，则建议学业成绩普通的学生考虑避开。

结合学生兴趣意向，权衡大学报考专业。目前高考志愿填报的专业细分众多，部分专业因其所学课程的特殊性，对学生的选考科目具有严格的要求，例如自动化、机械制造、航天类专业必须要求选考物理。由此，为避免盲目选科，教师可以为学生搜集不同选考科目可报考专业的资料，整理汇总成一览表或是指导手册，便于学生形成全面的认识，从而作出贴合自身意愿、理性谨慎的选择。

真心实意、坚定不移地为学生提供一个宽松、民主、安全、和谐的成长环境。因为民主出真知，宽松出人才。

第五章

思论：弘扬理性之声

教育，有诸多研究问题，也有很多热点话题。时代瞬息万变，热点接踵而至，不断地冲击我们的认知，不断地促发我们的思考。一位教育工作者，除了守护教育的本真、守护孩子的生长，还要用理性之声对热点话题作出审慎的回应。

第一节　本土化与国际化

一、PISA三年从第十到第一说明基础教育大幅进步了吗？

（一）捷报：再登PISA榜首

2019年12月3日，PISA 2018测试结果正式公布，中国四省市（北京、上海、江苏、浙江）作为一个整体取得全部3项科目（阅读555分、数学591分、科学590分）第一的佳绩。这一成绩迅速引发国内外媒体的争相报道和师生家长的热议。网络上喜讯频传。"PISA排名：中国孩子全球第一！包揽阅读、数学、科学素养三项最佳""中国荣登PISA榜首""中国学生全面领跑PISA测试"。有媒体在报道这一消息时用了一个足以令国人无限满足的标题——"中国学生现在是世界上最聪明的"。若对此稍有质疑，立马引来"拍砖"：你们就是见不得中国好！从PISA测试结果上看，中国基础教育似乎就此具有了世界基础教育的领先水平。

（二）回首：三次问鼎，一次"滑铁卢"

2016年12月，PISA 2015测评成绩出炉，新加坡学生力压群雄，整体表现获得此次第一。北京、上海、江苏、广东首次组团参测，科学测试全球排名第十、阅读测试排名第二十七、数学测试排名第六，综合排名第十。一时之间，"中国大幅倒退""中国教育不行了""退步惊人"等惊悚的字眼充斥各类媒体，大有黑云压城、"教"不聊生之势。回首中国四次PISA之路，前两次上海单独参加，近两次上海加上北京、江苏及广东或浙江参加。其中，三次夺冠问鼎，一次"滑铁卢"。广东也因一次失利引发了一些网络调侃之声。

（三）透视：PISA的优与劣

PISA是一项国际性学生学业质量比较研究项目。2000年首次开始实施评价，每三年一次，以评价年命名。PISA测试接近完成义务教育的15岁学生在阅读、数学、科学三个领域所具备的应用知识、技能和解决问题的能力。然而，从PISA 2015第十到PISA 2018第一，三年之间PISA排名大幅攀升，这真的意味着中国基础教育像数字进阶那样大幅进步了吗？

早在PISA 2015成绩出炉时，我曾表达了这样的观点：无论排名第一还是第十，都颇为不易。分数只是PISA测评的一个部分，成绩排位也只是一个参照数据。蝉联第一无须沾沾自喜，妄自尊大；排名第十也不可灰心丧气，妄自菲薄。应学会透过现象看本质，主要观察成绩统计背后的一些情况。我透过PISA 2015测试及问卷调查数据，详细分析了中国基础教育学生负担、幸福感、科研意愿、创新力、校际差异等方面的问题。

三年已过，细细研读PISA 2018官方报告，这些问题是否得到解决或改善呢？

1. 压力：高负学习·低幸福感

在PISA 2018测评结果中，中国四省市学生每周学习时间达57小时，高于OECD国家平均用时13小时。PISA 2015调查报告中，OECD国家平均校内学习时间及校外学习时间分别为26.9小时、17.1小时，而中国四省市对应的时间为30.1小时、27小时，差值分别为3.2小时、9.9小时。对比数据，学业的压力和负担不但没有减轻，反而有所加重，学习效率不高的问题远未解决。中国学生的PISA问鼎，背后原因可能是学习强度增加和长时间的学习现状。

此外，PISA测试还调查了学生的健康相关问题，包括归属感和生活满意度。其结果令人担忧，只有约2/3的中国学生表示对生活感到满意，6%的学生表示总感到沮丧。"中国四省市学生的幸福感平均值只有6.83，低于OECD的平均值7.31，只有26.9%的学生具有高幸福感。在参加此项目的72个国家和经济体中排名处于第41位。"

中国中小学生的低幸福感问题亟待解决。我国的教育是"学生+家长+教师"的高负担、高压力。每周实际在校时间长（以一二年级为例：中国35小时）、课外辅导时间长（校外培训机构"功不可没"）、参加社会活动时间少。

指数型增长的学习投入，对数型增长的成绩产出，边际效应不断递减，学生难以获得可持续发展。我国优异的PISA成绩建立在"高强度、长时间、低幸福感"基础之上。虽说"一分耕耘一分收获"，但这又何尝不是一种拔苗助长的教育呢？长期机械式的高强度训练模式将学生的学习兴趣、创造力拒之门外，直至荡然无存。

2. 现实：科研很冷·经管很热

PISA 2015对从事科学有关行业意愿进行调查统计，仅有16.8%的中国学生愿意从事科学有关行业，远低于OECD国家均值的24.5%。PISA 2018也对优等生的职业愿景进行了调查：中国四省市有48.4%的学生被列为"优等生"的范围，雄踞榜首。其他亚洲国家和区域紧随其后，新加坡40.2%，中国澳门31%，中国香港29.6%，中国台湾24.5%，韩国23.6%，日本21.7%。但是中国48.4%的优等生想要从事科学和工程相关工作的比例不足25%，远远低于OECD调查国家的平均水平。两次PISA调查数据均凸显了中国学生科研意愿低的问题。当然，这些数据并不代表十年后这批学生实际从事科研工作的比率，但至少反映出一种社会文化倾向。

2016年5月发布的《2016中国高考状元调查报告》显示：报考经济学与管理学专业的状元占总数的39.67%，而报考科研相关专业的占比很少。在中国，很多父母从小这样教育孩子：读书改变命运，获取高分，进入名校，选个好就业的专业，将来才会从事高薪的好工作；有了好工作，才能有更加风光的未来。在以现实利益为价值取向的大背景下，大部分中国中小学生的学习动机与职业愿景难以为兴趣而学习，但争高分。更有甚者争高分只为高薪。这种价值倾向在一些网络流行语中可窥见一二。如梦想总是空无，才华终须变现。书中自有黄金屋，何苦独伴枯灯旁？

一个国家的硬实力主要靠科技，一个国家的可持续发展更要靠最富创造力的科技精英。如果这个精英群体都去华尔街，投奔四大行，即使GDP（国内生产总值）上去了，也是浮肿虚胖——一头肥硕的羊是毫无战斗力可言的。

3. 欠缺：成长型思维·创新力不足

从PISA 2018测评整体的数据来看，中国学生中，仅有56%的学生拥有成长型思维，低于63%的OECD国家平均值。

研究一些频频收割诺贝尔奖的国家的"秘诀"便会发现，在基础教育中比起考试分数，创新力的培养与成长型思维的呵护更显重要。其中，创新力包括创新思维、创新人格、创新实践。成长型思维的精髓在于：人的能力、智力等是变化的，是可以拓展的。面对挑战，成长型思维模式者倾向于迎难而上，把挑战看作学习的机会，愿意承担责任，相信努力和奋斗的意义，关心的不是表现得是否完美，而是能否从中学到东西，在挑战中发掘乐趣。一个拥有成长型思维的学生会一直保持积极的学习态度和学习热情，愿意投入更多的时间和精力去解决复杂问题或增长智力，以达到更高的成就。

创新力培养离不开对学生问题意识和开放思维的激发和鼓励。教师将创造性思维的培养，融入课堂内外的"开放式提问"当中。"为什么？""你得出这个结论的依据是什么？""换一种方式不行吗？"……通过这样的开放性讨论，逐步引导学生养成深层追问的习惯，建立一种更为发散、更为独立的思维模式。当然，系统的创造性思维培养，如何融入我们的日常教学，还应包括一系列的创造性体系、方法和策略的掌握。

（四）憧憬：优者更优·校际均衡

教育的根本目标是促进每一个学生在原有基础上不断发展，收获成长和幸福。既要让那些天资聪颖的学生更优秀，也要让那些学习暂时有困难的学生树立信心，寻找突破口；既要办高成就、更卓越的教育，又要缩小校际差距，竭力实现教育公平。

中国在此次PISA中的排名着实令人欣喜，但我们也应理性认识到：此次参评的四个省市代表了我国教育改革和发展较高水平的地区，但我国仍是一个发展中的大国，区域发展尚不平衡，财富、教育资源分配不均，教育公平问题仍是我国教育改革发展的重点问题。PISA 2018用"校际差异比"这一指标衡量校际均衡发展状况。校际差异比越高，则表示该国（地区）教育校际均衡程度越差，学校之间办学质量的差距越大。

从PISA 2018结果来看，中国四省市学生阅读素养的校际差异比为42%，在参测国家（地区）中居于16位，在PISA 2015中，科学素养校际差距比为63.1%，排名第2位，校际均衡程度虽有改善，但仍显不足，需进一步提升。在师资配置方面，城乡学校师资短缺指数分别为0.44与0.98，说明乡镇学校师资短缺问题非常严重。还需要注意的是，乡镇学校教师在教学热忱与教学方法方面弱于城市学校教师，其在新课改背景下不乐教、不善教的情况并没有得到明显改善。

参测四省市作为我国经济发达地区，内部校际差异尚且明显，而与中西部各省份的校际差异则更大。一方面，经济发达地区的学校只招清华、北大等名校本硕毕业生，甚至是博士毕业生；另一方面，广大农村地区特别是西部地区仍存在教师人才短缺，教师"进不来""留不住"的问题，教育均衡问题仍未完全解决。

我曾于2019年前往广西四个县，与60名初中校长开展校本研修活动，在实地考察与讨论交流中，真切地体会到西部农村教师的负担之重、压力之大、待遇之低。学校本身编制偏紧，配备不均衡，有的教师执教多科，身兼数任，坊间流传的"体育老师教英语""美术老师教化学"的段子真真切切地出现在眼前。由于留守儿童比重大，做学生的思想工作占据了教师大部分工作时间与精力，在超负荷的工作之外，教师还需要参加水域巡逻、食品安全、防震避震、防艾禁毒、安全维稳、控辍保学、到村扶贫等多项额外工作。

就拿扶贫来说，从校长到教师，每个人都有任务，有的教师最多要负责6户人家。按照上级规定，每个月至少上门一次，但是实际上，每月三五次都不一定能完成任务。教师需要对这些贫困户家庭的脱贫支着儿，对日常收支、生老病死登记造册，拍照上传，根据不同情况实时更新，确保数据万无一失。若有一点闪失，不仅教师本人要被问责，主任、校长、教育局局长、乡镇长、县长、县委书记也要被问责。每天上班的第一件事，不是准备教学，而是在早上7点打开手机，看有没有上级的各种检查通知与要求的信息，教师们心惊胆战，枕戈待旦，随时待命。在这些有扶贫任务的学校，教学俨然成了副业。应付日常工作已经焦头烂额、疲惫不堪，以教研提高教学质量更无从谈起。图5.1是一份针对校长的"校本研修中你认为最大的困难因素"的问卷调查，其调查结果应当引起教育行政部门足够的重视。

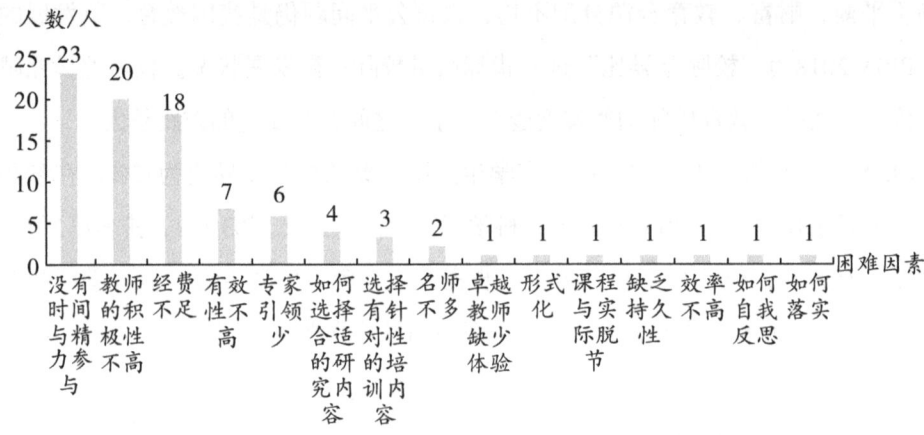

图5.1 "校本研修中你认为最大的困难因素"问卷调查

2019年11月25日，教育部教师工作司有关负责人在新闻通气会上表示，针对公众关注的"中小学教师不合理负担"问题，将采取措施，确保对中小学的督查检查评比考核事项在现有基础上减少50%以上，并实行清单管理。同时表示，即将印发《关于减轻中小学教师负担进一步营造教育教学良好环境的若干意见》。事实上，我认为给教师减负应该全面清理所有不应该布置给教师的非教学任务，而非按减半思路执行。一句话：不合理的事项，一个都不能留。否则，不仅教师压力大，人才流失严重，年轻人成为教师的意愿降低，教学质量无法保证，还会进一步拉大与其他学校的差距。

（五）方向：PISA 研究的辩证化

PISA本质上不仅是一项测试，还是一项研究。因为，仅仅通过成绩与排名很难反映复杂教育系统的全貌。2016年，哈佛大学在一份研究报告中指出：二战以来，哈佛大学生源的SAT[1]成绩、入学证书、学生才艺一届比一届华丽、出色，然而，获得诺贝尔奖的学生数并未呈现高峰。与此同时，辍学率、自杀率提升，这些人们不愿见到的现象不减反增。由此，哈佛大学反思了他们的人才录取标准：基于价值态度；基于家庭、基于自我、基于社区的一种角色；基于成绩如何获得，是靠优质教育资源的堆砌，还是靠自

---

[1] Scholastic Assessment Test，即美国高中毕业生学业能力水平考试。

身的努力而形成的学习效果。

哈佛大学尚且作出如此改变，教育决策者更应顺势而变，结合我国实际对PISA进行本土化的深入探究，除了对成绩本身的统计分析外，还要对其进行深入挖掘，为我国教育发展提供参考，坚定推进我国基础教育破除唯分数论，引领和推动我国当今的教育改革，让参加PISA的效应进一步放大，防止凝固在"第一"的陶醉和追求中止步不前。

1. 参照：重新界定教育目标

适应和引领未来社会的需求是教育的重要任务。我们不仅要立足本土，还需具备全球眼光，加强中外文明交流互鉴，以国际视野审视这一问题。早在PISA 2000的报告中便指出：PISA旨在为政策对话以及教育目标的界定与实施提供一个新的基础。换而言之，PISA不仅仅是一次基础教育水平的测试，还可以为教育目标的重新界定提供思路。在一个由人工智能构成的数字化世界中，教育不仅是教人们一些东西，而且要帮助人们建立一个可靠的导航工具，以便在不断变化的世界中找到自己的路。

教育应致力于提升学生的素养，将阅读、数学与科学素养等作为重要测评维度，并对学生跨学科、跨领域、跨文化的综合性素养进行深入考察，对各素养的内涵与维度进行不断修正，帮助人们进一步具体化教育目标并根据时代的要求将其升级。在PISA全球素养模型的参照下，强调文化理解与传承素养，培育具备中华优秀传统文化基因与精神脊梁的国际化人才，不断夯实中国教育自信的根基。

2. 借鉴：完善基础教育质量监测体系

PISA作为国际大规模教育监测诊断项目，通过一个普遍而国际认可的框架定期进行评估，其理论模型与实践经验对于我国完善基础教育质量监测体系有着重要的借鉴意义。例如，强调素养而非片面强调得分的评价理念，与时俱进的评价指标体系，"学科测试+问卷调查"的监测方式，"矩阵题本设计、测试分数量尺化、跨年度等值"的测评技术，等等。

对于那些掌握适当知识和技能的人来说，数字化和全球化的机遇令人向往。但是对于那些准备不足的人来说，则意味着脆弱和不安全的工作环境，并且生活前景渺茫。现在比任何时候都更迫切需要全球跨界共享见解，以提高教育质量、公平性和效率。站在PISA巨人的肩膀上予以创新，不断完善国家义务教育质量监测体系：将德智体美劳、学生核心素养等全面纳入监测范围，不断丰富教育监测体系，全面关注学生的自我发展；结合各省市客观存在的地区差异，科学选择监测样本，全方位、多层次地掌握各地教育差距。以更加科学、精准的手段全面"问诊"中国基础教育质量现状，深层次揭示基础教育存在的问题，推动教育管理和决策的科学化，引导全社会树立和践行"绿色发展"的科学教育质量观。

3. 推动：研究基于证据的科学决策

PISA的目的不是要另起炉灶地实施自上而下的问责制，而是帮助政策制定者从关注行政政策转向研究和关注每一个教师，每一所学校，进而确立一个地区或一个国家的教育方向和教育体系。本质上，PISA计算出最重要的内容，并将这些信息提供给教育者和决策者，通过提供数据和透明度，帮助改善教育实践。

《教育部关于加强新时代教育科学研究工作的意见》中强调："发挥大数据分析、决策模拟等在政策研制中的作用，注重监测评估中的成效追踪与问题预警，切实提高教育决策科学化水平"。要加强教育科学研究，进一步推动"基于证据"的教育政策研究，促进教育科研成果的有效转化，为教育决策提供科学依据和参考。PISA作为一个基于学科测评与问卷调查的大数据分析项目，为审视我国基础教育发展现状与问题提供了一个崭新的视角，有助于我们更好地理解处于全球化进程之中的中国教育，优化和完善我国的教育政策。

托克维尔说，往昔之光倘若不照亮未来，则人类心灵将陷于混沌和迷茫。我们应多维度分析PISA成绩背后折射的教育问题，以全面、发展的辩证思维看待PISA 2018夺冠，并以PISA报告为镜鉴不断深化教育变革，加大经费投入，优化教育环境，吸引优秀人才从教，运用AI（人工智能）技术等数字化、信息化手段引领教师专业发展，在保证教育优质均衡的基础上培养出享誉国际的优秀人才。那时，中国教育将会真正地站在世界舞台的中央。

二、粤港澳大湾区国际教育路在何方？

粤港澳大湾区，一个气势磅礴的名字，一幅崭新时代的画卷，它承载着太多人的美好梦想，肩负着宏大的使命担当。早在20世纪90年代，时任香港科技大学校长的吴家玮，有感于美国旧金山湾区城市间经济互补，先后提出"香港湾区"及"深港湾区"的概念。校长与湾区的历史性相遇，注定了湾区发展与教育变革的相互依存、彼此成就。2016年3月，国务院正式印发《关于深化泛珠三角区域合作的指导意见》，"粤港澳大湾区"上升至国家战略层面。2019年2月，中共中央、国务院印发《粤港澳大湾区发展规划纲要》，提出建立国际教育示范区的宏伟目标。至今，纲要已颁布4年，当我们谈论起湾区国际教育之时，我们又在思考、期待些什么？

（一）基础：历史悠久，政策优厚，市场广阔

1. 悠久的历史渊源，开启我国留学海外先河

从历史上看，粤港澳大湾区大部分都在"广州府"的管辖范围之内。区域内部联系紧密，地缘相近，人缘相亲，文缘相通。据《广州府志》记载，明清时期，广州府辖区广阔，西北至今连州市，东北至龙门县，南至香山县（包括澳门）、新安县（包括香港）。而广州作为广州府的地理中心、广府文化的辐射中心，是我国最早对外开放的地区，唐宋时期就是中国的对外贸易大港，口岸通商一直没有中断过，出国留学也是开近现代风气之先。

1828年11月17日，容闳出生于广东省香山县（今珠海市）南屏镇一个普通人家。谁曾想出身普通的他数年后会成为"中国留学生之父"。"予意以为予之一身，既受此文明之教育，则当使后予之人，亦享此同等之利益。以西方之学术，灌输于中国，使中国日趋于文明富强之境。"1854年，容闳毕业于耶鲁大学之际如斯感言。他带着伟大的理想回国，广交各界，四处奔走，最终说服清政府于1872—1875年间陆续派遣120名中国幼童留美，其中广州籍占70%以上，大多来自香山、顺德。如台湾当局第一任总理唐绍仪，资深外交官欧阳庚，先后任外交官及铁路管理局总办的钟文耀，第一位大学校长蔡绍基，清华大学首任校长唐国安，第一个被允许在美国执业的华人律师张康仁，"中国铁路之父"詹天佑，等等。泱泱大国，赫赫大清，让120名小小少年稚嫩的双肩扛起整个民族的希望，长袍马褂里燃烧一颗挽狂澜于既倒的图强之心。他们的故事，传奇而悲壮，推动了中国近代化的进程，开启了中国教育国际化的崭新篇章。

2. 优厚的政策土壤，夯实持续成长根基

新时代教育改革开放的不断深化是指引湾区国际教育发展的风向标。2021年4月第三次修订的《中华人民共和国教育法》第六十七条第一款提出："国家鼓励开展教育对外交流与合作，支持学校及其他教育机构引进优质教育资源，依法开展中外合作办学，发展国际教育服务，培养国际化人才。"这为教育的对外开放、国际教育的发展、国际化人才的培养提供了法律依据。2017年1月国务院印发的《国家教育事业发展"十三五"规划》提出：统筹推动教育开放，优化教育对外开放布局，提升教育开放层次和水平，积极参与全球教育治理，统筹推进中外人文交流，深化内地和港澳、大陆和台湾地区教育合作交流。2019年2月中共中央、国务院印发的《中国教育现代化2035》提出："发展中国特色世界先进水平的优质教育，开创教育对外开放新格局。"《粤港澳大湾区发展

规划纲要》提出："打造教育和人才高地，支持大湾区建设国际教育示范区，加强基础教育交流合作，鼓励粤港澳三地中小学校结为'姊妹学校'，在广东建设港澳子弟学校或设立港澳儿童班并提供寄宿服务。"2020年6月，《教育部等八部门关于加快和扩大新时代教育对外开放的意见》指出："加快和扩大新时代教育对外开放，是教育发展的需要，是国家建设的需要，是新时代发展的需要，既迫在眉睫，又恰逢其时。……疫情对出国留学的影响是暂时的。《意见》重申将继续通过出国留学渠道培养我国现代化建设需要的各类人才。"一系列法律、规划、意见接踵而至，在宏观层面彰显出我国教育对外开放的坚定决心，微观层面则为湾区国际教育的发展提供了崭新的视角与科学的实践路径，为湾区国际教育的稳定发展、持续进步、高质均衡营造了优厚的政策土壤。

3. 广阔的市场容量，促进供需同向快速增长

对标全球其他三大湾区，粤港澳大湾区人口众多、面积广阔，市场体量大、潜力足、韧性好、包容强。广东省统计局官方发布的《广东省第七次全国人口普查公报》显示：广东省常住人口为126 012 510人，继续居全国首位，年平均增长率为1.91%。人口进一步向珠三角城市群和都市圈聚集，随着粤港澳大湾区建设的加速推进，大湾区将吸引更多的省内外人口聚集。《2022年广东经济运行情况分析》显示：2022年广东地区生产总值超12.9万亿元，同比增长1.9%，连续34年居全国首位，是全国首个经济总量突破10万亿元的省份。人口规模、经济总量之庞大，增长之迅速由此可见一斑。

高净值人口数量的增长，大规模经济产业的发展，城市群高净值阶层的扩大等因素将激发湾区国际教育的多样、广泛需求，从而催生湾区国际学校的发展新态势。供需同向快速增长、品牌效应不断扩张和特色化办学成为湾区国际学校发展的"黄金三部曲"。跨界布局、多方资本涌入的投资市场，重资产扩张+轻资产运营的投资模式显示出湾区国际学校民营化、集团化、智能化、现代化和品牌化的演进趋势。根据2020年《大湾区国际化学校市场研究报告》，截至2019年，大湾区除港澳地区外，珠三角9市共有国际学校158所（其中深圳53所，广州48所），较2018年增加19所。一端是高净值家庭数量增长与低龄留学教育观念聚合而成的内生需求增长源，一端是民办教育快速、规范发展带来的市场供给扩大面，在湾区发展的大背景下，始终呈现供给小于需求，供需同向快速增长，供需差值不断增大的发展态势。

（二）使命：找准价值，承融文化，树立典范

1. 复杂多变的环境，找准国际教育价值取向

近年来，国际形势波谲云诡，不稳定性、不确定性更加突出，人类面临的全球性挑战更加严峻。美国政府提出的"美国优先""中美战略脱钩"等政策让中美关系频生变数，有些西方国家紧随美国，亦步亦趋，多边关系异常严峻。国际教育的发展本就障碍重重，加之2016年以来陆续颁布的民办学校分类管理、留学预警、课程新规、公民同招等政策则给湾区国际教育的扩张戴上了一圈"紧箍咒"。2020年始肆虐全球的新冠疫情更是雪上加霜，蔓延的旅行禁令、签证新规让学生出不去，外教进不来，家长对国外排华歧视的担忧，中等收入群体收入预期的不确定，对国外新冠病毒管控的信心丧失等经济、社会、心理因素给国际教育也带来了前所未有的冲击。"VUCA"成为国际教育发展的代名词，湾区身处前沿，其所受影响不言而喻。

VUCA这一术语源于军事领域，后用于商业，现广泛应用于教育领域，意为：易变性（volatility），不确定性（uncertainty），复杂性（complexity），模糊性（ambiguity）。VUCA时代的湾区国际教育经历了这样几个阶段："乌卡"——国际形势、国内政策、新冠疫情三大挑战将湾区国际教育带入至暗时代；"雾卡"——陷入民营资本是否投资的战略困境，中等收入家庭是否留学的选择难题，国际学校是否融资的发展瓶颈，正是雾失楼台，月迷津渡，一团乱麻无寻处。

危机中蕴藏新机，不变中谋求应变，"雾卡"中尚需"悟卡"。经历了"乌卡""雾卡"两个阶段，湾区的国际教育从业者潜心问道，勇于破雾，对国际教育行业存在的问题，未来的发展方向展开了深入的研讨。在"变"与"不变"的对立统一中明确了湾区国际教育的价值取向：守着"国家认同"的灵魂根系而始终不忘由来，循着"改革开放"的发展节奏而不断吸收外来，伴着"智能科技"的快速节拍而得以面向未来，沿着"命运共同"的人类追求而回归自然本来。

2. 承融岭南文化，创立湾区教育风格流派

社会主义核心价值观与岭南文化的坚守是国际教育发展的灵魂。地缘文化优势是湾区发展的历史资源，为湾区国际教育的发展确立了核心价值观，提供了基本的路径框架。粤港澳大湾区历千载之积淀，汇八方之人文，形成了多元、务实、开放、兼容、创新的岭南文化特色，成为湾区国际教育历史沿袭的情感主体，持续发展的精神内核，引领方向的生命基因。

采集岭南之精粹。传承、开放与兼容交织出"岭南文化"的绚烂风姿。作为中国文

明浓墨重彩的一大"拼图",岭南文化对中国传统文化的传承保护是独树一帜的。它具有中国的文化基因,是本土文化走向世界的最佳载体。将岭南文化基因根植于粤港澳大湾区的课程开发,对于灵魂家园的守望和教育走向世界的推进有着双重意义。

博纳四海之新风。湾区作为世界级城市群,彼此关联、相依相成,其国际教育将以岭南文化为底色,吸收世界上最先进的教育理念为我所用,融合人类共同价值观,如民主、自由、平等、法治、和平、公平、正义、善良、诚信等,两者相辅相成,交流创新,协同找回湾区国际教育的独立人格,提升湾区教育的整体价值,优化湾区教育的生态环境。

引领世界之潮流。创新是世界已有的三大湾区的共同特征,是湾区发展的时代潮流。但粤港澳大湾区和其他三个湾区的一种制度、一种货币明显不一样。在1小时生活圈内包含一个国家、两种制度、三个关税区、三种货币等特点,情况非常特殊。需要用创新的智慧与非凡的勇气,因势利导,破解难题,消弭缝隙,联通古今,融汇优势,创立湾区的国际教育风格、教育流派和教育精神。

3. 置身顶尖坐标,建立国际教育示范区

当我们放眼审视世界一流教育的时候,正如学者刘宝存教授所言:"当想到学前教育的时候,很多人想到意大利;当想到基础教育的时候,大家会想到芬兰;想到高等教育的时候,大家会想到美国;在谈职业教育的时候,大家常说德国的职业教育办得不错;当大家说教师教育的时候,很多人会提到日本。"而当我们对内审视中国一流国际教育时,"粤港澳大湾区"又能否迅速跃入脑海之中呢?

与京沪江浙城市相比,粤港澳大湾区国际教育的品质尚有一定的差距。2019年2月,中共中央、国务院印发的《粤港澳大湾区发展规划纲要》提出,粤港澳大湾区的战略定位为:充满活力的世界级城市群,具有全球影响力的国际科技创新中心,"一带一路"建设的重要支撑,内地与港澳深度合作示范区以及宜居宜业宜游的优质生活圈。高层次的发展定位,高水平的战略蓝图,必先有世界级的国际教育引导与服务。

优质的国际教育之于湾区,犹高山之于累土,大厦之于基石。它是创新源泉、知识富矿,它为民生之首、区域竞争软实力之核。为每个家庭、每个孩子创造美好生活,无疑是大湾区这个优质生活圈里的最美好向往。因此,作为由国家层面出台战略规划的粤港澳大湾区,应以舍我其谁的主场感与时不我待的紧迫感,紧盯国家"建立国际教育示范区"的历史机遇和宏伟目标。对标全世界,参照全世界最好的教育,把湾区建设成为全球先进教育理念与实践的新高地,中国推进教育现代化与经济社会发展的加速器,坚守中华优秀传统文化并兼容世界多元文化、吸纳人类最新文明成果的示范区。

（三）建设方略：课程融合创新，人才共享，机制协同

1. 坚定国家认同，建构国际课程3.0版本

"国际课程本土化"与"本土课程国际化"是国际化教育课程开发的两大路径，两者目标基本一致，但方法路径并不一样，具体如何选择，尚需因学段而异。义务教育阶段只能选择本土课程的国际化之路，以充分体现国家意志，体现课程与教材的价值属性、权威性与规范性，可按照制订课程路线图—全员参与方案设计—制订行动计划—课程标准比对—形成融合教案—课堂实施（选择国外先进课程的教学方法）—评估、反思与改进的措施路径，探索建设义务教育阶段国际学校课程的3.0版本。而高中阶段则可以"本土课程国际化+国际课程本土化"两路并行，但国际课程的本土化也仅限于吸纳国际化理念与资源进行教育内容、教育资源的本土化。

粤港澳大湾区国际教育示范区承载着升级版的教育国际化功能，更加关注国际化教育人才培养目标及为实现目标所采取的行动。自由生长的现代中国人便是湾区国际教育人才培养的核心指向。"中国人"是学生自我国家身份认同的核心，"现代中国人"则指在当代全球化语境中兼具国家认同与国际视野、通晓中国国情与国际规则、投身中国实践与国际事务及奉行万邦协和与国际竞争的未来人才。以国家认同为细胞核，以培养学生审辩意识、开放性思维、共享胸怀等为坐标原点，在人类命运共同体意识指导下研发一套跨学科、跨学段、跨领域、跨阵地、跨文化、跨时空的融合国际课程体系。"基于传统文化，共建通识课程，以课程之通识求民心之相通；基于共同历史，共建地方课程，以共同之历史彰显文化之同源；基于共同使命，共建发展课程，以发展之未来共筑命运之共同。"让粤港澳大湾区成为认同、丰富、推广和践行人类命运共同体理念的先驱者。

2. 破除区域壁垒，搭建人才流动桥梁

人才是教育的第一生产要素，自由、均衡的粤港澳大湾区内外部人才流动与融合是湾区国际教育示范区建设的催化剂与平衡器。2019年某招聘平台发布的《粤港澳大湾区产业发展及人才流动报告》数据显示：湾区总体人才净流入率为1.39%，人才虹吸效应明显，其中外部流入人才中有40.39%流向深圳，31.42%流向广州，两者占到七成以上。广东省9市的人才市内流动率均高于跨城市流动率，深圳、广州、佛山、珠海、东莞、惠州等地流向本市的人才数量占流向整个湾区的比例均超过了50%。而深圳和广州两地人才

留在本地的倾向最为显著，其流向本市的人才占比分别达76.95%和73.02%。

从上述数据可以看出，粤港澳大湾区外部人才流动存在着较大的城际差异，广州、深圳两城的人才流入占比远超其他城市人才流入占比之和。粤港澳大湾区内部人才流动呈现出跨市流动比例低、多为市内流动的特点。这种人才外部流入不均衡、内部流动不畅通的现象给粤港澳大湾区国际教育发展的灵活性、均衡性造成了一定的阻力。要真正打造充满活力的世界级大湾区，建立国际教育示范区，就需要打造一座人才流动的桥梁，通向全球人才流动的时代。完善区域人才流动政策、建立区域协同人才机制、激发人才自由流动动力、降低人才流动成本是打造教育和人才高地、打造世界一流教育体系、建立世界一流教育标准、培养世界一流人才、汇聚世界一流人才队伍的大政方针。

据联合国有关机构统计，目前世界各国国际移民在常住人口中占比平均为3.6%，而中国的国际人口在常住人口中占比仅为0.07%，对于国际人才的引进和利用，尚有很大的提升空间。粤港澳大湾区可以作为国际人才引进的试点，借鉴2002年欧盟出台的《欧盟议会劳动力技能和流动行动计划》，在引进渠道、范围、职业能力互认、税收优惠、社会保障、语言培训、就业信息平台等方面出台政策，破除人才自由流动障碍，持续推动国际人才自由流动，进而打造国际人才社区，最终把湾区打造成多元文化共融、宜居宜业宜游的国际教育和人才高地。

在具体的实施上，可以拓宽引进范围，扩大引进高等教育、基础教育和职业教育；丰富引进方式，采用师生交流、合作办学、联手研究、双学位、多学位、海外实践中心等丰富的活动形式。在税收优惠上，按照2019年3月财政部、税务总局发布的《关于粤港澳大湾区个人所得税优惠政策的通知》落实执行，对在大湾区工作的境外高端人才和紧缺人才，其在珠三角9市缴纳的个人所得税已缴税额超过其按应纳税所得额的15%计算的税额部分，由珠三角9市给予财政补贴。在社会保障上，建立与国际无缝衔接的外籍人士社会保障体系，加快与他国签订社保互认机制，等等。粤港澳大湾区必将通过自上而下的人才引进、流动体系设计，为国际人才"进得来""留得下""干得好""融得进"创造条件，开创国际教育人才竞争新格局，为全球国际教育人才的交流、引进、治理提供典范。

3. 借鉴先进成果，共建湾区话语体系

近年来，围绕湾区教育的论坛不少，各级各类湾区教育研究院成立的消息也时常见诸媒体，但总体来说存在一些问题：民间关注多，主动建设少；空泛议论多，具体落实少；碎片触及多，系统研究少。以"湾区国际教育"为检索关键词，在百度、微信公众号等处进行检索，乍现眼前的是湾区国际教育论坛召开信息，然后便是一些国际教育第三方平台、国际学校微信公众号的推广。其言论见解的可信度与权威性尚且不论，但其碎片化程度可见一斑。同样以"湾区国际教育"为关键词在多种学术数据库进行检索，结果屈指可数，尚未形成有官方指引的权威研究。

优势互补，强化区域资源的协同转化。他山之石，可以攻玉。1995年，欧盟委员会为促进欧盟内部教学人员流动、加强教育合作、鼓励教育实践和教材创新、促进教育机会均等，组织发起了为期12年的综合教育计划——苏格拉底计划，极大地促进了各成员国的教育开放与融合。对标国际一流湾区，粤港澳大湾区优势突出，但多地间合作交流壁垒不少，湾区协调机制成为国际教育发展的巨大挑战。统一部署战略、配置资源，在差异的基础上实现协调，形成稳定的互补结构，共建湾区国际教育话语体系。例如，加强基础教育交流合作，鼓励粤港澳三地中小学结为姊妹学校，在粤建设港澳子弟学校或设立港澳儿童班，开放港澳中小学、幼儿教师到广东考取教师资格并任教，赋予在珠三角9市工作、生活并符合条件的港澳居民子女与内地居民同等享受义务教育和高中教育的权利。

统筹整合，实施由内而外的教育输出。教育国际化就是把跨国的、跨文化的或全球的维度整合到中学后教育的目的、功能教育手段之中的过程。所谓过程，意味着国际化是持续进行的一种努力，表现为"输入—运作—输出"这一模式。《中国教育现代化2035》《关于政协十三届全国委员会第二次会议第3429号（教育类393号）提案答复的函》相继发布，国际学校输出政策东风再起，向外输出加速增长，教育对外开放新格局逐渐形成。粤港澳大湾区既有自己的传统，又有自己的优势，理应敢为人先，坚定教育自信，在政府坚强有力的统筹协调下，探索多样化海外办学，主要包括收购海外优质学校，依托现有阳光学校及孔子学院，开办"中国教学部"、全日制中国国际学校等模式建设湾区特色海外国际学校，参与全球教育治理，深度参与国际教育标准、评价体系的研究，从由内而外地输出到由外而内地推进，双轮驱动湾区国际教育的发展。

三、义务教育学校课程如何融合创新？

（一）义务教育学校课程融合创新的背景

1. 义务教育学校发展中存在的主要问题

随着改革开放的不断深入，我国义务教育学校的发展呈现快速、多元、开放、创新、融合等鲜明的时代特征，具体表现为公办和民办学校数量、规模迅速增长，对外开放程度不断增强，国际化教育等教育样态日益丰富，现代教育技术在课堂教学中应用逐渐深入，等等。但义务教育在快速发展的过程中也难免产生一些新的问题。例如，优质教育资源分布不均，学校价值理念模糊，课程教材把关不严，学生评价刻板僵化，"掐尖"招生，等等。一些学校为追赶国际教育热潮，赢得教育市场竞争的相对优势，不加选择地引进西方理念，照搬境外课程，使用境外教材，放松外教管理。教师在意识形态、知识储备、学术素养、教学水平上参差不齐，重"智"轻"德"，重"教"轻"育"，淡化民族精神和中华优秀传统文化的教育，忽视国家利益和主权意识。有的外籍教师甚至在课堂上以不同方式宣传和推销西方的宗教教义和价值取向。凡此种种，对处于成长关键期的儿童少年教育产生了很大的负面影响，违背了"培养什么人，怎样培养人，为谁培养人"这一教育的根本宗旨。

2. 国家规范义务教育课程政策的主要内容

党的十八大以来，国家及时校正国民教育航向，准确把握教育政策逻辑，不断优化顶层设计，对义务教育发展提出了全面、规范和精细的要求，陆续印发了一系列新的意见、通知、办法等，对教育教学、招生录取、课程教材选用等作出明确规定，为义务教育健康发展夯实了政策基础。2019年3月教育部办公厅印发的《关于做好2019年普通中小学招生入学工作的通知》提出，义务教育学校不得以"国际部""国际课程班""境外班"等名义招生。同年6月23日中共中央、国务院印发的《关于深化教育教学改革全面提高义务教育质量的意见》要求，严禁用地方课程、校本课程取代国家课程，严禁使用未经审定的教材；义务教育学校不得引进境外课程、使用境外教材。同年12月16日教育部颁布的《中小学教材管理办法》重申，不得以地方课程教材、校本课程教材等替代国家课程教材；义务教育学校不得使用境外教材。2020年1月7日《学校选用境外教材管理办法》再次强调"义务教育学校不得选用境外教材"。2020年3月中共中央、国务院印发《关于全面加强新时代大中小学劳动教育的意见》，将劳动教育纳入义务教育学校的必修课程。2020年4月22日，教育部基础教育课程教材发展中心组织研制并首次发布了《教育部基础教育课程教材发展中心中小学生阅读指导目录（2020年版）》。该目录所列书目中小学共计210种，分为人文社科、文学、自然科学和艺术四类。该目录是对现行义务教育课程标准和教材的拓展与延伸，对于滋养学生的民族精神、树立文化自信与开阔国际视野提供了丰富的营养。

3. 新的政策给义务教育课程融合创新带来的挑战与机遇

各级地方教育主管部门紧随国家步伐，相继出台了一系列地方管理办法和指导意见并予以落实。有的义务教育阶段的外国语或实验学校原本以国内版、境外版两套外语教材并行教学作为办学特色，现在则必须按照新的政策要求，使用国家规定的教材，还要达到规定的课时要求。受影响最大的是那些打擦边球招收中国籍孩子的所谓小学、初中阶段的国际化学校，它们不同范围地开设的IB-PYP（国际文凭幼小项目）、IB-MYP（国际文凭中学项目）、IPC（国际预科衔接项目）、IGCSE（国际中学教育普通证书）、美、加、澳、新等国际课程，都必须立即叫停。随着公民同招、超额摇号、多校划片等入学政策出台，义务教育阶段学校不分公办、民办一视同仁，不得以任何形式的考试、测评为依据招收尖子生，且原则上不得跨区招生，促使"择校热"进一步降温。由于摇号入学将不可避免地扩大生源差异，部分学生外语基础差、综合素质不高，入学后将很难适应优质民办学校开设的双语化、多样化课程，以往将优质生源一网打尽的"爆款"学校将不复存在。同时，如何对课程设置、特色建设、师资布局、教学管理、品牌宣传、招生收费、家校关系等方面作出全方位调整也是很多学校面临的现实挑战。

但是，招生及课程教材新政策的趋严、收紧不应成为义务教育对外开放、谋求融合创新发展的掣肘，而应成为义务教育工作者自觉增强发展意识、汲取国际教育先进理念、优化教学内容方法、提升融合创新能力的"风向标"，应是凸显办学特色、走高位均衡、优质发展的"助推器"。从某种程度上来说，政策的变化也是课程建设高质量融合创新的难得机遇，能有力促进公办教育管理效能的提高。公办教育不能只求保底，更要优质发展，才能赢得人民群众的尊重和信任。自此，我国义务教育的发展，尤其是义务教育阶段学校的课程改革迈向了一个坚守价值、科学公平、开放融合创新的新时代。坚持新时代中国特色社会主义的教育思想不动摇，坚持深化教育改革、扩大对外开放不动摇，这是中国教育对话一流教育、引领世界教育的正道坦途，是展示大国教育博大情怀、伟大格局、宏大气象的绚烂舞台，也是亿万中国学生抵制不良文化和社会冲击的砥柱基石。

（二）义务教育学校课程融合创新的价值

课程教材是体现国家意志、文化理念的核心资源，是教书育人的重要载体，其理念内涵与价值导向涉及教育发展的根本问题。在进行课程融合创新之前，必须明确我们需要什么，我们必须弄清楚各项知识的比较价值。纵览世界各国的课程实践，"教什么科目"和"怎样教"都涉及价值取向，事关教学内容的价值标准，教师对教学内容的目标追求与方法选择，以及学生获得这些内容的价值意义。义务教育阶段学校作为培养中国特色社会主义建设者和接班人的基础梯队，其课程融合创新的价值取向与实证研究，对顺应世界的复杂多变、回应国家关切、落实立德树人根本任务、满足社会及学生的需求等有着重要的作用。

义务教育课程的价值取向是国家在制订课程目标，设计课程内容、实施方案及评价标准等过程中，结合当下、远期的发展需求进行价值选择时所表现出来的价值倾向性。它形成于一定的历史文化情境之中，根植于千百年积淀的文化传统与民族意识，折射出当代和未来国家社会发展的动向，是中华民族观念性力量的具体表征。作为一种价值主体活动过程，课程价值取向的演变进程特征与政治、经济、文化的演变有着紧密的联系，呈现出鲜明的时代指向性、动态的发展流变性。我国义务教育课程融合创新关乎教育方向、质量，关乎国家、民族命运。因此，在文化开放与文化自觉中不断地进行构建、发展、创新、超越，找准义务教育课程融合创新价值取向势在必行。义务教育工作者需要一次集体的思维转换、行动改变、情感超越与改革创新，沿着传统—引进—融合—创新的发展轨道，办面向世界与未来的有中国灵魂、中国实践、中国标准的现代学校。

1. 国家认同——凸显国家精神意志

新时代义务教育发展逻辑已经发生变化。因此，既要尊重教育规律，又要敬畏政治规律；既要扩大开放、对外合作，又要坚守核心价值与政策导向。当前，我国正处于建设中国特色社会主义、实现中华民族伟大复兴的历史关头和时代节点上，国家的强大、民族的复兴呼唤教育的强大，呼唤具有"文化基础、自主发展、社会参与"的高素质"全面发展的人"。因此，在课程目标与路径、结构与功能、实施与评价、工具理性与价值理性等诸要素中强调国家认同，凸显国家意志是国家主体对整个义务教育阶段课程进行定向、引导、调控的根本保障。强调国家认同的课程融合创新要以学生发展为中心，以国家课程为本体，以体现家国情怀为基础，以社会主义核心价值观为主导，严格执行义务教育阶段课程标准，开齐、开足、开好课程方案规定的各类课程，并在坚定理想信念、厚植爱国主义情怀、加强品德修养、增长知识见闻、培养奋斗精神、提高综合素质上施以浓墨重彩。

2. 回归自然——注重人的全面发展

未来的世界可能是一个讲究体验、重视感受、比拼智慧的创造性、数据化的世界；

未来的教育将会突出个性追求、启智激趣和加强探索。将课程教材纯粹看成考试高分获取来源、忽视课程教材内在价值挖掘的教师尚算不得是一名有血有肉、有魂有神的"人师"。义务教育的课程价值取向在重视学科知识的传递、传统伦理道德的教育及现实生存能力的培养之外，更需要迎战未来世界的不确定性，回归自然，以"人"作为课程融合创新价值取向的出发原点与实施终点，将"人的全面发展"奉为融合创新旨归。把学生的天性、个性、生命始终置于高位，将课程的核心价值与自由、梦想、尊严、参与感、归属感、成就感和幸福感这些人生价值追求连接起来，顺应禀赋、提升潜能、包容个性，从而使课程教材真正成为育人的载体，使教育真正成为人的教育。要用课程所包含的丰富而深刻的内在价值挖掘学生的好奇心、求知欲和创造力，促进学生的个性化发展；激发引导学生追求自然的真善美，并在求真、向善、尚美中不断满足自己的理性与情感需要，体验自主学习、深入探究、全面发展的乐趣。

3. 跨界共享——融通人类共同价值

课程教材作为引导学生了解社会生活、促进社会进步、帮助学生学会如何参与制定社会发展规划的重要手段，其价值必定融通中外、观照世界。只有将中国的课程价值取向置于世界文明、国际文化的大背景中，我们才能更加清晰地看到其不足，才能持续地批判吸收、辩证借鉴、螺旋式上升。政治多极化、经济全球化、文化多元化是不可逆转的时代潮流。即使按下暂停键，也只是调整，并非退潮。国际社会日益成为一个彼此关联、相互依存的命运共同体。世界命运共同体之下的义务教育学校课程融合创新不应仅仅停留在中国传统文化和民族传统的继承与发展、选择与融汇层面，而应以一种全新的时空观、跨界共享的融合思维，正确地认识国际视野与本土背景的关系。要跨越国别、种族文化的边界，把自然、社会及人类文明融成一个整体去体认。在尊重凸显国家意志、保存民族特性的根本前提下，走"中国本土课程的国际化之路"。借鉴国际上先进的教育理念与教学方法，不断融合、挖掘人类共同利益和共同价值，把全球治理、世界责任、共同体意识、人类命运的新目标和新担当与中国五千年文化中的先进思想有机结合起来。比如，民主、平等、法治、科学、效率、分享、人权、善良、诚信、勇敢等，这些都是人类基本的共同价值和教育改革创新的可贵探索，不论身处何国，信仰如何，是否愿意，本质上都应共同遵守的基本要求。最终让每个孩子浸润在中华民族伟大复兴与世界共同发展交融引领的漫漫长河中，激扬生命的风帆，孕育成功的希望，自由全面地生长。

（三）义务教育学校课程融合创新的路径

1. 丰富课程融合创新的内容与教学方式

学校课程的融合创新一方面是课程理念与价值方向的融合创新，另一方面是课程内容与教学方式的融合创新。我国的义务教育课程内容从设计、开发主体出发，可以分为国家课程、地方课程和校本课程，国家课程为主体，地方课程和校本课程为重要拓展和有益补充。从课程内容属性出发，主要可以分为学科课程、活动课程、环境课程等，其中学科课程与活动课程可以称为显性课程，而环境课程则是一门无处不在的隐性课程。课程内容的融合创新就是要在充分了解不同类型课程涵盖内容、本质特性、关联程度等基础上，对其深度分析、系统整合、全面构建，积极实现横向学科与纵向学段、宏观方向与微观细节及本土化与国际化的融合，进而落实立德树人的根本任务。

地方课程的开发与编制是义务教育课程融合创新的重要途径，是课程资源充分利用的辽阔土壤。地方课程强化地方与国家的不可分割性，关注与世界的相互关联性，它有助于增强中华文化的生命力和影响力，培养学生家国情怀，铸牢中华民族共同体意识。地方课程的价值越大、品位越高、特色越显、承传越到位，就越有利于教育扩大开放的理解与实施。比如岭南地区开风气之先，多种文化思潮在这里交织成绚丽多彩的画面，成为中西文化交流的重要津梁。粤语作为岭南文化的"活化石"，自带古代官话和外语双重基因，流传使用至今，已成为一张走向世界的"通行证"。艺术家创作的粤剧等丰富多彩的岭南文化艺术精品对学生产生润物无声、潜移默化的影响，其传承发展对于中华文化的保育和世界文化的发展有着标杆价值。

学科课程的教育功效主要体现在学科知识、专业能力的传递与塑造上。而学生"三观"的养成、国际视野的拓展、探究精神的滋养、实践能力的锻造，则需要活动课程、环境课程等多类型课程的跨领域、跨文化融合。要将德育元素融入各类课程的教学之中，从而彰显强大的育人功能。例如，将理念信念教育、生命教育、自然教育、心理健康教育等融入自然人文社科类课程中的历史文化背景讲述、人物传记讲解中来。再如，注重建筑风格与中国文化基因、国际流行元素的融合；讲究中国传统道德礼仪的学习，也不排斥国外文化习俗的讲授；重视端午节和中秋节等传统节日、艺术活动的开展，也积极组织中外文化交流夏令营等国际性活动。让学生在这种自由无边界、融合有创新的课程之下切实感悟中外文化之美，养成兼容并蓄、包罗万象的多元文化融合之道。

学校课程教学方法的融合创新应当主动拥抱智能、面向未来、关注差异和滋养个性。"我们无法否定数字化时代的存在，也无法阻止数字化时代的前进，就像我们无法对抗大自然的力量一样。"要重新建立一种教与学的链接，直面小批量、多样性、个性化定制的挑战，充分利用大数据、移动互联网及人工智能等现代信息技术，通过线上线下的结合，使学习从静态课堂拓展至动态场景，从知识习得延伸至实践行动，从各学科壁垒森严走向跨越时空、互联互通的学习方式。将优秀教育传统和世界先进技术相结合，培养学生自主学习的意识和习惯，重视差异化教学和个别化指导，推动个性化学习。凸显面向学科教学和跨学科教学的信息化融合应用，探索学生跨学科思维与创新能力提升。包括以构建教学情境或教学活动为主的"场景式""游戏化""体验式""做中学""玩中学"，融合学科与教学媒介从而各取所长的"森林式""融通式""混合式""多学科融合""综合课程""跨学科学习"，以教师为主导、兴趣为动力的"启发式""探究式""研究性学习""项目式学习"，将教学内容进行合理分类的"主题课程""专题课程""综合课程"，发展STEM教学的"编程教育""创客教育""AI赋能学习""基于脑科学的学习"和融合中外的"与境外学生同上一节课"，等等。

2. 重视教师素养与专业发展

教师是课程资源的有机载体，是课程融合创新的发起者、推动者，也是课程讲授的执行者、反馈者。教师的素养与专业发展是义务教育阶段学校课程融合创新、实践迭代的重要支点。以文化人，以德育人，立德树人是每个教育工作者的神圣职责、责任担当和政治素养，更是其专业发展的重要保障。一方面，共产主义理想信念、社会主义核心价值观、中华传统优秀文化、民族精神和时代精神教育既是义务教育阶段学校的立校之本，也是立德树人教育的关键路径，要把它们有机地贯穿在教育教学活动之中。另一方面，又要摒弃文明冲突，树立全球观念，帮助他们构建人类命运共同体的自觉意识。

教师的专业发展路径可以分为三个阶段：第一，基础合格阶段，能胜任学科教学、担任班主任、开设选修课；第二，优秀专业阶段，遵从清晰的"自我诊断—反思—改进"路径，在教学活动后及时地进行总结、反思和提升；第三，卓越名师阶段，能听懂其他学科的外语授课，能与所有教师集体备课，从而实现人文与科学，历史与未来及东西方文化的融合创新。内驱力、共情力、思想力与交响力则是贯穿教师专业发展全生命周期的核心要素，也是最核心的素养。"内驱力"主要由认同感、危机感、成就感、幸福感构成，它是教师专业发展的动力引擎。"共情力"是换位思考的能力。教师要做有温度的课程设计以触动学生内心的情感互动。"反思力"与"改进力"二者相结合，构成了教师的"思想力"，有思想力的教师是课程内容与教学的尺度。"交响力"作为教师的成长共生之道，是一种把不同学科知识、不同文化内涵等融会贯通并传递给学生的能力，发散性、跨界性、系统性思维是它的核心内涵。

学校管理者或举办者要尊重和信任一线教师，能为他们提供良好的薪酬和福利待遇条件；出台青年教师、骨干教师的优待政策，并给予这些教师更大的发展空间。通过多种途径、多种方式激发他们的内在动力与成就动机。只有拥有发自内心的动力，才会积极地参与、良好地互动、主动地探索、忘我地投入，才能在遇到困难时披荆斩棘、百折不回。校长作为学校的管理者、引领者，要以课堂教学为抓手，以教研活动为平台，以教学反思为依托，不断提高教师的专业表达、专业合作、专业创新等素养，激励教师在优化教学方法、提高教学效益上下功夫，在提高学生综合素质、建设提升学生非学术能力体系上下功夫，在融合中外教育优势、相互学习提高教学能力上下功夫。

受知识结构、性格特征、人生经历等多方面因素影响，每个教师在教学过程中，都形成了自己独特的思维模式与教学习惯。新时代的教师，既要习惯于从中国的视角看世界，也要能转换维度拓展国际视野，促进学习方式、思维方式和人际交往方式的变革，从而指引自己的行动变化。学校可以通过素质评估、培训提升、交流创新等措施，对照国际优秀教师标准找寻差距，对不同的教师制订有针对性的指导培训措施，从而做到"教"尽其才、"师"尽其用，合适的教师用合适的教学方式教适合的科目，进一步培养出中外贯通、品学兼优、身心健康、兼有个性的学生，让学校真正成为全体师生一起学习、生活、交流的发展共同体。

针对教师的课程设计能力，学校、教研组与教师自身，需要通过"一课一探""一组一题"的课程探讨平台，达成更具思维深度、融合创新的课程内容与教学方法。例如，某国际化学校中外教师就"植物的光合作用详细机理"单元备课事宜展开了一场中外教育理念与实践的思维碰撞。中方教师认为，选择题可以通过生物学科思维快速甄别答案，详细讲解CAM（景天酸代谢）植物光合作用知识点浪费教学时间。外教则指出，曾有学生在涉及此知识点的选择题上失分，理应严谨对待、细致讲解。一番探讨后，中方教师认同了外教精益求精的教学态度，而外教也听取了中方教师教学分清主次的观点。双方在真诚包容的备课切磋、研讨琢磨中感受到中外不同的教学文化，促进了各自的专业发展。

只有不断提升教师的专业素养，才能实现师资团队的综合性成长，才能有效落实义务教育阶段学校的课程融合创新，从而给义务教育带来一种深层的"内在张力"。让义务教育不再局限于单一的角度与视野。通过多元观念、方法、实践操作等不断碰撞互动、交汇融合，逐渐让中外教育优质资源形成互补互惠的关系，使义务教育阶段的课程有一个更开放、更包容、可持续发展的大平台。

3. 关注发展性评价与学生发展

课程融合创新的最终目的是激励学生、发展学生、成就学生，其路径终点应回到以学生为主的课程评价的融合创新中来。过程性评价本质上说就是一种融合创新式评价。它是一种既注重学习本身又注重人文关怀、既注重学习知识内容又注重学习能力与方法、既注重教师教育指导又注重学生主观能动、既注重学习结果又注重学习过程的发展性评价。通过围绕教育目标、课程理念、实施人文关怀、突出主体地位、贯通教学过程、开发评价工具等"新的指挥棒"，建立一种多维度、多主体、多形式的学业评价体系，有效改进教师教学行为，整体提升教育质量，促进学生全面发展。

一是围绕课程理念与培养目标。发展性评价的开展要始终围绕课程理念并兼具国际视野，通晓中国国情与国际规则，参与中国实践与国际事务及奉行万邦协和的育人目标。尽管这一总体理念与目标落实时会因校而异，有不同的诠释与表达，但共通之处是必须坚持以学生发展为本的评价理念，切实做到持续评价与终结评价相结合，立德树人与文化多元相结合，统一标准与因材施教相结合，标准要求与特色活动相结合，学校规范与家校融合相结合，量化评价与质性评价相结合。

二是实施人文关怀。教师要承认差异、尊重差异、善用差异，与学生一起精准评估他们的学业水平、学习技能与学习动机，为他们的学习需求提供差异化、个性化指导，让学生充分展示自己的才能与热情。始终以发展的眼光、包容的态度和成长的期盼评价学生。通过科学诊断、及时反馈、激励评价、有效改进与人文关怀，不断促进学生的成长。

三是突出主体地位。教师要营造一种民主平等、宽松和谐的班级文化，凸显学生主体地位。通过自我评价、小组评价和教师及家长的评价，让学生学会认识自我、约束自我、发展自我和超越自我，从自己的兴趣和特长出发，自觉参加社区服务、社团组织和国际合作项目等，提升自主管理、自主选择、自主反思和在中外文化融合中处理问题、解决问题的能力，以此形成较强的研究能力、探究精神、创新意识和立足本土、尊重不同文化的品质，努力成为一名肩负中国责任和世界使命的领袖人才。

四、国际化学校课程如何强化国家认同教育？

1978年，派遣留学生这一重要战略决策，是中国教育事业发展历程中重要的里程碑，打开了我国当代国际教育的新篇章。随着改革开放的不断深入，社会经济的迅速发展，社会价值观的多元融合，国际教育进入了提质增效的高速发展时期，出国人数越来越多，出国年龄越来越小，学生素质越来越高。本土兴办的各类国际化学校迅猛发展，形成了从基础教育到高等教育全方位、多层次、宽领域的崭新格局。对于满足社会、家长、学生多元教育需求，扩大教育开放、深化教育教学改革起着重要的推动作用。

但受特定管理体制、教育对象、教师结构等因素影响，有的国际化学校在课程内容与教学上存在着国家认同不足、民族意识不强、价值取向混乱等问题。作为国家意志的载体表达、教育教学的主要依据，课程、教材有着不可替代的作用，其价值取向、体系内涵与实施路径的坚守与融合创新是国际化学校回应国家关切、顺应国家政策、践行国家认同教育、增强国家教育向心力的核心。根植于中华优秀传统文化，强调国家认同，融通中西共同价值，办具有中国标准、中国实践、中国灵魂的国际化学校是时代所趋、国家所望、人心所向。面向未来，我们潜心问道：国际化学校课程如何强化国家认同教育？

（一）课程价值：遵从国家认同的制度基础

从认识论上说，价值指客体能够满足主体需要的效益关系，是表示客体的属性和功能与主体需要间的一种效用、效益或效应关系的哲学范畴。由此而言，课程价值是指课程作为客体，其属性功能与国家、社会、教师、学生等主体需要间的一种效益关系，即课程的意义所在。当前，全球化在高速、深度发展，商品、人员和文化的跨国流动日益频繁，由此产生的各国间经济文化、意识形态的博弈与冲突也在不断加剧。世界各国都不同程度上面临着多元文化冲击、公民身份认同等国家认同领域问题的挑战。因此，坚持国家本位、国家认同的课程价值观，以满足本国民族、地区、公民的发展需要作为课程内容与价值导向，是世界共同体、文化共同体趋势下各国抵制教育文化软渗透，保持国家主体独立的根基。

什么是国家认同？众说纷纭，不胜枚举，如政治认同、族群认同、民族认同、文化认同等，这些概念或彼此相通，或相互包容。总的来说，国家认同是公民对于国家主权、领土家园、历史记忆、经济体系、政治主张、文化传统、道德价值观等因素的理性认知、价值判断与情感归属，进而产生国家自信的心理过程。中国的国家认同形成于中华民族璀璨、悠久的历史文明进程之中，构建于独特的历史情境之下。它是凝聚民心、整合国民、建设国家、繁荣民族的伟大根基与重要保证，是中国各民族相亲相爱、信任扶持、互利共赢的文化基因与血脉纽带。它是诸多认同的升华，是一种高层次的认同感，其具体内涵主要有政治认同、文化认同与历史认同。其中，政治认同包括对制度的自觉遵守，对法律执行的自觉信任，对意识形态的认可信仰等，是政治稳定、国力凝聚的重要前提。

遵从国家认同的制度基础是国际化学校课程强化国家认同教育的根本性、总体性要求。2019年，中共中央、国务院印发《新时代爱国主义教育实施纲要》，要求在教育灌输和潜移默化中引导学生树立国家意识，增进爱国情感，引导人们树立和坚持正确的历史观、民族观、国家观、文化观，增强中华民族归属感、认同感等。2021年1月，教育部印发《革命传统进中小学课程教材指南》《中华优秀传统文化进中小学课程教材指南》，明确了革命传统、中华优秀传统文化进中小学课程教材的基本原则、总体目标、主题内容、载体形式等。这既是落实"十四五"规划和2035年远景目标的顶层设计，也是贯彻党的十九大精神和落实全国教育大会精神的重要举措。

地方教育主管部门也陆续出台了公办学校和民办学校共同招生、超额摇号、多校划片等入学政策，规定各地民办中小学不得以任何形式的考试、测评为依据招收尖子生，且原则上不得跨区招生。环环相扣，层层递进，一套从宏观到微观、从理念到实践的教育政策组合拳被称为"史上最严"制度定调，没有过渡期，不容讨价还价。它对于维护公立学校主体地位，提高基础教育特别是义务教育的公平性，凸显国家主权意识与民族意识起到了关键作用。

教育对于一个国家而言，不仅是基本的民生问题，更是精神价值传承、思想文化选择和国家社会认同的问题。当承担国家使命主体任务的公办教育受到冲击的时候，当教育实践中的政治价值取向出现偏离的时候，不仅国际教育行业面临较大的风险，而且整个国民教育的基础产生了一定程度的动摇。因此，亡羊补牢，未为晚矣。纠偏正当其时。

因此，国家认同应成为国际化学校发展不可或缺的"主心骨"和检验国际化学校办学方向的"试金石"。全体国际教育人要顺势而为，主动应对，系统扭转，切实跟进，将遵循国家认同的制度基础及强化国家认同教育视为义不容辞的大事、要事。

（二）中国情怀：根植国家认同的课程愿景

国家认同作为一种价值判断与情感归属，不是与生俱来、一蹴而就或一劳永逸的，它依托于中华优秀传统文化，需要教育理念、教育愿景的持续熏陶与不断教化。只有将国家认同的深厚内涵渗透到国际化学校的课程理念、办学目标与办学环境中来，才能找到明晰的办学方向与育人路径，创设适宜的生长沃土。

谈及一些国际化学校的课程理念与办学目标，总有一连串耳熟能详的词语扑面而来、涌入脑海：中国情怀·国际眼光，根植中国·花开世界，中国心·世界眼，中国底蕴·国际领袖，中华根基·世界情怀，更中国·更世界，诸如此类，不一而足，基本上是"既……又……"的句式。强调中国情怀、中国根基、中国底蕴，已经成为国际化学校践行国家认同教育的共识。

生长是万物之本，自由乃教育之魂。滋养自由生长的现代中国人应是国际化学校的目标取向，是坚守国家认同与拓展国际视野、参与国际竞争的有机融合。何为"滋养自由生长的现代中国人"？从话语逻辑上，这一目标简要回答了"教育是什么？""教育为什么？""教育如何做？"的三大教育根本问题。首先，教育即生长。英语词汇中的school（学校），源自希腊文skholee，意为"自由保障之地"。因此，校园是学生自由生长的沃土，自由生长是教育的最高境界。"法自然，为无为。"真正的教育一定是强调"自化"、通向自由的教育，是"视徒如己，反己之教"地发掘学生内在自觉，让学生自在探索、自由生长的教育。"中国人"是学生对自我国家身份认同的核心基础，也是教育的根本目标。"滋养"是教育实施的具体策略与路径，就是天道自然，润物无声，即营造良好的环境活动氛围，提供必要的支持帮助。

国家认同教育不是简单粗暴的国家领土疆域、历史文化、政治制度等知识的灌输式教育，而应从孩子天性出发，由浅入深、由具体到抽象地构建具有国家认同的自然人文教育体系，让孩子在潜移默化中感悟参透、内化升华。环境与人文教育课程是国家认同教育的自然与历史延伸。越是国际化的学校越应营造具有本民族特质的自然文化环境。因为文化是一个国家、一个民族的血脉，体现着国家、民族和人民的价值取向、道德规范、思想风貌及行为特征。譬如，注重建筑风格与中国文化基因的融合，重视传统节日、传统艺术的活动组织。中式的园林小品设计、文化名人的雕塑画像、妙手偶得的雅致命名、活灵活现的图腾喷画等元素，悄无声息地熏染着莘莘学子。地方戏剧表演比赛、中秋文化节、茶艺课堂等活动的开展，焕发出学子们蓬勃向上的朝气与生命力。而寻访中华文明古迹，游历中国名川大山等文化主题活动更是能带领学生走近真实的文明形态，感受祖国母亲的巨大魅力。诸如此类，可以使孩子在一个被称为"自学"的过程中自我教育，在感受不到被教育的过程中激发出内在动力；在实践体验中深刻领悟，产生思想共鸣和价值认同，达到"学思用贯通，知信行统一"，从而树立起传承、弘扬、永续国家认同的坚定自信与强烈责任感。

（三）母语课程：融入国家认同的心润语文

国家认同作为一种抽象的思想、情感、价值观，只有通过具体可操作的载体，才能使其传承和发扬光大。课程、教材关乎教育根本，是民族文化、国家意志的显性载体，是学生形成国家认同的关键介质。

中国五千年文明史能够摆脱断裂的危险，实现"亘古亘今、亦新亦旧"的持续发展，汉语言文字起着一种血脉维系作用。它是承载中国文化、中国精神的灵魂故乡，是中华民族、中华儿女的生命情感。

语文不仅是口头语言与文字语言的组合，还是思维与审美的结合。作为一个中国人，打好语文基础是厚植文化底蕴、浸润文化熏陶的关键。有这个底蕴与熏陶的人，其思想深度、审美品位、待人接物的教养是不一样的，在接纳外国文化时，在取舍之间的品位也是不一样的。

语文教育是滋养学生国家认同的丰厚土壤，其课程体系的开发至关重要。当我们恣意徜徉在经史子集、诗词歌赋所汇聚的汪洋大海时，我们会洗净周身尘世浮华，心灵得到润泽净化，人格得以升华自如。"心润语文"的概念就此氤氲而生。它是一种灵魂回归的语文教育，是国家认同最直接、最丰富、最自然的营养来源和实践。

"心润语文"课程的内层是"听、说、读、写、译"五个基础素养的养成。听——聆听弦外弦内之音，倾听诗词曲赋之声；说——切问质疑，分享体会，言辞深刻而不失文雅，表达得体胸中蕴含丘壑；读——口随眼动，心随口动，神随心动，深度阅读中外精粹，奏响文化之律动，丰厚精神之成长；写——思接千载，神游八荒，行云流水，言之有物；译——古文今译，中外互译，通达典雅，文明互鉴。那些原本属于英文、法文、德文、希腊文、俄文的经典作品，通过精美的中文翻译，也变成了我们母语的有机组成部分。课程的外层则是"思、融、悟、美、品"五个高阶思维与情感的有机循环。思——探索研究、审视思辨，探索文明起源，研究文化大作，审视中西差异，思辨宇宙洪荒；融——融合、融创，融会古今中外，融合所思所辨，融创所写所译，融通读写表演；悟——激趣、启智，激发内在的潜力与兴趣，体悟外界的庄严与随和，感受"缘起性空"与"真空妙有"；美——精神愉悦，和谐美妙，各美其美，美美与共；品——于语文学习中陶冶情操，锤炼人格，提升人品，收获成长。

国际学校的语文教育要让学生体会语文的融合之趣，感受语文的蕴藉之美，鉴赏语文的探究之味，享受语文的发现之妙，领悟语文的灵魂之道。将民族共同语的工具性、人文性、开放性融会贯通，相谐相生；要围绕核心思想理念、中华人文精神、中华传统美德三大主题，遴选中华优秀文学篇章，实现对学生的价值引领。以朱自清散文《春》的学习为例，教师在课堂上可给学生分享古今中外诗情之春，如苏轼的《惠崇春江晚景二首》、艾青的《春姑娘》、杰拉德·曼利·霍普金斯的英伦之《春》；还可带领学生领略山川秀美画意之春，如隋朝展子虔的《游春图》、意大利桑德罗·波提切利的《春》；也可与学生共品余音绕梁的乐曲之春，如中国的《春天在哪里》、奥地利小约翰·施特劳斯的《春之声圆舞曲》。

（四）德育课程：树立国家认同的学习榜样

立德树人是教育的根本任务。研究发现，国际学校中部分学生国家认同意识淡薄，社会责任感、使命感缺失。市场化、快餐化、噱头化的网络文化产品大肆传播，扰乱学生视线，使学生的价值观产生偏差。体现为国家认同的思行不一，如有的学生在涉及国家安全等大事上有正确的政治觉悟与立场，并在网络上发出正义之声，但日常生活中却出现贬低国货等矛盾行为。

找准德育榜样，是实施饱含国家认同的德育课程的逻辑起点与坚强基石。"二十年华识真理，于今虽晚尚非迟""面壁十年图破壁，难酬蹈海亦英雄"，青年时期的周恩来壮志凌云、胸怀天下。他负笈东瀛，济世破壁；他远赴欧洲，上下求索，坚定信仰。他毅然回国，投身于新民主主义革命与新中国的伟大建设事业，为民族独立、人民解放、国家富强、世界和平建立了不朽功勋。

20世纪50年代初，周恩来总理号召大批留学生回国参与建设。1963年底至1964年初，他出访亚非欧14个国家，深感国内外语外交人才的匮乏、培养人才之紧迫，决定成立一所外语院校——北京第二外国语学院。1963年前后，在周恩来、陈毅的指示下，创办了长春、大连、武汉、天津、上海、南京、重庆、广州外国语学校（院）。此外，新中国第一所国际学校——巴基斯坦驻华使馆学校是1968年周恩来批准建立的。周恩来是中国共产党人的杰出楷模，是新中国国际教育的开创者之一，是当代中国留学生引以为豪的榜样旗帜。"以青年周恩来为榜样，为梦圆中国、和合万邦而学习"应当成为国际化学校德育课程实施的新灯塔。

1953年，周恩来首次提出"互相尊重领土主权、互不侵犯、互不干涉内政、平等互惠、和平共处"的五项基本原则，成为新中国外交的核心纲领。新时代倡导的"人类命运共同体"是对和平共处五项原则的继承与深化。2020年肆虐全球的新冠疫情，更是将这一认识深入每个人的心中与每个国家的生活中。

全球化是不可阻挡的历史潮流。国家认同教育是不能舍弃的教育之本，强化国家认同教育便是要将国家认同观念、命运共同体意识渗透到德育实践中去，挖掘人类共同价值观，共建地球"村庄"，实现世界大同。

以伟人风范滋养未来人才，集全员导师实现立德树人。国际化学校德育课程的实施要坚持统一要求与因材施教相结合，志向远大与脚踏实地相结合，常规要求与特色活动相结合，学校教育与家校融合相结合。以班主任为核心、各学科教师共同参与的全员导师制度是德育实施的关键。导师通过"私人定制"一对一的思想引导、学业辅导、生活指导、生涯规导、心理疏导、行为匡导、学长劝导等举措，保障学生自由健康地成长。通过思想教育与知识传授相同步，课堂教育与课外教育相补充，共性教育与个性教育相协调，严格管理与言传身教相配合，正面灌输与实践体验相联结，榜样引领与文化熏陶相结合，展示新时代德育的新境界。

强调国家认同的德育教育重在体现人文精神的人性教育、自然教育。每个人在发展自己的同时，还要关心他人，关怀社会，关爱自然。既要以人为本，也要以自然为本。如在疫情期间，国际学校应积极开展"珍爱生命·敬畏自然""疫情公开课"等线上主题班会活动，深情讲述医护、民警、社区等一线防疫人员的伟大奉献，让学生感受到无论在什么境遇下，任何个体都不能独善其身，必须从被裹挟的随从者变成独立的思考者，从冷漠的旁观者变成积极的行动者。这种同理心、共情力、渴望生命、帮扶弱者及对自然尊重的道德伦理应当流淌在每个人的血脉中，并升华为一种人格，成为国家认同的有机组成部分。

（五）课程实施：提升国家认同的教师教学素养

只有具备强烈国家认同感的教师，才能引领具有国家认同感的学生；只有具备高水平课程教学素养的教师，才能培养具有高品质核心素养的学生。因为，教育就是点燃火焰、指引灵魂与提升生命质量、彰显生命活力的事业。国际教育中外深度融合、文明交错碰撞，其国家认同教育的践行与强化本身是一项极具复杂性、挑战性的工作，稍有不慎，便失之偏颇，拿捏不住国家认同教育的分寸与边界。国际化学校的教师，理应率先坚定国家认同，自觉承担起先行先试、凝练提升的使命，为我国国际教育发展积累经验、传递智慧，发挥国际教育"领头羊""助推器"的先锋作用。此前，我提及中国教育迈向了"素养时代",教师面临着更高的要求和更大的挑战。领导素养、课程素养、教学素养、评价素养、写作素养是新时代对教师的呼唤,作为国际化学校的教师,除了兼具素养时代下的教师使命外,理念素养和道德素养更应置于首位。

理念素养。国际化学校教师作为中西文化、教育理念、教学方法的双向感受者、学习者与践行者,始终站在教育的最前沿。国家认同、连接中西、贯通古今的理念素养,是国际化学校教师的教育指针。增强文化自信,传承中华优秀传统文化,守好中国教育的优良传统,汲取中国精神养分,自觉坚定中国国家认同。保持定力,沉着应对多变国际形势,借助于国际教育活的方法,包容多元文化缤纷万象,融合全球先进智慧硕果。系统整合,多维融合创新中外"百家"之长,伴着智能科技的快速发展,踏上万变世界交响之旅,实现学生个性特色发展。返璞归真,主动探索自然奥秘所在,迎着命运共同体的新境界,融通人类共有价值信念,回归生命自由生长之本。

道德素养。办好体现国家认同的国际教育,教师专业发展中的人格教育、道德教育,意义重大。叶澜曾说:教师从事的是育人的事业,作为教师,首先要自己像人一样地活着,才能对别人产生成人意义上的影响,一种真正成为人的影响。没有真正的人格,就没有真正的成人;缺乏真正的道德,就缺乏真正的智慧。《礼记·大学》写道:"古之欲明明德于天下者,先治其国;欲治其国者,先齐其家;欲齐其家者,先修其身;欲修其身者,先正其心。"今之教师欲谋其发展、升其价值,必先正心、修身。心正则行端,行端则师表,师表则功成,功成则国兴,教师应不断地超越职业状态而进入自觉追求崇高的境界。

此外,教师的政治教育、历史教育、文化教育不可或缺,它是正确树立教师国家认同观的重要因素,需将其渗透到教师选拔、培养、使用和考核的各方面。开展思想政治觉悟测评,制订思政教育培训计划,完善教师考评机制,组织历史文化讲座,召开中外文化研讨会,举办思政学习、历史回眸等征文评选活动,切实通过多渠道、高效率地实施教师教育。对于外教,除了常规的教育活动,还需要建立起月度沟通制度,严格执行《外籍教师管理制度》,遵守中国的法律法规,不得在校园内以任何形式宣扬自己的宗教信仰及与中国国家认同不符的观念。

国家认同是一个不断在求同与存异间循环互动的过程。这与中国传统文化追求"中和"境界、讲究中庸之道的特征一脉相承。"中也者,天下之大本也;和也者,天下之达道也。致中和,天地位焉,万物育焉。"中外文化、课程、理念千差万别,纵横交织。国际化学校的教师身处文化碰撞、交流的"风暴中心",其专业发展更要凸显中西融合、兼容并包，唯此方可实现求同存异、多样统一、协调和谐、和而不同。

教育恰似一棵自由生长的大树，是一个缓慢生长的过程，是一个浸润无痕的过程，是一个天天向上的过程。中国精神、国家认同、民族使命、价值导向、公平正义等是这棵大树的根，扎向土壤深处，为其生长汲取源源不断的养分，奠定繁茂生长的发展原点和雄厚基础。

五、国际化学校创变，教学主管何为？

从一张白纸绘下教育蓝图，一方沃土播下梦想火种；到筹办报批落地生根发芽，官方对国际化学校颁证使其破土而出；再经浇水施肥茁壮成长，管理运营平稳发展；最终到历尽阳光风雨大树长成，幸享天地人和开花结果，一所国际化学校的生命旅途充满着变数。

新的时代，国际化学校既要以"不变应万变"的哲学思维保持现有核心优势，又要以"创变应万变"的实践手段追求可持续高质发展。而这途中，需要科学稳定的组织架构、强而有力的人才队伍为其保驾护航，更需要精明强干、素养优厚的教学主管上下衔接，保障教学运营无虞。

一所学校，尤其是一所国际化学校若没有教学主管的存在，势必会出现校长直面教师群体，难以"以一敌百"，向下沟通产生断层与阻滞，从而致使学校教学秩序混乱的现象。对于教师而言，没有教学主管作为自己的领头羊，则会在教学、教研等方面仿佛在"单兵作战"，与本学科及其他学科教师间的沟通缺乏媒介与监督，跨学科的融合成为空谈。

由此可见，教学主管的角色与价值定位至关重要。他是推动学校高效运转的人才枢纽，是实干者，是专业的高手，能够夯实教学之根基；是领导者，是教师的旗手，能够引领教师之方向；是服从者，是校长的助手，能够帮助校长工作之落实；是协调者，是部门的强手，能够调动系统之资源。

但教学主管也会遇到困难，有着"上级不信任，下级不拥护，平级不配合"的苦楚，可能有"少做少动——显得平庸保守，埋头苦干——以为缺乏创新，冥思苦想——看似无故折腾，创新求异——误解爱出风头"的烦恼。主管难做，教学主管更难做，锐意改革的教学主管尤其难做。那么，身为一所国际化学校的教学主管，又该有着怎样的职责定位与自我修行呢？

（一）教学主管的职责定位

教学主管既是管理性岗位，也是教学性岗位，有着双重身份与多重角色定位。因此，其职责定位与范围对应具备多元性与广泛性，既要履行统筹计划、检查督导、协调联动的管理职责，又要做好指导教研、教师培养等教学相关工作。具体包括：

统筹课程教学工作：研究政策，保障课程教材使用的科学与安全；制定国家课程与国际课程的融合实施方案；按照课程设置实施学期的课程安排和教师安排等。

统筹教务管理工作：制订每个学年、每个学期的教学计划和行事历；制作学期课程表；统筹早读晚修、模考监考安排、学生资料档案管理等。

督导教学：检查教师备课，制定教学评估标准；深入课堂一线，了解教师教学、学生听课情况；督查教学进度、考核总结各科组日常教学工作。

协调联动：协调教学与德育教育，结合德育对教师进行培训，结合教学对班主任进行培训，协调处理教学与德育教育之间的关系。

协调家长与学校，及时收集家长想法，做好家长对教学部门的调研反馈工作；协调家校间的教学需求并对家长做好沟通工作；及时反馈教学工作安排，让家长清楚和理解学校的工作。

指导教研：指导各科组的教研与教材教学培训活动；组织公开课、听课磨课，将公开课评价纳入年度考核等。

队伍建设：参与教师招聘，引进有态度、有能力、有潜力的年轻教师；制定教师发展规划，为每一个教师量身定做成长方案；组织教培活动，包括外出交流，开展名师讲堂等。

（二）教学主管的自我修行

在厘清了"我是谁""我做什么"的角色与职责认知问题后，紧接着要思考的便是"我该怎么做"的实践性问题。

在我看来，一名优秀的教学主管是一名恭敬虔诚的信徒，能够准确理解学校理念，坚定不移贯彻学校战略；是一名尽职尽责的教练，能够详细制订行动计划，督导教师落实执行；是一名妙手回春的医生，能够定期"望闻问切"，精准诊断教学潜在问题；是一名思维严谨的律师，能够理性应对质疑，搜集证据提出合理建议；是一名逻辑清晰的辩手，能够批判面对命题，换位思考并化压力为动力；还是一名驾轻就熟的司机，能够提前规划行驶路径，确定方向引领教学前行。

优秀的教学主管具备强烈的自我觉醒意识，能把准角色脉搏。是服从者，听从校长命令，但有自己的价值判断与原则准绳，绝不做盲从的木偶人；是指挥者，能发布明晰号令，还能提供系统的实施建议与过程关怀，绝不做生硬的督导员；是策划者，能撰写各类方案，据实组织丰富新颖的教研团建活动，绝不做网络的搬运工；是创新者，能兼收中西所长，融合生成新的教育理念与方法，绝不做死板的教务员。

优秀的教学主管具备高思想站位，能把握中外教育改革的本质。本质是事物本身最为深刻、稳定的东西，从整体上规定着事物的性能和发展。教学主管对于校长总结的"六大教育本质"的把握与解读，决定着教育实施的方向与价值。即：适应社会与发展个体相切合，共同基础与个性发展相综合，教师中心与学生中心相融合，书本知识与实践能力相配合，培养精英和面向全体相联合，学科系统与主题教学相聚合。

优秀的教学主管是一个内存海量、无限拓展的智慧库，有着全方位的能力素养。既有出类拔萃的基础能力，如沟通、协调、抗压、时间管理、情绪管理等，又有专业精通的课堂教学能力，能以多年沉淀的教学经验精准诊断课程教学；既有广泛渊博的学科知识，又身具目标激励、团队建设、绩效评估、计划管理等组织管理能力，还能独立教研或带领教师开展团队教研，发表专业论文。

优秀的教学主管既有凸显家国情怀，又有中外融合互鉴的开放视野。他能坚守返璞归真的办学理念，又能赋能融合创新的课程体系建设，还能主动组织中外教师研讨会，探讨中外不同的文化背景和教育制度，引进国际课程，促进教学改革。

优秀的教学主管重视导师制度的深度实践，为教师制定专业发展规划。在导师制实践中，教学主管要求各导师做到思想教育与技能传授相同步，严格管理与言传身教相配合，正面管教与实践研讨相结合，共性教育与个性引领相协调，最终实现对学生的行为匡导、思想引导、生活指导、技能辅导、案例示导、心理疏导及生涯规导。在教师专业发展上，教学主管则遵循"一师一划、一课一探、一组一题"三种路径，为每一个教师制定专业成长规划，要求每一节课都能探讨以思维为核心的课堂实践，每个备课组每一个月研究一个具体问题。

优秀的教学主管要走学习、思考、实践、领悟、表达的专业成长之路。学习，始终保持着好奇心，中外互鉴，跨界整合，与日俱新，迎接未来社会的挑战。思考，展开想象的翅膀，飞向自由的天空，以聚焦的思考、敏锐的思判、激烈的思辨，催生思维的火花，凝聚思想的力量。实践，言出必行，身体力行，雷厉风行，坚持有方向、有措施、有效果的教学实践。领悟，三省吾身，茅塞顿开，深思清明，由一己之独悟到群体之众悟。表达，一是说，表达清晰，逻辑严谨，言简意赅，能说明事实，说清脉络，说透道理；二是写，源于情感的抒发，起于日常的思考，生于经历的锤炼，但不止于感性的表达，可贵在经验的借鉴，体现在思想的升华。

第二节 面对新问题

一、国际教育新形势的特征与走向

突如其来的新冠疫情给社会生产、经济生活带来了严重的影响。全国的大中小学生度过了一个漫长、特别的时期。随着疫情的全球蔓延，各国考试、签证、出行政策呈现变化，国际教育呈现出"未来不确定"等短期特征。

"留学恐慌"迅速蔓延各大网络媒体。各大教育类、经济类、新闻类媒体平台文章迭出，所述内容无不指向国际教育遭遇前所未有之打击，许多此前坚定出国留学的家长陷入深度纠结。国际教育虽受挫，但机遇与挑战并存，未来发展并非不可期。面对百年未有之大变局，国际教育从业者需要更加理性地思考如何应变。

（一）在"变"与"不变"的对立统一中明确价值取向

在短暂的遇冷后，中国国际教育迎来了明显的变化。主要表现在留学目的国与专业的变化，将由"美欧澳"向"日新韩"倾斜，由商业金融向自然科学倾斜。授课方式与教育场域存在形态的变化，将由单一的线下授课向线上线下结合授课的方向发展，由相对独立的单一教育场域到学校教育、家庭教育、社会教育、网络教育边界交叉、相互影响、彼此配合的"跨域教育时代"。纵然变化万千，但世界命运共同体的远大抱负与理想不变，坚持扩大新时代教育对外开放方针不变，国际教育在"变"与"不变"的对立统一中明确"不忘由来，吸收外来，面向未来，回归本来"的价值取向。

（二）在"融合"与"创新"的联系发展中找准实施路径

首先，要厘清"融合"与"创新"二词的含义与联系。在我看来，研究不同事物的特点属性，以审辩的思维判断其优势所在，各取所长，强强联合，这叫融合。打破不同组织的原始结构，以不同的方式将其融合重组，形成具有新形态、新功能的组织，这叫创新。融合有两种，一种是"同类互补"，另一种是"跨界共通"；创新也有两种，一种是"无中生有",另一种是"有中生新"。两者之间的关系,用一句话概括就是:创新需要融合,融合加速创新。

融合创新,是时代变局下教育教学改革适应泛在化、跨域化、智能化、数据化教育的应有要义。譬如,针对"教""学"割裂现象而推动跨边界、重探究的学科融合,迎接跨域教育时代的到来而强化家校、社区间的聚合,面对科技带来的教育形态的改变而驱动教育理念、立德树人根本教育任务的化合,应对学生理论知识与实践脱节现象的生活与教育的结合。

(三)在"科技"与"数据"的迭代链接中赋能教育梦想

未来的国际教育是时空灵活、资源共享、数据链接的智能化、信息化教育。时空灵活,改变教育教学组织管理方式。例如组班方式——按学生成绩水平组班、跨校组班等,教师职能——授课教师与辅导教师的职能分化等。资源共享,促进人和物的教学智能共享。例如跨校点播名师课程等,教师的身份与教学职能逐渐独立;信息平台化聚焦、众筹性改变了知识的属性等。数据链接,实现师生间的精准评价与科学管理。例如利用数据给教师、学生精准画像,提供实时、个性、精准的知识服务;通过行为、交互等多维度的数据分析,了解同分段学生在知识点掌握上的细微差异等。

二、线上课程的挑战与机遇

2020年初,全国大中小学校一度停课,开学日期一拖再拖,家长、学生早已按捺不住。为最大限度赶上教学进度,教育局发布"停课不停学"的号召,各省市、各地区教育局迅速响应,开启线上网络课程教学。一时间,教师成为网课主角,一批优秀网络课程资源迅速上线。面对线上课程,教师始终坚守岗位职责,积极开展线上课程教学、学习问题的在线指导等工作。

(一)化危为机·教学相长

线上课堂,不仅仅是把学习地点从课堂换成家中,也不只是把纸笔测验换成在线考试。教授环境的变化、知识传播渠道的改变给教师教学与学生学习带来了一定的挑战,但挑战与机遇并存。通过制定严密的《在线教育管理制度》,开展在线教学专业教师培训,以精心的指导实现教师团队思维方式和行为方式的改变,充分发挥教师"团队作战"的力量，化危为机，开辟出一条既立足本校实际，又面向未来发展的"互联网+教学"之路。在这个过程中，全体教师心系学生，抓住机遇，勇对挑战，勤于分享，赢取了自身教学能力的突破式生长。学生自律自觉，笃实勤奋，热情昂扬，体验了远程学习的精妙，养成了良好的自学习惯。

（二）家校协作·闭环联动

传统的在线教育模式停留在以"教"为主的阶段，将丰富的教学资源直接传授给学生，对学生的学习心态、学习需求、学习能力等个性化因素重视不够。而学校应当有的放矢，集中研究，家校协作，闭环联动，让教师与家长携手为学生在家线上、线下学习提供一个有学校时空感、仪式感的教育环境。学生、家长、教师形成一个闭环，学生是其中的主体，教师利用平台为学生学习问题提供相应解决方案，针对学生薄弱问题进行点拨和学习指导，关注学生的身心健康、体育锻炼、兴趣激发、情感交流等，家长则负责监督反馈学生的学习情况、学习状态、学习结果等。通过全面掌握学生的情况达到以"学"为主，帮助学生更好地吸收知识。

（三）课堂探究·教学变革

为切实提高线上教学的教学效果，帮助学生掌握知识，教师要主动探索、积极研究线上课堂教学方式方法。通过成立线上巡课小组，上下课和课间不定期巡查线上课堂，加大随机提问频率，摸清教学第一手资料。课前预设学生可能碰到的问题并进行归类，详细告知学生教学计划、复习计划及需课前完成事项，让学生有目标、有准备、有底气、有计划地进入学习。PPT清晰展示课堂知识要点，部分学科做好演示图形、案例的绘制准备，节省时间，提高效率，以教师提问、学生讲课、课堂趣味游戏提高学生关注度与课堂互动参与度。课后及时"复盘"，对教学进行反思总结，对学生笔记进行检查指导，对课后作业及时批阅指正，对课堂学生违纪行为进行汇总并在下次课前进行强调，与学生家长做好沟通联动，全方位、多层次地掌握学生动态，指导学生学习。这样，以学科实践融合为思路，以线上线下灵活互补为策略，以课堂实时问答为辅助，科学规划课堂教学，重点关注问题反馈，强调课堂师生互动，引导学生积极开展自主式、探究式、项目式的学习，培养学生新时代数字化背景下自主学习的能力。

（四）停课不停学·教师来分享

在线上课程教学的过程中，出现了一些意料之外的难点、问题，但也涌现出了许多能力优秀、创意十足的网红教师。他们用自己的经验、智慧与坚持，不断探索提高线上教学质量的途径，并不断应用、矫正、更新。

地理科张老师认为：如何在师生不能面对面的情况下，远程、分散、实时地实现接近课堂教学的效果？从教师准备的角度来说，除平台操作培训外，更要牢固树立以学习成效为中心的教育理念，精心设计直播、录播内容和交互环节。每一堂课都要更翔实细致地备课，课堂上随时关注学生的上课动态，课后及时记录好上课反馈，观看回放对教学过程进行回顾与提炼，保证每一堂网课授有所获、学有所得。

班主任杨老师说：在线教学于教师、学生而言，都是一种新的体验。在这个过程中，我们都有所收获。我希望通过这几个星期的线上课程，学生们学到的不仅仅是知识，更是在逆境中快速应变、合作沟通、迎难而上、勤思进取的精神和能力，希望他们能够明白哪有什么岁月静好、万事如意，不过是有人在替我们负重前行，希望他们在不久的将来成为有知识、有能力、有责任、有担当的栋梁之材。

化学科秦老师分享：与现场授课相比，网课对于备课的要求更高，教学内容要考虑得更细致充分，教学语言要更精练准确，在教学过程中也需要更多的技巧对课堂进行有效管理，需要更多的措施对学生的学习效果进行跟踪监督。挑战也意味着机遇，通过这段时间的网络授课，我掌握了很多新的教学技能，也可及时对自己的教学情况进行回顾和分析，对提高自己的教学水平大有裨益。在接下来的教学中也将继续总结经验，力求尽善尽美。

英语科孟老师说：一款强大的直播平台是线上授课顺利开展的基础保障，平台的桌面共享、程序共享、电子白板、录制等功能充分满足了网络教学的需求。在我看来，网络教学与现场授课相互区别，例如在线教学对学生的自律性要求更加严格，师生交流与反馈速度较慢，等等，但两者间从根本上看并无差异，不论是网络教学还是线上授课，都要求做好大量的备课、预习工作，都强调学习效果反馈、学习问题沟通，都重视学生学习环境、氛围营造、学生学习心态调节。

数学科田老师感叹：这次在线教学对学生和教师来讲，都是一个很好的机会。学生们感受到了科技的便利，也感觉到了学习的珍贵。教师们利用这一新颖的授课方式，重新思考自己的课程架构，审视知识传递的有效性，并且重新设计自己的课程。强大的互动授课平台既保障了师生的及时沟通，又提高了知识输送的密度，使得教师要更慎重地掌控讲课语速、停顿和复习的节点，要主动思考如何利用多媒体工具和各种教学方式来丰富课程内容。

风雨硝烟伴书香。在这次挑战中，有知识，有媒介，有科技，更有每一个教育人的使命和责任。学生居家学习，线上课程教学，是教育4.0时代的一次预演，是未来学习场景的演练。

三、何时出国与合适出国

2016年火热播出的电视剧中有讲述富裕、中等收入、收入普通三种不同家庭孩子出国留学的故事。剧中聚焦"低龄留学群体"，以中学生教育为引，突出展现各组家庭亲子间的相处过程及各式各样的"青春期症状"，并集中演绎了在留学问题上各家庭成员间频发的矛盾、争吵，引起了众多观众的共鸣，掀起了留学圈的"惊涛骇浪"，至今"余热犹在"。

关于留学的重要性，剧中家庭分别传递了三个观点：对于收入普通家庭而言，留学能让前途更光明，实现生活的改善；对于中等收入家庭而言，留学能让孩子摆脱国内过大的学习压力，远离竞争尤其激烈的高考，获得新的人生选择；对于富裕家庭而言，出国留学不过是为了让个人履历更漂亮。从中看来，无论出于何种考虑，出国留学无疑具有一定的吸引力。随之，"是否出国"及留学规则也成为社会热议话题之一。对于有出国规划的家庭，常讨论的是："孩子几年级出国留学更好呢？""孩子去哪个国家留学更好呢？"……

（一）何时出国？

客观来说，孩子出国的时间可以涵盖小学、初中、高中、本科、硕士、博士所有学段，且每个阶段各有利弊。但近年来，孩子出国留学已呈现低龄化趋势，留学平均年龄向下发展，一些初中尚未毕业，甚至小学尚未毕业的孩子就到国外读中学、小学。《2016中国留学白皮书》显示，中小学留学人群占比25%，本科及以上留学人群占比75%，而《2017中国留学白皮书》显示，中小学留学人群占比约27%，本科及以上留学人群占比约73%，足以可见这一趋势。《2017—2018年度留学白皮书》提到，过去10年间中国出国留学人数低龄化发展趋势明显，低龄留学人群中尤以高中及以下超低龄留学人群的增速最为明显。《中西合璧，文化融合——2021中国国际教育白皮书》则指出，低龄留学热降温，高中阶段出国留学意愿下降五成，研究生阶段出国留学比例占41%，同时留学归国趋势愈发明显。那么，究竟哪一个学段出国留学更有好处呢？为此，我通过网络平台随机访谈了几名相关人士。

首先，我访谈的是一名对留学颇有研究的学生家长，他这样说道："近年来，有不少考生考SAT或托福时不断重考刷分的现象引起外国高校的关注，最终被取消成绩或是拒绝录取。鉴于这种情况，建议自律性好的孩子出去上高中，自律性不好又没家长陪读的，不建议早出去。好多孩子在国外不好好学习，容易误入歧途。自律性不好，家庭又富裕，又确实想孩子出去留学的，建议高中毕业后再去。"

然后，我访谈了一名资深高中年级组长、班主任，他说："如果孩子自主性强，家庭经济较好，就可以去国外读高中、读大学。从过往经验来看，在国内读完大学后，心智健全，对社会了解比较深刻，到国外读书生活会比较顺利，家长会更放心。比如，我带的几届学生中大学毕业出去留学的在适应环境、专业选择、就业等方面都很顺利。而那些刚上高中就出国的学生，有的并不是很顺利，其中不乏中途辍学回国的。"

紧接着，我又访谈了一名刚退休的中学校长，他说："我觉得孩子最好在高二以后出国，一是基本完成了国内基础教育知识的学习；二是年龄已经在17岁左右，有基本的独立生活能力且性格心智发育基本成型；三是英语水平相对较好，若英语仍不过关，则可利用这个时间学习，也会有所成效。"

我访谈的第四名是一名高中学校的管理干部，他的孩子正好在国外读博士。他认为："家庭经济实力雄厚，小孩成绩中等但习惯和能力较好的同学，可以考虑高中出国或读完高中再出国；若成绩本身较好，能在国内考取重点大学甚至是名牌大学的同学，则建议大学时期出国或大学毕业后再申请出国读研、读博。"

最后，我访谈的是一名从事国际教育多年的专业人士。在他看来，如果这个学生能力强，学业中等以上，反应快、适应性强，则越早出国越好，哪怕初中出去都可以。特别出色的学生，迟早无所谓，在哪都很优秀。有身体缺陷的孩子尽量不要出去，学业难有进步。当然，外国有个别特殊学校，采用近似军事化的管理，很是严格，这也是一种选择。

一千个读者就有一千个哈姆雷特。专家、家长们对于何时出国的看法各异，说法不一，就我找的采访对象而言，总的说来形成了三种观点：一是主张初中毕业即留学，在国外读3年或4年高中，这样比较容易融入当地文化；二是主张在国内完成高中学业，打好基础再出国更容易成功；三是主张大学毕业后出国读硕士是最佳选择。

（二）合适出国

但其实，将"孩子何时出国？"这一问换成"孩子适不适合出国？"，是否会更精准得当一些？国外的高中、大学教育要求严格，并不是出去留学就能一劳永逸，留学也不应该成为一种逃避手段。适合出国的孩子，出国如虎添翼，破壁而飞，宏图大展；不适合出国的孩子，缺乏管束，自由散漫，不仅学业无成，还可能遭遇更大的困难。因此，出国关键是看在哪里、何时能够得到最适合、最优质的教育和成长环境。那么，何谓"合适"出国？我认为主要考察这样三个维度。

1. 孩子愿不愿出国？

尊重孩子是一切教育活动的前提和基础。而有的家长盲目跟风，抱着"别人的孩子能出去，我的孩子为何不能？"的攀比心态，或是为了圆自己的出国梦，将自己未实现的理想寄托在孩子身上。如果孩子不想出国留学，甚至会想方设法达成目的，而全然不顾及孩子最真实的想法，剥夺了孩子自主选择的自由。

设身处地想一想，幼小的孩子远离父母，负笈海外，势必会面临很多方面的压力和阻力：语言有障碍，交际圈狭窄，生活不习惯，文化差异较大，等等。如果出国是不得不从的"父母之命"，那么孩子从一开始就没有一个积极乐观的心态，就会变得孤独、焦虑，就很容易打退堂鼓，甚至可能会产生意想不到的严重后果。但如果出国留学是孩子自由自发的选择，就会激发其内心的强烈兴趣与动力，孩子再累也不觉得辛苦，再难也能想方设法克服。

2. 孩子能不能出国？

判别孩子能否出国留学主要有三点。一是生活上有没有基本自理的能力。低年龄段的孩子出国主要在寄宿制学校或住家，虽然有人照顾，但在饮食习惯、日常交流、作息时间、家务分配、车辆使用等方方面面都要适应和磨合。二是性格上有没有基本的社交能力。有的孩子性格内向，不善交际，平时很少与人沟通，或只是和中国的孩子交往，把留学当成一种空间的"位移"，则很难适应国外的学习、生活。孩子开朗乐观、积极向上，既有利于多交朋友，也有利于不良情绪的释放。三是思维上有没有基本的判断能力。国外留学环境复杂，且通常没有家长在身旁监督指导，孩子若没有独立思维、明辨是非的能力，就很容易误入歧途。因此，在出国留学前要养成独立思维的习惯，要尽量控制主观喜好对事物客观判断的影响。

3. 家庭能不能承受？

据相关统计，近年来出国留学人员中自费比例高达90%，且中国学生申请助学金有可能会影响到国外大学录取结果。自费出国，少则几十万元，多则一百多万元，甚至几百万元，前期的培训费也需数万元。以在美国为例，高中每年5万美元，4年就是20万美元，再加上4年本科，每年6万~7万美元，又要20多万美元。8年下来，各种费用相加，接近400万元人民币。对于普通的工薪阶层家庭的父母而言，这笔留学费用绝对是巨款。因此，在决定是否将孩子送出国留学时，务必结合家庭本身的经济实力、抗风险能力综合考虑，切勿为了面子，而付出全部积蓄甚至是负债累累地供孩子出国留学。这不仅仅会给家庭本身的稳定和谐带来极大的挑战，也会给孩子的成长带来极大的压力。

（三）出国时间

以上三个维度，概括起来就是一句话：有志向出国，有能力出国，有财力出国，就"合适出国"。在合适出国的前提下，出国的时机则是越早越好，年龄段最好在14~18岁之间，学段就是从初二到高三年级。其原因主要有：

1. 国家间教育方式存在差异

在学制上，比如某些国家高中是9~12年级，有4年的时间学习。而中国高中是10~12年级，学习时间为3年，但第三年主要是备战高考，基本不讲授新知识。课程上，国外高中多采取学分制，可以开设较多的必修课和选修课，还可以开设相当于大学一年级或者二年级公共课程度的科目。而中国高中基本不会开设大学程度的课程。办学模式上，国外高中严格执行按学习程度分班模式，而中国高中多讲求教育均衡和教育公平，孩子平等接受教育，不提倡分重点班等。此外，中外在教学方法与教学内容上也存在许多差异。这些差异需出国学生独自适应，才能较好地融入新的学习生活。

2. 把握思维方式形成的黄金时期

出国留学的目的有很多种，如提高未来收入、开阔视野、提升能力等等。有些东西现在谈论还为时过早，具有很大的不确定性。而改变思维方式，培养尊重、包容、吸收多元文化的素养和能力则是当下就必不可缺、迫在眉睫的。

青少年初期，在思维还未完全固化之前，亲身接触到不同的文化环境，有利于比较两种不同文化背景与思维方式的异同。外国人在考虑问题的时候，喜欢从整体中把事物分离出来，对事物的本质特性进行分析，注重实证、理性、思辨和归纳，这有利于辨识力、判断力、创造力的培养。

这里展示一个家长介绍女儿留学后思维方式改变的案例。她的女儿上完初二去国外上九年级（高一），通过短短几个月的学习，就能制定任务式学习目标，会对比学习方式的优劣,通过体验、领悟和反思,发现事物的本质属性。其思维方式、学习方法有很大变化。

女儿在介绍自己最近的学习情况时说:"听到odd integer(奇整数),大脑里应该直接反应的就是1、3、5、7、9…而不是先想到奇整数,再想奇整数有哪些,最后大脑才反应出1、3、5、7、9…如果听到photosynthesis(光合作用),脑子里应该直接出现一个生化反应的画面,而不是'光合作用'四个字。"她还说,如果只记住了英语单词的中文意思,然后用中文的方式思考解题,再对应翻译成英文,这样一来,同学们到了真正的国外课堂和实验中反应就变慢了。

3. 从实用的角度看出国时间

不难看出,若决心出国留学,早比晚有优势。如果学生初二申请,初三赴国外,学习时间充裕,按部就班,从容就学,拿着外国高中成绩敲开外国名校之门,这是最理想的。若高一或者高二再去外国,学生要面临学分转换问题,要承受转换学分的损失,还有学分折抵后的选课难题。但也还来得及,只是时间安排上要紧张很多,学生要辛苦很多。若高三再去读外国高中,就太晚了。入学不久就开始大学申请,效果将大打折扣。

在外国读高中,学校会有指导学生报考大学的教师,可以更好地为学生推荐适合的大学。此外,外国高中社会实践活动比较多,对大学录取有很大的帮助。外国教育倾向于培养多才多艺、有领导才干、能独当一面的人才,这些将对留学生有深刻的影响。

随着中国申请外国大学的学生人数越来越多,外国大学对国际学生要求越发严格,入读名校难度有所增大。以美国为例,如果在美国读高中,作为亚裔学生将比国际留学生有更多的机会上理想的大学,或者说增加了上名校的砝码,同时还避免了留学签证可能被拒的麻烦。

四、校外培训的价值及主要弊端

2021年7月,"双减"政策正式颁布,全面限制从幼儿园到高中阶段的课外补习,校外学科培训机构统一登记为非营利机构,禁止资本化运作。行政主管部门这次出手从严从重、果断迅速,只说明了教培行业的发展实在太过于偏离轨道,已经到了危害民生的地步。

作为社会教育力量,校外培训机构是"双减"文件中所指构建家校社协同育人共同体的重要组成部分,其自身具有一定的积极意义和价值:是学校和家庭教育的补充,是拓宽学生知识技能的帮手，是满足学生更高教育需求的渠道。

但是，校外培训机构也存在种种弊端。预付费模式，部分机构"暴雷"卷款跑路的事件时有发生；一些机构资质不全、夸大宣传，师资水平良莠不齐，浪费家长的金钱和精力，更是在耽误孩子的人生。而其中最令人诟病的，无疑是其在资本的裹挟之下大肆扩张、过分商业化，让绝大多数教培机构偏离了教育的本质，忘记了教育的初心。

（一）风起蘋末，屠龙少年终成恶龙

通常意义上的校外培训，最早可追溯到1986年，也就是《中华人民共和国义务教育法》颁布的那年。

《中华人民共和国义务教育法》颁布后，正式开始普及九年制义务教育。取消"小升初"考试，初中就近入学，同时也造就了"学区房""划片招生""电脑派位"等概念。由于中学教育水平不均衡，校际差距大，家长不愿意孩子进薄弱校，重点校也不愿意接收"派位生"，"择校"遂成家长和重点校的双方需求。为了保证公平且兼顾效率，重点中学可以拿出一部分名额，在全市范围内选拔优秀学生，这也给少数优秀学生留下了一线机会。校外培训机构，在这种时代背景下登上了历史舞台。

北京是教培行业发展最早、最成熟的地区之一，最早的校外培训机构，其实是由公立学校开办的。比如中国人民大学附属中学创办的北京市华罗庚学校、北京市西城区教育委员会创办的北京西城教育培训学校等，最高峰时几乎每一所北京著名中学，都有自己的专属培训学校，而这些培训班也成了学校筛选生源的基地。随着政策的不断完善，公办学校被禁止举办培训班，以往的培训班也纷纷转为民办，民办校外培训机构由此如雨后春笋，遍地开花。

早期教培机构的诞生，是为了弥补学校公共教育的不足，对在校上课期间"吃不饱"或"不够吃"的学生，能够因材施教、分层教学，区分"培优"或"辅差"还是有一定积极意义的。早期培训机构拥有较高水平的教师队伍，能够提供高质量的课外辅导，有效减轻家长们的辅导负担；培训机构往往投入大量资源于教研，如在周一至周五将大量时间用于教研。激烈的市场竞争，也倒逼着他们不断提升对教研的投入。此外，艺体类机构在音乐、绘画、体育等方面的专业水平普遍超越大多数普通学校。科创实验、研学实践类型的机构，能拓宽学生视野，提升学生技能，激发学生个性发展，对学校教育作出众多有益的补充。

但是，经过了十几年"内卷"的教培机构，如今已变成了一个个"吞金巨兽"。

大约从21世纪前十年开始，机构们陆续开启了扩张之路。教培行业也开始逐渐异化，不再以教书育人提升学生的能力为主要目标，而以增加销售业绩，增加家长焦虑和经济负担，增加学生负担为核心。

"你来，我培养你的孩子；你不来，我培养你孩子的竞争对手。"资本的大规模进入，再加上线上教育的"风口"，"双减"政策颁布前一年，中国教培行业年产值超过3万亿元，头部机构的销售人员占比约达到1/3、销售费率约达到50%，而一线教师的占比也仅为三成左右。行业内绝大部分机构，明显由内容导向转变为销售导向，随之而来的便是不断攀升的学费和家长们日益沉重的负担。教培机构似乎变成了资本巨鳄。

（二）游资肆虐，行业严重偏离教育本质

早在"双减"政策颁布之前，一些行业机构已经引发了巨大的社会争议。它们让家长趋之若鹜，争抢培训学位；它们平时靠大量刷题取得高分，在有极高知名度的同时又极具社会争议；它们特别注重招生"掐尖"，把学习当成高强度下的流水线生产。它们不仅批量产出学生，还批量生产教师。它们的出现经常与讨论度高的词汇联系在一起。它们出击中国基础教育链条上的痛点，令人窒息。有关于它们一丝半点的举动及新闻，都时刻牵动着每一个家长及孩子的心。

有人或许认为办一个培训班比办一所学校容易得多，但实地去考察一下，有些机构的每一个教学中心少则数百平方米，多则上千平方米。每个点都有几十个容纳15~20个学生的教室，还有与之大致匹配的"一对一""一对多"教室。而在一个城市的某一个行政区可能有五六个教学点，在全国范围内，这样的数字加起来，是不是一个类天文数字？

义务教育阶段的机构应该是非营利性组织，这在《中华人民共和国民办教育促进法》中有明确规定。有些机构却利用"小升初""中考"等概念大赚特赚，牟取暴利。有网友讥讽道，这些人赚中国人的钱，让外国人去分红，分明是吃里爬外。此话虽有夸张，但当"慢"的教育遇上资本，教育的本质与规律势必走样，青少年的成长大计必定退居次席。因为，资本是逐利的，而且要快速的，每年都要增长的，这是资本的本质决定的。因此，一些机构无论进行怎样出格的商业营销都不足为怪。

这些机构的主要训练对象是15岁以下身心尚未完全发育，还没有一定的体力与认知储备作基础的小学、初中学生。有的机构，尽管它的目标是为6~18岁中小学生提供小班培优教育，但因为多种原因，所有针对纯文化补习的高中生源都很少。因此，参加补

习的以小学生居多。在这里，它们超前教学，层层加码，压抑个性，泯灭探究，伤害最深的就是那些身心发育处于关键期的少年儿童。它们的危害远远大于一些知名超级高中学校。

有了这些教培机构，孩子基本上就失去了童年，至少生活不会那么五彩斑斓。这些机构对于绝大部分学生及家庭来说，就是一个梦魇，是家长焦虑的根源。一个个天真烂漫的孩子，一个个原本舒缓的家庭，都被席卷而入、裹挟而下，出自圣人之口的美好教育图景，在实践中恰恰反其道而行之，这不能不说是一个莫大的讽刺。

（三）教学超前，伤害孩子的同时裹挟家长

内容超前，超出学校教学范围，超出学生认知范围，超出学习范围，而且只是强行地结论灌入，没有任何思考、想象、自主的空间，缺少知其所以然的理解吸收和拓展延伸的过程，对孩子基本上是一种填充与压榨。

以小学数学为例，基本题一道不落，每天狂练计算。一本习题外加配套练习册，再加课前测试，课后测试，一次3小时的强灌，就是家长坐在后面听，许多内容稍不留神都会一滑而过，很多孩子更是无法吸收。那也没关系，家长回家继续讲、练、磨，总有一款适合你。计算题、应用题、综合测试卷，还有奥数的训练基本题、拔高题，每一题都很重要。仅一门学科就如此密集地操练，成绩能不好？成效卓著的背后，都是牺牲家长与孩子幸福生活的一把辛酸泪。

这种培训还是一种双重伤害：对于一个公式，学生在没有理解的情况下，只有痛苦地死记、代入、练习、强记，其结果并不是真正的掌握。此外，超前灌输之后，学校按照正常进度半年或一年后才教，孩子又变得一知半解了。相比较完全白纸的貌似全会，学生会埋怨教师进度太慢，上课注意力不够集中，不能静心地听课讨论，课堂上作出各种分心行为的学生为数不少。学生不仅没有学到真本领，还有可能导致心浮气躁，心智受到影响。

面对此类机构，中国家长在焦虑氛围下感到纠结。参加培训，觉得不利于孩子身心，假如再养成不好的学习习惯，得不偿失；不参加培训，身处竞争的时代，体会跃升的艰辛，弃之可惜，逼着你必须乘势而上。超然淡定的心，在全民机构式补课中，在五花八门的培训中，在考试及各种杯赛的热闹中，都会被冲洗得面目全非，甚至荡然无存。你一直在坚守自己内心的那份笃定，不盲目，不跟从，不焦虑，然而在万马奔腾的竞争中，如何脱颖而出？

家长可以选择不让孩子参加，那是各自选择的自由。可是，家长马上就会发现，某些机构与"小升初"、名高中自主招生及各种升学测试的步伐同步。没有参与这些机构的学习与培训，几乎与很多升学机会无缘。我有一个朋友的孩子九年级，成绩很好，是年级前几名，却不能参加某省高中的自主招生考试。只因为孩子从不参加机构培训，即使报了名也考不上，去考的多是提前接到该高中电话的孩子。读者肯定会寻思，那些高中怎么知道那么多九年级优秀学生家长电话号码的？

如果选择退出培训，那么后面还有更多的人在排队等着空出的这个名额。而且大城市学习成绩优异的孩子太多，培训机构也不勉强个别学生参与。拼命追赶，倾其全力而为之，尚不能登堂入室。不追，深感可惜。想当初费了九牛二虎之力挤进机构，现在岂敢轻易放弃？有些一线城市公办高中可怜的录取率，让无数的家长低头，为孩子上名校而不惜折腰——连高中都入读不了，何来的大学？对于城市精英家庭而言，眼前的路有三条：一是奔波于各种培训，一直在路上，过一周"星期七"的生活；二是出国留学或移民；三是安于现状，接受被淘汰的可能。作为家长，会选择哪一条？

假如到五六年级再去参加培训行不行？不行。现实会一次次撕碎家长那颗淡定的心。培训机构的饥饿营销，让家长认为六年级再入读几乎不可能，压根儿就抢不到学位。遥想前几年，每到招生报名时刻，可真是万人空巷。抢到一个名额，像千方百计得到一个名校学位一样金贵。但资源总是有限的，于是就有各种疯抢学位的攻略，如提前低龄先占位，于是，越来越多的一二年级学生被卷入，一对对陀螺式的家长与一个个稚气未脱的孩子，形成了一个个怪圈，鱼贯而入，被淹没在人为制造的巨大旋涡之中不能自拔，这是机构最愿看到的景象。

（四）重构体系，"双减"颁布正当时

数十年的教育改革，在一定程度上推动了中国教育的进步，但教育领域也迅速形成了一个利益群体，好多环节形成了一个利益链条。全国主要城市的涉及面之广，消极影响之大、之深，无法想象。有的机构，仅其中一个产品就"控制"着6000万用户，其中不乏顶礼膜拜的拥趸。再与资本相拥，冲击力更强，监管难度更大，效果更难保证。

基础教育招生不规范，教学不严谨，学生负担过重，培训机构难辞其咎。即使是教育培训机构，它也应当姓"教"，不能目无法规，野蛮生长，残害幼小的身心。哪怕是为满足学生个性成长而开展的相关培训，也要有底线要求，必须遵循规律，遵守规则。教育管理部门虽然对各类培训机构办学不规范行为三令五申，并多次要求加以规范，但

由于执行不力，督查缺位，法律法规被束之高阁，未能有效推进落实，导致类似违规办学有恃无恐。

只有分数的教育是没有灵魂的教育。一些培训机构严重破坏了国家的教育生态，绑架了整个国民教育的价值取向，引起全民教育焦虑，搅动社会不安情绪，褫夺少年儿童身心健康与理应享有的多彩生活，很可能在一代人身上留下只会刷分不会创造、创新的印记，对于国家和民族来说绝对是一场灾难。这在世界上恐怕都是绝无仅有的。究其根源，固然有优质教育资源的短缺问题，"学而优则仕"的文化传统影响问题，社会用人制度的唯学历主义问题，家长的攀比心理问题，公办教育管理的僵化教条问题，等等。但是，所有这些都不是任由部分教培机构疯狂敛财、肆意践踏儿童尊严与葬送学生幸福的借口。

庆幸的是"双减"政策的及时纠偏。"双减"文件颁布，堪称中国基础教育界的"分水岭"，引发了教育生态的大变局。众多教培机构从风光无限瞬间跌至冰点，与之对应的则是学生课后负担显著减轻，但政策的目的绝不仅是减轻学生学业负担，而在于塑造良好教育生态，让教育回归本质，真正实现学生全面且个性的发展。

第三节　一切为了孩子

一、把童年还给孩子

一天早晨，一位老人在公园里散步，看到一个3岁小女孩笑靥如花。他心想，一定是公园里盛开的漂亮花朵才会使小女孩如此快乐。可走近一看，却发现小女孩并没有看那些美丽的花，而是紧紧盯着光秃秃的地面。老人觉得十分诧异，也往地面仔细看了看，发现什么都没有。他用困惑的目光望着小女孩，问她什么事情这么开心。小女孩用稚嫩的口吻兴奋地说，"爷爷你看！它在那里动呢！"老人顺着小女孩的手指看去，才发现一只几乎看不见的跟地砖颜色相近的小虫子，正在飞快地奔跑着。

这则小故事给了我一些启发：我们往往习惯于用成人的眼光来观察儿童的生活世界，用一些自认为的好意来替代孩子的童心、童真、童趣。孩子从进入幼儿园开始，就不得不接受大人强加给他们的各种兴趣爱好。本属于孩子一生中最多彩的梦想、最率真的天性和最简单的快乐，一个个被大人自认为完美的人生模式淹没了。

童年是什么？孩子的童年要愉快地玩耍。轻松、自由、愉快地成长永远是童年的主旋律，这是孩子的天性决定的。孩子就像种子，自有其成长规律，他们需要自然的生长环境，不可过多人为控制，要给孩子留下尽量多的自由发展空间。不同的种子，又有不同的花期，迟开或早开的花朵，同样美丽！迟开的，有时会更持久、更艳丽。

可当下，我们的家长却不是这样。他们在孩子尚处于摇篮之时就开始十分关注名目繁多的益智与才艺培训，上幼儿园后，声乐、绘画、舞蹈、国学、数学、体操、钢琴、外语、奥数等培训菜单已经贮满了家庭生活的主程序。有的孩子还没有上小学，数学、英语等学科知识已经达到小学二三年级的水平了。孩子上了小学，家长对于各种校外辅导机构更是了然于胸，趋之若鹜。2021年以前中小学培训市场异常火爆，以至于周六、周日培训门店附近的道路常常交通拥堵。

2016年开始举办的《中国诗词大会》节目又刮起了一阵学习古典诗词的风潮，这是一件好事。但是，当我某一天在书城挑书时，遇上两个家长上下打量着书架，店员问要买什么书，他们竟这样说道："就是诗词大会节目上复旦大学那个女孩背的那种古诗词！"闻此，我只能一笑置之。如果不顾孩子的年龄、兴趣、志向，一味地要他们死记硬背，无异于扼杀孩子五彩缤纷的童年，结果只能适得其反。设想一下，如果一个10多岁的花季少女整天以"一蓑烟雨任平生"来自勉，恐怕于己算不得是正能量，于国也不是什么幸事。

如果说在上小学前对孩子非要进行教育的话，那教育的重点只有三个方面：一是基本的社会常识，比如不允许暴力、不大声说话等；二是孩子的动手能力，在幼儿园期间孩子会根据自己的兴趣参与手工制作，让他们从小就主动做具体的事情；三是培养孩子的情商及其他能力，如领导力等。

好奇心、想象力、领导力往往体现在玩耍中，蕴藏在活动中。孩子更喜欢天马行空的想象力游戏，喜爱在泥水里飞奔和打滚，钟爱千奇百怪的角色扮演。在玩耍中成长，在活动中成长，远比知识学习和被动接受重要得多。学校、教师、父母应尊重儿童的习性，懂得把童年、童心还给孩子。

把童年还给孩子，需要学校尊重所有孩子的个性，为他们提供丰富多彩的课程和活动，让他们自主选择、自主发展、自我完善。以孩子的快乐学习、快乐生活、快乐成长作为学校一切工作的出发点，承担起为孩子的未来发展奠基、为国家和民族的振兴而竭尽全力的神圣使命。

把童年还给孩子，需要教师走近孩子那一颗颗纯真的心灵，俯下身子用心聆听孩子的诉求，耐心了解孩子的需求，尊重他们的"异想天开"，为他们搭建起一个个自由舒展的平台。让孩子不仅为将来的理想而学习，而且让他们享受到幸福愉快的学习过程，把学习当成人生中一种持之以恒的乐趣。

把童年还给孩子，需要家长学会与孩子平等地做朋友，决不能将自己没有实现的理想、没有做成的大事强加给孩子，让孩子替自己去完成人生的目标。过度关心、过度照顾都会剥夺孩子成长的权利，使他们失去独立的空间。成功的路有千万条，让孩子行走在自己选择的最适合的路上，就是最大的成功。

生长是万物之本，孩子的生长又是一个不可逆的过程，而教育的作用就在孩子生长的点滴之间发生。愿教师、家长以及社会上的每一个人，都能够守护好孩子的生长，因为孩子的今天，就是民族的未来；孩子今天的模样，就是民族未来的模样。

二、家是孩子与父母成长的地方

（一）所谓教育，有教也有育

家是每一个孩子生命开始的地方，孩子的性格和才能，归根结底是受到父母及家庭的影响。拥有良好家庭教育的孩子，不仅自身拥有终生幸福的能力，还能将这种幸福带给他人、带给社会。然而，如何构建良好的家庭教育生态，如何提升父母的家庭教育能力，让每一个孩子健康成长，这并不是人人、家家都能做到的事情。

我曾受邀赴美国特拉华州一对华人夫妻朋友家里做客，认识了他们的两个宝贝儿子，还在当地的一所高端私校随堂听了他们儿子所在班级的一节科学课。那天恰逢学校的Grandparents Day（祖父母节），和那些银发老人一起参加学校的各项活动，至今记忆尤深。

这两位华人朋友，妻子是教育学博士，不仅精通课程设计和教育管理，而且还是一位拥有丰富经验和教育情怀的教育第一线从业者；丈夫是物理学的博士，材料科学与工程专业的博士后，是一位典型的理工科学术型人才。做爸爸以后，他把从事理科科研工作的严谨和工程学科的学以致用的风格，融入对教育的观察和研究，更加难能可贵的是，他能从两个孩子爸爸的视角，去捕捉和钻研家庭教育的适用性和实用性，实属难得。二位朋友长期在国际教育和家庭教育方面深耕，积累了丰富的经验。

（二）东西融合，教学相长

在追求完美亲子关系和优质教育的道路上，几乎囊括了所有的教育哲学命题，拥有着巨大的教育价值，蕴含着满满的教育智慧：东方与西方，传统与现代，感性与理性，继承与创新，个性与共性，个体与整体，科学与艺术，具体与抽象，自由与约束，家庭与学校，赏识与批评，平凡与卓越，工具与理念，言传与身教，等等。深受东西方文化的浸润，不偏执于一端，取两者之长，融合创新，为我所用，体现了深刻的教育思想张力、生动的教育灵性、辩证的教育思维和优秀的教育品格。

教育注定是一场彼此成全的修行之旅。"教学相长"是2000多年前孔子提出的教育主张，意谓"教"和"学"两方面互相影响、彼此促进，教师和学生都得到提高。

家庭教育何尝不是如此？家是孩子和父母一起长大的地方。或者说，最幸福的家庭，最迷人的家庭，就是父母和孩子一起成长。父母特别是新手父母唯有不断地学习，才不至于在亲子关系中鸡飞狗跳、焦头烂额，才能感受到家的温馨，领略到带娃的获得感和幸福感。父母的学习渠道与方式多种多样，向书本学习，向他人学习，向实践学习，也包括向孩子学习。

教育从来都是双向的。所谓父母子女缘分一场，也不只是看着对方的背影慢慢远去，而是彼此关照，互相成全，努力探寻父母与孩子的最佳共生模式。

如此，家长能够不断成长为教育家型的家长，孩子能够始终葆有好奇心、好问心、想象力、创造力和身心健康，家庭教育的眼界和境界将会更加高远绵长。

（三）注重实践，赋能父母

家庭教育具有很强的实践性，不仅仅需要能说清故事，还要能作出反思，讲明道理，给出方法。譬如，对于困扰家长时间最久、程度最深的电子产品沉迷问题，可以设计一份"电子产品使用协议样本"，引导家长通过平等协商、充分信任、适当管理的方式予以解决；针对孩子专注度不高的问题，可以借鉴管理学中常用到的"番茄工作法"，设计出一张"番茄事项管理表"，为家长和孩子的学习生活提供可视化、标准化、数据化的自我管理方式。

这些看似简单直观的工具，其实也是家庭教育的有机组成部分，是家庭教育的延伸、浓缩与升华。它们传递出的不仅仅是具体的做法，更重要的是唤醒家长对遵循教育普遍规律和尊重孩子独特个性的思考，从而为孩子撑起一方自由生长的天地，挥洒人文关怀的光辉，呵护生命存在的尊严。

而所有这些，都依赖于家长教育能力的提高，需要父母在名为"家"的这所学校与孩子一起缓缓地展开，静静地等待，从讲故事的能力上创造生长点。

三、家庭教育呼唤理性

中国的教育传统，是以苦学为价值取向的。"书山有路勤为径，学海无涯苦作舟"便是最好的注脚。这样的教育观、学习观，已经深深沉淀于我们民族的思维核心中，使得相当一部分家长认为：学习的过程必须经历磨砺，必须苦学。只有吃得苦中苦，方能成为人上人，"不经一番寒彻骨，怎得梅花扑鼻香"。于是乎，教育领域也开始有了"内卷"，产生了"鄙视链"，且程度日益加深，"鸡娃"成为新生代家庭父母的标配。父母送孩子上各种各样的兴趣班，进行各种各样的特长培训，找来大堆的成才宝典，用起全天的闲暇时间，只为不让孩子输在起跑线上。尤其是在深圳这样的一线城市，没有一个家长不关心自己孩子的教育，生怕让别人给比了下去，给孩子造成了极大的压力，影响了孩子的健康成长。

关于人的成长有三种学说：遗传决定说、环境决定说及遗传环境两者交互决定说。遗传决定说的通俗解释就是"龙生龙，凤生凤，老鼠生的儿子会打洞"。它指的是一个人的性格在出生时就已被决定了，终其一生都不会改变或者只能有很小的改变，遗传在孩子性格的形成过程中起到了关键性的作用。环境决定说即指生活环境对孩子会起到潜移默化的作用。也就是说，我们为孩子创造了什么样的生活环境，就会培养出什么样的孩子，环境决定了孩子的性格和一生的命运。美国心理学家华生曾说过："给我一批健全的婴儿，把他们带到我独特的世界中，我可以保证，在其中随机选出一个，训练成为我所选定的任何类型的人物——医生、律师、艺术家或者乞丐、窃贼，不用考虑他的天赋、倾向、能力和祖先的职业与种族。"这两种决定说都有其偏颇之处，目前比较流行的是遗传和环境两者交互决定说，即认为遗传与环境两者对孩子的成长皆有影响、相辅相成。

因此，在教育孩子的过程中，父母应当为孩子的学习创造愉悦、幸福的环境，注入快乐、梦想的元素，在充分了解孩子的基础上，理性地分析孩子的优劣势，同时给予孩子充分的自由，培养孩子独立的人格，让孩子自主选择他们心中的幸福生活。

（一）营造健康的家庭环境

家庭是孩子接触的第一处环境，父母是孩子的第一任教师，家庭环境的好坏与父母教育的优劣对孩子有着重要的影响。我最早是在淮安的一所市级重点高中从事教育工作，那时的社会环境、人际关系都相对单纯，各个小家庭内部关系也比较和睦，"问题孩子"比较少，最多是年龄小有些贪玩，自控力比较差。后来，我到一所国有民办学校当校长，发现这里的孩子的行为学习习惯和品德方面的问题比我之前所遇见的多很多。经过一段时间的深入调查，我发现那些有行为道德偏差的"问题孩子"大多来自单亲家庭，或是从小由爷爷奶奶、外公外婆带大，缺乏来自父母双方或一方的教导与关心。

家庭不完整，或者家庭完整但是家庭生活、夫妻感情不和谐，受伤最大的就是孩子。举例来说，假如父母之间经常大吵大闹或冷战，孩子长期生活在这种低气压的家庭氛围中，其情感观、生活自信心也会受到挫败，久而久之便丧失了观察世界、人际交往、健康生活的勇气，陷入极度不安、紧张、抑郁、烦躁中。父母既然有生孩子的权利，就应担负起培养教育孩子的责任与义务，从理性出发为孩子的健康成长提供良好的环境。每个有孩子的父母，都要对孩子负责，对孩子负责就是对社会、对民族、对国家负责。在营造健康的家庭环境过程中，夫妻之间的沟通尤为重要，凡事以诚相待，相互取长补短，学会宽容对方的过错，在大小事情上尽量互相协调。夫妻之间出现的问题尽量不要暴露在孩子面前，否则既不利于孩子的学业成长，也有碍孩子的人格成长。

（二）了解自己孩子的个性

父母要勤于观察孩子的言行，清晰理性判断孩子的性格特征。目前，部分父母容易缺乏理性思考，总爱人云亦云，盲目从众。有一些父母看别人怎么做，自己也跟着怎么做，参照别人家的孩子为自家孩子制订学习计划。这些家长只注重表面的风光，而不考虑孩子的兴趣特长、感受爱好，殊不知让孩子自主选择才是幸福成长的关键。

家长要进行有效的引导，而不是一味地大包大揽、包办代替。现在很多孩子在升读高中、填报大学志愿时，都不能明确知道自己想读哪所学校、喜欢什么专业，这是家庭教育的失败。许多家长认为孩子是自己生的，是属于自己的"私有化财产"，而没有将其当作一个独立的、有个性的、有自我思想的个体对待，总是将自己的想法、自我的理想强加于孩子身上，并美其名曰"一切为了孩子"。这不仅容易让孩子养成抗拒叛逆的性格，还会让孩子从小失去自我。因此，每个家长都应该作出一些改变，积少成多、集腋成裘，最终促进整个教育的进步。

（三）保持教育的目标一致

家庭教育这场运动，如果父母双方作用力大小相等、方向相反，则会静止不动，方向相反、大小不一也会抵消部分力量，并朝一方倾斜，唯有方向相同才能发挥父母合力，使之朝着确定的目标奔跑。一个家庭中母亲的教育方式通常表现得具体、感性一些，父亲的教育方式则更加理性有原则，但二者的教育目标必须一致，体现共同的价值取向。不过，现实中常有父母对教育见解不一、目标不一致的情况，有些母亲对孩子日常生活、学习要求甚是严格，对孩子未来寄予厚望；但有的父亲则比较佛系，认为孩子能够快快乐乐、健健康康成长已是万幸，读书成绩若是稍微好点便是锦上添花了，大可不必强求。若家庭中父母双方教育主张不同，且互不让步，那孩子又该何去何从？

为避免孩子在家庭教育中产生无所适从的感觉，父母双方可以定期做好子女教育目标、教育方式的沟通，求同存异、取长补短，形成同一方向的教育合力。比如，父母均让孩子知晓：无论将来从事什么职业，都要有真才实学，养成良好的习惯，而不能盲目追求短暂的成绩，比如获得多少奖，得过多少次年级第一。再比如，父母统一教育孩子要诚实守信、守时守规，坚守做人最起码的道德要求，奉行最基本的社会规则。当然，在确定统一教育目标的前提下，父母双方都应按照约定严格遵守执行，约束孩子，切不能因一时心软放松对孩子的教育。

（四）培养孩子的独立人格

玛利亚·蒙台梭利认为，家长的主要任务是帮助孩子拥有"一双可以发现美的眼睛，一双可以变废为宝的手，还有一个可以感知这个世界的灵魂"。为了实现这一切，我们就必须为孩子提供一个自主、自由、自立的家庭环境，让他们能独立地完成某一项事情、做某一个选择，而不是在家庭中处处小心、事事依赖。培养孩子的独立人格要求家长尊重孩子，以平等的关系对待孩子，给孩子应有的地位和权利，不强求他们按家长的意愿去支配自己的行动。培养孩子的独立人格要从孩子的生活常规教育开始，通过发展孩子的日常生活技能，即照顾自己、爱护环境等，培养孩子的责任感。

我一直很注意培养我女儿的独立性，她小的时候遇到不认识的字来问我，我并不会直接告诉她答案，而是建议她自己去查字典，并向她传递"自己能做到的事情就应该自己去解决"的观念。这样"拒绝"几次后，她便渐渐养成了自己动手查字典的习惯。之后遇上更有难度的一些问题时，首先想的也是自己能不能想到办法解决。在她读本科、硕博阶段的每个假期，都是她自己去其他地方做义工、支教、在西餐厅打工、参加学校合唱团比赛、做主持人、参加高端国际医疗大会的志愿者翻译等活动。我和她妈妈从来不会干涉她的假期生活，只是默默支持她的决定。因为，孩子天性中有自我照顾、自我发展的需求，作为家长只需要支持孩子内在需求的实现，去创造独立的时空环境帮助他们学会生活，成为一个有独立人格、自我驱动、能动意识的人。

四、鲁迅已逝，谁为孩子呐喊？

在某一年的端午假期，我偶遇了一个长相可爱、性格活泼的小朋友，闲着无事便与他聊了起来。孩子很机灵，也不怕生，很是自来熟，问什么都能滔滔不绝地说个没完。当我问及他每一天的学习生活安排时，他这样说道：

我今年上小学二年级，由于爸爸长期在国外工作，是我妈妈身兼父母双方的角色和职责把我带大。爸妈对我的期望值特别高。总是说，生活在大城市，生活节奏很快，竞争非常激烈。从我会说话开始，听到身边人唠叨最多的便是"快快快，不然赶不上了，看看别人怎么怎么样"。于是，我便立志要赶超这个"别人家的孩子"。因为要赢，所以每一天都必须安排得满满的。

早上6点，闹钟准时响起，我迅速醒来、起床、洗漱，妈妈则比我更早地起来做早饭。6点30分，我开始读英语、记单词，时长40分钟。妈妈说，外语很重要，将来无论在国内还是在国外，找工作都会容易些。7点30分，妈妈准时送我上学，开始一天的校园学习。8点开始早读，8点10分做早操，然后上午上半天的课。午餐在学校吃，12点30分吃完，就开始写妈妈单独布置给我的数学作业。妈妈说，数学学不好，到了中学，物理、化学也很难学好，将来考上好大学就困难了。下午1点开始午休，迷迷糊糊睡一会儿就醒了。在起床20分钟正式上课前，还要读上15分钟的典范英语。好不容易熬到放学，等待我的是妈妈的催促，以及各种兴趣班的赶场。

以周一为例，5点放学后妈妈会准时来接我。然后先去学钢琴，至少练习2小时，妈妈说为了艺术熏陶，一定要坚持下去。虽然我的手指力道还不够，但我想到妈妈的期望以及日后在台上万众瞩目的场面，立刻就动力十足了。晚饭基本在车上解决了，休息半小时。饭后还要赶第二场的围棋培训班。妈妈说学习围棋能够训练我的思维能力。学完到家差不多9点30分，还要完成当天的作业。语数英没有书面作业，但读、背、听样样不能少，一直做到10点30分，接着赶紧洗澡睡觉，睡觉前要坚持半小时阅读，决不能半途而废。但看着书就老是困得不行，经常歪在床上睡着了。第二天6点，闹铃又准时响起，新的一天又开始了。就这样一天被安排得满满的，但妈妈还是会经常跟我说，人家有的孩子学到凌晨1点呢。

这也仅仅是周一。一周还有一个3小时的数学培训、击剑、篮球、英语都等着我呢。一周5天无一例外，你若以为周六、周日我会舒舒服服地休息，那就大错特错了。周六、周日更是恨不得掰成八块来用。也许你觉得，既然这么紧张，那就少学几个兴趣班吧。那可不行！我们班同学少则五六个，多则八九个。有两个同学，每周参加11个兴趣班，简直令人崩溃！我可不想放弃，我的小伙伴们都在学。再说了，在学校大家都在展示自己的才华。

但我妈妈也说了，到三年级，我的兴趣班最多保留一到两个。要我把时间放在语数英三门主科的补习上。数学和英语必须每周再加一次辅导课，目标是在班上明显领先于其他同学。我从一年级开始就写作文了，我妈妈总说我写得跟流水账似的，不能打动人，看样子语文也要找人补补才行。

我妈妈昨天说，我参加的一个培训机构在广州已经开设中午班了，每天中午12点至下午2点30分上课。不知道会不会开到我们城市来。如果是那样，我那中午迷迷糊糊休息的几十分钟恐怕也难以保障了，下午还怎么听课啊！我想，我跟其他小伙伴们一样花好多时间去努力，应该就能成为大人口中的"别人家的孩子"了吧。

说者波澜不惊，听者心有戚戚。我不禁想起100多年前，鲁迅通过"狂人"之口发出的"救救孩子"的绝望之音。百年后的今天，鲁迅先生已离世80多年了，但"救救孩子"的声音犹在耳畔回响，依然振聋发聩，依然悲壮绝望，依然发人深省。

鲁迅笔下的年代，参与"吃人"者很多，包括赵贵翁，街上的人，打孩子的女人，医生，狼子村的佃户，甚至自己的亲哥哥、亲娘也都"吃人"。最后，连"我"也未必没有"吃"过人。他们可是父子、兄弟、夫妇、朋友、师生、仇敌和各不相识的人，都结成一伙，互相劝勉，互相牵扯，死也不肯跨过这一步。人人"吃人"，又被人"吃"。他们有多可怕，多顽固，多冷血，又有多可怜。"吃人"的恶劣行径，已经彻底撕毁了他们仁义礼智与忠信孝悌的伪善面孔。

那么今天剥夺孩子享受童年的权利，加重学生学业与心理负担，扼杀青少年创造力的"吃人"者又是谁？有一种颇为流行的观点是，绝大多数老百姓，凭一己之力，不能跟现行教育体制抗衡，于是只能让孩子努力学好一点，选择范围更大一些，难道有错？自古以来，中国的孩子想出人头地就要寒窗苦读，现在也不例外。小时候都玩去了，不吃学习的苦，长大后好工作凭什么就是你的？努力和收获都是成正比的，现在不努力，将来吃亏的还不是自己。

当学校教育把质量仅仅当成分数的时候，当培训机构拔苗助长，人为制造恐慌导致一位难求的时候,当用人单位抬高门槛,第一学历非"985"高校不录用的时候,当新闻媒体违反规定连夜深挖中高考状元博眼球的时候,当亿万人争先恐后、焦虑不堪,生怕被时代洪流抛弃的时候,当数十万家长为了争夺480个初一学位报名权而造成网络瘫痪的时候——我们拿什么拯救孩子?

大家好像都知道问题的根源,好像又都不知道。特别是不知道自己该做什么,只知道"从来如此",其他家庭如此,等等。现在,我终于明白鲁迅在《狂人日记》文末的"救救孩子……"为什么不用感叹号或句号,而用省略号了。

鲁迅是一个清醒的现实主义者。他把"救救孩子"放到更宏大广阔的背景和更悠远的历史长河中去考察:人的劣根性是很难治愈的。"狂人"之"狂思狂语"并不被大众接受,没有充分的说服力。要想有说服力,就只有回到正常人。要成为正常人,就只有随波逐流,人云亦云,到最后还可能落得个不错的结局,好歹谋个"候补"之缺。这似乎是个悖论。

时间永远流逝,街市不可太平,快乐童年更不可耽搁。劣根性该治还得持之以恒地治。但鲁迅已逝,谁为孩子呐喊?

五、关心孩子,从关注孩子的每一份试卷开始

考试作为一种阶段性检测、评价与选拔的手段,始终伴随着孩子的学业过程。只要有学习就会有考试,这是任何一个学生都回避不了的现实问题。但面对一份试卷或试卷上的分数,每一个人的处理方式就不尽相同甚至是大相径庭了。而这种处理方式的差异对于孩子的接受程度、身心发展及未来的学习路径选择有着莫大的影响。

生活中确实有比考试成绩更重要的东西,比如孩子的健康问题、安全问题、品行问题、综合素养问题等等,但为什么孩子拿到试卷后不敢直面家长呢?在我看来,要么是家长平时对孩子要求严格,对分数看得比较重,如果达不到预期的目标就会不分青红皂白地大发雷霆;要么是孩子觉得没考好对不起父母的付出,让父母失望。总之,在没考好的情况下,学生的压力很大,如果长期得不到有效的解决,不仅成绩上不去,连身心健康与人格完整都会受到很大的影响。

众所周知,正是通过各种有信度和效度、以能力立意为考核宗旨的测试,学生的知识水平、身心状态、思维能力、潜力能力才得以表现出来。同时,通过试卷上暴露出来的各种问题,教师与家长能找到相应的教学对策与办法,进而促进学生学业水平的提

高。有了一定的学业基础，学生的个人修养、社会关爱、家国情怀以及自主发展、合作参与、创新实践等环节才有落实的根基，才能让学生的存在与发展、个性与特长、兴趣与需要得到更好的滋养。

十分遗憾的是，我们的教师和家长对于试卷的研究普遍不重视，或只看重卷面分数，或只满足于探讨本次考试情况。对于考得好的孩子，家长心生欢喜，庆贺一番；对于考得一般的孩子，家长鼓励一下，嘱其努力下次考好；对于考得差点的孩子，家长则病急乱投医，或寄希望于培训机构，或找名师高人指点。教师会说些鼓励之言，但大部分难以改变孩子的考试状态。那么，教师、家长又该如何与孩子一起分析一张试卷，发挥其对学业进步、习惯养成的正向作用呢？

首先，要营造一个宽松和谐的氛围，对于取得的成绩要鼓励表扬，特别是对孩子在一些难题上的突破更要倾力嘉许。其次，要和孩子一起分析命题思路：这道题考查的知识点与能力点是什么？对应的具体内容是什么？这道题是如何运用这一知识点解决具体问题的？这道题的解题过程是什么？这道题还有其他的解法吗？最后，最为关键的是冷静客观地分析错题原因，找准解决问题的方式方法。也就是说，要通过这张简单的试卷，透视出该阶段学习上存在什么问题，是主观的还是客观的，被扣的分数是能力性失分还是非能力性失分。

所谓能力性失分是指学生的相关知识与能力本来就没有达到应有的标准，更谈不上命题意图和相关要求的分析。卷面特点是空白多，即使有答题内容也是答非所问，胡乱猜测。而非能力性失分主要指答案不完整、不规范、不严谨，也就是平常所说的会做但丢分。卷面特点是丢三落四，书写马虎，计算不准，表达不到位，卷面不整洁。通过大量的教学实践来看，学生的失分绝大多数是非能力性失分。它不是解题思路和方法的失当，也不是学习能力的欠缺，而多因基础不扎实，习惯不严谨，情绪不稳定，功夫不到家，等等。以懂为会，以会为准，课堂上往往一听就懂，考试时常常一看就会，但却一做就错。

非能力性失分从考试局部来看，分值不多，一门学科被扣十多分也不算突兀。但几门加起来，分值就变多了，对于排名、录取的影响也会很大，甚至是致命性的。以2017年高考为例，某大学理科分数线为581分，某大学医学院为549分，两者相差32分，如果将其分摊在5个考试科目里，每一科只相差六七分，如果分布在4个考试科目里，每科平均才8分。因自己做题不细致、不重视丢分而未能如愿考上志愿学校或名落孙山，何其悲伤，但这些教训并没有引起学生足够的警醒。

一张批改后的试卷类似于一份体检报告，其分数就好像各种体征指标。学生的成绩就好像冰山上面的一小部分，隐藏在其分数下面的是学生的性格、学识、生理、心理等多种因素的综合作用。因此，一张试卷表现出来的分数必然是学生综合素养的反映。深入分析试卷中的非能力性失分是家长、教师及学生的重要活动，是帮助学生在成绩滑坡时的一剂有效药方，也是巩固和提高学业成绩的最佳选择。一般说来，非能力性失分有这样几种类型。

（一）审题不清

认真审题是正确答题的起点和关键。审题出现偏差是致命的，难免误入歧路，南辕北辙。这表现为看错了题，看漏了题，看偏了题。审题偏差到什么程度，失分就到什么程度。教师及家长千万不要把马虎、粗心或注意力不集中当成孩子审题不清的借口，要引导孩子审题时做到用心、细心、耐心，千万不可急躁。有一年，某个同学在作文考试时把命题作文的"苗"误看成了"猫"。考完后，他还胸有成竹地和同学们交流，说幸亏他家养了几只猫，不然还真不可能把这篇作文写得那么生动有趣，让同学们哭笑不得。

（二）操作不当

操作不当失分是指审题没有问题，答题思路、方法及答题内容也没有问题，但在答题过程中把答题卡涂错行，将数字、符号、答题步骤搞错，书写不规范，答题无条理，"缺胳膊少腿"，残缺不全，凌乱不堪。如，在计算150+16×5-22=150+80=230-22=208的过程中，学生在第二步计算中把22落下，而到第三步又把22写上，答题过程有误。有时把答案从草稿上抄到试卷上，一搬家就变了样，把0.231抄成0.123。这显然和学生应有的学习水平和能力无关，是操作不细致造成的。这类错误是非能力性失分中最具代表性的。

（三）知识不牢

似是而非、含糊不清、雾里看花、缺少联系是具有严谨性、针对性、规范性特征的书面考试的大敌。课程改革和新媒体盛行以来，学生的口头表达和打字的能力明显提升，但该熟练掌握的概念、定理、定义、公式、规则等往往被忽略、被轻视，尤其落实在纸面上的准确性、快速性不够到位。对于基本知识、基本能力、基本方法、基本规范没有达到游刃有余的熟练程度，难以取得高分。一小部分学生把肤浅当作深刻，以聪明否定刻苦，将浅尝辄止代替融会贯通，用自我感觉良好取代客观严谨标准。这些问题在学生时代不解决，将来走上社会也难当大任。

（四）情绪不稳

有的学生见到容易的题目或自以为熟悉的题目，容易亢奋激动。殊不知，欲速则不达，轻敌和麻痹大意容易导致做错题，我将其称为"亢奋性失分"。而遇到稍难的题目，不知道从何下手，一时着急，分寸全乱，浮想联翩，思绪已经从试题内跑到了试题外，容易紧张并产生心理负担。也许，只要冷静地想一想，换个角度去解题，就能迎刃而解。但由于无形的精神压力太大，让大好的机会白白溜走，造成压抑性失分。

（五）卷面不整

卷面不整是指试卷的外观不干净整洁，字迹潦草、胡乱涂改、书写越界等。整洁的卷面包含规范美观的书写，让人一目了然、易于阅读，这往往是得分的一个重要组成部分，直接影响考试成绩的高低。在许多考试中，试卷卷面和书写规范是评分标准的一部分。如果考生的卷面整洁、书写规范，那么阅卷教师会对该考生产生良好的印象，更准确、仔细地批改试卷，进而可能获得更高的分数。卷面整洁还可以反映出考生的素养。试卷是考生展现自己知识和思维能力的重要方式，一张整洁美观的试卷不仅可以体现考生认真负责的态度，还能够让考生展现出良好的书写能力和整洁习惯，让考生感到自信、舒适，有助于考生更好地发挥自己的实力，从而取得更好的成绩。

关心孩子，就要科学地关注孩子的每一张试卷。一名初一家长的做法提供了鲜活的案例。

初一入学不久，她女儿在第一次数学考试中考取了94分，失掉了6分。其中，失分的那道填空题在家长看来是很简单的，当时她就很武断地认为是孩子看题太马虎造成的。后来，这位妈妈时不时地查看女儿的数学作业和试卷，特别关注老师批改的或者女儿做的，渐渐发现，这不仅仅是审题粗心的问题。

在跟女儿的聊天中，她发现，女儿的有理数加减法掌握得不够扎实，运用上也不够灵活，以至于有时会在计算上出错，稍难一点的题目就会无从下手。她很庆幸，终于找到了问题的症结所在，而不是一直以粗心大意作为失分借口。这位母亲以身作则，对症下药。一是自己拿着女儿的数学书把知识学懂，把有理数运算口诀琢磨明白，再与孩子在做题的过程中有针对性地进行交流。二是请教当初中数学教师的同学，先让其给自己讲解有理数加减法的运算,并与任课教师交流教学情况。随着女儿运算练习的增加和运算知识的增长,这些问题都慢慢解决了。一直到初三,女儿的数学测试基本上是满分。

这位母亲感叹道:"孩子在学习成长过程中,家长的陪伴和监督真的是少不了啊!特别是一些转折期,开头的路一定要走得扎实。妈妈的潜能真的是无限大,做梦也没想到这把年纪了还能重拾有理数加减法。"

一个孩子的成长离不开学校教师和父母的教育。教师、家长不一定每一门学科都懂,都要去研究,但帮助孩子分析错误的原因,这是每一个人都能做到的。长期坚持、日积月累,这就是对孩子最大的关心,最深情的陪伴。

六、科学备考也是重要的能力素养

有学习必有考试,考试不等于应试教育。中国是考试的发祥地。随着社会的进步、人类的发展,人才对国家的发展越来越重要。而考试是国家选拔人才最主要、也是最重要的方法和途径。当然,无论是升学考试还是社会考试都在不断地改革,备考策略也要相应地作出调整。科学备考、有效应对是学生需要具备的重要的能力素养。"3+1+2"新高考模式下的高三复习需要深入了解高考命题的新要求、新变化、新动向,根据教育部教育考试院和各省教育考试院最新文件精神,备考需要有新思维、新策略。

(一)凝心研究纲与本,明确目标寻思路

1. 研究《中国高考评价体系》和《中国高考评价体系说明》

高考评价体系及说明是高考复习的总体框架,是高考命题、评价与改革的理论基础和复习指南,是高考命题人员以及广大师生教与学的"航标",同时也是评价高考命题质量的核心指标。

这两本书由教育部考试中心于2019年11月出版。书中阐明了高考"为什么考、考什么、怎么考"的问题,明确了高考采用"考查内容、考查要求、考查载体"三位一体的评价模式,高考命题和内容改革必须遵循"四个坚持"和"四个服务":坚持正确方向,坚持立德树人,坚持服务大局,坚持改革创新;要为人民服务,为中国共产党治国理政服务,为巩固和发展中国特色社会主义制度服务,为改革开放和社会主义现代化建设服务。

《中国高考评价体系》明确了高考评价体系由"一核""四层""四翼"组成:

"一核"高考核心功能——"为什么考"：立德树人、服务选才、引导教学。理解"一核"能明确高考目标，确保命题方向，落实立德树人根本任务，立德树人的高考目标必须广泛渗透在各学科命题中。

　　"四层"考查内容——"考什么"：核心价值、学科素养、关键能力、必备知识。"四层"规定了命题内容，加强核心价值观引领，可助力并凸显"五育并举"育人模式的变革。新高考模式下考查必备知识是常态，呈现新颖情境是亮点，突出关键能力是重点，强化核心素养是抓手。

　　"四翼"考查要求——"怎么考"：基础性、综合性、应用性、创新性。遵循"四翼"可保障命题水平和命题质量，也是高三备考复习的选题"航标"，其中基础性是主体，综合性是抓手，应用性是目标，创新性是导向。

　　高考试题对基础知识的考查，能有效地鉴别学生对学科基础的掌握程度，可引导中学教学遵循教育教学规律，明确高考考查要求，严格按照新课程标准和新教材进行教学。试题之间、考试内容之间、学科之间相互关联交织成网状的知识测评框架，可实现对学生核心素养的综合考查。

　　强调学以致用，高考命题要关注与国家经济社会发展、科学技术进步、生产生活实际等紧密相关的内容，试题强调以真实情境作为载体，避免考试和生活脱节，坚持应用导向，鼓励学生运用知识、能力和素养去解决实际问题。

　　强调创新意识和创新思维，关注与创新相关度高的能力和素养，比如独立思考能力、发散思维能力、逆向思维能力等，考查学生敏锐发掘旧事物缺陷、捕捉新事物萌芽的能力，考查学生开展新颖推测和创想并周密论证的能力，考查学生探索新方法积极主动解决问题的能力，鼓励学生勇于摆脱老旧思维的束缚，大胆创新。

　　2. 研究普通高中新课程标准

　　高三复习备考要研究新高考、新课程的新形势、新要求，也要研究教育部于2020年修订的2017年版普通高中课程标准（以下简称"新课标"）所提出的学科核心素养层级的水平表现划分，领会其蕴含的学科内容特性和技能要求。

　　高三备考复习应重视对新课标的研究，因为今后高考不再有考纲和考试说明，高考命题的依据是新课标和高考评价体系，教师不能再像过去那样依据经验、教材来教，要理解、吃透并实现课程改革和高考综合改革的有机结合、统筹兼顾、有效联动并形成合力。从对新课标颁发后的近几年高考试卷的研究中可以看出，各科新高考试卷均能很好地统筹新课程与新高考改革，新课标与新高考能更好适配并有效衔接。

新课标和新的高中课程方案在考试命题方面，细化了各学科评价目标，加强了对学科素养的测评指导，弘扬学科核心价值，创新呈现形式，优化设问方式，聚焦学科核心素养，突出考查关键能力；新高考不再分文理科，打破了以往文理科的界限，强调学生知识结构的全面性和学科之间的融合，同时给予学生更多的选择权和发展空间。

新课标在文本结构、内容及实施要求等方面进行了改进和完善。文本结构方面，主要新增了"学科核心素养"和"学业质量要求"两个部分，内容更全面，结构也更加完整，标准从整体上有较大提升。新课标内容方面，努力凸显思想性、时代性和整体性等。各学科新课标进一步强化社会主义核心价值观教育，中华优秀传统文化、革命文化和社会主义先进文化教育等内容；充分反映马克思主义中国化最新成果以及经济社会发展、科技进步新成就；更加关注学科内在联系及学科间的相互渗透与融合，克服了知识过于碎片化及彼此间的脱节等现象。新课标从实施需求出发，强化指导性、可操作性，切实加强了对教学实施、考试评价的具体指导，大部分学科增加了教学和评价案例、命题建议等，便于准确理解和把握新课标要义，确保新课标能够顺利落地，有效发挥统领作用。

因此，高考复习研究新课标有助于更好地理解新高考命题的旨意。历年来的实践证明，凡是新课标等权威的指导性书籍中变化的部分，在高考中考查概率一般都比较大，已成为高考复习备考的"指路明灯"。

（二）用心研究高考题，细化措施找方向

1. 研究高考题的必要性

前高考化学命题组组长、南京大学段康宁教授曾说：研究高考题，才能预测高考题，高考题就是最好的复习资料。认真研究历年高考试题不难找出命题轨迹，从而把握试题难度，让复习备考与高考无缝对接。

教育部考试中心刘芃在《刘芃考试文集》中也强调：与其大量做题，不如抽出时间认真研究往年的试题，往年的试题是精雕细磨的产物，它反映了对考试内容的深思熟虑，对设问和答案的准确拿捏，对学生水平的客观判断。研究这些试题，就如同和试题的制作者对话。

两位高考命题专家的话一针见血地指出了研究高考试题的重要性。高三复习备考在认真研究高中新课标新教材，准确把握中国高考评价体系的基础上，还必须深刻领会和品味近年新高考全国卷、广东卷的精神实质，全面优化复习备考工作，进一步提升复习

质量，发展学生的学科核心素养与关键能力；一定要研透近年高考真题、教育部教育考试院《高考试题分析》和《广东高考年报》等纲领性文献资料，领会命题立意，熟悉命题思路，理解命题专家的想法及试题的考查方式、设问的角度及方向，把握考试内容改革的要求；认真研究和琢磨高考试题在对标高考评价体系的要求过程中是如何变化、如何巧妙设计的，由此预测来年可能会怎样考、怎么变，这样才能更好地提升复习备考效率。

无论是考查方式、目标还是内容，高考真题都具有权威的导向作用。近几年的高考真题和往年的考试分析对后续高考命题有着承前启后、引领未来的作用，因此，认真研究剖析近几年高考真题尤其是"八省"（指参与首批"3+1+2"新高考的八个省）卷和全国高考卷，可为我们的复习备考指明方向，提供丰富有效的素材。

2. 研究高考题的特殊性

通过对各科高考题的研究发现，近年高考真题有以下两点特别思路。

一是反映时代性。当今时代是知识经济时代，随着中国特色社会主义进入新时代，中华民族正加速迈向伟大复兴，各科高考试题更加注重体现时代特色，引导学生心怀家国，激励学生不断学习，提升民族自信心。试题中大量选取我国最新的科研成果为素材，将重大社会生活事件有机融入试题，凸显时代特色与发展成就，是近年来高考命题的趋势。

二是情境新颖性。情境化命题方式，体现新课标重视探究过程和方法的理念，新的高考评价体系对情境做了更规范、更科学的规定，"无情境不命题""情境无处不在"等已成为高考试题的常态。

近年的高考试题在传承前期全国卷情境呈现方式的基础上，更加强化真实情境的设计，在真实情境营造方面下足了功夫。通过使用最新科研成果中的数据、图表、图形、图像等，提取出与高中知识相关的内容作为试题的素材，考查学生能否从真实的情境中提取有效信息，透过现象看本质，发现隐含的规律和原理，大大加强了情境的新颖性和开放度。许多试题均以材料呈现，基于真实情境和实际问题，提供新材料，创设新情境，考查新问题，这种命题方式有利于考查学生提取信息和运用信息的能力，考查学生综合运用知识解决新情境中新问题的能力。

3. 研究高考题的靶向性

研究高考题不能眉毛胡子一把抓，一定要有思路、有方向、有针对性。首先就是要"做"考题，高考题所体现的核心素养不是虚的，是需要通过亲身体验、亲自动手、反复研究、反复体会演练才能感知到的，多做几遍高考题才能把准高考命题深度和广度的脉，才有助于把握好备考复习的"度"，才不至于轻描淡写而让学生索然寡味，也不至于"下手太重"而让学生不知所云。对高考题的研探不能仅仅把高考题当作一般练习题，而是要作为研究的标靶，不仅仅只做当年的高考题，至少还要认真细致地做近5年的高考题；不一定要做整套高考题，可以分类分专题做（分考点或者分题型），这样才能深入高考题的骨髓，撷取高考题的精华，充分发掘高考题的导向和标靶功能。研究高考题应该注意以下"四五六"：

四个视角。包括材料维度、题型变化、知识广度和能力要求。

五个侧重点。通过整体研究历年试题，找规律和共性；重点研究近年试题，找趋势和方向；对比研究同类试题，找变化和差别；分类研究不同试题，找特点和风格；借鉴研究各省试题，找新意和动态。

六个维度。通过研究考查意图，知道为什么考；研究情境特点，知道借什么考；研究题型特点，知道怎么样考；研究设问特点，掌握如何分析问题；研究解题范式，明白如何规范答题；研究答案编制，了解答题得分技巧。

4. 研究高考评卷的导向性

复习备考过程中一定要研究近两年的高考阅卷场下发的评卷标准，以提升答卷技巧，加强教学的导向性和解题的准确性，要从命题专家的角度对待教学；学生要从阅卷教师的角度考虑答题，凝练答卷诀窍，即阅读与审题诀窍、选择题答题诀窍、综合题答题诀窍。落实在卷面上的答案文字要简洁完备，条理清晰，做到"六化"，即书写工整化、套路模板化、层次段落化、表述专业化、答案要点化、要点序号化。

（三）潜心研究新教材，关注变化觅策略

教材是高考复习的第一手资料。高三系统复习要从课本开始，要重视教材的作用，要结合新课标和高考试题深入挖掘老教材和新教材中的增删点及变化、重要案例等。复习阶段的"依托教材，用好教材"，不是简单地"教教材"，让学生对教材死记硬背，而是要做到"用教材教"，以知识为线索，侧重点在学生能力的培养，要让课本知识向生活、生产回归，要充分挖掘教材的备考价值，需要教师对教材内容补充、重组、延伸、拓展，这是高三教师应具备的重要能力。教师在任何时候都不要低估教材对课程标准的诠释作用，不要忽视教材对知识体系梳理的内在逻辑，不要轻易丢掉最出彩的真实素材。

要研究教材与高考试题的联系，依托教材，用好教材，形成知识迁移的能力，利用

教材进行复习备考时要注意：找出历年高考命题在教材中的"本源"，充分挖掘教材原题在高考中的价值和体现，认真琢磨教材典型例题（练习题）在命题、解题、答题中的典范作用；站在高考命题的角度挖掘教材，把教材案例当作高考的一个命题看待，经常改编或创新教材典型习题，把教材上典型例题、习题及其变式题教给学生，在测试题中编入部分教材原题或其变式题。用教材备考的策略宜做以下转变。

1. 由"全面覆盖"转向"精简教材"

高考命题不断深化，考试内容改革由考查"基础知识、基本能力"转向考查"核心价值、学科素养、关键能力、必备知识"，高三复习备考必须彻底摒弃"全面覆盖、面面俱到、盲目备考"的习惯做法，采取"精简内容、高效复习、精准备考"的策略，实现由"高耗低效"向"高效低耗"的转变。

2. 由"简单重复"转向"温故知新"

复习的核心功能就是"温故而知新"。高效率的复习是以新带旧，即利用新知识引领旧知识的复习，利用新问题深化旧结论的理解。"新"有三个层次：拓展知识、深化理解和提升能力。拓展知识是深化理解的铺垫，深化理解是提升能力的前提，提升能力是备考复习的根本目的。

3. 由"拘泥教材"转向"整合教材"

学什么比怎么学更重要。在复习过程中，可以根据高考实际，不必拘泥于现行教材的知识体系，灵活运用命题双向细目表，根据新课标和高考题确定高频考点、中频考点和低频考点，整合教材内容，重构学科体系和知识架构，精准备考。

（四）齐心教学重研究，合力备考促质效

"一花独放不是春，百花齐放春满园。"高三备考要开展大组教研，强化三种意识：研究意识、责任意识、团队意识；做到五个统一：思想统一、进度统一、资料统一、学案统一、测试统一。

高三复习备考要通过加强教师集体备课来提升课堂复习效率。集体备课，即备课组长带领组内教师分工合作，在同一地点就即将复习的内容进行沟通交流，达成共识，每一部分都有主备、主讲，在集体备课过程中形成统一的导学案，有利于发挥集体的智慧和力量，弥补教师在备课过程中的不足，取长补短，提高教师的整体教学水平，能将集体的智慧和个人的特长结合起来，共同提高，也有利于教师尤其是年轻教师在整体上理解新课标新课程，更好地把握教材重难点和高考核心考点，设计好高效的复习学案。所

以，教师复习备考过程中要加强集体备课，真正发挥集体备课的作用，真正实现资源共享，真正整体提高复习质效。

高三复习备考同样也需要加强教学研究，无研究不上课，无研究不教学，做到教研规范化、大教研任务化、小教研常态化。可以采用以下三种研究模式。

一是开放备，自主研。备课组各教师对新课标、高考评价体系、已有考纲及考试说明、新旧教材、教育部教育考试院的高考试题分析与评价、近5年的高考真题进行充分研究备课，并各自独立撰写备课提纲和学案，充分发挥组内每个教师的潜能和能动性。

二是集体备，合作研。备课组各教师在备课组长的主持下集体备课、分析研讨、头脑风暴，形成对某一考点或考题或知识区块的集体认知，凝成对这一认知的课堂教学逻辑和复习思路，理清知识的重点、难点、考点及学生可能存在的知识误区，共同寻找解决此类问题的最佳方法，探讨习题的选择与讲解思路，力争复习教学最优化。

三是特色备，个性研。各任课教师视自身认知、积累和教情及所教班级学生的学情，对集体备课形成的课堂内容进行再研究再备课，实现复习内容与教学深度的师本化和生本化，实现复习课的特色化，再进入课堂实施教学。特色备应做到：把集体备课形成的导学案班本化、师本化和生本化，特色化的导学案上要有个性研的注脚，要进行预演〔导学案、教材、板书（PPT）、习题等要素要统一〕，力争复习效果最大化。

（五）精心准备练习题，科学测评提成效

练习和测试于高三复习备考的重要性是毋庸置疑的，其诊断和检测功能对于提升复习效率具有非常显著的导向性和指标性。但练习和测试需要各科教师精心准备，针对学情认真筛选、提炼或改编习题，用好练习和测试可起到事半功倍的复习效果。

要编好用好配套的考点和单元练习题，保证每堂复习课后不少于30分钟习题训练，选考科目的练习时间可酌情减少；每周根据复习进度精心选编周测卷，对复习过的内容进行大题量限时训练，同时达到"滚雪球"复习的效果。高考复习应尽可能实现练习考试化、考试高考化，可以按以下方案实施。

第一，以"及时练、适时练、时时练、限时练、择时练"为原则。针对易错易混点、核心知识点、高考热点、高频考点、关键能力点、思维发散点，进行限时练习与组内合作、问题反馈与典例精评、答案展示与自主优化、题型方法与规律挖掘。

第二，突出"四清"练习质量保障训练体系，做好"四当"。一是当堂反馈做到

"堂堂清"，一题三变式，随堂练。反馈题目要典型，指向精准；专注错题归类，复习式训练。二是当天训练做到"日日清"，一日五测试，课下练。抓住经典题，紧扣新高考，力求规范准确，针对性训练。三是当周测试做到"周周清"，一周一小结，滚动式练。着重测试准确度、规范度、解题速度；紧盯审题要点、答题要点（采分点）、易错点。比如，在"3+1+2"高考模式中选考科目的测试，可以基于学生选科实情、走班教学安排实行每周轮流测试。四是当月诊断做到"月月清"，一月一实战，全真练。注重回顾基础，精心备战，全力以赴；跟踪排查错题，放大问题，尽早解决。有复习，必测试，必诊断，必批阅，必分数，必问题，必补救。

高三复习全程可采取以下练习范式强化并规范训练，以提高应试技巧和能力，力争高考高分。

1. 选择题限时训练

针对学情和考情，自组精挑选择题，训练题来源尽可能选自高考题、高考模式相同省份各地市近年的模拟题、各名校近两年的模考题、前期学生练习时反映出问题较多的变式题等。选择题的训练要注重夯实基础，紧跟高考命题趋势，训练学生解题思维；训练结果要当天呈现，快练快批阅、快讲评、精讲评。

2. 错题陷阱突破练

有人曾说：世界上最有价值的习题不是专家出的习题，而是自己做错的习题。只有认真纠错，才能确保题不二错。复习备考过程中，教师除了根据经验和资料记载收集各类错题之外，更重要的是及时整理平时测试、练习、考试中学生常犯错的题、得分率较低的题、容易中招的陷阱题，不断积累、整理并加以适当改编、创新与融合，形成各科特色的错题集，经常性地让学生回顾，以减少再次出错的概率。通过点穴式训练突破学生易错点和困惑点，让学生明白错误的原因，探寻正确的解法，品味成功的感悟，从而使备考复习更加精准，更加具有针对性，更加有效率，实现复习效果的升华。

3. 情境新题专项练

情境是高考评价体系最重要的创新之一，也是高考评价体系中重要的考查载体，《中国高考评价体系说明》中浓墨重彩、专门成文强调其重要性。近几年的高考试卷中已经广泛渗透这种命题方式，所以高考复习备考过程中必须高度重视以真实的问题情境为背景，以问题或任务为中心考查目标的情境题（尤其是生活实践情境类、学习探索情境类考题）的专项训练和测试，让学生运用必备知识和关键能力去解决实际问题，全面综合展现学科素养水平，适应新高考模式下的新题型、新变化、新趋势。

4. 大题题型过程练

各科高考大题题型、考查方式、考查内容基本保持稳定，根据新高考要求和各科高考试卷大题数目，可精心组编每个类型的习题若干道，如化学实验大题专练、数学几何题专练、物理选考题专练等，分类分考点开展专题训练，注重过程分析，注重思维训练，注重挖掘解题思路和技巧，形成解决此类题的方法，以此达到举一反三。

大题专题专练可助学生识别情境题的"庐山真面目"，克服恐惧心理，规范解题可助学生养成反思意识。大题训练时要重视学生审题能力、解题能力以及快速答题能力的培养，要时刻给学生渗透这样的思想：审题要与命题人对话，解题要有命题人思维，答题要与阅卷人对话。

（六）专心备考早规划，三轮方略谋高考

高三复习总体时间约为10个月。在对标高考评价体系的前提下，复习进度及备考策略大致分为三轮。第一轮复习重在夯基，从高三首年的8月初到次年1月底，回归教材、全面整合，夯实基础、不留盲点、构建网络。第二轮复习重在提质，从次年的2月初到4月底，紧扣考纲、专题训练，织网拓展、突出重点、提升能力。第三轮复习重在升华，从次年5月初到5月底，模拟高考、实战演练，及时修复、直击考点、查漏补缺，同时注意提升答题技巧，学会时间分配，强化应试能力。

1. 关于第一轮复习

第一轮复习以"全面、基础、系统、扎实"为原则。面向全体学生，以必备知识落实、关键能力提升为目的。把握中下难度，不偏离教材考纲、新课标的范围。使前后知识有机结合，织网搭积木，构建知识的体系。知识点复习要落实到位，能真正理解迁移、灵活运用。

根据高考对必备知识和关键能力的考查，第一轮复习中的学习目标和评价目标应做到夯基、构网、有法、提能。"夯基"即确保知识无遗漏，理解准确，应用准确；"构网"指能建立完整知识体系，构建单元知识网络；"有法"指能正确并熟练运用学科思想和方法；"提能"指提升能力素养，提高学科素养。分解到具体的复习任务当中，需做到查漏补缺，夯实基础知识；巩固提升，拓展深度广度；构系建网，形成思维导图，实现知识融合；拓展应用，强化学科思维；规范训练，积累实战经验。

第一轮复习中需注意起点要提高，容量要加大，重点要突出；知识要有系统性，内容呈现要新颖；学科素养要落地，课堂为本要落实；要重视基础知识、基本技能、基本

方法与基本思想（"四基"），特别是基本技能和基本思想。

教学设计的关键在于目标、过程、内容、方法和评价。目标设计要思路清晰、可检测、可评估；过程设计要教学最优化，以学生为主体；内容设计要基于大数据诊断，突出典型错误；方法设计要集体智慧，互动评价，具备学科思想；评价设计要题组训练，及时反馈，科学评价。

2. 关于第二轮复习

第二轮复习是在第一轮复习的基础上，针对高考重要考点、常考题型所进行的"重点进攻"阶段，目的是突破高考重要题型，争取高考多得分。第二轮复习也是教师备课难度较大的阶段，是让学生领会学科思想、形成学科核心素养、提升关键能力、拉开成绩差距最关键的阶段；是学科综合协调的关键期、提升学生素养的特殊期。

第二轮复习应以系统、网络为重点，以思路、方向为关键，以专题、板块为载体，以激情、团队为保障，以熟练、规范为增分点，以能力、素养为核心。具体可通过以下四个方面为抓手。

一是设置专题抓重点。对照高考评价体系和新课标，分析近几年的高考真题，根据学情实际，设置专题训练，突出重点，强化薄弱环节。

二是精讲结构抓联系。第二轮复习应避免繁杂图表的知识罗列，防止空洞分析知识结构，着重通过经典习题分析，抓住前串后联，对知识进行穿插综合，从知识点到知识串。

三是分析试题重能力。抓解题思路的分析，抓方法技巧的总结，抓学科思想和方法的渗透，努力做到让学生举一反三、融会贯通。

四是精选练习重情境。通过广泛借助真实情境，精选情境类练习题，对重要的考点进行知识梳理，让学生能站在学科的新高度，强化知识的灵活运用，体会试题的立意、情境和设问方式，建构解决新情境中新问题的思维模型和方法模型，从而提升理解与迁移、分析与判断、归纳与论证、探究与创新等关键能力。

对接高考题，抓住恒考点，突出重难点，突破薄弱点，加强实战练，在强化训练中实现知识与能力、思想与素养的整体提升。

3. 关于第三轮复习

第三轮复习要求注重学科知识的综合和学科间的相互渗透、交叉与整合，回归课本，查漏补缺。以综合运用知识解决新问题为中心，培养学生快速准确解答综合大题的能力，重点培养学生灵活运用知识解决问题的迁移能力。以考代练，摸底诊断考试，规范解题思路，总结归纳解题规律，提升解题技能技巧，发现问题，及时纠正补充。

通过第三轮复习，实现综合知识系统，整合备考资源；查补知能缺漏，保持考点热度；训练高考感觉，提高应考技能；调控备考状态，积蓄临战激情。

一分耕耘一分收获，且行且思，必有所得；成功在课堂，潜力在研究，优势在群体，关键在落实。

学生心语：我心目中的叶老师、叶校长

2020年3月21日晚，有一堂特别的网课，是一堂由叶延武先生开讲的网课。

叶延武先生是我的老师，也曾是我8年的老校长。大家都称他为"叶校"，而我一直习惯叫他"叶老师"。

那天我一整天都在期盼着太阳早点落山，夜幕快点降临。我匆匆忙忙结束晚餐，没等家人吃完就离开桌子，走进房间。我关上房门，快速打开电脑，虔诚地坐在电脑前，两只脚规规矩矩地放在电脑桌下，坐等叶老师开讲。

这是我年少上学时听课的模样。当然那会儿没有电脑，更没有网课。但是每节课上课之前，我都会备好书本纸笔，恭恭敬敬地坐等叶老师。

妈妈以为我哪里不舒服，特地到我房间看看。她追问我大晚上的忙什么，饭都没吃好。我告诉她，我要听一节非常重要的网课。她无比纳闷，"你是老师，还听什么课？每次不都是你给学生上课吗？"我说这次不同，是我的老师给我上课。她一头雾水，但又怕打扰我，便轻手轻脚地从外面帮我关上房门。

红楼先生

时隔30年，我重回叶老师课堂，紧张、激动、兴奋、期待及幸福，各种小情绪混杂在一起。

30年前的今天，我上高三，很荣幸曾师从博学多才的叶老师。他当年高高瘦瘦，显得格外飘逸，魅力四射；戴一副高度近视眼镜，长着一个大大的脑门，可见"内存"大到无法想象，那是他学富五车、才高八斗的象征；头发微卷，英俊的脸庞完美得让人难以置信；虚怀若谷，清气若兰；威而不怒，亲而难犯。我对老师的感觉，最恰当不过的应是"敬畏"二字。

记得当年的每一节语文课，都是从叶老师诵读解析《红楼梦》开始的。私下里，我曾偷偷称叶老师为"红楼先生"。他的语文课深深吸引着我，每节课自始至终，我不会有一秒钟的走神。其中印象最深的是那堂《阿房宫赋》。

那是1989年的一个秋天，丹桂飘香的下午。老师随着一阵秋风，阳光明媚地走进了课堂，依旧是两手空空，他上课只用一张嘴巴和一支粉笔即可。

像往常一样，他先花5分钟给我们诵读了《红楼梦》片段。记得那天讲的是第九十八回"黛玉之死"。讲到动情处,老师竟无语凝噎。过了几秒钟,老师由这段以悲剧告终的爱情,巧妙地将我们引入当天要讲授的课文《阿房宫赋》。

他给我们讲述了一段传说中的秦始皇与采药女阿房的凄美爱情故事。声音时而高亢,时而低沉,令我们如痴如醉,欲罢不能。

随后,博学多才的老师还就"阿"这一个字讲了大半节课。"阿"通常情况下读ā,加在称呼上的词头:阿大、阿爹、阿婆、阿妈、阿弟、阿姊、阿姨等。但在本文中,念ē,名词,形声字。从阜,指大的土山,《诗经·大雅·皇矣》有"我陵我阿";亦可指"细缯",古代一种轻细的丝织品,如"衣阿锡,曳齐纨"(《列子·周穆王》);还有"靠近"的意思……他一边有条不紊地讲解着,一边拿着一支粉笔潇洒地板书,并画出一座大山的简笔画。还向我们展示了"阿"的构字法,甚至用几种不同字体写出了"阿"字。

老师的书法堪称一绝,全班同学被他牢牢"圈粉"。明艳的阳光透过窗子洒进教室,照在老师的脸上、身上,照亮了我们青涩的年华。时隔多年,记忆犹新。

那么,阿房宫究竟因何而得名呢?这一点,史上一直争议不断。大致有以下几种观点,老师继续讲着。第一种观点认为是由于宫址靠近咸阳而得名的。"阿,近也,以其去咸阳近,且号阿房。"第二种观点认为是根据此宫"四阿旁广"的形状来命名的……我则宁愿相信它是来自那个凄美的爱情故事。

每节课前,叶老师都给学生创设出最佳的情景,巧妙地导入呈现,让我们身临其境,从而在不知不觉中学到知识,并感受到文学的熏陶,同时体会中国文化的博大精深。他的课如此引人入胜,令人没齿不忘。

我大学毕业后,有幸回母校任教,更幸运的是叶老师仍在母校,而且当时已经是学校校长了。开学第一天早晨,我刚进班级,他便拿着笔和听课笔记坐到我的教室里。他说以前都是他讲我听,为公平起见,那天换成我讲他听。他居然听了我教师生涯的第一节课!

我硬着头皮,走上讲台。那45分钟,我真的不知自己是怎么撑下来的。稀里糊涂,讲了什么,早已忘却。但是老师却对我那节课予以肯定,并好生分析了一番。后来,他还给我配了一位最好的师傅陈炳祥老师。

叶老师要我每节课后写教后感,他说一位优秀的教师要做到,"学了思,思了做,做了悟,悟了说,说了写"。他还说,"师傅领进门,修行靠个人"。这些道理,至今,我都铭记于心,但是由于偷懒,教后感却极少去写。

我毕业第二年，父亲病重。我欲带他去南京检查，可是囊中羞涩，老师让我到学校会计室去借，还帮我办了分期付款，每个月只还五元。父亲去世后，两个弟弟在学校上学，学杂费也几乎全免。

本以为这是我作为他的学生享受的特殊待遇，后来才知道，无论哪位教师在生活与工作中遇到困难，他都会第一时间主动提供帮助。

叶老师作为校长，口碑很好。他一心一意为教师谋福利。在他的英明领导下，教师们齐心合作下，高考成绩夺得淮安市市级重点高中的"六连冠"。他谱写了淮安市钦工中学历史上最辉煌的成绩。后来，我到了其他学校工作，与老师就断了联系。

前几天，我发表的一篇文章《有暗香盈袖》受到大家的好评与支持，并在朋友圈疯传。

后来主编把打赏的名单发给我，我居然看到了叶老师的名字！老师在哪里看到了这份拙作？我深受感动。颇费周折，我才联系上老师。他夸我上学时作文好，现在的文章更棒。

我谢过老师的鼓励与打赏。他纠正我说，"不是打赏，是赞赏"。一番嘘寒问暖之后，老师还夸我上学时聪明又勤奋。老师还鼓励我，"要多方学习。要体认宏大叙事，记录时代镜像，从中透出思考的深度和人性的光辉"。"每个人风格不一样，坚持走自己的路。""你的作品独树一帜，文笔不错。继续下去，老师相信你会走得更远。"

国际先生

今晚的网课，老师根本看不到我，我完全可以随意坐着，站着，躺着，来回走着，或各种姿势随机切换，但是一小时的课程，我一直端坐如钟，肖然不动，还认真记笔记，不时在评论区发言，就像当年上课举手一样。胆小的我似乎怕稍有风吹草动，老师如炬的目光定能相隔千里穿透我的电脑。比我自己每日给学生上网课要严肃认真得多。

想想因为疫情，我最近几周给学生上的网课，不知说什么是好。叶老师在今晚的课堂上也提到，不管大家愿意与否，接受与否，不管上课效率如何，反正全国上下甚至全世界网课都已开始了。学校的物理空间存在受到了极大的威胁。而我现在的学生都是农村留守儿童，父母出去打工，爷爷奶奶在家里照顾孩子饮食起居。学习的事，对我的孩子们来说，显得没有大城市孩子的重要。

有一次，我在课后谈到城里的孩子学习反而更刻苦。有一个孩子说，那是因为城里的孩子没有退路。我问他们有什么退路，他脱口而出：我们有一亩三分地！

我的网课课堂上，孩子们人来人往，一会儿这个说网卡了或家里停电了，重新登录；一会儿那个说上个厕所；跟学生"连麦"时，还会听到谁的奶奶喊"大孙子，面下好了，赶紧趁热吃"。

　　课堂提问，更是效果极差，"连麦"都得等半天。感觉每节课，大多时候，就我一人自导自演，自言自语，自问自答，自吹自擂，自卖自夸，自作自受或自怨自艾；而他们则自由自在，自暴自弃或自娱自乐。

　　对学生的状态抓不着，捞不着。估计他们干什么的都有，甚至还会有人钻在被窝里上课。会不会有抱着饭碗听课的？有没有人把电脑或者手机放在一边，任由为师我"驴喊马叫"，人家自己在玩游戏呢？

　　哎，愣是分不清我是在牛弹琴，还是在对牛弹琴。细想想，还是为师我道行太浅，功力不足，魅力不够啊。如果孩子们看到我此刻听叶老师讲课的状态，会不会以我为榜样，有所改变呢？

　　课堂上，近60岁的叶老师一如当年，依然风度翩翩，教态得体大方，挥洒自如，挥斥方遒，指点江山，激扬文字。只不过，当年是戏说《红楼梦》，现在是解读国际教育。我的"红楼先生"，早就华丽丽地转身为"国际先生"了，而且不管是哪一种先生，他总是那么得心应手，举重若轻。

　　今天我看到老师的课题"国际化学校的朋友圈——一场彼此成全的交响修行之旅"时，觉得太高大上，怕自己听不懂，有点不太感兴趣。我本希望老师讲关于文学方面的课程，特别是《红楼梦》。

　　但老师一出场就来了一段很文艺的开场白。只听老师说："今天广州下了一天的大雨，傍晚五六点钟，天空突然放晴，太阳绚烂无比。虽然即将逝去，依然给人心情大好的感觉。一路上南沙港快速路两旁，绿植郁郁葱葱，各种各样的花儿竞相开放。希望我们尽早拥抱这个美好的春天，融入万紫千红的大自然中。"

　　这个别开生面的开头，一下子把我带进他的课堂。老师一个小时的网课，完全脱稿，就像当年上课，从不带书本一样。古今中外教育改革他都熟透于心。

　　孔子、苏格拉底、赫尔巴特、夸美纽斯、乌申斯基、马卡连柯、杜威、陶行知、陈鹤琴、顾明远等等中外教育大家的思想理论及名言警句，他都能信手拈来。音乐、哲学、宗教、心理学、社会学、未来学、生物学似乎无所不知，令人叹为观止。老师对"没有关怀就没有教育"等教育本质的揭示，对中外教育改革的几组关系的分析辨析，等等，见解独到，高屋建瓴，醍醐灌顶，填补了我做二十几年教师的空白。他总是巧妙地把晦涩难懂或枯燥无味的教育理论，用一种诙谐的语言表达出来。

他说到民办学校的校长与投资者的关系，应是灵魂伴侣与人间烟火的共同体。他还通俗地把二者的关系比拟为夫妻关系，令人耳目一新。"老板财大不气粗，校长争权不夺利，教师理直不气壮，家长越俎不代庖"，等等观念的解读，尽显他的学识与站位；对"什么是好教育"的诠释，也是他几十年教育生涯实践智慧的结晶；而"办中国灵魂、中国实践、中国标准的国际学校"，寄托着他毕生的教育之梦。

我感触最深的是老师讲的"国际化教师专业发展的困难"。他真心心疼教师们面临课程负担重，工作课时量比较重，备课头绪多，负担重压力大，充电提升时间少，职称晋升难，等等问题。

他像20多年前一样，时刻站在教师的立场，竭尽全力为他们谋福利。我曾在一所民办学校工作过17年，对于此类困境感同身受。每天"两眼一睁，忙到熄灯；熄了灯，还想学生""女人当男人用，男人当牲口用"。每天忙于备课上课批改作业，处理学生突发事件，还要应付各种检查与考试，很少有自己独立思考的时间，更不用谈教研活动、充电提升了。

在我看来，如有可能，尽量减少形式上的检查，力求高效低耗；解放教师们的身心，多安排一些学习研讨的机会。俗话说，磨刀不误砍柴工。呼吁政府部门，解决民办学校职称晋升难的问题，令他们享有公办学校教师同等待遇，让教师们无后顾之忧，这样也可减少或避免人员流动。不然，民办学校教师们都会纷纷考编，挤进公办学校。我的好多同事就是因为职称的问题回到公办学校的。

而老师所领衔的这所国际化学校的案例，充分地体现了中外教师教学文化的分歧与融合，使我感受到了中外教师紧紧依靠课堂教学内容的研讨加快双方专业成长的氛围。

中国教师比较注重教学的深度以及对升学考试有无直接作用，而外教比较注重知识的系统性与完整性，强调学科的内在联系。

所以，中外教师，特别是中国教师，认真研习国外生物学教材，对提升自己的专业能力有帮助。让学生了解更多类型的光合作用，有利于进一步了解生物的适应性，增加学习的自信心，树立生命观念，提升适应未来社会的科学素养。

老师原计划讲40分钟，留20分钟给大家提问。但我估计他做不到。因为他常常会"收不住"。果然，他像当年给我们上课一样又拖堂了。

曾经在校园里流传过一个故事。有一天，叶老师接待几位美国客人，跟人家介绍我们当地特产钦工肉圆（用猪身上的精瘦肉制作的丸子，乾隆下江南时曾经品尝过）的来历、制作方法与过程。午饭前开始讲，只见他口若悬河，侃侃而谈，讲了3个小时，猪还没杀呢，而那些美国客人，却听得津津有味，根本没感觉到已是下午两点了。

到了提问的环节，叶老师思维敏捷，思路清晰。我一直不停地在评论区留言：请老师再讲《红楼梦》。老师他居然在众多的评论中，看到了与今晚讲课无关的我的请求。老师笑着说，那今天只讲点《红楼梦》皮毛，下次专门开设一期《红楼梦》。

老师在解析《红楼梦》时，那神态、气势、语调都更有劲道，可谓激情澎湃，气势磅礴。他用几分钟时间，把一套书的大概轮廓、主要人物及重点篇章评述一番。我得以重温师韵，梦圆红楼，泪湿眼底，幸福满满。这时我才发现：在我内心深处，虽在国际课堂，我的"红楼先生"又回来了。

十分感谢伟大的网络时代。千里之外，让我又回到了阔别30年的敬爱的老师的课堂。"听君一席话，胜读十年书。"

听了这节课，我感觉阔别的这许多年，都是在虚度年华，对叶老师的敬畏之情愈发深重。"高山仰止，景行行止，虽不能至，心向往之。"老师的课堂那么近，近在咫尺；老师的课堂那么远，远在天涯。都说岁月是把杀猪刀，而对我的老师来说，岁月分明就是一位雕刻师。

这堂神奇讲师课让我穿越回30年前，老师风采依旧，依然是颜值担当，丝毫没有中年油腻。岁月带给老师的风霜雪雨，都被他神奇地转化为满腹经纶及雄才大略！好希望，能有更多这样的机会，向老师学习。我们的差距似有天壤之别，但学生我不会因此而放弃前行。

贾玉琴
2020年3月24日

附录：学校规划

深圳市南山区第二外国语学校"十二五"发展规划

用教育家文化滋养每一个孩子

目　录

序言：用教育家文化滋养每一个孩子

一、总体战略：探索教育家办学之路
（一）指导思想：建设教育家文化
（二）发展目标：实现高标准公平
　　1.总体目标
　　2.年度目标
（三）发展思路：突出学习者中心
（四）工作策略：实行层次化推进

二、发展任务：让每一个学生得到充分发展
（一）德育工作：构建立体化体系
（二）教学工作：支撑个性化学习
（三）课程体系：满足多样化需求
（四）队伍建设：培育教育家群体
（五）开放办学：提升国际化水平
（六）信息化建设：建设智慧型校园
（七）学校规模：推动集团化发展
（八）学校特色：打磨品牌性标志

三、改革创新：促进教育家文化建设

（一）管理创新：加强民主化建设

（二）科研创新：打造研究型学校

（三）评价改革：提高满意率指数

四、保障措施：推进有效实施

（一）组织领导

（二）制度保障

（三）经费投入

（四）硬件建设

附件1：重点项目

附件2：教育家文化建设的系列模型

为促进学校全面、协调、持续发展,满足社区人民群众对优质教育日益增长的需求,服务区域高端经济,依据国家、省、市《中长期教育改革和发展规划纲要》和《深圳市南山区教育事业"十二五"发展规划》,编制本规划。

序言:用教育家文化滋养每一个孩子

孩子承载家庭希望,教育关乎千家万户。对学校而言,每个孩子是千分之一;对家庭而言,每个孩子是百分之百。用教育家文化滋养每一个孩子,就是指具有教育家气质的教育团队用百分之百的努力,构建适合于每一个孩子成长需要的文化场域,让每一个孩子得到最适宜的营养和最充分的发展。

作为南山区教育科学研究中心附属学校(以下简称"教科中心附属学校"),深圳市南山区第二外国语学校(以下简称"南山二外")从建校伊始,就孜孜以求,奋力探索,实现了高起点起飞、高标准建设、高速度发展,逐渐形成了"用教育家文化滋养每一个孩子"的办学理念。

六年来,学校教育成绩斐然,先后获得"国家基础教育实验中心外语教育研究中心实验学校""全国少年儿童科学体验活动示范学校""广东省书香校园""广东省义务教育规范化学校""广东省红领巾示范校""广东省首届德育创新奖""广东省教育教学成果奖"等荣誉;在2008—2010年连续三年的教育部学业水平检测中多项指标名列全区前茅,社会认可度不断提高,学校影响力不断增强,教育家文化的轮廓基本形成——确立了以学生为中心的教育理念,建成了适合学生发展的硬件环境,凝聚了一支具有创新精神的教师团队,探索了一系列促进学生成长的实践模式,形成了一整套构筑协作平台的成功经验。

南山二外超越常规的发展,得益于南山区委区政府"教育第一"的战略指引,得益于南山区教育局"卓越教育"的理念推动,得益于全校教职员工的不懈努力。

国家新一轮的教育改革,深圳市高标准普及15年教育的美好愿景,南山区更高标准的教育追求,后海片区的高端定位,为学校发展提供了难得机遇。国家对创新人才的需求,社区对优质教育的期盼,区教育局对教科中心附属学校的厚望,周边学校快速发展的压力,使学校发展面临着严峻挑战。

总结成绩与经验,面对机遇与挑战,必须清醒地认识到学校发展中存在的突出问题:教育家文化建设实践与滋养每一个孩子的理想还有距离,办学规模还不能满足社区居民对优质学位的需求,名师、优师数量还不足以形成教育家的群体效应,特色项目影响力还不能适应学校的卓越追求。因此，遵循教育规律，创新教育理念，强化教育实践，探索教育家办学之路，用教育家文化滋养每一个孩子，就成为南山二外在未来五年乃至更长时间的不懈追求。

教育家是每个教育者的崇高追求和神圣使命。基础教育阶段的教育家主要指教育实践家，即德有立、学有专、教有法、行有思、研有成，有主动发展的内驱力、科学系统的思想力、富于成效的行动力和影响广泛的辐射力。教育家办学主要指运用系统思维，遵循教育规律，引领社会发展，促进学生全面而有个性的发展。

教育家文化是建立在"教育家办学"理念基础上的学校文化，是学校文化的高级形态，其基础是开放、开明、开拓的组织文化，重点是专诚、专业、专长的行为文化，核心是正气、大气、底气的精神文化，表征是和谐、和美、和畅的环境文化。

用教育家文化滋养每一个孩子，要求学校积极建设民主、人文的管理文化，充分发挥每一个教育者和教育对象的主人翁作用，调动每一个师生、家长的积极性，形成人人参与管理的良好氛围。

用教育家文化滋养每一个孩子，要求学校着力打造学习文化，加大对管理人员、教师专业成长的支持力度，加强对家长的教育，形成以管理者与教师为主体、家长为补充的教育家型群体，用教育家的眼光审视学生的发展，促进每一个学生的可持续发展。

用教育家文化滋养每一个孩子，要求学校努力凝练学术文化，引领教师形成教学风格和流派。实施"全人"教育，全纳每一个孩子，营造适合所有孩子健康成长的文化氛围，创建支撑个性化学习的教学模式，探索适合每一个孩子发展的教育方式。

用教育家文化滋养每一个孩子，要求学校重点创新课程文化，提供独具特色的课程体系，满足每一个学生多样化的学习需求，让所有学生在教育家文化的关爱中学习、生活和活动，自由张扬个性，自主全面发展。

"用教育家文化滋养每一个孩子"，既是南山二外的办学理念，也是南山二外的努力方向。学校将立足国际舞台、回应国家关切、担当区域使命、引领社会发展、突出学生中心，率先实现"在创新中走向卓越"的目标。

一、总体战略：探索教育家办学之路

（一）指导思想：建设教育家文化

以邓小平理论和"三个代表"重要思想为指导，深入贯彻科学发展观，坚持以人为本，遵循教育规律，探索教育家办学之路，着力建设教育家文化，用教育家文化滋养每一个孩子，努力实现高标准教育公平，追求卓越教育，打造区域性示范学校。

（二）发展目标：实现高标准公平

1. 总体目标

到2015年，基本建成教育家文化体系，引领区域的高水平教育现代化建设，基本实现起点公平、过程公平、结果公平的高标准教育公平，追求卓越，把学校打造成国际化、集团化、创新型、研究型学校。主要标志是：

一流的学校文化。全纳每一个孩子，用教育家型教育团队支撑教育家文化建设，教育家型教师覆盖每个学科，教育家型家长覆盖每个班级，教育家文化深入每个家庭，教育家文化关爱惠及每个学生。

一流的课程体系。形成具有学校特色的课程体系，家长和社区资源得到充分利用，课程开发的主体得到充分挖掘，为学生提供丰富的选修课程，满足多样化发展需求。可供选择的校本课程达200门，其中学生、家长和社区提供30门，学生社团40个。

一流的教学模式。用教育家文化推动课堂文化建设，形成"两心一线"课堂导学模式，打造具有影响力的教学品牌，信息技术与学科整合不断深入，教学活力不断增强，教学质效不断提高。

一流的教师团队。每一个教师获得专业发展支持，并广泛参与教育研究，形成学习型文化，建成研究型学校。完善"明天教育家"工作室制度，参与"明天教育家"工作室的教师达60%，采用先进的科研方法研究各项教育实践的教师达40%；开展深圳市"教育科研专家工作室"建设，促进一批科研型教师产生。

一流的办学方式。实现集团化办学，品牌辐射力有效增强；形成高端化国际合作，进一步推广国际视频交流项目，开设国际实验班，与教育发达国家和地区开展深度交流；探索基于个人成长的社区成人教育体系，引领社区文化。

附表1.1 南山二外"十二五"发展主要指标

基本定位	基本内涵	基本指标	
		2010年	2015年
创新型	班级文化	教室文化（有理念支撑，有班级特色）	30%	100%
		教育家型班主任	6%	20%

（续表）

基本定位	基本内涵		基本指标	
			2010年	2015年
创新型		学生成长电子档案	20%	100%
	学校文化	绿色校园	深圳市绿色学校	广东省绿色学校
		学生成长	"小绅士、小淑女"评价系统	形成学生发展模型
		人格养成	日常规范	形成人格养成模型
		课程体系	可供选择的校本课程78门	形成特色体系：可供选择的校本课程200门，其中精品课程30门，学生社团40个
		课堂文化	探索	形成支撑个性化学习的教学模式，覆盖各学科
	家庭文化	教育家型家长	3%	20%
		家长满意率	90%	95%
	社区文化	实践活动	平均每人每学期1.5次	平均每人每学期2.5次
	世界文化	国际视野	英语教学	精致英语特色，引进第二外语
研究型	研究型教师成长	"明天教育家"工作室（学科教学）	10个	20个
		"明天教育家"工作室（班级管理）	1个	5个
		教师专业成长规划	60%	100%
		研究型教师	11%	40%
		完成课题"课程整合促进教育家型教师专业成长的实践研究"	前期准备	结题，形成系列成果
	研究型平台	信息化研究平台	开发用于教学、管理的系统模块8个	开发用于教学、管理的系统模块15个

（续表）

基本定位	基本内涵		基本指标	
			2010年	2015年
国际化	国际理解	开设国际文化课程	8个班	全校
	国际交流	国际视频交流	参与率：初中部学生30%	参与率：初中部学生90%，小学部学生30%
		国际实验班	0个	5个
		国际化教学	接受外教班级达86.7%	接受外教班级达100%，外教执教非语言类的班级15个
集团化	小学	班级	33个	66个
		学生数	1365名	3015名
		教师	72名	164名
	初中	班级	12个	42个
		学生数	541名	2041名
		教师	47名	154名

注：通过对2010年各数据统计、抽样调查、分析等提出了2015年的基本指标。

2. 年度目标

2011年度：

· 完善"双线引领式"教师专业发展模型，探索教师成长模式，启动梯级培养计划；深化教育家型家长的"金字塔"模型建设，计划并开设"明天教育家"家长学校；厘清德育活动序列。

· "课程整合促进教育家型教师专业成长的实践研究"课题开题，分列子课题，进行前期研究；推进校本课程建设，为学生提供校本课程达100门，尝试让学生开发校本课程，促进学生社团建设。

· 完善思维课堂教学模式，探索各学科的思维课堂教学模式。

· 制订校内名师培养计划，全面启动名师工程，建立"明天教育家"网上工作室，制订相关评价制度；启动"教育科研专家工作室"项目。

·开展"减负提质"行动，设计学生及家长评教方案。

·启动国际实验班项目，制订实验班三年计划，引进美国具有教师资格的优质师资和原版教材，派出优秀教师赴美国任教；确立中美国际双语实验专题合作项目。

·参与国际视频交流的学生扩展到七至九年级。

·申请学校体育馆建设项目。

·研究阳光体育促进学生身心两健的有效措施。

·建设学校"荣誉殿堂"。

·研究"交互式思维课堂"硬件系统。

2012年度：

·研究教师专业发展规范，形成三个梯级标准，完善培训模式；建立"教育家型家长"初步标准，创新引领方式；"三核拓展式"人格养成模型的德育序列化活动初步形成。

·开展跨文化、跨领域、跨学科和跨学段的四大课程整合行动研究；为学生提供校本课程达130门，其中学生、家长和社区提供5门以上，学生社团10个。

·各学科的思维课堂教学模式基本形成，进一步探索各学段教学模式。

·总结首批"明天教育家"工作室经验，评出一批教育家型教师，启动第二批"明天教育家"工作室项目。

·全面兑现"减负承诺"，"减负提质"行动取得初步成效，开展个性化教育实践，引进满意率评价系统。

·总结国际实验班经验，诊断存在的问题，提出改进对策，调整课程计划，进行游学课程实验。

·参与国际视频交流的学生扩展至中学部的每个班级，增加交流学校的数量。

·启动学校体育馆建设项目。

·完成"交互式思维课堂"硬件系统实验建设并初步启用，着手策划软件平台建设前期准备工作。

·开展智慧型校园建设，计划面向未来的智慧型校园、教室。

2013年度：

·形成比较完善的教师专业发展规范，教师梯级队伍得到有效建设；出台"教育家型家长"标准，评出一批教育家型家长；打造德育序列化活动的精品项目，辐射至全区。

·"课程整合促进教育家型教师专业发展的实践研究"课题研究取得阶段性成果，为学生提供校本课程达160门，其中学生、家长和社区提供15门以上，学生社团20个。

·总结"明天教育家"工作室与"深圳市教育科研专家工作室"建设经验，完善"双线引领式"教师发展模型。

·推行"减负承诺"的长效监督机制，"减负提质"行动形成系列经验。

·整理国际实验班成果，组织学生参加SSAT（Secondary School Admission Test，美国私立中学入学考试）测试，部分学生进入美国高中学习，形成具有二外特色的国际实验班课程体系。

·"交互式思维课堂"硬件系统和软件平台实验取得一定成效，推广至中学部，探索面向未来的简约课堂。

·满意率评价体系基本确立。

·申请开设分部，研究制定分部硬件、软件建设规划。

2014年度：

·形成比较完备的教师专业发展模式，教师梯级队伍建设初步形成；完善"教育家型家长"标准，探讨教育家型家长成长规律；打磨德育序列化活动的精品项目，辐射至区域内外。

·"四大课程整合"行动研究取得一定成效，为学生提供校本课程达180门，其中学生、家长和社区提供25门以上，学生社团30个。

·提升"明天教育家"工作室建设水平，评出第二批教育家型教师；"深圳市教育科研专家工作室"的相关研究全面推开，形成一批科研型教师。

·国际化水平进一步提升，与美国、中国香港等教育发达的国家或地区进行更深层次的合作，在师资、课程、评价体系等方面展开全面交流。

·提升智慧型校园建设水准，寻求适合学校发展及"交互式思维课堂"的"云端"支撑。

·阳光体育研究项目有一定成效，学生社团获得充分发展。

2015年度：

·整理"教育家文化"建设系列成果。

·"课程整合促进教育家型教师专业发展的实践研究"课题结题。

·第三批"明天教育家"工作室启动，整理"深圳市教育科研专家工作室"的研究成果。
- 成立学生社团40个，形成完善的学生社团章程。
- 确立个性化教育的评价体系。
- 达成五年规划目标，总结"十二五"发展规划完成情况。

（三）发展思路：突出学习者中心

在贯彻落实学校办学理念和目标过程中，要以文化引领发展，以科研增强内功，以特色彰显活力，以服务促进成长，为包括学生、教师、家长在内的每一个学习者的成长创造条件。

文化引领。以教育家文化建设为基石，以文化引领发展，以内涵提升品质，用创新精神谋求发展，以求实态度追求质量，促进每一名学习者的发展。

科研兴校。以科研增强学校内功，用课题引领学校发展，指导全体教师自我规划专业成长，提高教育科研的实效性，打造具有辐射力的科研品牌学校。

特色领衔。进一步强化国际教育特色，提升外语教育层次，提炼社团活动、阳光体育、班级文化、心育课程等系列特色，以点带面，逐渐形成具有本校特色的系列教育品牌。

强化服务。建立开放包容的办学体系，整合家长资源、社区资源、区域内外资源、海外资源，强化教育服务学生成长、服务社区文化建设的意识，努力提高教育服务的能力和水平。

（四）工作策略：实行层次化推进

在工作推进过程中，要坚定方向，厘清脉络，从中心战略、发展重点、促进制度、基本原则、探索方向、重要抓手等方面，部署全局，确立层次，有序发展，逐步落实。

坚定"一个战略"。聚焦内涵发展，把"文化引领发展，内涵提升品质"始终作为规划推进和学校发展的中心战略，坚持教育家文化建设的发展路线。

突出"两个重点"。从人格养成和学业成就两方面实践素质教育，着力抓好"人格养成教育"和"课堂文化建设"两项重点工作，追求"轻负高质"，开展相关的课题研究和实践创新，形成以全面发展为核心理念，关注个性、重视创新能力的人才培育方式。

强化"三个制度"。实行动态规划制度，持续更新理念和措施，寻求适合学校发展的方向和路径；推进发展性评价制度建设，完善综合评价，建立学生与教师电子成长档案，探索家长成长评价，实现增值功能；深化开放办学制度，营造民主环境，促进教师、学生、家长和社区共同参与学校建设。

坚持"四个理念"。坚持学生发展为学校一切工作最终目标的理念，坚持课程文化为学校文化建设核心的理念，坚持教师发展为学校发展基础的理念，坚持教学改革为学校改革中心工作的理念。

深入"五个探索"。深入探索面向世界的国际化教育，指向未来的信息化课堂，走向纵深的个性化教育，立足校本的课程整合与教师专业发展研究，立体打造教育家文化。

把握"六个抓手"。打造思维课堂、校本课程（学生社团）、班级文化、国际实验班、课程整合和"明天教育家"工作室等抓手项目，持续细化研究，促进无边界学习，带动整体工作。

二、发展任务：让每一个学生得到充分发展

未来五年，学校教育改革和发展的主要任务是：紧紧围绕"用教育家文化滋养每一个孩子"这一核心理念，建设教育家文化，创新德育、课程、教学、科研等各项措施，促进学校和所有学习者的可持续发展，基本实现全体学生充分发展、健康成长。

（一）德育工作：构建立体化体系

坚持育人为本，坚持把社会主义核心价值体系融入教育全过程，把"国际视野、民族情怀"作为德育的基本目标，推进文化滋养，构建全方位育人体系，探索针对全体学生的有效措施，把德育贯穿到教育的每一个环节，研究德育的每一个细节，让学生具有阳光心态、责任意识和服务意识。

创建互哺型平台。与家庭、社区建立积极的伙伴关系，强化"服务与反哺"的文化建设，形成遵循规律、目标一致、互相促进的最佳合力，让每一个学生得到关爱和成长。积极推进家庭、学校、社区共建，进一步做好四个系列活动：同学节、邻居节、"模拟法庭"等家校共建活动，"红树林湿地知识宣讲队""环保低碳志愿者小组"等社区实践活动，"六一童趣会"、假日文化等三方联动活动，以及家长义工、学生志愿者等服务性活动，不断提高活动效率，创建社区、家长与学校的互哺型育人平台，实现

学生、家庭、学校和社区的共同发展。到2015年，100%的家长自愿参加教育义工活动，学区范围内100%的社区参与共建，100%的学生参加社区实践活动，共建精品活动项目5个，服务社区的研究性学生社团达15个。

创立结构化板块。形成"精细班级文化""丰富校园文化""涵养家庭文化""引领社区文化"和"拓展世界文化"五个德育题材文化结构板块，突出公民养成教育，全面促进学生健康人格养成和综合素质发展。突出活动育人、环境育人，梳理现有活动，开发更具实效的活动，加强活动的序列管理和科学实施，提高德育的有效性和感染力。继续开展"阳光少年、阳光班级""小绅士、小淑女"评比，细化个人评价和小组评价，发挥评价的促进功能。提升成熟活动，优化内容体系，形成系列品牌。到2015年，各文化板块均有效能突出的稳定活动序列，在家庭、社区中有重大影响的活动品牌8个，在市、区中有广泛辐射力的活动品牌10个。

创新拓展式模型。遵循学生成长规律，创建并系统实施"三段四梯式"学生成长模型，即以学业成就和人格养成两大板块交互影响学生的成长路径，根据三个学段不同的认知特点和成长规律，设计不同目标，引领学生逐步跨越平常、优秀、卓越、世界杰出现代公民四个人生阶梯。构建"三核拓展式"人格养成模型，即以阳光、责任和服务为核心，根据德育五大内容结构拓展人格养成教育。探索促进学生发展的有效途径和方法，强化全员育人，关注生命发展，让学生在发展中获得幸福体验。研究德育有效措施，建设资源共享平台，推行多元评价方案，开发学生电子成长档案，激活学科德育内涵，打造一批具有示范性和辐射力的学科德育课程和精品德育课程。到2015年，形成两大模型的有效实施系统和层级序列，具有品牌效应的德育课程10门。

（二）教学工作：支撑个性化学习

教学是学校的中心工作，是学生获得个性发展的重要源泉。要立足高标准公平，贯彻"学思结合""知行统一""因材施教"等理念，面向所有学生，关注个性差异，关注参与、体验与感悟，探索具有学校特色的"轻负高质"新路。

构建"两心一线"模型。以学生为中心，以思维为核心，以活动为主线，构建"两心一线"导学模型。打造"思维课堂"，形成集体思维，实现高效互动。加强小组学习的有效性，激活个性思维，营造人人参与合作、人人得到展示、人人获得指引的课堂学习氛围；倡导自主学习、探究学习、领袖引领学习等多元化的学习方式；有效激发学习兴趣，培养创新意识；精细研究促进个性化学习的细节，如课桌摆放、小组展台、时间分配、状态记录、内容重构、激趣引疑、思维导引等，创设各学科、各学段的教学模式，形成具有本校特色的课堂教学文化。到2015年，"两心一线"课堂导学模型覆盖所有学科，在所有班级中得到创造性运用，形成系列研究成果。

推行个性发展评价。建立新型的课堂教学评价机制和监督机制，实施"两心一线"课堂导学理念评价体系，开发"思维课堂观察指引"，指导"思维课堂"实践与研究，促进个性化学习课堂的发展。推行指向学习体验和自我提高的发展性学习评价，有效提高所有学生的学习能力、创新能力和实践能力。

提升全员学业质量。形成质量监控体系，正确评估学生知识、方法、能力、情感、态度、价值观的逻辑起点，精确评估学生学习发展的过程和结果，研究国际学生评价项目，尝试引进先进的国际教育质量认证体系和标准，建立九年一贯制的学业评价方案，重视特殊学生的教育，实施差异化教学，加强个别化辅导，提升每一个学生的学业质量。

（三）课程体系：满足多样化需求

坚持"满足每一个学生的发展需求"的课程价值观，加强主体参与，把教师和学生作为课程的创造者与开发者，构建课程体系，丰富课程建设，实现课程的多样化、选择性。

多样化课程体系。确立全课程观念，建立并实行由课程计划、课程开发、课程研究、课程实施、课程评价等环节组成的学校课程管理体系。加强校长的课程领导力，提高教师的课程开发力，探索课程的校本化方向，形成"1+1+1"课程体系，即高质量实施国家和地方课程，示范性实施由心育课程、双语阅读课程等构成的必选校本课程，个性化实施由学校系列选修课程、五大文化隐形课程、各种特色活动及社区实践等构成的自选校本课程。

开放式校本特色。进一步加强校本课程的主体建设，完善校本课程开发委员会机制，严格校本课程开发的准入制度，做好相关评价工作，使每个教师都具有校本课程研究与开发的能力，引入家长和社区资源，吸纳学生资源，大力发展学生社团，形成开放式校本课程的开发主体，丰富校本课程的内容和数量，建设一批校本精品课程。到2015年，所有教师参与校本课程开发，开发可供选择的校本课程200门，其中学生、家长和社区提供课程达30门，精品校本课程达30门，学生社团40个，形成完善的学生社团章程。

信息化选择平台。继续开发选修课程网上自主选择系统，调整功能教室，优化活动空间，丰富选修课程，做到每一个学生都有适合自己的选修课程表，每一个学生的发展需求都能得到满足。

（四）队伍建设：培育教育家群体

教育家群体是教育家文化的基石，是学生健康成长的重要保证。坚持教育家型校长引领，培育具有教育家特质、德才兼备、富有创新精神和实践能力的教师、家长群体。

卓越管理团队。坚持"增值"管理价值观，探索现代学校制度，研究日常教育管理问题，横向板块管理，纵向专业引领，锻造一支专业精湛、效益卓著的行政管理团队。建设管理组织文化，激发教师参与学校管理的积极性和创新活力，提高教师的自我管理能力，使学校系统的效能持续放大。

专业德育团队。开展"班主任专业能力建设"课题研究，形成学校特色的班主任专业标准，实行班主任优选上岗制度。加强班主任心理辅导能力的培养，实施班主任人人持证上岗制度（心理健康教育C证）。建立名班主任工作室，强化班主任专业成长；通过专题讲座、典型引路、主题活动、舆论导向、制度约束、民主测评等途径，逐步建成一支敬业、精业的班主任团队。

精英教学团队。构建并实施"双线引领式"教师成长模型，从教育实践与教育研究两条线进行专业引领，建立教师专业发展规划和电子成长档案，促进教师向行家型、研究型教师转变，最终实现向教育家型教师转型。对不同发展阶段的教师，根据其起点、自身素质的不同，提供必要的专业指导和专业展示舞台，满足其合理需求，促进其尽快成长。实施青年教师培养、研究型教师培养和名师培养三大工程，充分发挥学校学术委员会和校本专家的引领作用，建立"明天教育家"工作室和"教育科研专家工作室"，以课程整合研究为载体，促进教育家型教师的专业成长，制订"教育家成长计划"，为教育家型教师创设良好的生成环境。

成功家长团队。引导家长了解现代教育规律，了解国内外前沿教育理念、教育形式及教育方法，与学校一起探索青少年健康成长规律，参加教育教学实践活动，领悟并掌握科学的家庭教育方法，促进自身、孩子及学校共同成长。制定《南山二外教育家型家长成长标准》，从个人修养、家庭礼仪、学习指导、和谐交往等方面指引家长发展。完善"知心家长学校"培训机制，向社区开放学校图书馆，开展好书推荐、家教网络平台运作等培训活动，通过邀请家庭教育专家和成功家长开展讲座等形式，提高家长对教育的认识和理解，以"家长课程超市"的形式开设家庭教育选修课，引导家庭教育走向成功。

到2015年，建成"明天教育家"工作室25个，教育家型教师达20%，研究型教师达40%，教育家型班主任达20%，走向讲台的成功家长达20%，每个家庭都有教育成功案例。

（五）开放办学：提升国际化水平

坚持面向家庭和社区，面向国内外先进的教育，不断学习，追求卓越，提升国际化水平，提高学生交流、理解与合作的国际素养，增强竞争能力。

融合先进理念。 借鉴国内外先进的教育理念与实践，吸取社区、企业等先进管理理念与经验，不断丰富和充实教育家文化的内涵，形成学校特色的创新理念；输出学校的办学经验，传播优秀的中华文化。

拓展深度交流。 利用深圳、南山的区位优势，关注香港教育的新进展，加强与香港相关学校的联系，继续做好与香港全人教育机构合作的"I CAN"课程研究；进行教师教学交流、学生随班就读及参观学校、社区等引入或输出的交流活动；进一步拓展文化、艺术、科研课题、教师培训、课程等深度合作交流。建立6个国际姐妹学校，进一步发展与美国独立日学校、瑞典古斯塔沃学校两所"国际学校联盟"友好学校的交往，定期组织师生间的视频交流，组织参加ISC年度全球峰会，在全球的语境中学习和分享学校发展的相关理念和经验。

寻求高端合作。 在全球化的视野中提升学校教育的国际地位、影响力和竞争力。引进国际通用的评价标准、监测手段、机制、措施等。紧密联系美、英、澳大利亚及海外其他教育发达国家或地区的学校，开设国际实验班，开展课程设置、培养模式、学历互认等深层次交流与合作，引进有教师资格的外教，探索外教执教非语言类学科，建立中美国际双语实验专题合作项目，进一步提高合作办学的实效。

到2015年，接受外教的学生达100%，开设国际实验班5个，进行国际视频交流的学生初中部达90%，小学部达30%，与香港学校的深度交流项目5个。

（六）信息化建设：建设智慧型校园

现代信息技术迅猛发展，改变着每个人的学习方式、生活方式。要积极适应信息化发展趋势，提高教育现代化水平，为每个学习者提供便捷的学习平台，探索现代课堂的信息化改革之路。

打造丰富性便捷平台。 建设好一个基础网络，即校园网；两个共享平台，即公共应用支撑平台和数据共享平台；三大应用系统，即学校管理系统、教育教学服务系统、学生学习系统；四大基础数据库，即组织机构信息数据库、教职员工信息数据库、教育资源信息数据库、学生信息数据库。建成融信息化管理、教育教学、学生学习、家长互动功能为一体的集成平台，建设硬件与软件平台的高精端、高集成的数字化校园。深入开展国际视频交流平台的应用和研究，构建家校合作式的视频交流平台，扩展受益面和辐射面。加强图书馆信息化建设，将其打造成为资源中心、信息中心和文化中心。

探索交互式思维课堂。进行信息化课堂改革，探索引入电子书包，发挥集成资源、展示、合作、指导等功能，形成交互式思维课堂，探索生动活泼、轻负高质的学习方式。加大电子白板和交互液晶显示器的引入和配备力度，形成突出互动交流、个人展示的个性化学习课堂。建立虚拟实验室，与常规实验室相整合，有效培养学生的科学素养。

到2015年，每个学生的信息应用能力和信息素养得到提高，建立校园全覆盖无线网络，实现时时能学习、处处能学习、人人能学习。电子白板或交互液晶显示器100%进教室，建设虚拟实验室2个，互动型简约课堂实验班10个。

（七）学校规模：推动集团化发展

集团化是满足人民群众对优质教育需求的有效措施。高端定位、快速发展的南山商业文化中心对优质教育的需求，区教育局对"卓越教育"目标的追求，需要学校发挥品牌学校的辐射作用，需要学校深层次、多元化地探索从优秀走向卓越的教育范式；学校的发展也迫切需要进行系统化、宽领域的教育探究和实践，需要吸纳后海片区新建学校或社区周边学校，建立一个多学段、多体制、多元文化背景的南山二外教育集团，引领区域未来教育，成为区域教育改革与探索的重要力量。

（八）学校特色：打磨品牌性标志

课程改革。坚持"设计课程就是设计孩子未来"的理念，将学校管理、教学管理转变为课程领导和课程经营，建成具有鲜明特色的课程体系，实行整体建设、重点突破策略，充分发挥课程在促进学生个性发展、教师专业发展和学校特色发展中的核心作用，努力建成区域内外有广泛影响力的课程改革特色学校。

英语教学。体现外国语学校特色，加强跨文化体验，开办国际实验班，不断完善"1+1"英语教材体系，加强英语阅读课程、英语相关选修课程开发，继续做好课前英语歌曲、英语广播、英语角等活动；凝练英语课堂教学特色，深化基于跨文化的课堂教学探索。

班级文化。着力提升班级文化的理论，进一步细化教室文化建设，建设以学生为中心、富于人文关怀、提升教育效益的班级文化，使学生切身体会到在班集体中成长的幸福感。把班级文化打造为在省内外具有较大辐射力的特色标志，形成每室有文化特色、每班有系统理念的多元建设格局。

三、改革创新：促进教育家文化建设

改革创新是学校发展的动力。要坚持开拓进取、提升效益，开展系统、系列、专题的改革和创新，促进教育家文化建设。

（一）管理创新：加强民主化建设

民主化建设能有效激发全校师生的潜能。探索现代学校管理制度建设，坚持依法治校，注重创新管理方式，激发主人翁精神，形成开放、汲取、提升、回馈、共同发展的生态型管理模式。

扁平管理。树立"人人都是管理者"理念，加强服务意识，为每个家长、学生、教师提供参与管理的途径，进一步做好家长委员会参与学校发展、课程建设、质量检测等决策活动，保持家长建议、投诉渠道畅通，定期进行学生、教师意见调研，及时处理并反馈管理建议。增加家长在校本课程开发委员会的名额，建立学校发展多方听证制度，设置教师、学生参与管理的常设机构，增强每个人的使命感和责任心。

教师治校。推行教师治校的民主管理制度，厘清行政职责与民主决策的关系，强化全体教职工大会、教职工代表大会和学术委员会制度，发展规划、课程建设、学术研究、质量监控、职称评聘、奖教奖学、工资改革等重大事项均须民主决策。

项目管理。建立项目管理制度，激发人人都是管理者的主人翁意识，提高管理效益，形成项目发布、计划选择、团队组成、项目责任、成果认定等系列规范，协调不同部门，促进项目顺利运行。采用激励机制，激发多方参与，促进学校的科学发展。

（二）科研创新：打造研究型学校

教育科研是学校发展的原动力，对学校的可持续发展具有举足轻重的作用。要坚持源于实践、用于实践之路，体现教育科研的价值，发挥教育科研生产力的作用。

建设研究共同体。强化共同体意识，建设学习型团队。从教育成果的整体性、研究目标的一致性方面强化"职业和利益共同体",从发展兴趣、职业理想、核心价值观等方面强化"文化共同体",实现相互促进、共同成长。教学和科研有效整合,引导全体教师在研究状态下开展教育教学工作,针对教学中难点、热点问题,建立专项工作室,探索"任务驱动型研究共同体"科研模式,形成"问题聚焦—科研介入—成果推广—教学提升"的科研与教学的整合流程,发挥教育科研的价值引领作用。引导学生关注社会生活,形成研究性学习团体,引导家长提高教育效益,形成学习型研讨小组。

激发教育生产力。提高科研兴校的认识,利用教研中心附属学校的优势,立足校本,形成"问题课题化、教研科研化"的务实科研作风,形成高凝聚力、高战斗力的教科研团队。深入探索"课程整合促进教育家型教师专业成长的实践研究",充分满足学生需求,全面提升学业质量;继续办好《南山二外学报》和"明天教育家"论坛,建立科研网络平台,提供成果展示平台;完善教育科研考核和奖励制度、成果认定制度,激励创新;形成研究成果推广制度,激发教育生产力,提高教育教学效益。

(三)评价改革:提高满意率指数

评价导引发展。要改革评价体系和措施,引领教育教学的创新和实践,促进学生、教师和学校的和谐发展。

实施发展性评价。完善学生成长档案与综合素质测评等发展性评价,建立学生电子成长档案,实行九年一贯制跟踪性发展评价,完善"倾听花开的声音"书面评价方案,坚持评价主体的多元化,促进学生的自我教育和自我发展,加强成长档案运用,关注学生成长过程,形成家庭和学校共同运用、共同促进学生成长的措施。以"教育部学业质量监测"分析体系为指引,科学、精确地分析学业质量,指引教学改进措施;建立新型的课堂教学评价机制和监督机制,实施"两心一线"课堂导学理念评价体系,开发"思维课堂观察指引",指导"思维课堂"的实践与研究。

建立交互性反馈。根据区教育局"满意率指数"的评价结果,积极推进"学生评教、家长评校",开展评价的交互性反馈,建立建设性评价意见反馈通道,促进学校、教师和学生的和谐发展,不断提高学生、家长、社区对学校和教师的满意率指数。

四、保障措施:推进有效实施

贯彻和落实"十二五"规划,必须加强组织领导,健全学校制度,保证经费投入,提升硬件建设，推进规划的有效实施。

（一）组织领导

加强组织领导，形成横向年级组、纵向教研组、交叉备课组的组织网络，制定落实规划要求的各项工作方案和实施细则，明确规划实施的责任部门和责任人，实行规划实施年报制度和评估制度，切实把规划制定的各项任务落到实处，全力推进学校教育改革与发展。

（二）制度保障

建立以法治校意识，以"创新·民主·科学·效益"为制度建设的基本原则，制定《中层干部竞争上岗制度》《学校岗位设置规程》《校本课程管理制度》《"明天教育家"工作室主持人考核制度》《教学事故认定制度》《班主任绩效评价制度》《教师绩效评价制度》等系列制度，完善《教育科研管理制度》《后勤管理制度》《年级组管理制度》等制度，形成一套民主、科学、有效的学校制度，推进规划的有效实施。

（三）经费投入

要按照规划制定的目标和要求，研究、制定学校五年经费投入方案，并取得上级有关部门的认可和支持。在年度经费预算中，要积极与上级相关部门沟通，力争把规划年度工作目标提出的任务和项目列入本年度经费预算，确保重点工作的经费支出。随着教育规模的扩大，教学设施也需要同步增长。按照目前的价格计算，"十二五"期间共计硬件建设总投资需要4310万元。（如附表1.2所示）

附表1.2　2010—2015年学校硬件建设总投资测算

单位：万元

新增校园、校舍、基础设施建设费		校园数字化建设费		原有校区设施建设费	
项目	经费	项目	经费	项目	经费
教室标准配置和建设（36个班）	360	虚拟实验室	200	新增班级标准配置（9个）	90
功能室建设	800	智慧教室	200	新增办公室建设（2个）	40

（续表）

新增校园、校舍、基础设施建设费		校园数字化建设费		原有校区设施建设费	
项目	经费	项目	经费	项目	经费
办公室标准配置	200	无线网络	100	运动场馆改造	150
图书馆建设	300	服务器	100	办公设备更新	50
体育场馆建设	200	交互液晶	200	教学设备更新	80
办公设备	200	数字终端	50	图书馆建设（5楼）	40
宿舍、食堂建设	350	其他	50	其他	50
其他	500				
合计	2910	合计	900	合计	500
总计		4310			

（四）硬件建设

"十二五"期间，要不断加强学校硬件建设，奠定学校发展的物质基础。建设数字化校园，提升教育现代化水平；统一调配专业教室及多功能教室，加强科学实验室的建设，完善科学探究室；进一步配置图书馆，启动电子书目查询，逐年增加图书量，美化读书环境；整改体育馆，充分发挥其应有功能。

二〇一〇年十二月

附件1：重点项目

1. 国际实验班

在国际化方面，把国际实验班作为国际化的重点项目，致力于开展多层次、宽领域的国际教育交流与合作，对话国际一流的学校、一流的教育，借鉴先进的教育理念和教育经验，促进学校教育改革发展。在国际交往中，让国外学校领略本校的教育风采，在全球化的视野中提升本校的国际地位、影响力和竞争力。

2011年9月开设国际实验班，引进美国具有教师资格的优质师资和原版教材，教授英语、数学、科学等学科，派优秀教师赴美国执教中文，深度交流，输出区域先进文化和教育理念；探索中美合作下的国际实验班课程体系，按照中美两国初中课程标准完成教学目标，学生完成三年学业，经考核合格后，将颁发两国认可的初中毕业证书或合格证书，可直升美国高中。到2013年，国际实验班学生参加美国SSAT测试，进行学历互认。

2. 思维课堂

积极回应区教育局卓越课堂文化建设，开展思维课堂的系列探索。不断完善思维课堂的概念和内涵，开展思维课堂的实践研究，在各个学段、科目展开实践，通过各种方式，探索适合各学段、各科目的高效、自主学习模式。

把思维课堂与信息技术相整合，实践交互式思维课堂，探索指向未来高效课堂。研究网络环境下的自主学习、小组合作学习、个性化学习和无边界学习，致力于高效互动的现代课堂研究。

至2015年，形成思维课堂的系列成果，包括课堂案例、研究报告、模式操作以及各种导学措施。

3. 教育科研专家工作室

通过深圳市"叶延武教育科研专家工作室"的建设，充分发挥教育科研的引领与辐射作用，以科研推动创新，培养教学骨干，凝练工作室的研究成果，促进教育教学的一系列改革。

至2015年，形成"教育科研专家工作室"的系列成果，并发挥辐射作用，培养科研骨干5~8名。

4. "明天教育家"工作室

大力建设"明天教育家"工作室，培养教育家型教师。与信息技术相整合，推广网上工作室建设，探索网上工作室的建设制度、评价考核等策略。把"明天教育家"工作室与教师队伍建设、课堂文化建设、班级文化建设等相整合，促进学校的全面发展。

至2015年，建设"明天教育家"工作室20个以上，推出校级名师30名以上，培养青年教师100名以上，形成并推广工作室建设的成熟经验。

5. 课程整合

以跨文化、跨领域、跨学科和跨学段的四大整合方式，实践课程整合改革，探索国家课程校本化研究，拓展校本课程与社团建设，建立有学校特色、富有成效的课程体系。

充分发挥教师在课程建设中的积极能动作用，探索西方文化与民族文化的融合；打通必修课程与选修课程，活动课程与文化课程，显性课程与隐性课程之间的壁垒；尊重教育规律，关注不同学科之间的关联；研究学生在不同学段的突出问题。

至2015年，形成基于"四大整合"的示范、样本系列课程。

附件2：教育家文化建设的系列模型

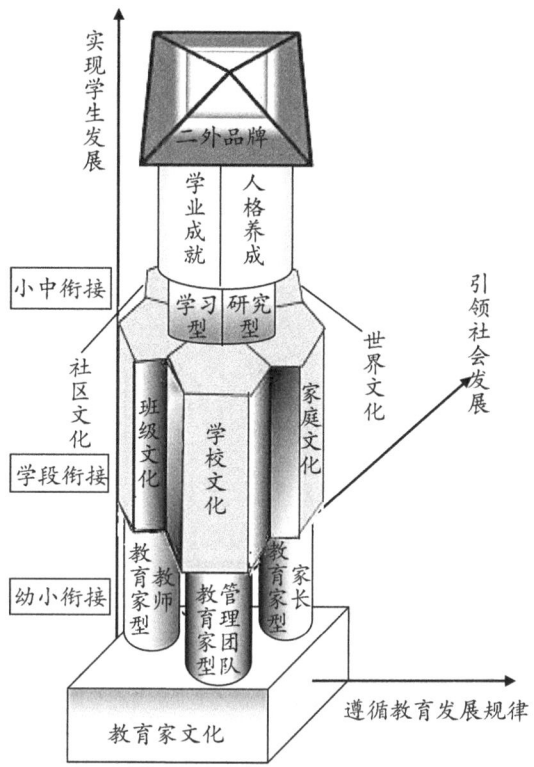

附图1.1　南山二外教育家办学的"SCS起飞模式"

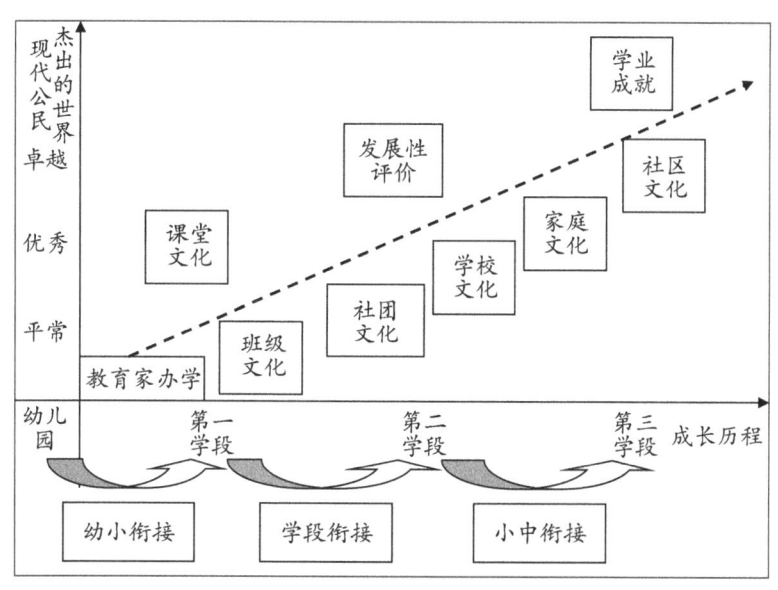

附图1.2　"三段四梯式"学生发展模型

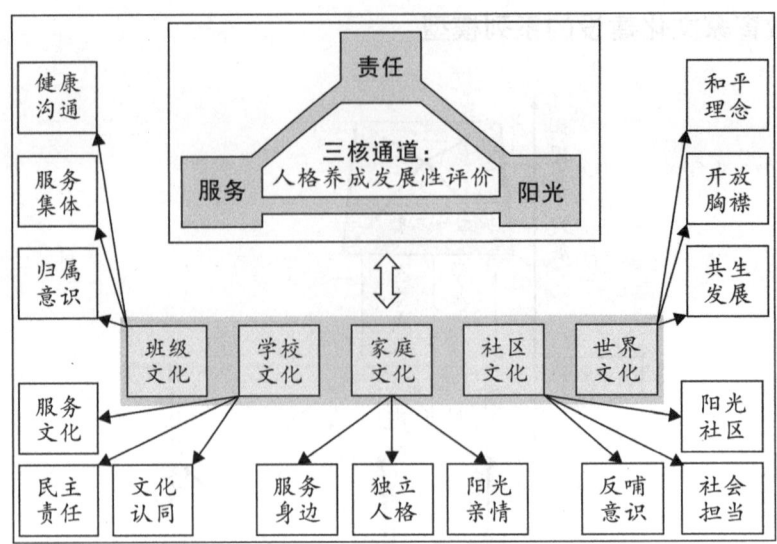

附图1.3 "三核拓展式"学生人格养成模型

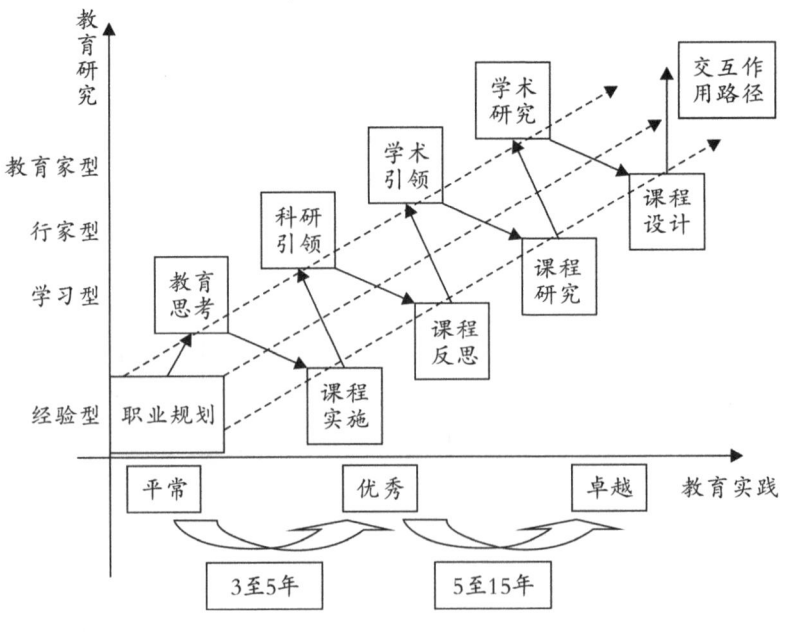

附图1.4 "双线引领"式教师发展模型

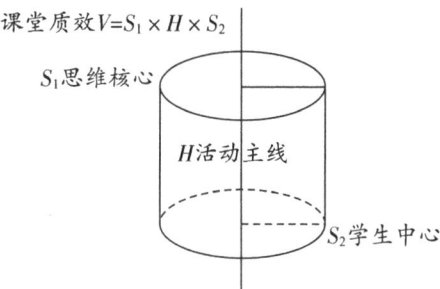

附图1.5 "两心一线"课堂导学模型

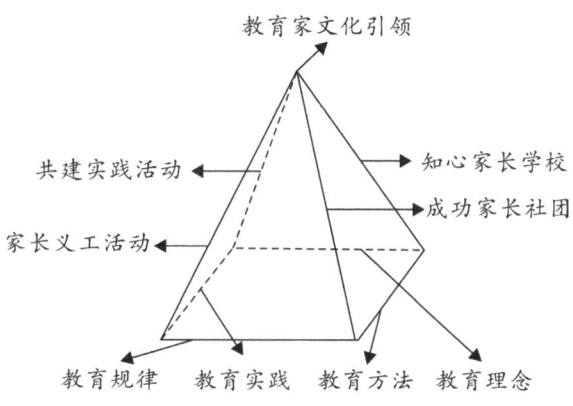

附图1.6 家长成长的"金字塔"模型

深圳市蛇口育才教育集团"十三五"发展规划

突围与振兴：打造与蛇口自贸区相适应的国际化、创新型教育集团

目 录

序言：我即教育　众胥人才

一、总体战略：文化引领　创新驱动
（一）指导思想：深化改革　协调发展
（二）发展目标：文化创新　走向专业
（三）发展思路：守正出新　协同发展
（四）工作策略：承创并举　系统建设

二、发展任务：满足需求　充分发展
（一）德育工作：构建体系　立德树人
（二）课程改革：系统规划　深度实践
　　1. 建设平面课程体系
　　2. 整合生涯教育课程
　　3. 深化思维课堂实践
（三）队伍建设：优化结构　强化专业
　　1. 开展整体育人"大团队"建设
　　2. 实施教育家型教师成长计划
（四）国际教育：对话世界　深度合作
（五）信息化建设：面向未来　应用为先
（六）特色建设：兼容并包　树立标杆
（七）校园安全：建立标准　一岗双责
　　1. 建立全员参与机制

2. 引入国际安全标准
  3. 运用现代技术手段
（八）学校发展：课程创新　打造特色
  1. 幼儿园：重视滋养　凸显品质
  2. 小学：丰厚内涵　提升品位
  3. 初中：高位均衡　打磨品牌
  4. 高中：多方整合　实现突破
  5. 社区学院：优化资源　服务领衔

三、改革创新：开放办学　共建共享
（一）管理创新：民主治校　统筹建设
（二）科研创新：聚焦主题　项目推动
（三）评价改革：关注"全人"　立足发展
（四）服务创新：打造平台　提升水平

四、保障措施：联动推进　有效落实
（一）组织领导
（二）制度保障
（三）经费投入
（四）硬件建设
（五）监督管理
（六）激励机制

五、重大项目

附件1："十二五"期间各成员校的发展成就
附件2：办"叫好又叫座"教育的内涵模型
附件3：深圳市蛇口育才教育集团办学模型
附件4：平面课程建构体系
附件5：育才未来核心素养结构及对课程建设的要求
附件6：教育家型教师培养策略体系的雨伞模型

序言：我即教育 众胥人才

育人成才，文化为重。教育成就学生未来，文化决定办学品质。作为教育人，应心怀教育大爱，关注学生，审视自我，回应社会，坚守教育文化自尊，形成教育文化自觉；作为育才人，应胸怀育才大志，回溯历史，正视现在，展望未来，建立育才的文化自信，寻求育才的文化自为。

蛇口印记，特区标识。育才是蛇口拓荒而起、跨越发展、创新腾飞的历史印记，是特区敢为人先、真抓实干、海纳百川的文化标识。1983年，创立育才学校（育才一小、育才中学），成为"育才"发源地；随着蛇口的快速发展，依托"育才"办"育才"的模式，育才二小、育才二中、育才三小、育才三中、育才四小相继成立；2003年，国内第一个公办教育集团——深圳市蛇口育才教育集团正式创建；2004年，育才阳光幼儿园开办；2005—2006年，蛇口工业区第一、第三、第四幼儿园，蛇口培训中心相继纳入集团。形成了以公办学校为主，后勤服务公司、育才体育俱乐部、培训中心、幼儿园等民营单位为辅，"四所幼儿园，四所小学，二所初中，一所高中，一个社区学院"的战略格局；建立了"一核心"（集团的决策系统）和"五部"（行政管理部、研究督导部、总务后勤部、综合发展部、国际教育部）的管理架构。以蛇口为根、特区为源的育才，经过32年的发展历程，拥有辉煌的办学历史，为深圳、蛇口的发展培养了大批的人才，获得了"首批广东省国家级示范高中""国家手球奥林匹克后备人才的培训基地""中国校园媒体建设百家示范校园""全国校园文学示范学校""全国十佳少先大队""全国手拉手十佳学校""全国百强特色学校""全国青少年艺术人才培养基地""全国教育课堂教学创新特色学校""中央电大基层示范性电大"等荣誉。

缤纷育才，阳光校园。集团成立后，拥有共同"血脉"的成员校，顺利地完成了文化融合。取得了"中国学校制度策划金奖""全国探索现代学校制度试点学校""广东省海外华文教育基地""广东省心理健康教育示范学校""深圳市教育系统先进集体""深圳市'三八'红旗集体"等卓越成就。"十二五"期间，集团提供了优质教育资源的共享空间，搭建了教师专业成长的广阔平台，成为教育部"中小学名校长国培领航计划"专业引领学校，与兰州市教育局签署了战略合作协议，牵头组建了"蛇口国际教育联盟"，成立了"育才少年文学院"。同时，每所学校都取得了长足的进步，建立了各自的特色，取得了一系列成就（详见附件1）。

文化传承，继往开来。育才的辉煌成就得益于南山区委区政府的战略指引和政策支持，得益于南山区教育局的理念推动和专业引领，得益于一代一代育才人的不懈努力，更得益于特有的育才文化。育才文化，凝聚了蛇口工业区办教育的情怀和智慧，继承了特区的文化和气质，成为特区、蛇口的符号。育才文化的内核，是真抓实干、勇立潮头、敢为天下先的创业和创新精神，是"不做教书匠，要做教育家"的敢为和担当，"我即教育"就是对这种"生命融于教育"的精神的继承和提炼；育才文化的内核，还在于开拓创新、开放包容，是对培养国际化人才的一贯追求，是对"不求人人成为精英，但求人人走向成功"的教育信仰，"众胥人才"就是对这种"每一个生命都值得期待"的文化的坚持和诠释。

直面困难，正视挑战。总结成绩与经验，必须清醒认识到，育才的发展正遭遇空前的困难和挑战。当前，集团化办学已成趋势和常态，区域内外优质教育集团不断创建和发展，育才的集团化优势已不明显，品牌影响力也随之减弱；高考、中考的质量"出口"指标的优势已不存在，从小学开始优质生源逐渐流失；课程竞争力有待加强，课程创新力有待提升，课程体系需要科学构建和深度改革；名师、专家型教师的比例偏小，团队的文化向心力和进取心有待加强。在困境中寻求突围，在挑战中实现振兴，是育才的迫切任务。这需要坚守"我即教育，众胥人才"的育才文化传统，系统创新、重新出发的决心。

抓住机遇，服务发展。蛇口自贸区的成立，拥有"特区+湾区+自贸区+国际示范街区"的四区叠加优势，为育才的进一步发展，提供了难得的发展机遇。升级换代的海上世界、金融中心二期、太子湾邮轮母港商务中心、南海意库，都成为国际人文地标；蛇口工业区国际化、现代化的发展规划，为育才的创新发展提供了优质的资源基础。育才集团是蛇口、南山、深圳教育的一张闪亮的名片，是社区的文化高地，是蛇口人的精神家园。面对难得的发展机遇，需要育才坚定"我即教育，众胥人才"的育才文化核心，坚持服务蛇口自贸区的发展，承载区域发展的希望，充分利用自贸区资源，创新育人模式，实现跨越式发展。

我即教育，众胥人才。我即教育，是对"自我成长才是教育，人人发展才是质量"的教育理解和认同，源于育才三十年的历史积淀，为育才无数教育实践所证明。众胥人才，是对"不求人人成为精英，但求人人走向成功"的育才梦想的信仰和坚持，坚信每个人都有自己的位置和价值，用成长的观点看学生的发展。"我即教育，众胥人才"的基本内涵是从"我"出发，不断改善，不断发展，做更好的自己，做更好的教育。"我即教育，众胥人才"的核心是自我教育，自我规划，自我发展，自我评价，主动寻找合适自我的策略和路径。"我即教育，众胥人才"的连接点是自我价值的实现过程，我的理解，我的实践，我的成就，我的影响；相互分享，相互促进，相互激励，教学相长。"我即教育，众胥人才"的保障是教育生态的创设，对资源进行主动调配和运用，"我"是能够促进学生发展的所有个体，学生、教师、家长、专家，环境资源包括学校、家庭、社区，为了发展，调动一切资源，形成积极的教育生态。

自信儒雅，守正出新。育才文化是以"我即教育，众胥人才"为核心的学校文化，是以担当、创新和包容为主要内容，以自信儒雅、守正出新为特质的文化形态。育才文化要求学校发扬"激情、使命、行动、创新、荣誉"的新育才精神，以"人文育才、质量育才、国际育才"为办学方向，以"我即教育，众胥人才"为办学理念，以"文化引领、专业领导、创新驱动"为发展战略，进行系统的文化创新，不断提升教育实践的效能，以回应国家关切、担当区域使命、立足国际舞台、遵循教育规律、满足社会需求、实现学生发展，办"既叫好又叫座"的学校。

系统创新，深度变革。每个学生都是鲜活的生命个体，期待适合的成长途径；每个家长都对学校心怀期望，盼望自己的孩子获得充分发展。"我即教育，众胥人才"，要求集团承创并举、兼容并包，既重视育才核心文化建设，又鼓励特色文化发展，呈现"缤纷育才，阳光育才"的发展态势；要求学校实行开放办学，充分发挥每一个教育者和教育对象的主人翁作用，调动每一个师生、家长的积极性，寻求社区对学校建设的积极支持；要求学校着力打造学习文化，加大对管理人员、教师专业成长的支持力度，加强对家长的引领，形成以管理者与教师为主体、家长为补充的教育家型群体，促进每一个学生的可持续发展；要求学校重点创新课程文化，提供独具特色的课程体系，打造平面课程，深化思维课堂，满足每一个学生多样化的学习需求，引导学生进行基于体验、交流、思辨的学习，培养具有国际视野、人文素养、创新精神、实践能力、合作意识的未来人才。

一、总体战略：文化引领　创新驱动

（一）指导思想：深化改革　协调发展

深入贯彻党的十八大和十八届三中、四中、五中全会及习近平总书记系列重要讲话精神，以立德树人为根本任务，以创新发展为动力，以协调发展为总则，以绿色发展为指针，以开放发展为策略，以共享发展为方向，深化改革，统筹发展，不断提升办学水平，办"既叫好又叫座"的教育。促进学生全面而充分地发展，打造与蛇口自贸区相适应的创新型、国际化教育集团；坚持问题导向和需求导向，努力为"双中心"定位下的南山经济社会建设作出育才的教育探索。

（二）发展目标：文化创新　走向专业

到2020年，基本建成"我即教育，众胥人才"的育才文化体系，完善育才集团办学模型，全面提升育才的学习力、思考力、凝聚力、创造力和战斗力。基本实现理念、课程、课堂、科研、管理、环境的系统创新，打造系列品牌；加强社会主义核心价值观教育，培养学生未来核心素养，增强学生社会责任感、创新精神和实践能力；提升育才形象，成为政府肯定、专家认可、百姓满意、学生向往的学校，打造成与蛇口自贸区相适应的创新型、国际化教育集团。

建设"同育才，共梦想"的集团文化。统筹规划，协调推进，厚植发展优势，弥补发展短板，拓宽发展空间。建设蛇口自贸区发展基础上的育才发展生态圈，通过平面课程、思维课堂、校友会、体育俱乐部、交响乐团等项目建设，大力发展人文、健康、积极向上的教师学习共同体，把集团建设成为每个育才人的精神家园。形成以"我即教育，众胥人才"为核心的育才文化体系，建设"我即育才"的环境文化，"我即学校"的管理文化，"我即课程"的教师专业文化，"我即教学"的课堂文化，"我即学习"的学生文化，共同追求"既叫好又叫座"的"人文育才、质量育才、国际育才"梦想。至2020年，形成共建、共享的和谐发展态势，各成员校特色发展、协同发展；确立"同育才，共梦想"的文化氛围，育才认同度明显提升。

形成"我即课程"的专业文化。创设"我即课程"的教师专业文化，让课程成为教师的专业名片；大力推进平面课程建设，构建育才核心素养下的特色课程体系，形成育才课程建设生态圈，家长和社区资源得到充分利用，课程开发的主体得到充分挖掘，为学生提供丰富的选修课程，满足多样化发展需求。转变教科研方向，改革教师评价方式，明确教师作为课程决策者、开发者、创新者地位；鼓励教师不断提升课程领导力，成为"课程创客"，将自己的人生思考和生活积累融入课堂教学当中，使其成为课程本身的一部分，成就"幸福而完整的教育人生"。至2020年，基本形成"每一个教师都是课程创客，每一个教师都拥有课程名片"的育才文化特质，60%的教师能够开发具有个人特色、学生和家长认同的课程。

培养教育家型教师团队。坚持"不当教书匠，要做教育家"的价值取向，制定多层面教师专业成长规划、教师专业共同体计划及校本教研计划，激发教师主动发展的内驱力，培训教师科学系统的思维力，倡导富有成效的行动力，助推教学成果的影响力，培养教育家型教师。建立多种渠道，让每一个教师获得专业发展支持，引领教师广泛参与教育研究，形成学习型文化，建成研究型学校。推出并建设"育才名师工作室""课程项目工作坊""理论与实践的对话"等平台，参与研究教师达50%，促进一批科研型教师产生。

培育学生核心素养。 以立德树人为根本任务，结合社会主义核心价值观和学生未来发展需求，深入开展育才学生的核心素养和学科核心素养研究。通过平面课程、思维课堂等建设，让学生成为课程建设的积极参与者，真正成为课堂学习的主人，培育创新与学习素养、沟通与信息素养以及生活与实践素养，培养"具有国际视野、人文素养、创新精神、实践能力和合作意识的未来人才"。至2020年，基本形成育才学生核心素养体系，呈现充满正能量、有担当、会学习的学生群体形象。

寻求办学方式的创新突破。 创新办学机制，充分利用社区教育资源，积极引进民间教育机构，紧密联系各大院校，密切链接全球有影响力、有创新力的企业，关注在各个学科、领域最前沿的资讯与动态，探索国际化、多元化的办学模式。注重改革的系统性、协同性，广泛凝聚教育共识，提升教育发展合力。搭建国际教育服务平台，建立学生生涯规划指导中心，建设基于学校的家长服务中心，为家长定期举行辅导与引领，建立育才校友会公益基金会，建立学生导师制度，建立关爱特殊儿童的教育机制，联合社区学院提供职业体验教育。未来五年，努力建成统一专业领导，各所成员校特色发展，无边界的教育支持，国际化建设形式更加多样，家长学校、家庭教育地位凸显，体制更加灵活的教育集团。

（三）发展思路：守正出新　协同发展

在贯彻落实集团办学理念和目标过程中，要发扬传统，保持育才的文化自信，以文化引领发展；统筹发展，唤醒育才的文化自觉，以特色彰显活力；创新驱动，形成育才的文化自为，以科研提升效益。

坚守文化自觉。 立足文化传承，坚持文化育人，实施文化引领，寻求文化创新。深度挖掘育才的文化内涵，梳理发展历史，凝聚文化主线，形成文化认同，延续育才的文化担当。主动将国际、人文、质量的育才核心价值融入教育活动，探索课程、课堂、科研的系统文化创新；自觉传承"不做教书匠，要做教育家"的专业发展精神，树立起共同的行为准则、价值观念和道德规范，并使之内化为师生的精神气质与文化品格。

坚定科研路线。坚定科研丰厚内涵，引领发展的道路；从实际出发，根据管理、课程、课堂、教师专业发展等不同实践方式，寻找合适的科研方式，切实提高教师课程领导力，提升教育科研的实效性；制订项目推动、工作室带动的群体参与科研路径，引进校外专家、机构共同建设，构建育才特色的创新型科研体系。

坚持协同发展。坚持协同发展的思维方式，以教育家办学的情怀，遵循教育规律，把握教育本质，策划各项教育工作。促进教育与社会、学校与社区、教师与学生、教育与科研等协调发展，整体思考集团与成员校发展的关系，统一布局，盘活资源，优化整合学校管理、课程建设、师资配置、基础设施等要素，实现集团、成员校共同发展的最大化效益。

（四）工作策略：承创并举　系统建设

在工作推进过程中，要承创并举，坚持追求卓越，多维整合，创设国际化、人文性的高品质教育平台；系统建设，坚持顶层设计，整体规划，保持集团和成员校的协调发展。

整体规划，鼓励个性化发展。立足顶层设计，完善育才文化系统；整体规划课程、课堂、安全等建设，逐渐形成人文育才、国际育才、质量育才的标准体系。依托集团优势，大力支持成员校特色发展，构建独特的文化体系，凝练优势品牌，促进"缤纷育才，阳光校园"的持续建设。呵护并发展教师的专业特质，建成师生自主发展支撑系统，为每一个教师订制适合教师自身专业发展的方式，引导和满足教师多样化专业发展的要求，帮助每一个教师自主建构"实践者—行动研究者—专业领导者"的教育家型教师成长路径。通过平面课程、思维课堂建设，从课程的开发、实施、评价，活动的设计、开展等全方位支撑学生个性化发展，突出学生在整个教育过程中的主体地位，培养其主体意识和主体能力，使其逐步具有自我教育、自我管理、自我完善的能力。

多维整合，构建高品质平台。整合校外优质资源，完善蛇口国际教育联盟、深圳市海外华文教育培训项目、育才校外脑库、育才校友会等项目建设，创办"深圳大学——育才教育集团教师专业发展"基地，不断优化学校、家庭、社区等多方共建的教育生态环境，构建国际化教师专业引领平台、课程建设平台，提供科技发展前沿信息，引进高端思想。整合集团资源，规范内部管理机制，提升各部门专业引领水平，完善学科指导委员会、体育俱乐部建设，组织、指导教育教学研究和实践，促进学生基于个人条件和社会条件最大限度地成长；整合成员校特色资源，形成共享共建平面网络。

二、发展任务：满足需求　充分发展

未来五年，学校教育改革和发展的主要任务是：紧紧围绕"我即教育，众育人才"这一核心理念，建设育才文化系统，创新德育、课程、教学、科研等各项措施，促进学校和所有学习者的可持续发展，基本实现全体学生充分发展、健康成长，培养"自信儒雅，守正出新"的育才品质。

（一）德育工作：构建体系　立德树人

坚持以立德树人为根本任务，把社会主义核心价值体系融入教育全过程，构建平面化育人体系，探索针对全体学生的有效措施，把德育贯穿到教育的每一个环节，研究德育的每一个细节，培养学生的未来核心素养。

开发德育课程序列。形成班级文化、校园文化、家庭文化、社区文化和世界文化五个德育题材结构板块，突出公民养成教育，全面促进学生健康人格养成和综合素质发展。突出活动育人、环境育人，梳理现有活动，开发更具实效的活动，加强活动的序列管理和科学实施，努力追求"全部、全程、全面"的"全人"教育，提高德育的有效性和感染力。探索学科课程与德育活动课程的跨领域整合，开展特色德育综合实践活动，细化个人评价和小组评价，发挥评价的促进功能。提升成熟活动，优化内容体系，形成系列品牌。到2020年，各文化板块均有效能突出的稳定活动序列，形成德育课程表，在家庭、社区中有重大影响的活动品牌，在市、区中有广泛辐射力的活动品牌8个。

建设整体育人机制。遵循学生成长规律，系统研究、完善学生发展模型，形成以"学业成就"和"人格养成"两大板块交互影响学生的成长路径，深入研究学生的学习兴趣、学习方式和学习风格，尊重学生个性，根据不同学段的认知特点和成长规律，设计不同目标。探索促进学生发展的有效途径和方法，强化全员育人，重视家庭、社区对德育养成的作用，探索社区、学校共建的德育项目平台，关注生命发展，让学生在发展中获得幸福体验。研究德育有效措施，建设资源共享平台，推行多元评价方案，开发学生电子成长档案，激活学科德育内涵，打造一批具有示范性和辐射力的学科德育课程和精品德育课程。到2020年，建成有品牌效应的德育课程10门。

（二）课程改革：系统规划　深度实践

坚持"满足每一个学生的发展需求"的课程价值观，加强主体参与，把教师和学生作为课程的创造者与开发者，研究未来核心素养，构建育才课程体系，开发体验、交流、思辨的课程。

1. 建设平面课程体系

系统规划课程体系。 积极探索未来人才所应具备的核心素养，不断完善平面课程建构体系。围绕学习与创新、信息与沟通、生活与实践三大板块，构建以未来核心素养为主要内容的育才质量标准。以未来核心素养为指向，以"我即教育，众胥人才"的办学理念为指引，满足每一个学生的发展需求，建设体验、交流、思辨的课程，打造德育与心理、人文与表达、生活与实践、科学与探索、艺体与审美、信息与沟通、国际理解与交流课程框架，采用继承与拓展、细分与综合、创设与引进的课程开发方式，建设平面课程，打造课程的育才特色，培养具有国际视野、人文素养、创新精神、实践能力和合作意识的未来人才。

推进平面课程建设。 制订平面课程的开发与实施方案，从课程规划、开发、实施、评价等系统而深度地探索整合下的课程建设。从通用性、专业性两个方面开展整合行动，提升课程效益。采用"育才+"的资源整合方式，建设育才的课程建设生态圈，开展跨文化、跨领域、跨阵地整合，引进专业机构，建设拓展性课程；采用"学科+"的课程整合方式，开展跨学科整合，探索单独结构、并行结构、联动结构、卷入式结构等多种整合方式。建立课程建设共同体，用团队研究的方式设计学习主题，进行统筹开发，整体评估，组织、协调资源。探索项目学习、全科教学、合作教学、中外双师教学等多样化实施方式，打造具有学校特质的课程体系。艺体学科采用分项课程，培养影响终身的能力；尝试通过家校社平台及购买的方式，引进专业人士教授的课程，拓宽学生视野，丰富课程体系。引入小语种课程，拓宽学生国际视野。

加大社团建设力度。 以平面课程建设的理念和思维方式建设学生社团，把社团作为基础课程的必要补充纳入课程建设。大力引导学生社团的建立和实施，建设环保、职业体验、兴趣爱好等多方面社团，满足学生特别需求，引领学生的社会担当。实行与社区联合、家庭辅助的社团建设方式，充分利用社会资源，拓展社团开发方向，并回馈社会；采用"大社团"的整合方式，开展跨学段、跨校际整合，增强交响乐团、足球等特色社团的互动性、衔接性。

重视艺体课程建设。 加强对《关于进一步加强学校体育工作的若干意见》《关于全面加强和改进学校美育工作的意见》《关于加快发展青少年校园足球的实施意见》的研究和执行力度。把加强学校体育、美育作为贯彻党的教育方针、实施素质教育和提高教育质量的重要举措，创新体育、美育课程和课外相关活动，继续深入探索艺体分项课程改革，培育学生的兴趣爱好和特长。在足球、板球、排球等传统项目方面，既要重视课程开发，更要重视机制创新，通过创建青少年体育、艺术俱乐部，组织开展丰富多彩的学生群众性活动，创建监测评价机制，初步形成中小幼体育、美育相互衔接，课堂教学和课外活动相互结合，普及教育与专业教育相互促进，学校美育和社会家庭美育相互联系的育才体系。

至2020年，建成比较完善的育才平面课程文化体系，形成育才课程开发标准，构建指向未来核心素养的平面课程的系统开发策略，建设育才课程开发生态圈下的"名片式"课程（社团）50门（个）。

2. 整合生涯教育课程

以课题"十五年一贯制生涯教育课程整合研究"为抓手，以平面课程为总体框架，建立育才生涯教育课程体系，编制相关校本教材，系统实施生涯教育，为学生的幸福人生奠基。探索专题课程、渗透课程的建设方式，在不同学段开展与之相适应的生涯课程研讨与生涯教育活动，幼儿园高段至小学二年级段，以对生命的认知和体验以及职业的初步认识为主要内容；小学三年级至六年级段，初步探索和了解自己的兴趣，感知各种职业特点，进行职业体验；七年级至九年级段，进一步了解自己的兴趣、能力、价值观等自我概念，以及职业的角色体验，感悟职业特点和入职要求；高一至高三年级段，深入地认识自我，建立完整的自我概念，清晰地了解自己的兴趣、能力、价值观，深度体验与了解职业要求，规划学习与发展，并初步学会评估自我特质与未来职业选择的适配性，为未来专业选择及职业抉择奠定基础。

至2020年，建成在市内具有一定影响力的十五年一贯制育才生涯教育课程体系。

3. 深化思维课堂实践

打造思维课堂。 围绕学科核心素养，以"重整主题，问题导学，深度思维，活动落实，有效反馈"的基本操作指引，通过构建、整合教学目标，激发学生思维，开展学中问、问中思、思中动的深度学习；突出学科特点和教师优势，提炼学科特色和教师个人特色，不断积累实践技巧，创新操作模式，形成集体思维，实现高效互动。加强小组学习的有效性，激活个性思维，营造人人参与合作、人人得到展示、人人获得指引的课堂学习氛围，培养学生思维品质、思维能力和创新精神。

提倡教学创新。支持成员校和教师在思维课堂理论下的创新实践，按照"尊重—接纳—改进—完善"的步骤，逐步更新教育理念、创建课堂教学新文化，将思维课堂的文化理念、育人目标融入其中，持续建设"生动·思维课堂""智慧·思维课堂""意趣·思维课堂""绿色·思维课堂""慧学·思维课堂""4H·思维课堂""卓越·思维课堂"等思维课堂文化。

研究学习方式。重视现代生活方式带来学习方式的变化，正视碎片式学习的存在和作用。采用细化的方式，跨越课堂边界，将重点难点问题化入不同的学习时间；采用串联的方式，用主题学习整合碎片化时间，提高学习效率。研究不同学习内容、不同学生适合的学习方式，倡导启发式、探究式、讨论式、参与式教学，帮助学生学会学习。激发学生的好奇心，培养学生的兴趣爱好，营造独立思考、自由探索的良好环境，强化自主学习，研究性学习。探索网络环境下的学习方式，构建基于网络的视频会议、视频论坛的全球化的学习系统。

到2020年，思维课堂的理念与实践覆盖所有成员校的所有学科，各成员校构建成熟的本校特色的课堂文化系统，形成系列研究成果，学习方式更为开放、多样。

（三）队伍建设：优化结构　强化专业

教育家情怀是育才的优秀基因和文化核心，优秀的育人队伍是实现办学目标的基石和保证。坚持价值引领，优化结构，形成横向多方位支撑、纵向梯队有效发展的格局；强化专业，以共建、共享为原则，培育具有教育家特质，德才兼备、富有创新精神和实践能力的育人团队。

1. 开展整体育人"大团队"建设

管理团队。坚持专业领导方向，探索现代学校制度，研究日常教育管理问题，不断提高课程领导力，锻造一支专业精湛、效益卓著的行政管理团队。建设管理组织文化，激发教师参与学校管理的积极性和创新活力，提高教师的自我管理能力，使学校系统的效能持续放大。

德育团队。形成班主任专业标准，实行班主任培训、优选上岗制度。建立集团名班主任工作室，强化班主任专业成长；通过专题讲座、典型引路、主题活动、评价导向等途径，逐步建成一支敬业、精业的班主任团队。

教学团队。规划教育家型教师成长路径，实施、完善育才教育家型教师成长标准，鼓励教师不断探索和参与教育教学创新，鼓励、支持每一个教师根据自己的特色和优势，扎根自己的特长和特殊理解，锤炼课程的教师风格，形成自我特色课程。形成个人的"教育名片"，将创新实践和成效纳入教师考核评价指标体系。实施"明天教育家"培养工程，集团名师工作室建设，发挥其引领带动作用，构建教育家型教师成长的培养支持体系，着力打造一批能够引领育才教育改革与发展，有一定影响的教育家型教师。

家长团队。研究家庭教育，引导家长了解现代教育规律，了解国内外前沿教育理念、教育形式及教育方法，与学校一起探索青少年健康成长规律，参加教育教学实践活动，领悟并掌握科学的家庭教育方法，促进自身、孩子及学校共同成长。完善家长学校培训机制，通过邀请家庭教育专家和成功家长讲座等形式，提高家长对教育的认识和理解，引导家庭教育走向成功。建立家长工作坊，开展体验式、分享式的家长主题活动。

支持团队。完善校友会、校外脑库建设，从活动转向课程共建，充分利用广东省华文教育基地、蛇口国际教育联盟、蛇口自贸区等环境资源，整合行业专业人士、家长、国际教育专家型教师等人力资源，引导共同参与育才课程建设，建设高端、富有强大引领力的支持团队。

到2020年，研究型教师达30%，教育家型班主任达20%，形成管理团队有效引领课程建设的系统策略，教育家型教师、家长的系列成功案例，支持团队参与育人共建的有效路径和机制。

2. 实施教育家型教师成长计划

制订并实施"教育家型教师成长计划"，设计并完善教师专业成长路径，引领教师规划职业生涯发展，实施教育家型教师培养策略，融入学校创新文化体系，搭建专业发展平台，丰富专业发展渠道，设计成长路径，制定专业标准，创新教研文化，从教育实践与教育研究两条线进行专业引领。建立教师专业发展规划和电子成长档案，促进教师向行家型、研究型教师转变，最终实现向教育家型教师转型。对不同发展阶段的教师，根据其起点、自身素质的不同，提供必要的专业指导和专业展示舞台，满足其合理需求，帮助教师提升主动发展的内驱力、科学系统的思想力、富于成效的行动力和影响广泛的辐射力。实施青年教师培养、研究型教师培养和教育家型教师培养工程，充分发挥学校学术委员会和校本专家的引领作用。建立有效的团队合作机制，建立专题研究团队，开展教育教学研讨和经验分享活动。建立"明天教育家"工作室和"教育科研专家工作室"，以平面课程建设为载体，建设"育才大讲堂"，促进教育家型教师的专业成长，为教育家型教师创设良好的生成环境。

到2020年，建成"明天教育家"工作室50个，培养教育家型教师60名。

（四）国际教育：对话世界 深度合作

坚持面向家庭和社区，面向国内外先进的教育，不断学习，追求卓越，提升国际化水平，提高学生交流、理解与合作的国际素养，增强竞争能力。

依托自贸区，共享世界先进理念。 充分利用蛇口自贸区的优势，调动自贸区国际教育、国际化企事业资源，建设"育才国际讲坛"，走入国际化科技发展前沿园区，与世界对话，共享世界先进理念。

依托蛇口国际教育联盟，深入课程建设合作。 寻求在伟大原著课程、生涯规划课程、STEAM课程、IB课程、乐高课程、中国传统文化课程，以及小语种课程等进行深入交流与合作，尝试部分课程学分互换，学科教师互换计划。

依托国际理解课程，推进项目交流。 基于项目开展国际交流与合作，包括区域内小留学生留学国际学校计划、住家互换体验项目。继续推进中西文化的大型学生论坛"龙鹰对话"，参与并组织国际型的论坛及会议等。加强广东省华文教育基地、"千校携手"项目建设，积极拓展海外资源，建立姊妹学校，开展姊妹学校的交换生计划、师资交流计划，与海外华文教育建立广泛联系，构建基于网络环境的学生视频论坛、项目学习等。

到2020年，接受外教授课的学生达100%，继续积极寻求国际实验班建设，参加"育才国际论坛"，进入国际化企事业实地探索的师生达50%，国际化共建课程（活动）20门（个）。

（五）信息化建设：面向未来 应用为先

信息技术的快速发展改变了人们的生活方式和学习方式。在世界更加扁平、交流更加便捷的"知识爆炸"时代，教育需要面向未来、顺应发展，学校需要立足需求、应用为先。未来五年，构建扩大优质资源覆盖面的有效机制，推动优质数字教育资源普及共享，强化信息技术在教学、科研和管理等核心业务中的有效应用，促进信息技术与教育教学的深度融合。

推动信息技术整体共建。 提高集团信息化水平，促进优质资源共享。强化顶层设计，鼓励差异发展，努力形成特色。在加快教育资源整合、推进集约化建设、整体提升集团教育信息化建设效益和应用水平的同时，明确各成员校的教育信息化建设重点，分层指导、分类推进、分步实施，鼓励形成各自特色。

建立现代科技反哺通道。 开阔视野，关注科技与信息技术的发展，充分利用蛇口自贸区的现代科技资源，建立前沿技术进入校园的畅通渠道，探索现代科技与教育的全面融合，引入无人机、机器人等最新科技，把3D打印、蛇口网谷等融入课程，促进教育教学领域重点、难点问题的解决。支撑平面课程建设，服务思维课堂探索。从学生的信息化需求出发，开发应用优质数字教育资源，创新多元的数字资源形态，支撑基于学校系统、教师需要和学生需求的课程建设。创新基于信息化的生涯教育平台，探索信息化的教与学环境，信息化的课堂监控，建设人人皆学、处处能学、时时可学，基于思辨、交流、体验的课堂文化。

探索"互联网+"校园建设。创设为每一个学生提供个性化学习的信息化环境与服务，让学生平等有效地享有优质数字教育资源，培养自主学习、终身学习能力，实现全面发展。建设以学习者为中心的思维课堂，鼓励开展以大数据为基础的发展性评价和学习分析。提升教师信息素养，培育现代网络公民。加快推进教师教育内容信息化，凸显信息技术应用能力在教师知能结构中的地位，加快实现教师教育课程内容数字化，实现教师信息技术应用能力、学科教学能力和专业自主发展能力的全面提升。加快教师教育手段信息化，推进教师教育管理信息化，建立教师教育共享联盟和公共资源交流平台，有效推动全体教师参与教育资源共建共享。充分利用信息化管理平台，完善网络环境下教师培训模式，探索建立教师自主选学机制。

开启"智慧育才"系列工程。信息化服务平台工程：积极拓展基础设施能力，建立优质数字教育资源共建和共享环境，提高教育信息化创新水平。针对教师群体提供教学辅助，针对家长和学生群体提供以自主学习资源为主的数字化教学资源库，为教师、家长、学生提供统一的信息化服务。开发手机客户端网页，开通并建设育才微信公众平台，扩大校园网影响。开放式学习系统工程：以物联网技术为基础，构建课堂教学、教师教研、学生学习、教学管理和评价、家校沟通、学校安全管理一体化、智能化的校园环境。跨阵地智慧社区工程：依托蛇口网谷、区域教育云和智慧校园，成立App智慧运用俱乐部，开展慕课、微课、"翻转课堂""电子书包"等新型学习方式及载体实验，促进信息技术与教育教学的深度融合。智能化校园管理工程：研究、开发智能化行政管理平台，探索学校、家庭与公安部门连接系统，构建信息化安全管理模式。

到2020年，实现学校园区无线网络覆盖，基本建成支撑集团平面课程、生涯教育、思维课堂建设的资源和服务平台，形成与育才集团整体发展相适应的教育信息化体系。建立教育信息化基础设施动态更新机制，继续推进幼儿园学生成长个人视频档案项目。

（六）特色建设：兼容并包　树立标杆

统筹建设平面课程、思维课堂，形成特色品牌；提炼特色项目，打造精品社团，进一步推进少年国学院、少年文学院、少年创新院、少年艺术院的建设；支持各成员校的特色建设，从集团层面调动力所能及的资源，打造体育、艺术、文学等特色社团；鼓励学校、教师根据实际情况和自身优势，形成特色课程。兼容并包，不断扩大各个层级特色项目的影响力；树立标杆，形成质量育才、人文育才、国际育才的特色体系。

（七）校园安全：建立标准　一岗双责

安全是学校工作的底线，是学生的基本权益。要重视学校的安全工作，建立校园安全的标准，完善"一岗双责"制度，全员纳入安全工作机制；研究安全教育的规律，建设安全教育课程，有效应对突发事件。

1. 建立全员参与机制

从校长至全员职工，贯彻"一岗双责"责任制，设立专门委员会，建立相应的专业安全工作职位，在政府各部门支持、社区各界协调配合下，积极有效地开展校园安全防范工作。

管理干部熟悉国家教育政策、安全管理法律、法规、条例及最新管理文件，组建安全机构，完善安全管理奖罚制度，完善学校教学环境和安全设施，积极地与政府行政管理部门、公安、交警、消防、城管、辖区社区、企事业单位和师生家庭联系，就安全工作达成共识，维护校园、师生的教育环境安全，保障师生身心安全，维护师生合法权益。

加强对教师的安全教育培训，了解和学会运用国家教育政策、安全管理法律、法规、条例，学会保护学生。进一步加强心理健康教师队伍建设，引入心理健康教育预防、预警、干预"三预机制"；加强对学生的安全教育，让学生懂得在家、在校园自身安全维护，了解家电及消防安全知识，出行注意交通安全，了解防盗、防抢、防骗知识，通过学校学习接受更多的安全知识和技能，积极参加安全演练。将自己从学习者，逐步培养成安全法律和安全知识的传播者，积极地向家庭和周边传播校园所学习和掌握的安全知识和技能，帮助自己脱离不安全的环境，学会自我保护。

2. 引入国际安全标准

以"确立标准，以评促改，以人为本，课程为主，分析问题，分享成果"为主要原则，引入International Safe School（ISS，国际安全学校）标准，从"生活安全、灾害安全、交通安全、潜在危险"四个方面进行风险分析，针对各项指标，形成对策。实行分项递进，接受国际标准检测和评估。教育学生不成为安全受害者，也不成为施害者。

3. 运用现代技术手段

关注现代信息技术手段在校园安全方面的最新发展，引入能够保障学生安全的硬件、软件，能够与家庭、公安部门畅通连接，确保学生人身安全，杜绝危险事故。

至2020年，保障全部校园达到教学设置优良、教学环境美丽、生活环境宜居的基本目标，让教育者与受教育者都能享受平等、安全的教育教学环境。力争成员校100%达到深圳市平安校园示范校标准，100%达到ISS标准。

（八）学校发展：课程创新 打造特色

1. 幼儿园：重视滋养 凸显品质

深入贯彻国务院《关于当前发展学前教育的若干意见》，以多种形式扩大学前教育资源，多种途径加强幼儿教师队伍建设。以"做好自己，成就孩子"为行为准则，用文化滋养内涵，特色滋养品牌，活动滋养个性，管理滋养人心，研究滋养专业成长，提高幼儿园的建设品质。

创设和谐环境。形成与同事互信，与集体共荣，与家长和幼儿和谐共处的氛围，进一步推进柔性管理举措，贯彻"敬业重德是条件，真诚沟通是方法，主动积极是基础，做事到位是根本"的管理理念。不断加大教学设施投入，提高教职工待遇，为幼儿创设富有儿童情趣的育人环境，为教师创设更良好的育人环境。精心呵护和滋养幼儿成长，杜绝幼儿教育小学化。

提升课程品质。围绕平面课程建设，广泛运用课程资源，强化课程改革意识，建立互动平台，规范质量评估，优化已有的整合课程，开发园本特色课程，积累生本课程。完善园本课程的实施方案，建立课程目标、课程原则、课程实施操作要点等；整理和收集已有的国际理解、民族文化、艺术教育的实践课程，进行归纳、提炼、整合。优化已有的整合课程，开发园本特色课程，积累生成课程。关注幼儿发展的动态评价，建立自评小组、项目结合的评价体系，为每个教师提供有个性、有特色的发展空间。

强化课题研究。引领保教队伍向专业化发展，积极参与日常的课题研究，促进教师的观察研究水平，激发教师科研意识。加强科研指导力度以及课题研究的管理工作，健全"立项—实施—监控—评价—推广"的管理体系。

至2020年，四所幼儿园都建成优质的示范园，在课程、活动等方面形成特色。

2. 小学：丰厚内涵　提升品位

小学阶段是实施素质教育的关键时期，四所小学要在高品质的基础上继续丰厚内涵，不断提升品位，让学生获得理想的发展。

打造灵动校园。 协调校园改造和硬件建设，营造支持成长的校园环境，精心布置才艺展演广场、礼仪走廊、文化长廊等，让学生成为校园文化的主角，用学生的作品美化学校环境，激励学生自我教育。

创新课程体系。 以平面课程和思维课堂建设为指引，提高校长和教师的课程领导力，优化课程模块结构，创新学校课程体系，形成多样化的素质教育实施模式，促进学生的全面发展和幸福成长。以国家课程为底线，探索国家课程校本化。加强艺术、体育、心理健康等课程以及综合实践活动的研究，提高课程实施质量，培养学生健康的审美情趣。

至2020年，四所小学都建成独特的课程体系，成为区域的课程改革引领者。

3. 初中：高位均衡　打磨品牌

初中阶段是基础教育承上启下的重要时期，承载着小学素质教育梦想的延续和为高中培养高品质生源的双重责任。两所初中需要在高起点的基础上，不断丰富内涵，持续打磨品牌，实现高位均衡。

强化学业品质。 注重上下衔接，培养良好习惯，探索平面课程和思维课堂建设。加强教师团队建设，提高教师教育教学水准和效率；开展教学科研交流，加强对教学方法、教学评估及教学专题研究，深化课堂文化建设的理论与实践研究，提高学生自主的程度、合作的效度与探究的深度，营造独立思考、自由探索、勇于创新的良好学习环境，不断提高教学质量。

打磨优势品牌。 创新课程建设，探索语文、数学、英语、物理、化学等国家课程的校本化建设策略，不断发掘、建设特色课程，形成优势学科；梳理、总结、提升现有教育教学项目，研究发展方向，提炼精品，围绕板球、篮球、足球、管乐、合唱、健美操、排球等优势项目，提高品牌含金量。

至2020年，两所初中在课程建设和特色活动方面都具有一定的领导力，建成系列品牌，中考成绩处于全市领先水平。

4. 高中：多方整合　实现突破

高中阶段是育才学业质量最直接的"出口"，承担着社会对高考的期待和引领学生未来专业的重任；需要既重视学生对当前学业发展的需求，也要关注学生对未来职业发展的需求。

以实践研究提升教学效益。探索高中课改的理念和策略，开展平面课程和思维课堂建设，解决教育教学存在的深层次问题，形成高中改革的经验和特色。建设学校课程研发团队，紧密结合研究性学习、社区服务和社会实践等内容，开发建设一批具有示范意义的，拓展知识、开阔视野、解析探究、应用实践等多种类型的学校课程，满足学生自主选择和个性发展的需要。

以生涯教育引领自主学习。以课题"十五年一贯制生涯教育课程整合研究"为支点，大力推进职业生涯规划研究，对学生进行专业、专门职业规划，引领学生理解未来职业选择与当前学业的关系，细化、拓展至学年、学期的学业规划，形成自主学习的详细计划。大力支持学生兴趣爱好的发展，促进特长的形成，建立特长与职业生涯的联系，打开对应的高校入口；寻求国际实验班的延续研究，让更多的学生进入国际名校。完善导师制，建立并充分利用学生成长档案，做好学生的个性化管理及个性化教育。通过教师资源整合，实现为不同特点的学生量身定制教育，让学生获得最大限度的发展。

以重点项目增强社会担当。以中美"千校携手"项目示范学校建设为重点项目，研究垃圾分类回收、厨房燃气改造、无纸化办公、洗手间电子感应式冲水等节约型细节建设，创建绿色环保的生活环境；开发环保专题课程和与学科课程整合的环保渗透课程，激发学生的环保意识；开展环保社团、环保科技、环保对话等实践活动，继续"根与芽"等学生社团建设，支持学生进行实地研究，践行"人人都是地球主人，人人都是环保者"理念，不断提升学生环保素养，增强学生社会担当意识。

至2020年，高考一本上线率持续提升，80%以上的学生进入国内外重点高校，100%的学生接受环保教育并具有一定的环保意识和素养。

5. 社区学院：优化资源　服务领衔

社区学院集管理、服务、文化、公益等为一体，承担着社区教育的职能，是终身教育的重要体现，需要对育才的发展发挥更大的作用。

继续开设电大学历课程，拓展老年大学课程，满足社区需求；继续为中小幼教师提供继续教育环境，满足区域教育的发展需求；完善教育教学环境建设，提高现代信息技术建设水平，开展课程改革，开发体验、交流和思辨的课程，开发学员喜欢的课程，满足自身发展需求。根据育才的整体发展需求，研究并支持幼小衔接、小初衔接以及初高衔接课程的开设，开发服务于社区的家长及学生讲座、沙龙、工作坊，以及其他文化共建活动，促进集团学校教育、家庭教育、社区教育三位一体的协调发展。

三、改革创新：开放办学　共建共享

（一）管理创新：民主治校　统筹建设

探索现代学校管理制度建设，坚持依法治校，注重创新管理方式，统筹建设，形成开放、民主、共同发展的生态型管理模式，建设勇于担当、干净办学的学校环境。

完善集团校长会、集团中层干部大会，进一步明晰部门职责，规范教代会、全体教师大会等制度；进一步完善重大决策的公开制度，建立、完善对成员校中层干部的任命和考核制度，强化民主与法治思维。建立项目管理制度，激发人人都是管理者的主人翁意识，提高管理效益，形成项目发布、计划选择、团队组成、项目责任、成果认定等系列规范，协调不同部门，促进项目顺利运行。完善家委会建设，逐步明确家委会的权利、责任；以开明、开放、开拓的精神，纳入与学校教育的各方"利益攸关者"共同参与管理，建立教师、家长、学生、社区等参与管理的科学机制，采用不同的方式，在学校规划、重大决策、校园建设、课程创新、实践活动、突发事件等重大事项中，做到公正、透明，凝聚各方合力。在教师结构调整、特色社团发展等方面发挥集团、学校的统筹作用，建设特殊人才引进的常规机制，灵活促进整体发展。

（二）科研创新：聚焦主题　项目推动

教育科研是学校发展的原动力，对学校的可持续发展具有举足轻重的作用。要坚持源于实践、用于实践之路，体现教育科研的价值。聚焦教育教学的重点、难点和热点问题，推进重点攻关项目，创新科研范式，强化科研对教育教学实践的指导、促进和服务作用。

以"工作室"推动项目研究。充分利用"深圳市教育科研专家工作室"和"深圳市教科研基地学校"的优势，以平面课程和思维课堂建设为主线，开展"十五年一贯制生涯教育课程整合研究"等课题研究，引领集团教育教学的整体变革，探索学校内涵发展、特色发展路径，形成科研兴校、科研强校的典范。建立灵活的科研机制，建设"项目研究工作室"，努力与深圳大学等高等院校合作开展科研项目，重视集团层面的小课题研究，为教师提供更多科研发展平台。

以"共同体"强化行动研究。完善校本研究制度，重视学科核心素养研究，深化行动研究、实证研究。开展工作坊式教研，建设研究共同体。建设学习型团队，从教育成果整体性、研究目标的一致性方面强化"专业发展共同体",从发展兴趣、职业理想、核心价值观等方面强化"文化共同体",实现相互促进、共同成长。教学和科研有效整合,引导全体教师在研究状态下开展教育教学工作,针对教学中难点、热点问题,建立专项工作室,探索"任务驱动型研究共同体"科研模式,形成"问题聚焦—科研介入—成果推广—教学提升"的科研与教学的整合流程。

(三)评价改革:关注"全人" 立足发展

评价导引发展指向。要改革评价体系和措施,引领教育教学的创新和实践,关注学生的全面发展,促进学生、教师和学校的和谐发展。

指向未来核心素养。关注未来核心素养的评价研究和实施,构建整体育人机制和多元评价体系,确保素质教育得到有效落实。重视并强化过程性评价,将学生日常学习、综合实践及行为表现纳入评价体系中,形成学期小结、年度报告、终结性评价相结合的动态评价。充分发挥信息技术在教育评价中的作用,与信息科研机构合作,搭建学生信息化评价平台,让教育评价随时、随地、随员进行。

关注跨越学段衔接。完善学生成长档案与综合素质测评等发展性评价,建立学生电子成长档案,实行跟踪性发展评价,评价体系涵盖各学段,实现评价的一体化、衔接化、可持续化,建立十五年一贯制的育才评价系统数据库。坚持评价主体的多元化,促进学生的自我教育和自我发展,加强成长档案评价的开展和运用,关注学生成长过程,形成家庭、学校共同运用、共同促进学生成长的措施。

(四)服务创新:打造平台 提升水平

坚持"一线最重要"的服务理念,在职称评聘等方面向一线倾斜,软、硬件建设方面围绕服务教学,打造支持教育教学的坚实服务平台,提升服务水平,让教师乐教,学生乐学。

增强校友会"造血"功能。坚持"牵挂"的建设理念,加强与校友的密切联系,促进校友间的团结与合作,全面提升育才校友会的凝聚力和影响力。健全组织,加强引领,完成校友会注册程序,规范校友会机构组建。探索"造血"功能新模式,积极、稳妥探索各种方式为校友会可持续发展提供经费保障。建立校友会参与课程建设通道,开展"育才校友大讲堂",讲述创业故事、对学习的理解等,积极引导在校学生的学业追求,回馈母校的力度不断加强,成效逐步凸显。创新建设交流平台,不断提升毕业校友与在校校友互帮互助的良性互动氛围，使育才成为校友心中的精神家园。

提升体育俱乐部引领能力。支持体育特长发展，组织、支持各成员学校的篮球、排球、足球、乒乓球、游泳、板球、体操等体育特色传统项目的正常开展，组织集团内部的"幼—小—初—高"各学段的体育特色活动的衔接，培养体育特长，为上级学校输送体育人才。继续定期组织集团内部的教工篮球、乒乓球、羽毛球、趣味运动会等文体活动，让全体教工有健康的身体，营造集团特有的快乐的学习、工作和生活环境，使之成为育才特有的校园文化。统筹规划集团内部体育场馆共享制度，分层次、分项目进行体育训练，促进学生在体育方面得到最大限度的发展，着力培养学生强健体魄、养成终生锻炼的良好习惯。

四、保障措施：联动推进　有效落实

加强组织领导，健全学校制度，保证经费投入，提升硬件建设，推进规划的有效实施。

（一）组织领导

成立以集团总校校长、成员校校（园）长、各部部长为主的规划发展领导小组，负责规划的实施和监督。加强组织领导，注重协调、解决集团发展过程中的相关问题。制定落实规划的各项工作计划和实施细则，明确责任部门和责任人，实行方案实施年报制度和评估制度，切实把方案制定的各项任务落到实处，全力推进学校教育改革与发展。

（二）制度保障

加强以法治校意识，以学校的教育教学为中心，为学校教学改革服务。不断完善《深圳市蛇口育才教育集团章程》《深圳市蛇口育才教育集团人事管理制度》《深圳市蛇口育才教育集团财务管理制度》等系列制度和规定，严格遵守财务法律法规，加强财务制度建设，完善经费使用和内部控制制度，规范和统一集团校（园）经费使用和管理要求，制定集团统一的工资标准、考核标准、绩效标准、奖励标准等系列"育才标准"，推进规划的有效实施。

（三）经费投入

要按照规划制定的目标和要求，研究、制定学校五年经费投入方案，并取得上级有关部门的认可和支持。在年度经费预算中，要积极与上级相关部门沟通，力争把规划年度工作目标提出的任务和项目列入本年度经费预算，确保重点工作的经费支出。加强对各成员的预算指导，把规划年度工作目标提出的任务和项目列入学校的重要日程，在年初编制部门预算时，合理安排教育经费投入。加强预算的执行指导，按照规定使用经费，按时完成年度经费预算计划。

（四）硬件建设

不断加强硬件建设，奠定学校发展的物质基础。做好育才中学、育才二中、育才二小的校园提升改造工作，做到整体规划，分步到位，确保基建质量；建设数字化校园，提升教育现代化水平；统一调配专业教室及多功能教室，提升校园环境建设水平。注重教育教学设施设备的及时更新，达到规划实施的要求。

（五）监督管理

严格执行财务纪律，加强经费使用检查，建立科学合理的教育经费投入考核机制、教育经费使用绩效评估和问责机制。要求学校定期公布学校经费使用情况，强化对重大项目建设和经费使用的过程管理。加强社会监督，严格把关，防范学校财务风险。加强对招投标的监督审查，确保招标过程的公平、公开，增加招投标的公正透明，杜绝腐败滋生。

（六）激励机制

建立健全育才奖励机制，有条件地扩大奖教奖学的资金来源。修订《育才奖教奖学条例》，向课程开发倾斜，奖励工作突出、成绩优秀、参赛获奖的教工和品学兼优的学生，制定育才中学中招奖励标准，确保高中能吸纳更多品学兼优的学生。

五、重大项目

集团在"十三五"期间，将重点推出、打造以下项目：

1. 创新育才文化体系

2. 构建育才质量标准

3. 建设平面课程体系

4. 推进思维课堂实践

5. 培养教育家型教师

6. 创新教科研模式

7. 深化国际教育

8. 成立育才国学院

9. 成立育才少年艺术院

10. 成立育才少年科学院

二〇一五年十二月

附件1:"十二五"期间各成员校的发展成就

1. 幼儿园

2012年育才四所幼儿园均获"深圳市优质规范民办幼儿园"称号,《民间游戏引入幼儿园的研究与实践》由吉林教育出版社出版。

第一幼儿园:"一起长大"2015年安奈儿第五届全国亲子创意大赛优秀组织奖,"我和兔兔有个约会"安奈儿第四届全国亲子创意大赛优秀组织奖,广东省食品安全示范学校食堂,深圳市卫生保健优秀幼儿园,深圳市餐饮服务食品安全A级单位,深圳市南山区巾帼文明岗等。

第三幼儿园:中国学前教育研究会"十二五"课题"基于图画书类型分析的早期阅读指导研究"突出贡献奖,世界华人幼儿创意美术大赛教育成果一等奖,广东省教育科学"十一五"规划重点项目"幼儿园早期阅读活动的组织策略研究"突出贡献奖,广东省食品安全示范学校食堂,第十届深圳市"沙沙讲故事"十佳先进单位,深圳市卫生保健优秀幼儿园,第十三届深圳读书月"沙沙讲故事"儿童故事大王评选活动(亲子组)决赛优秀组织奖,中国童话节暨第十届深圳童话节校园中英文短剧表演大赛学前组中文剧金奖,深圳市卫生保健示范幼儿园,深圳市餐饮服务食品安全示范单位,深圳市巾帼文明岗等。

第四幼儿园:课题"民间游戏引入幼儿园教育的研究"获得了全国科研成果二等奖,深圳市优质特色示范幼儿园创建单位,深圳市优质办学单位,深圳市卫生保健优秀幼儿园,深圳市优质规范民办幼儿园,多篇论文获国家、省市论文评比一、二、三等奖等。

阳光幼儿园:中国学前教育年会微电影大赛中荣获金奖,广东省一级幼儿园,广东省食品安全示范单位,课题"幼儿园专题区域教育价值的研究"被深圳市学前教育委员会评为"'十二五'优秀课题",深圳市优秀卫生保健幼儿园等。

2. 小学

育才一小:教科研刊《求成之路》获第五届全国中小学优秀校内报刊评选一等奖,第四届辅导员杂志社理事会常务理事单位,新世纪小学数学示范基地学校,全国教育科学"十一五"规划教育部重点课题"中国基础英语素质教育的途径与方法"获杰出贡献奖,"美丽中国——守护黑脸琵鹭"大型公益活动暨第三届深圳市中小学生态道德教育主题综合实践活动奖,深圳市先进职工之家等。

育才二小：全国百强特色学校，全国未成年人思想道德建设先进学校、全国手拉手十佳学校、全国啦啦操实验学校、示范窗口学校，全国少儿技巧体操（啦啦操）冠军赛小学技巧精英组全国第一名，"视像中国"优秀项目学校，精葵花文学社获评"全国示范校园文学社"，《精葵花》杂志获第六届全国中小学优秀校内报刊评选"最佳校刊特等奖"，广东省现代信息技术示范学校、广东省心理健康教育示范学校、深圳市第二批中小学素质教育特色学校，深圳市教育系统先进单位、深圳市首批现代信息技术示范学校、深圳市广播体操标兵学校、深圳市办学效益奖，深圳市素质教育特色学校、深圳市第十七届校际管乐节金奖，深圳市平安校园示范学校，南山区人民政府质量奖等。

育才三小：全国少先队辅导员专业化建设实验学校，全国中小学棋类教学课题研究实验基地，广东省中小学心理健康教育示范学校，广东省义务教育规范学校，广东省首批红领巾示范校，深圳市教育先进单位，深圳市依法治校示范校，深圳市绿色学校，深圳市书香校园，深圳市南山区体育特色项目学校（足球），南山区教育先进单位，南山区德育十佳学校，南山区科技特色学校，深圳市首届示范教研组等。

育才四小：国际赏识教育学会研究基地，中国绿色教育联盟创始学校，中国教育学会整体改革专业委员会基地学校，全国课堂教学创新特色学校，国家科普教育基地，广东省义务教育规范化学校，广东省德育示范学校，广东省心理健康教育示范学校，广东省绿色学校，广东省现代教育技术实验学校，深圳市首批智慧校园示范学校，深圳市体育传统项目（篮球、田径）学校，深圳市德育示范学校，深圳市德育特色学校，深圳市书香校园，深圳市安全文明校园，深圳市首批四点半试点学校，深圳市平安校园示范学校，教育国际化教师培训基地等。

3. 初中

育才二中：中华人民共和国教育部规划重点课题中小学心理健康教育实验基地，全国德育科研先进单位，全国学校体育联盟（教学改革）实验学校，国家手球奥林匹克后备人才训练基地，全国青少年校园足球特色学校，听海学生文学社为全国百佳文学社团，广东省中小学心理健康教育示范学校，广东省绿色学校，深圳市德育示范学校，深圳市中小学创客实践室，深圳市体育传统项目（手球、排球、足球）学校，深圳市南山区少年创新院首批分院等，教师、学生多次在全国、省、市级比赛中获奖。

育才三中：全国特色学校创建重点科研单位，全国示范校园文学社，中国当代文学研究会校园文学委员会理事单位，中国教师教育视频网定点观摩示范校，全国全民健身操舞大赛初中组有氧舞蹈2级特等奖，第四届全国全民健身操舞大赛总决赛初中组一等奖，全国青少年板球锦标赛（E组）第四名，中国校园媒体建设百佳示范学校，深圳市少先队"红旗大队"，深圳市体育传统项目学校（射击、排球），2011年深圳市中专中学生男女排球队双双荣获桂冠，深圳市语言文字规范化示范校，深圳市第六届学校艺术展演暨第九届学校合唱节中学组一等奖，高分通过了深圳市义务教育阶段学校办学水平评估等。

4. 高中

育才中学获得了全国学校体育联盟示范实验学校，中华人民共和国教育部规划重点课题中小学心理健康教育实验基地，中美"千校携手"项目示范学校，深圳市高考"卓越奖"，广东省、深圳市平安校园示范学校等荣誉。学业水平显著提升，高考上线率逐年攀升，2015年重点率已接近50%，创下新高，本科上线率达97%，基本上实现人人上本科的目标；成立国际部。建设以"伟大原著学习计划"为核心的国际课程体系。几年来国际班学生大部分进入美国排名前五十位的学校就读。建设排球传统项目学校，学生排球队在全国、全省、全市等各级比赛中取得优异成绩，一大批队员因为排球特长获得清华大学、中山大学等名校提前录取。

5. 社区学院

获评深圳市全民终身学习活动周组织奖，南山区社区教育工作先进单位，南山区2015年优秀志愿服务项目等。中央电大（国家开放大学）科研课题"基层电大开展社区教育实践模式研究"顺利结题；建立网上家长学校和网下幸福家长论坛，着力打造"学校、家庭、社会"紧密结合的三位一体南山模式；南山区老年大学蛇口教学点在中心挂牌；承担了全区187所民办幼儿园和5所公办幼儿园的学前教育教师培训任务；图书馆延长开馆服务时间，拓展教育和信息共享的功能，开展了多种形式的青少年教育活动，已成为社区居民和学生学习的一个重要文化阵地。

附件2：办"叫好又叫座"教育的内涵模型

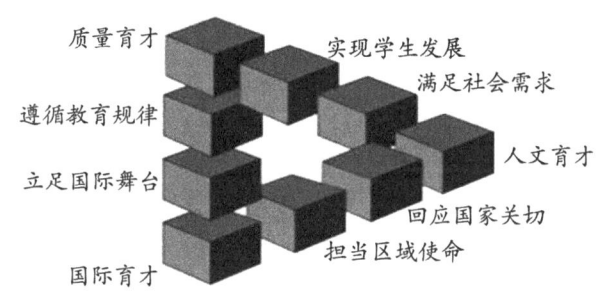

附图2.1 办"叫好又叫座"教育的内涵模型

附件3：深圳市蛇口育才教育集团办学模型

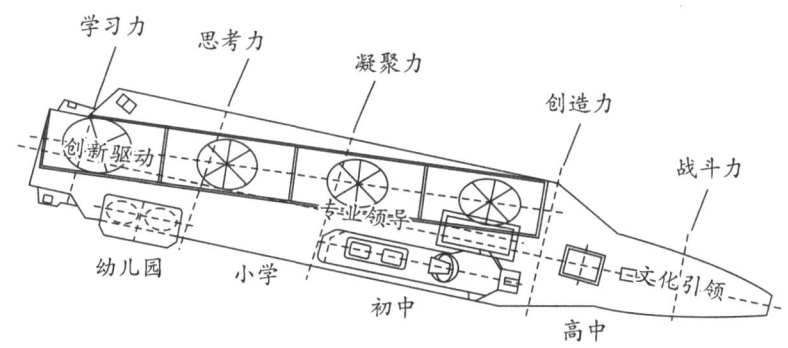

附图2.2 深圳市蛇口育才教育集团办学模型

附件4：平面课程建构体系

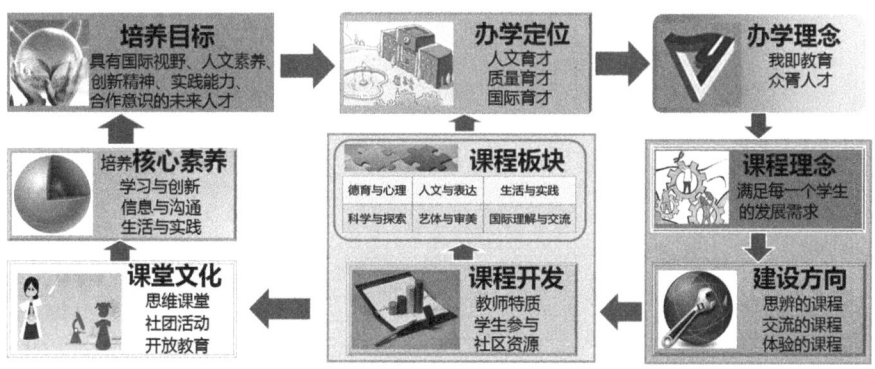

附图2.3 平面课程建构体系

附件5：育才未来核心素养结构及对课程建设的要求

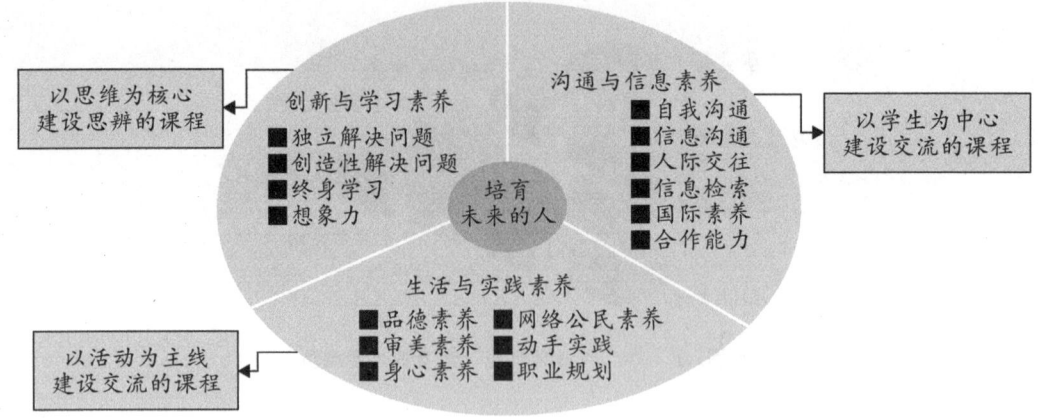

附图2.4　育才未来核心素养结构及对课程建设的要求

附件6：教育家型教师培养策略体系的雨伞模型

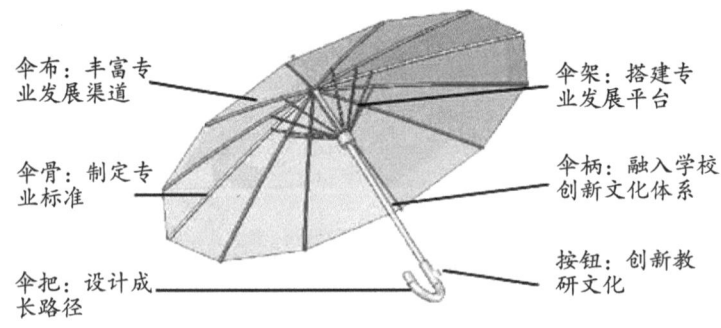

附图2.5　教育家型教师培养策略体系的雨伞模型

星河控股集团教育发展中心"十四五"发展规划

星生长　河共渡
建设具有区域影响力的教育共同体

目　录

一、规划背景
（一）发展基础
（二）发展趋势

二、战略目标
（一）指导思想
（二）教育理念
（三）总体定位
（四）总体目标
（五）具体目标
　　1. 提升服务主业能力
　　2. 优化办学结构规模
　　3. 提高教育教学质量
　　4. 提升经济社会效益

三、发展任务
（一）合作公办学校
　　1. 拓展教育合作圈层
　　2. 建立协同发展机制
　　3. 扩大优质学位供给

（二）创办学前教育

    1. 培育一个教育品牌

    2. 搭建两项工作标准

    3. 筹开五所幼儿园

（三）自办托育机构

    1. 盘活星河存量资源

    2. 推进托育业务布局

（四）共建教育社区

    1. 360°全覆盖教育服务

    2. 0~100岁全生长教育支持

    3. "教育+"全链条教育赋能

（五）培养企业人才

    1. 开展综合型人才培养项目，提升高管自培率

    2. 开发前瞻性学习资源，创新人才培训方式

    3. 构建产学研平台，强化内部讲师培养

    4. 深耕数字化培训方式，助推运营学习社群

（六）塑造品牌标识

    1. 举办"星河教育共同体"论坛

    2. 打造星河教育品牌

    3. 锻造企业人才培养标杆项目

（七）健全管理体系

    1. 投拓体系

    2. 筹开体系

    3. 风控体系

    4. 成本管控体系

    5. 行业研究体系

    6. 督导评价体系

四、保障措施

（一）组织保障

（二）制度保障

（三）安全保障

（四）激励机制

五、发展里程碑

为加快推进教育现代化，服务国家战略需求，助力星河控股集团"城市运营引领者"品牌定位和建设具有区域影响力的教育共同体，按照《中华人民共和国国民经济和社会发展第十四个五年规划和2035年远景目标纲要》《中国教育现代化2035》有关要求，依据《星河控股集团"十四五"战略规划》，制定本规划。

一、规划背景

（一）发展基础

三十余载创想路，三十余亿丰碑铸。星河控股集团（以下简称"星河"）创立于1988年。从增值土地到重塑居住，从布局金融到创新经济，从创造体验到教育赋能，星河致力于提升城市品质，引领城市运营，创造美好生活，已成为国内大型综合性投资集团。

自20世纪90年代起，星河积极投身教育公益事业，教育领域捐建超30亿元。从深圳到广州，从惠州到常州，从甘肃文县到河南兰考，星河携手华南师范大学、南京师范大学等多所知名高校合作办学，在全国兴建了30余所学校，全力支持教育事业，不断满足人民群众对优质教育的需求。

2017年6月，星河学院成立。借鉴优秀企业大学经验，提高内部人才培养水平，持续为星河输送人才。积极拓展基础教育办学资源，优化配套教育服务。2021年8月，教育发展中心成立。全面统筹教育资源，协助合办学校管理，更好地服务星河主业发展。尝试独立举办幼儿园和其他教育实体，创建星河教育品牌。同年9月，星河首家普惠性民办幼儿园——惠州市惠阳区星河幼儿园（丹堤一幼）开学，正式进入幼教领域。经过多年的不懈努力和锐意进取，星河教育形成了合作公办学校、自办幼儿园、企业人才培养三位一体的业务布局；建立了教育发展中心的"三部"（投资发展部、教学运营部、人才发展部）管理架构，明确了工作职责与目标。

星河三十五年的发展历程，三十余年的教育公益投入，倾注了黄楚龙董事长及姚惠琼总裁的一片真心和满腔热血，体现了他们对教育事业的厚爱如山与情深似海，铸就了社会责任的丰碑，赢得了社会各界的口碑。星河先后获得了"中国红十字会博爱奖章""深圳市鹏城慈善企业""大爱福田慈善企业"等多项公益荣誉称号。

在合作公办学校及自办幼儿园方面，星河2011年9月与华南师范大学正式签约，斥资在惠州打造华南师范大学附属惠阳学校、华南师范大学附属惠阳幼儿园。此后，陆续在广州南沙，深圳龙岗、光明以及揭阳普宁合作打造了四所中小学和四所幼儿园。其中，由星河投资建设，委托华南师范大学管理的民办普惠性幼儿园——华南师范大学附属普宁幼儿园（简称"华附普宁园"）创新了双方合作模式。2020年9月，星河又引入了国内一流师范高校南京师范大学在东莞黄江开展教育合作，为广东教育事业均衡发展增添新动力。2021年，星河与华南师范大学深化合作，在广州南沙东悦湾新建一所小学和一所幼儿园；在河源江东新区构筑12年一站式精英教育基地，提升湾区教育层次。从教育捐建到合作办学，星河累计为社会提供优质基础教育学位3万余个。

星河新建学校基本上做到了办一所、优一所。惠阳华附连续七年质量检测均名列惠阳区公办学校前列，勇夺中考全区三连冠，连续两年荣获惠阳区小学、初中、高中教学教研成果特等奖。普宁华附开办一年多来，教师参加各类比赛获得省级奖励20余项、市县级奖励90余项；学生参加各类比赛获得省级奖励16项、市县级奖励49项；学校被评为"中华经典吟诵实验学校"和"全国家校共育创新实验校"。华附光明星河小学传承华南师大和华师附小的育人理念，打造"美好教育"品牌。惠阳星河幼儿园（丹堤一幼）在"星润三载，幸福一生"办园理念的引领下，以现代化的办园设施、特色化的办园思路、国际化的课程融合，赢得了社会及家长的高度赞誉。2021年9月开学，首批招生280余名。开学以来，孩子们吃得好、睡得香、玩得开心，开启了星河独立办学的新纪元。

企业人才培养方面，从设立培训职能组到成立星河学院，从零星培训到系统培养，形成了"管理+专业"双序列的发展通道，打造了以"三龙班"为核心的人才梯队培养项目及以"星火计划"为依托的课程讲师体系。携手中国人民大学商学院、厦门大学管理学院、中山大学岭南学院、华南师范大学经济管理学院、深圳市经理学院等共同实施干部人才培养项目，五年的探索取得了显著成效。累计组织培训近500场次，540余名"三龙班"学员顺利毕业，走向更加重要、更高层次的管理岗位；"星火计划"共计培养204名星火讲师，产出内部入库课程1580门。

在总结成绩与经验的同时，也要清醒地认识到，星河教育的发展与星河的战略要求仍存在一定差距。服务主业方面，合作资源的储备还不十分充分，门类也有待丰富，与地产集团项目的匹配度有待进一步提高；办学评价体系尚需进一步完善，教育治理机制也要进一步健全；星河内部教育资源分散，各板块的教育业务需要进一步统筹；介入合办学校管理的模式要进一步成型，良好的教育生态圈有待进一步巩固。企业人才培养方面，人才培养与任用的联动机制有待进一步加强，讲师课程与业务痛点的关联度需进一步提升，数字化系统建设与实际管理应用场景的实践需进一步融合。

（二）发展趋势

近年来，教育相关政策密集出台，涉及教育改革与发展一系列重大问题，其中公平、质量和规范是重点。国家相继发布《关于学前教育深化改革规范发展的若干意见》《民办教育促进法实施条例》《关于规范民办义务教育发展的意见》《关于进一步减轻义务教育阶段学生作业负担和校外培训负担的意见》《关于规范公办学校举办或者参与举办民办义务教育学校的通知》《关于推动现代职业教育高质量发展的意见》等政策，大力提倡普惠性学前教育，进一步加强对义务教育阶段民办学校的管理，严格治理校外培训机构，鼓励发展职业教育等。一系列措施旨在构建良好的教育生态，遏制教育"资本化"倾向，消除教育乱象，坚守义务教育公益性。

"十四五"时期是我国开启全面建设社会主义现代化国家新征程、向第二个百年奋斗目标进军的第一个五年，也是星河从"稳"到"强"，升级为星河2.0的第一个五年。当前，我国经济社会发展步入新时代，人民群众对美好生活的需求日益增长，对高质量教育的期待更为迫切，更加追求个性化的学习资源、人文化的学习环境和更有温度的教育服务及泛在灵活的学习体验。人口变化的新趋势，要求教育资源配置超前谋划、主动适应。"全面三孩"政策下托育及学前教育将面临更大压力，人口老龄化程度不断加剧，就业人口对学历提升和终身职业技能培训提出多元化需求。科技正在深刻改变着教育理念和课堂形态，智能技术将进一步与教育教学深度融合，衍生出全新的智能化教育创新场景。新环境下，迫切需要统筹协调各级各类教育之间以及教育与人口之间的关系，优化终身学习的社区服务供给。

2016年7月28日，习近平总书记在考察唐山市祥富里社区时指出，社区是党和政府联系、服务居民群众的"最后一公里"，要健全社区管理和服务体制，整合各种资源，增强社区公共服务能力。社区承载着居民留得住记忆的乡愁和对美好生活的向往。教育对提高社区人口与家庭的基本文化素质、和谐人际关系、推进人与社会的现代化进程具有不可或缺的作用，需要回应关于重新构想"为何学、怎样学、学什么、哪儿学和何时学"的现实需求。

秉承"城市运营引领者"的品牌定位，星河提出将打造满足广泛需求的多样化、智能化教育社区，持续探索更加适合未来的社区生活场景，通过缔造精品项目，为客户提供至诚服务，构建至美生活。为此，未来教育社区将指向社区全龄人群的教育需求，丰富居民生活内容，构建终身学习体系，提高居民综合素质；积极探索多元化管理、协同化运作、精准化服务的新型教育社区发展模式，构建新时代教育社区服务网络，使其与创业、交往、康养等领域融会贯通，形成全覆盖、全生长、全链条的教育服务生态，推动未来社区的高质量、可持续发展。

星河教育坚持"不忘由来，吸收外来，面向未来，回归本来"的发展路径。不忘由来即继承璀璨华夏文明，恪守民族优秀传统，汲取中国灵魂精神养分，自觉践行国家认同。吸收外来即应对多变国际形势，借鉴国际教育先进经验，包容多元文化，融合全球智慧硕果。面向未来即融创中外百家之长，顺应智能科技前沿趋势，踏上万变世界交响之旅，实现自由个性生长。回归本来即探索自然奥秘所在，发现生命成长美的意义，寻求人与自然、与他人、与世界的和融相通，走向天人合一的全新境界。

二、战略目标

（一）指导思想

以习近平新时代中国特色社会主义思想为指导，深入贯彻党的十九大及各次全会精神，全面落实习近平总书记关于教育的重要论述和全国教育大会精神，坚持中国特色社会主义教育发展道路和社会主义办学方向，践行星河控股集团"十四五"战略规划，落实立德树人根本任务，促进优质均衡发展，全面提高教育质量。

（二）教育理念

围绕党中央"创新、协调、绿色、开放、共享"五大发展理念，遵循星河"先优化、抢人才、搭平台、创品牌、大家来、共发财"的十八字方针、"要做五百年，不做五百强"的品牌愿景、"共创、共担、共享""多元化、专业化、国际化"的发展战略及"大团结、大服务、大发展、大回报"的企业精神，星河确立了"星生长，河共渡"的教育理念。

"教育即生长"。生长是教育的目标，也是人生的目标。教育的本质就是一个生长的过程，包括身体的发育，心理与情感的成长，思维与智力的发展，对社会进步所需知识及优秀传统文化的继承、发扬和创造。传统文化重视触类旁通、智慧开悟。若得其法，则如云雨灌溉万物，润泽众生，各得生长。生长也依赖于教化，教化又立足于感应，这样的生长机制就是同类感应。生长还可以理解为与家人、朋友和社群的亲密关系。这是"教育即生长"理念的时代升华。

"河共渡"。是说教育的过程就像摆渡，渡过一条信仰的河，共同到达理想的彼岸。教育既成就他人，也成就自己，是一场彼此成全的交响修行之旅。小乘渡己，大乘渡人；渡己渡人，自觉觉人；点亮自己，照亮别人；人生救赎，生命实现。教育要引导人们学会如何共处，能够将人类联合起来，通过集体努力，维护社会、经济和环境正义。实现更多主体、更宽领域、更大规模的教育互联共享，是构建美美与共、和合共生的人类命运共同体的重要内容。

星河教育将以"星生长，河共渡"为理念，以"服务、协同、担当"为定位，以"建设具有区域影响力的教育共同体"为发展总目标，以"学用悟融和，身心灵康健"为培养目标，通过高校引领、教育部门主导、社会组织参与、公益组织投入、基础学校依托、社区协调共建、星河服务，一体多元，价值共通，促进社区全体成员发展。

（三）总体定位

星河教育以"服务、协同、担当"三个定位厚植根基，为建设星河教育共同体开创新局面。

服务。做好服务是基础，"我是星河第一服务员"是全体星河人的行为准则。星河教育旨在为每个人的全面生长服务，为挖掘每个人的潜能和创造力服务。扎根星河生态圈，为各业务集团提供专业的教育支持及人才培养支持；立足星河及社区，服务学生的幸福生长，服务国家和社会的需要。

协同。星河教育积极主动地与星河地产、产业、商业、置业、资本、金融、物业沟通，围绕整体价值最大化开展协同。与高校联合，与基础学校、社区及家庭互动，参与社区设计及建设，实施人才发展与企业战略联动等，激发办学活力，构建社区共生共荣、共创共赢的创新圈层。

担当。勇于担当是星河责任文化的核心价值标准，是星河发展壮大的精神力量。星河教育要传承星河文化基因，履行社会责任，彰显企业担当。落实立德树人的根本任务，践行国家认同教育，为社区全体成员提供全面发展的有效保障，为员工提供实现自身价值的事业平台，为政府提供多样优质的教育资源，为社会公益提供星河力量。

（四）总体目标

建设具有区域影响力的教育共同体，使教育成为星河的核心竞争力之一。

教育共同体。形成高校引领、教育部门主导、社会组织参与、公益组织投入、基础学校依托、星河服务、社区共享的教育共同体，创设协同共进的良好机制，营造健康积极的教育生态圈。建设"共生长"教育社区，促进社区全体成员的健康成长。

区域影响力。提高办学水平，完善多元教育服务质量，为集团创品牌，为行业树标杆，为集团发展赋新能，为人民群众提供优质教育服务。星河教育开展的活动要具有品牌效应，所办的学校要具有标识性口碑和示范性效应。短期在粤港澳大湾区具有影响力，中期在全国具有一定的影响力，远期在国际具有一定的影响力。

核心竞争力。办学理念的原创力，着眼未来的前瞻力，服务主业的先导力，提升素质的发展力，复杂局面的决断力，资源整合的协同力，管理团队的感召力，影响广泛的辐射力。

（五）具体目标

1. 提升服务主业能力

协助星河各业务集团对接区域发展需求，优化配套教育服务，建立教育资源动态配置机制，扩大品牌资源和教育产品供给。传递教育理念，培养懂专业也懂教育的规划、设计、运营人员，将教育元素融入产城建设、地产开发、城市更新、商业管理、物业服务等业务，助力打造"星河精品，至诚服务"。

践行全球视野、星河实践、终身学习、共担共享的人才培养理念，以复合型专业人才和领导力提升为重点内容，构建星河特色的学习型组织，打造内部人才供应链，实现50%以上的内部讲师授课率、60%以上的高管为星河自培的目标，让星河成为优秀职业经理人的聚集地和根据地，为星河战略目标的实现提供坚实的智力基础和人才保障。

2. 优化办学结构规模

大力推进合作公办学校及自办幼儿园建设，积极探索多元教育业态。根据地产需求全力供给合作办学资源，到2025年实现办学规模翻番，优质学位供给增至3.9万余个；自办园（自有产权）与托管园（产权移交后政府委托管理）办学规模有序扩张，新增6所自办（托管）幼儿园，打造惠阳星河幼儿园（丹堤一幼）为星河幼教旗舰园；在惠州星河丹堤建立"共生长"教育社区样本，培育教育共同体建设模式；把准教育发展脉搏，探索发展托育、公办高中国际部、职业教育、智慧教育及教育相关产业链，提供与星河业务发展相匹配的多元教育业态，提高服务星河社区居民终身学习的水平和能力。

3. 提高教育教学质量

星河教育要遵循教育规律，立足国际前沿，担当区域使命，满足社会发展，促进学生成长。经过一段时间的积累，实现新建学校办一所、优一所。各级各类学校理念先进、课程创新、课堂优质、活动丰富、评价科学。学生全面发展，教师德才兼备，家长充分支持，社区充满关爱。星河自办（托管）幼儿园要模范遵守国家学前教育发展政策，在本地区具有一定的示范效应，具有良好的社会口碑。惠阳星河幼儿园（丹堤一幼）和华附普宁园特色园本课程形成体系，达到省级优质示范幼儿园标准。

4. 提升经济社会效益

健全办学项目的经费投入机制。优化合作办学项目经费投入方案，制定新建项目投入标准，强化预算管理机制。自主办学项目在三年内实现收支平衡。每年举办星河教育共同体论坛，建立与外界沟通对话的桥梁，主动应对和引领未来，彰显星河教育品牌影响力，提升星河社区价值，赋能社区发展，实现经济效益和社会效益双提升。

附表3.1　星河教育事业发展"十四五"期间主要指标

维度	主要指标	2020年	2025年
学前教育	星河自办（托管）幼儿园数量/所	1	7
	星河自办（托管）幼儿园学位数/个	450	2610
	星河幼儿园工作标准/项	0	2
合作办学	合办学校学段/个	13	25
	合办学校班级数/个	417	900
	合办学校学位数/个	18335	39995
教育社区	"共生长"教育社区/个	0	1
品牌建设	星河幼教/个	0	1
	星河教育共同体论坛/次	0	5
人才发展	内部讲师授课率/%	20	≥50
	星河高管自培率/%	45	≥60

注：合办学校指星河与合作办学方在合作期限内参与举办的公办学校。

三、发展任务

（一）合作公办学校

1. 拓展教育合作圈层

汇聚各级各类合作办学资源，联动地产集团梳理合作办学资源的准入条件，建立合作办学资源准入标准1.0；根据办学性质及层次划分，编制全国七大区域资源清单；根据准入标准，筛选有战略合作意向的单位，建立合作办学资源库。到2025年，实现全国每个区域至少有1所战略合作校，形成"多区域、多层次、多品牌"的合作办学格局。

多区域。围绕东北、华北、华中、华东、华南、西南和西北七个区域，通过拉网式调研、论证、互动交流等，在每个区域储备可供合作的办学资源。联合各业务集团实现立体拓展，为深耕大湾区、发展长三角、择机布局中西部核心城市的战略举措服务。

多层次。尊重不同合作办学资源在办学理念、办学定位、办学特色、培养目标等方面的差异，保证办学品质，倡导区域性和全国性、国内升学型和出国留学型、普通型和特色型共存的多层次样态，满足地产配套的差异化需求。

多品牌。依据各地社会经济水平、居民生活条件、教育发展水平等方面的不同，加强引进品牌的针对性。通过对公办和民办、高校和K12教育集团等多种品牌的遴选，精准满足不同地区配套教育品牌的需求。

2. 建立协同发展机制

联动星河各业务集团，形成一套高效协同的工作机制。在项目开发的各个阶段，明确教育发展中心与地产集团投资、设计、工程、采购、营销、行政等各部门的职责边界、工作流程及要求。加大新建学校推进力度，实现教育布局、办学规模与项目总体规划有机衔接。

联动外部合作方，创新多元主体办学机制。采用"试点—优化—推广"策略，建立星河参与合作办学项目的管理模式，明晰星河、合作办学单位、政府及合办学校的权责边界，分类管理，定向赋权，加强指导，五年内形成较为成熟的"政府+名校+名企"合作办学模式。

3. 扩大优质学位供给

全力配合支持地产配套教育需求，到2025年实现办学规模翻番，即25个学段、900个班级、超3.9万个学位供给。

附表3.2　星河教育事业发展"十四五"期间累计合作办学规模

办学规模	2020年（累计）					2025年（累计）				
	幼儿园	小学	初中	高中	小计	幼儿园	小学	初中	高中	小计
学校/所	6	4	2	1	13	11	8	4	2	25
班级/个	70	223	78	46	417	133	463	195	109	900
学位数量/个	2100	10035	3900	2300	18335	3960	20835	9750	5450	39995

推动普通高中多样化、特色化发展。加强高中与大学的衔接，与国际学校、职业院校、社会机构合作，探索开设国际高中课程，试点普职融通综合改革，为学生提供多维选择空间。

（二）创办学前教育

1. 培育一个教育品牌

将惠阳星河幼儿园（丹堤一幼）创建为星河幼教发展的旗舰园和具有示范效应的标杆园，培育高起点、高标准、高质量的"星河幼教"品牌。

文化引领，落实"星生长"教育理念。以"让每一个孩子找到自己的生长方式"为切入点，将幼儿教育指向幸福教育、审美教育和"真人"教育，为孩子营造一个自由宽松、润物无声的生长环境。深入进行"星润三载，幸福一生"办园理念的文化解读，通过内涵领悟、实践反思等举措，使全体教职工认同、融会办园理念，创造性地落实在教育教学的各个环节。

资源优化，创建"星生长"课程方案。围绕"星生长"教育理念，拓展多维生长空间，力求园所课程根植中国、花开世界。通过深入解读《幼儿园教育指导纲要》《3~6岁儿童学习与发展指南》，使"一日活动皆生长"的观念内化为教职工的课程素养，并以此构建"星生长"课程方案。启动园所资源库建设，充分挖掘园所及社区课程资源，围绕四季时序、节庆活动及幼儿关心的热点话题，构建生长课程体系。

教师为本，打造"八能"专业队伍。教师要始终保有童心，做到能唱能跳、能说能笑、能教能导、能大能小。制定"学了思、思了做、做了悟、悟了说、说了写"的专业发展路线，提高园本教研质量，提升教师队伍整体素养。通过组织专业论坛、名师工作室、设立学术出版基金等，为教师成长搭建广阔平台。

特色立园，凸显国家认同教育主题。依托教育发展中心课题研究，探索国家认同与幼儿园课程构建的融合路径与实施策略。以"星河娃·中国娃·时代娃"活动主题，形成特色育人目标、特色活动体系及实施路径。将中华优秀传统文化、革命传统文化等丰富的教育意涵，有机融进幼儿园"大板块、有弹性"的一日活动安排及主题课程之中。

2. **搭建两项工作标准**

研究剖析惠阳星河幼儿园（丹堤一幼）及其他幼儿园建设筹开与运营管理的经验教训，制定并逐步完善星河项目配套幼儿园建设标准与自办幼儿园运营管理标准，为地产精品项目助力，为教育社区建设赋能。

建立幼儿园建设配置标准，助力项目降本提质。通过复盘已有园所设计与建设过程，梳理建设经验。借鉴国内外优秀设计案例与前沿趋势，在符合规范的前提下，制定地产项目配套幼儿园设计的独特气质与装备配置建议清单，并根据项目实施动态调整。

建立幼儿园运营管理标准，赋能教育社区建设。依托惠阳星河幼儿园（丹堤一幼）的运营实践并借鉴星河其他板块优秀运营管理经验，围绕园务管理、队伍建设、课程实施、后勤保障等模块梳理并建立星河自办幼儿园运营管理标准，明确各项工作的底线要求与高端方向，并在实践中不断完善提高。

3. **筹开五所幼儿园**

做好政策分析与发展趋势研判。针对地产项目配套幼儿园的不同属性，以稳中求进、保质控量为原则，做好自办园与托管园的筹开工作。

强化交圈机制，稳中求进扩大规模。联动地产集团，以普宁、河源项目为依托，围绕项目配套幼儿园的建设与开办做好前期场地勘察、市场调研及教育行政主管部门的沟通工作，做好项目评估与经营测算。新增五所星河自有品牌幼儿园，确保办一所、优一所。

明确主体权责，提质降本增强效能。以提升园所建设品质、满足运营管理需求为宗旨，进一步梳理完善园所建设筹开过程中的各主体权责。重点围绕团队组建、装备采购、资质办理、招生宣传等工作，明确目标、细化责任、确定节点，确保幼儿园顺利开学。

（三）自办托育机构

1. **盘活星河存量资源**

盘活地产、产业、商业、物业等业务板块存量资源，提升存量资源利用率，开启星河托育布局双模式、服务双属性的自主办园之路。开办高端与普惠性两类托育园。高端托育园,重点布局写字楼或商圈,满足中高薪双职工托育需求。普惠性托育园,重点布局星河社区,满足业主多样化的教育需求。

2. 推进托育业务布局

梳理国家及地方托育政策,摸清市场需求,对标同行布局及运营模式,联动各业务板块排查符合条件的托育场地,搭建匹配的课程体系。论证开办星河首所托育园,梳理形成办园标准体系;依托自办幼儿园尝试托幼一体化,将招生对象下延至2~3岁幼儿,为自办幼儿园做好衔接。结合区域发展水平及需求差异探索开发普惠、中端、高端不同层次的托育服务。增设育儿家庭指导及托育从业人员的培训课程,服务更多有托育需求的群体及机构。

(四)共建教育社区

"共生长"教育社区是打造星河教育共同体的重要载体。搭建5A教育服务——即在任何地方(anywhere)、任何时间(anytime)、通过任何方式(anyway),任何人(anyone)都能学到想学的任何内容(anything),创造联通融合的连续空间,形成共同目标的教育关系,为每一个生命体提供自然和谐、自由舒展、自在惬意的教育生态环境,让其在生长的每一个空间、生命的每一个阶段、生活的每一个细节,都能感知生命、感受教育、感悟生长。

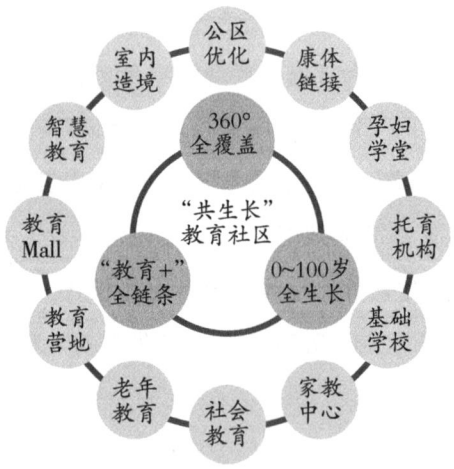

附图3.1 "共生长"教育社区

1. 360°全覆盖教育服务

"共生长"教育社区倡导教育空间的无缝衔接,包括学校、家庭、社区的教育生态一体化,线上与线下空间的适时融合互动。在项目规划设计阶段,协助地产精品开发中心，将教育元素渗透进空间设计的细节之中。实现从进地库、上电梯、回到家、出门外的教育全覆盖。

室内造境。从客厅、卧室、书房、儿童间等家庭环境设计着手，浸润文化气息，融合艺术元素，预留成长空间，设计和改善每个家庭的空间布局及用品陈设，营造有教育功能的"境"，让教育在专业的环境中自然发生，满足家庭对有效教育空间的追求。

公区优化。架空层、电梯厅、楼层大堂等处设计为文化教育气息浓郁的阅览、博物空间。园林设计契合生命教育的追求，契合生物等学科学习中提及的花草树木，预留一定的空间满足儿童种植梦想，探索打造教育生态文化长廊。

康体链接。儿童乐园、健身房、节气跑道等设施结合中高考体育考试要求，实现社区康体与学校体育的有机对接，满足体质提升的生长需求。

2. 0~100岁全生长教育支持

"共生长"教育社区倡导教育的时间持续，即保持生命各个阶段教育的连续性，充分体会"生长"价值体系的时间意蕴。0~100岁全生长教育支持是指从孕妇学堂（0岁）到老年教育，提供个性化的教育服务。在办好基础学校及托育机构的同时，通过汇聚一批优质的社会教育资源，提供全方位、多层次、宽领域的教育服务。

社区教育服务。组建社区教育专家库，建立公益家教中心，设置总校长信箱，提供24小时指导，解决家长因教育环境、教育政策等变化带来的焦虑。开展父母学堂等社区家庭教育支持行动，为家长提供教育帮助。加强少儿国际交往，广泛缔结国际姊妹学校，构建国际化儿童友好社区，感受跨文化教育的魅力。以小区为单位，利用寒暑假组织主题研学活动，帮助孩子打开眼界、开阔视野。

专属业主档案。购房收楼时了解业主学历、职业等情况，储备社区教育师资，为入住后素质课程、家长教育、老年大学的开办奠定人力基础；登记业主子女上学情况，建立教育档案，精准提供教育服务。

社会教育。在社区里广泛开设沟通、谈判、理财、恋爱、婚姻、育儿、养生、游戏、压力管理、情绪管理、危机管理、社会责任、治理与服务等公益课程，将大学后教育常态化、专业化和可持续化。

老年教育。结合老年人特点，搭建平台，开发老年人需要的服务项目。开展家庭照护、健康咨询、社会融入、精神慰藉、心理疏导、权益维护、临终关怀等，为老年群体提供支持和帮助，提高老年人的生命质量。

3. "教育+"全链条教育赋能

在住宅地产辐射范围内,输出高品质学校管理服务,围绕服务业主,配套涵盖早教、托育、素质教育、营地教育,兼顾成年人、老年人全系列的一站式优质的教育服务平台。

教育营地。充分发挥星河总部系、城心系、精品系、资源系、旅度系各大产品优势,依托丰富的人文资源、自然资源,举办社区夏令营、冬令营。通过农业市集、艺术市集、四季庆典、节气生活等周末营地,陶艺、染织、造纸、身心、食养等兴趣课程,为家长及孩子打造家门口的素质教育基地。

教育Mall。利用星河品牌护城河与丰富教育资源,构建教育Mall的独特优势。以"一站式服务"理念为核心,充分利用教育带来的流量提升效能与附加值,打造集教育、购物、休闲属性于一体的资源共享平台,提升机构黏性,布局融合多重消费业态、教育业态,凸显最大化流量价值。

智慧教育。联动星河资本,探索人工智能、大数据、云计算等新应用技术在基础学校、社区教育服务、教育营地、教育Mall等业态的渗透。充分利用科技提升学校管理能力、教师教学质量,包括智慧校园、各类教育云平台;利用科技手段辅助教学,培养自主学习能力,提高学习效率;将科技项目作为教学内容,全方位培养学生创新精神和实践能力。

(五)培养企业人才

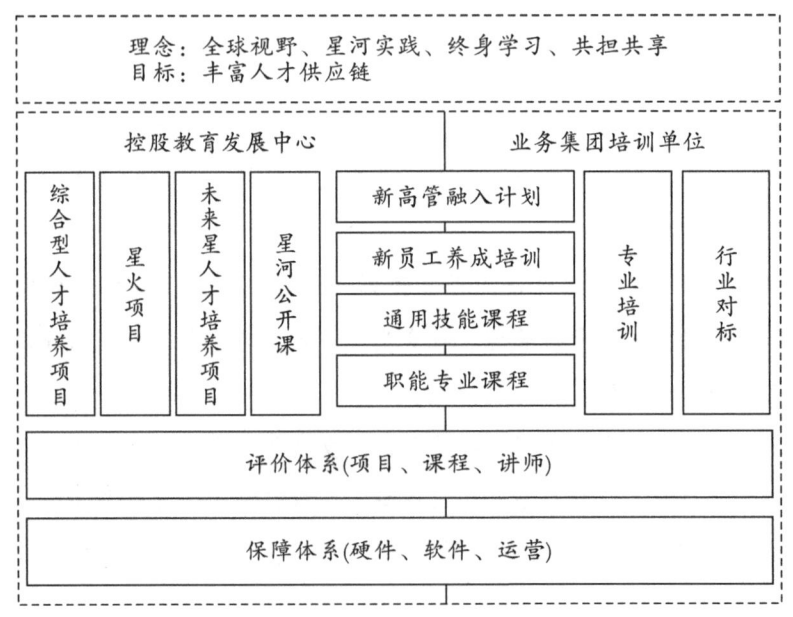

附图3.2 企业人才培养模型

星河用人标准趋于大视野、综合型、务实化。提高人才密度，聚焦核心人群、与业务强关联是人才培养的关注重点。强化根基，保障人才供给，改善人才结构与培养方式，建立外部引进与内部培养相结合的开放型人才培养机制。

1. 开展综合型人才培养项目，提升高管自培率

聚焦潜龙（基层）、跃龙（中层）、飞龙（高层）"三龙班"综合型管理人员培养，巩固深化"内外联动、横向打通、训战结合"的系统培养模式，优化迭代人才素质模型与培养内容。梳理各业务集团关键岗位学习与发展路径，遵循"定标—对标—达标"的逻辑，开展规范化、标准化、精英化专业人才培养与认证。建立培养档案，通过对高潜人才的定制化培养与跟踪辅导，帮助其由点到面地提高，从而提升高管自培率。

2. 开发前瞻性学习资源，创新人才培训方式

引入前沿资讯及分析解读，邀请知名学者、行业专家在星河内部开课。保持与头部企业、行业协会等机构联动，探索最新研究成果与精品课程在企业内的实践应用。通过普及标准化的课程开发、案例萃取工具，全面开展内部知识沉淀，构建星河特色课程体系，满足业务发展的学习需求。将行动学习、"翻转课堂"、实战沙盘等培训方式嵌入各类人才培养项目中，不断地创新培训方式，协助提升星河人才队伍的核心竞争力。

3. 构建产学研平台，强化内部讲师培养

联合高校、研究机构共建产学研平台，探索新的办学模式，开展人才培养、教学科研、课程培训、企业案例研究等工作，培养知行合一、有高度实践能力的应用型人才。

根据各岗位需求，设置个性化专业课程与管理课程，选拔甄别出一批高潜人才讲师梯队，重点关注讲师的系统思考、课件标准化开发等，建构课程体系与师资管理体系。持续将公司高管纳入讲师队伍中，协助高管开发课程、讲授课程。

4. 深耕数字化培训方式，助推运营学习社群

结合星河业务和地域分布特点，建立移动学习平台。通过线上线下相结合的学习方式，更好地实施培训组织管理。同步将各类培训数据与虚拟业务训练场景结合，为人才的选拔、任用、培养、晋升提供数据支持。对人才进行多维度评价与解析，建立人才智库。保证业务和组织需要时，及时调配合适人选。

在星河各条线内部建立学习型社群，如条线知识小组、创新思维小组等。通过学习活动将各条线融合，最终形成学习型组织。逐步完善学习激励制度，提高员工主动学习率，使每个员工都在学习组织里，每个高管都是学习组织的引领人。

（六）塑造品牌标识

以"星生长，河共渡"为核心理念，结合集团整体战略及品牌规划体系，基于扎实的基础学校办学经验，通过一系列品牌策略及行动，创设星河教育品牌视觉体系，建设"共生长"教育社区，举办教育共同体论坛，精细星河教育高品质服务体系，提升落地项目的品牌影响力，锻造星河"三龙"品牌的企业人才培养标杆项目，将星河教育打造成为具有区域影响力的教育品牌。

1. 举办"星河教育共同体"论坛

服务星河战略，推动区域发展。每年举办"星河教育共同体"论坛，建立星河合办学校、托管学校、自办学校沟通对话的桥梁。通过举办主旨演讲、圆桌会议、跨界对话等系列活动，推进各基础学校的全面合作与共同发展，服务星河各业务板块。

加强对外交流，提升品牌影响力。关注重大教育议题和教育热点、焦点、难点问题，通过搭建政府、学校、企业及其他社会组织的高端交流平台，解读教育方针、战略与政策，分享星河教育办学经验，探讨新时期教育发展模式、理念和方法。

2. 打造星河教育品牌

合作办学方面，汇聚优质教育合作资源，精心培育硬件设施优良、师资队伍优秀、学生素质优等的合作办学品牌形象。通过丰富多彩的品牌宣传及公益活动，将星河优质教育与星河精品地产的产品形象深入业主与公众的心中，形成教育品牌与地产品牌的良性互动。

自主办学方面，创设星河自有学前教育品牌、理念、VI、园所设计规范体系，完成学前教育品牌手册并进行相关物料制作。以儿童第一视角制作星河幼儿园系列纪录片，呈现园所环境、办学理念、课程特色、师生风貌等。依托开学季、开放日、家长会、开学典礼、"孩子眼中的未来"等活动开展系列宣传。

3. 锻造企业人才培养标杆项目

"三龙班"作为星河最重要的人才培养品牌，要联合公司客户与品牌管理中心适时推广，不断优化，萃取经验，扩大影响，提高知名度与美誉度。厘清"三龙班"品牌特点与核心产品，对品牌定位、品牌规划、品牌形象、品牌主张和品牌价值观等不断进行充实完善。积极参加各类评选活动，宣传星河教育理念。

（七）健全管理体系

1. 投拓体系

用三年左右的时间打造能与星河发展"同频共振"的投拓能力。在行之有效的投资拓展策略指导下，做好前台的资源配置、中后台的专业支撑。

优化投资拓展策略。 挖掘内部资源，开拓共赢局面。彰显星河控股集团优质资源丰富、项目遍布全国30余座城市的优势，准确把握相关政策，加强与政府沟通教育配地，盘活各业务集团现有的资产资源。对接托育、基础教育、职业教育等教育项目，形成教育投资拓展与各业务集团的共赢局面。紧跟政策导向，建立投拓负面清单，凡是政策禁止和限制的教育领域及业务不予考虑。顺势而为，在稳定中寻找可持续发展的投拓项目。依章合规，建立符合星河要求的教育投拓标准，包括信息统计、项目调研及筛选、合作模式设计、财务评估、商务谈判等，为投拓人员备足"弹药"。

统一协调资源配置。 在资源配置上要以前台投资拓展人员为核心，合理兼顾中后台（包括设计、工程、采购、行政等人员），避免出现"头脚大，腰部小"的"哑铃式"错配。前台负责深耕目标城市，积极支持星河主业参与市场竞争涉及的教育项目，并组织中后台协助前期工作直至项目最终获取。在决策上发挥中后台的专业支持和管理权限，探索"垂直扁平化"的快速决策机制，制定统一的报批决策标准。

2. 筹开体系

按照办学学段、办学性质和办学规模的不同，分类、分层、分阶段做精做细筹开工作。以教育发展中心为主责单位把控筹开的关键节点，统筹管控筹开过程中涉及的人力成本、时间成本、财务成本等。协调整合地产集团和外部合作方的各类资源，解决或协调筹开过程中的设计沟通、工程改造、物资采购、证照办理、招聘培训、招生入学等方面问题。

结合国家及地方规范和要求，编制筹开过程中的建设、装修、装备标准，积累采购资源库，对接政府关系，梳理运营权责体系，保证设施设备、人员物资及时到位。三年内形成完整的筹开操作标准体系，并在实践中不断地优化迭代，五年内形成具有星河特色的筹开标准资源库和管理体系，确保筹开学校按计划、按节点，稳步推进，有序落地，顺利开学。

3. 风控体系

建立风险防控机制。 加强国家和地方教育政策、教育行业形势的研究，加强内外部风险因素的动态评估，定期输出相关分析报告。建立健全风险防控协同机制。上下联动,跨业务集团协同,跨部门协同,形成风险防控的协同网络。重点推进核心业务管理,确保流程的规范化、常态化、信息化,包括计划管理、投资拓展管理、财务管理、招投标管理、学校管理等。落实风险防控责任制。明确责任主体,细化责任分工,建立奖惩分明的风险责任问责机制。

完善风险识别路径。结合星河教育业务特点,围绕拓展筹开、办学运营、人才发展、综合管理的各个环节,查找风险。重点关注核心环节的风险点,包括前端的决策、合同的签订和履行以及争议的处置、教育材料的宣传等,并对各类风险分类分级,形成核心风险清单。

加强风险分析与评估。综合风险形成的原因、发生的可能性、影响面、可能造成的损失等情况,运用调研、访谈、风险审计等方法,采取定量和定性相结合的方法对风险清单中的各项风险进行分析与评估,并及时更新动态。

提升风险应对及持续监控。联合地产营销、客服、法务、人力行政等相关部门,共同制定一套教育宣传内容注意事项的标准模板并适时更新。加强风险监视,跟踪已识别并处置的风险,监视残留风险,并预判新出现的风险,调整预防和控制策略,确保风险防控策略能够有效实施。

4. 成本管控体系

规范学校建设成本管理。认真分析已建项目,建立地产配建学校投入标准1.0,以办学规模的测算为基础,以成本控制为核心,协同业务集团对建设成本标准、设施设备配置标准、合作办学协议标准等进行管控。建设质量过硬、资源节约、科学环保的绿色健康校园。

优化教育经费投入方案。按照规划制定的目标和各项目实际要求,加大教育经费统筹力度,研究制定教育经费标准及投入方案。使教育投入总量与业务发展的实际需求相适应,投入结构与业务布局结构变化相适应。

健全预算管理机制。提高预算编制的科学性、准确性。实行绩效目标实现程度和预算执行进度"双监控"。优化经费支出结构。引导学校(园)统筹合理安排经费,严格执行财务制度,健全教育经费审计、监察制度,确保资金使用安全规范,提高资金使用效益。

5. 行业研究体系

构建双线并举研究体系。第一条线倡导工作即研究、研究即工作,把研究与平时的工作紧密相连,营造平等、开放、互动的研究氛围。成立学前教育研究中心,以理论创新为基础，以实践探索为载体，以服务星河学前教育发展为目的，为星河学前教育发展增智赋能。

第二条线聚焦研究人员的专业能力提升。通过"自我学习+企业培训+星河实践"的"组合拳"，做深、做专、做精研究工作。熟练掌握各类研究工具及模型，潜心精心进行政策解读、调查研究、监测评估，主动服务教育发展中心决策，促进星河教育高品位发展。加强国家认同、民族认同、文化认同教育研究，确保第一个国家级课题"中小学校（幼儿园）国家认同教育研究"顺利开题并完成研究目标。

善于谋划，携手星河高管团队及各学校校长、园长、骨干教师团队，外部专家、学者等，建立星河教育智库平台，提高思维品质与决策水平，做好高质量研究工作。

6. 督导评价体系

切实履行合作办学协议赋予星河的职责，在理事会的领导下加强对所办学校全方位的督导。

对学校的德育管理、教学管理、课程管理、行政后勤管理、师资队伍建设等环节进行督导，保证立德树人根本任务落实到位。发挥督导功能效益。以事实为依据、以数据为支撑，形成事实清楚、数据准确的督导报告，供合作高校、教育行政部门参考，为领导决策提供依据。

四、保障措施

（一）组织保障

健全领导体制和管理机制，为教育发展提供有力支撑。成立以控股集团领导、教育发展中心负责人、各部门管理人员为主的领导小组，负责规划的实施和监督。加强组织领导，注重协调，及时解决教育发展过程中的相关问题。制定落实规划的各项年度工作计划和实施细则，明确责任部门和责任人，实行每月重点工作挂图作战和评估制度，切实把各项任务落到实处。

加强党的建设、领导班子建设和骨干队伍建设，提升组织改革发展和团结协作的能力。开展经常性、专业性教育，涵养深度学习品质。开阔眼界，促进创新，增强基层组织的创造力和战斗力。坚持"先推进后完善"的创业型组织形态，面对各项业务先合力推动，再稳定完善组织管理。

（二）制度保障

根据集团的战略总要求，结合教育发展中心现状及未来，践行"星生长，河共渡"的教育理念，深化星河教育共同体内涵建设，适时组织专门力量制定《星河控股集团教育发展中心章程》，章程内容包括总则，举办者、开办资金和业务范围，教育理念体系，组织管理制度，劳动用工制度，党组织建设，资产与管理，章程修改程序，变更与终止，附则等。建立课程开发的标准化流程、讲师体系制度。规范组织运作，保障组织发展。

（三）安全保障

完善校园安全稳定工作长效机制，推进学校安全管理和安全教育工作标准化、规范化。实施精细化和动态化管理，强化校园和周边环境治安综合治理，共同维护校园安全稳定。完善自办学校（园）安保人员培训机制，建立健全与公安、应急、消防等部门联动机制，利用信息化、大数据手段推进学校（园）安全管理现代化。落实人防、物防、技防措施，建设平安校园。加强校园安全教育，切实提高师生安全防范意识。

（四）激励机制

秉承"共创、共担、共享"的发展战略，"多种手段、按需激励、奖惩分明"的指导原则，制定员工激励体系，关注长期激励效果，实现组织目标。在物质激励的同时，注重精神荣誉激励、专业发展激励、岗位晋升激励、关心爱护激励。有特别贡献的建立专项奖励机制。

五、发展里程碑

1. 开办第一所自营幼儿园
2. 打造第一所自营幼儿园达到省级优质示范幼儿园标准
3. 举办第一个"星河教育共同体"论坛
4. 初步形成一个"多区域、多层次、多品牌"的合作办学格局
5. 试点第一个"共生长"教育社区（惠阳星河丹堤）
6. 建立第一套地产配建学校投入标准
7. 建立第一套自办园运营管理标准

8. 建立一套《星河控股集团教育发展中心章程》
9. 成立第一个教育研究中心（学前教育研究中心）
10. 开展第一个国家级课题研究并结题

二〇二一年十一月

后 记

最后一次修改完书稿,我刚好走过人生的60个春秋。自撰一联以记之。

二十载古楚,二十载岭南,朝乾夕惕,滋濡德智体美劳,唯恐误人子弟;星生长乎道,我即教育;五官灵动逾百官,尤其耳顺。

千百名学生,千百名朋伴,日省月觉,沉浸高初小幼托,但求报我国家;河共渡者仁,众臂人才;半日自在胜长日,最是心安。

我教育生涯的40年,有趣的是,在苏、粤两地各20年。做了30年校长,有新校,有老校;有公办,有民办;有单校,有集团;有国内课程,有国际化课程。联语既表达了一些人生感悟,也融入了我坚守的教育理念。

《校长30年 和孩子一起生长》这本书是我多年校长经历,特别是对近年来教育思考的凝练和教育实践的集萃。回首之时,30年很短,如白驹过隙,转瞬霜染双鬓;但细细品来,30年很长,每一步都很坚实,每一步都有回响。"和孩子一起生长"则是我一步一步走过后最大的教育感悟。"和孩子一起"学习、生活是我的工作场景,也是我多年身处其中的心灵场景。或许正是如此身心和谐地与孩子在一起,孩子们、教师们和我本人才获得了"生长"的"封赏",我们的教育也才获得了"生长"的本真和美好。

我们很幸运地迎来了一个科技高速发展、物质十分丰裕的时代,但也面临着"百年未有之变局"中诸多影响教育的巨大变化,价值在重估,秩序在重建,人也在重塑。教育毫无疑问必须有自己的坚守,也必须对时代的变化作出自己的回应。我是一个习惯思考的人,本书的编排便以"思"为线索,从对教育"培根铸魂"这一根本问题的阐发,到对教育改革的理解,再到学校的践行和课堂的呈现,最后到对教育热点问题的解答,"思悟""思变""思行""思得""思论"五章,也隐含着我在教育思考者、改革者、校长、教师四重身份上的价值追求和自我塑造。当然,我也是一个执着并投身于行动的人,本书各章也描画和再现了我的探索历程和实践成果。正是基于思考的行动,把我一步步引向游目骋怀的人生开阔地,指向风云际会的教育制高点。

40年教育生涯,30年校长经历,最大的志趣就是思考教育,躬耕实践;最坚守的信条就是敬畏常识,尊重学生;最高的追求就是让学生在没有感觉到教育的教育中自由生长。一辈子做教师,一辈子学做教师;多年做校长,终身学做校长。"彼道虽远,惟人可行。积一时之跬步，臻千里之遥程。"我的"生长"，或许可以成为教育现场和校长样本中一个典型的个例，希望能给同道中人提供借鉴，也恳请各位的批评指正。

本书中的大部分内容是公开发表在学术期刊与专业报纸上的，由于报刊风格不一，再加上时间跨度太大，教育实践的背景变化较快，给全书内容结构及语言风格整合带来了极大的困难。尽管花了很多时间删改与融通，依然有若干不尽如人意的地方，只能敬请读者海涵了。

感谢一路同行的师长和友伴。在某种程度上，这本书是我与学生、教师、家长及教育同仁的共同创作。感谢广东教育出版社提供的出版机会！感谢亦师亦友、当代教育名家李希贵先生为本书作序！感谢青年学者、清华大学博士后王振权先生为本书作导读！感谢王惠女士、王婵女士和秦瑜轩女士在本书资料搜集和文字打磨上所做的细致工作！感谢家人的大力支持与无微不至的关心！

感谢时代赋予教育人的使命与荣光，本书付梓之期，正值中国教育高质量发展道路的探寻走向不断深入之际，恰逢习近平总书记在今年教师节前夕提出的教育家精神之时，弘扬和践行教育家精神，要求每一个教育工作者主动承担起为党育人、为国育才的主体责任，只有扎根中国大地、服务人民，把国外的先进理念与中国的教育实践相结合，与中国的优秀传统文化相结合，才是一条教育生长的艳阳大道。于我而言，于我们而言，一切正当时，一切刚开始。

最后，我们所有的努力，都是为了孩子的"生长"！感谢孩子！也祝福孩子！

叶延武

2023年9月12日

参考文献

[1] 高亮之. 人有灵魂吗：灵魂哲学与科学的理性信仰[M]. 杭州：浙江大学出版社，2015.

[2] 高鹏. 从量子到宇宙：颠覆人类认知的科学之旅[M]. 北京：清华大学出版社，2017.

[3] 梁启超. 中国魂安在乎[J]. 清议报，1899（33）.

[4] 士尔. 两界书[M]. 北京：商务印书馆，2017.

[5] 扎西，崔晓琰. 论新时代伟大中华民族精神的基本内涵及其时代价值[J]. 西藏大学学报（社会科学版），2019，34（3）.

[6] 史仲文. 中国人走出死胡同[M]. 北京：中国发展出版社，2004.

[7] 徐国亮，刘松. 三层四维：家国情怀的文化结构探析[J]. 四川大学学报（哲学社会科学版），2018（6）.

[8] 刘松. 主体自由、民族和睦、文明提升：家国情怀的历史衡量三维标准探析[J]. 山东社会科学，2019（5）.

[9] 舒敏华. "家国同构"观念的形成，实质及其影响[J]. 北华大学学报（社会科学版），2003，4（2）.

[10] 张倩. "家国情怀"的逻辑基础与价值内涵[J]. 人文杂志，2017（6）.

[11] 刘紫春，汪红亮. 家国情怀的传承与重构[J]. 江西社会科学，2015，35（7）.

[12] 张斌，段周燕. 家国情怀的当代培育[J]. 江苏理工学院学报，2015，21（3）.

[13] 周玉生. 先秦儒家忠孝观念变迁研究[D]. 郑州：郑州大学，2010.

[14] 马相伯. 国性与人性：民国演讲：第四编[M]. 北京：中国文史出版社，2019.

[15] 刘文瑞. 浅析孔子的孝道思想[J]. 广西民族学院学报（哲学社会科学版），2001（S2）.

[16] 郑国娟. 孔孟忠孝观及重民思想比较[J]. 文学界（理论版），2010（5）.

[17] 马涛. 论先秦儒家忠孝观的批判与继承[C].//河北史学会. 历史与现实论稿. 北京：中国文史出版社，1991.

[18] 孙家洲. 先秦儒家与法家"忠孝"伦理思想述评 [J]. 贵州社会科学, 1987（4）.

[19] 陈鼓应. 老子注译及评介 [M]. 北京：中华书局, 1984.

[20] 李为香. 教化与信仰：汉代忠孝信仰与画像石图像表达 [J]. 济南大学学报（社会科学版）, 2020, 30（3）.

[21] 张艳霞. 唐代家庭忠孝观研究：以忠观念为中心 [D]. 曲阜：曲阜师范大学, 2011.

[22] 章伟文. 净明道的"忠孝"思想及形成原因初探 [J]. 江西社会科学, 2003（6）.

[23] 顾春. 忠孝：明清社会的核心价值观 [J]. 地方文化研究, 2014（2）.

[24] 刘洪全. 试论太史公目录学：读《史记·太史公自序》[J]. 内蒙古大学学报（哲学社会科学版）, 1992（4）.

[25] 伍梦尧. 后羿射日神话的产生与演变刍议 [J]. 长江大学学报（社科版）, 2013, 36（7）.

[26] 董芬芬. 夸父逐日的原始蕴涵及后世的演变 [J]. 甘肃社会科学, 2006（6）.

[27] 张福三, 傅光宇. 试论神话中的灵性、神性和人性 [J]. 思想战线, 1982（3）.

[28] 黄卫星, 张玉能. "易"字的文化阐释 [J]. 华中学术, 2018, 10（3）.

[29] 冯乾. 创体思维与通变意识：焦循"一代有一代之所胜"文学史观阐析 [J]. 西北师大学报（社会科学版）, 2008（3）.

[30] 叶文举. 略论《史记》通变观与《易》道的关系 [J]. 安徽师大学报（哲学社会科学版）, 1997（4）.

[31] 蒿帆. 变则可久, 通则不乏：《通变》辨义 [J]. 南阳师范学院学报, 2015, 14（11）.

[32] 安乐哲. 通变：一条开辟中西方比较哲学新方向的道路 [J]. 中国图书评论, 2008（8）.

[33] 陈秀美. 论刘勰《文心雕龙》"文体通变"史观 [J]. 语文学刊, 2017, 37（6）.

[34] 吕不韦. 吕氏春秋新校释 [M]. 陈奇猷, 校释. 上海：上海古籍出版社, 2002.

[35] 石力波. 权变、通变、时变：中国传统文化中求变思想解读 [J]. 陕西理工大学学报（社会科学版）, 2019, 37（3）.

[36] 张海鹏. 讲好统编高中历史教科书中新民主主义革命时期的党史 [J]. 课程·教材·教法, 2021, 41 (7).

[37] 杨志成. 百年未有之大变局下世界教育变革与中国教育机遇 [J]. 教育研究, 2021, 42 (3).

[38] 汤一介. 论"天人合一" [J]. 中国哲学史, 2005 (2).

[39] 宋志明. 论天人合一 [J]. 学习与探索, 1998 (4).

[40] 杨航. 我生不有命在天：关于《尚书·西伯戡黎》[J]. 青年作家（中外文艺版）, 2010 (6).

[41] 张世英. 中国古代的"天人合一"思想 [J]. 求是, 2007 (7).

[42] 张楚廷. 天人合一哲学及其他 [J]. 高等教育研究学报, 2018, 41 (2).

[43] 张岱年. 中国哲学中"天人合一"思想的剖析 [J]. 北京大学学报（哲学社会科学版）, 1985 (1): 1-9.

[44] 朱贻庭. "天人合一"的道德哲学精义 [J]. 华东师范大学学报（哲学社会科学版）, 2017, 49 (4).

[45] 马克思. 1844年经济学哲学手稿 [M]. 北京：人民出版社, 2014.

[46] 李希贵. 36天, 我的美国教育之旅 [M]. 上海：华东师范大学出版社, 2006.

[47] 陈来. 有无之境：王阳明哲学的精神 [M]. 2版. 北京：北京大学出版社, 2013.

[48] 刘丰, 心能缘. 开启你的高维智慧 [M]. 北京：中国青年出版社, 2017.

[49] 俞国良, 罗晓路. 埃里克森：自我认同与心理社会性发展理论 [J]. 中小学心理健康教育, 2016 (7).

[50] 周谊. 维多里诺及其"快乐之家" [J]. 云南教育（小学教师）, 1990 (3).

[51] 胡旭昌. 浅谈"社区意识"的培育 [J]. 发展论坛, 2003 (1).

[52] 张天雪. 中国基础教育改革与发展实践 [M]. 沈阳：辽宁教育出版社, 2016：92.

[53] 赵德成. 新课程实施中的情感、态度与价值观评价 [J]. 课程·教材·教法, 2003 (9).

[54] 白月桥. 课程变革概论 [M]. 石家庄：河北教育出版社, 1996.

[55] 石鸥. 选择一种课程就是选择一种未来：关于高中多样化、选择性课程结构的几点认识 [J]. 中国教育学刊, 2003 (2).

[56] 肖川. 教育的理想与信念 [M]. 长沙：岳麓书社, 2002.

［57］余秋雨. 何谓文化［M］. 武汉：长江文艺出版社，2012.

［58］文喆. 课程教材改革挑战学校管理［J］. 中小学管理，2001（11）.

［59］赵小雅. 校本课程最大的生命力是学生的兴趣：访华东师范大学课程与教学研究所教授崔允漷［N］. 中国教育报，2004-03-26.

［60］INGRAM J B. Curriculum integration and lifelong education［M］. Hamburg：UNESO institute for education，1979.

［61］韩雪. 课程整合的理论基础与模式述评［J］. 比较教育研究，2002（4）.

［62］熊梅. 综合课程的内涵特点及其生成模式［J］. 首都师范大学学报（社会科学版），2000（6）.

［63］BRUNER J S. The process of education［M］. Cambridge：Harvard University Press，1960.

［64］教育大辞典编纂委员会. 教育大辞典：第1卷［M］. 上海：上海教育出版社，1990.

［65］ELIZABETH R H. Revisiting Curriculum Integration：a fresh look at an old idea［J］. The Social Studies，2005，96（3）.

［66］LEWY A. The international encyclopedia of curriculum［M］. Oxford：Pergamon Press，1991.

［67］韩艳梅. 如何使学校课程从局部零敲碎打转向整体系统设计：学校课程计划的框架及实践分析［J］. 基础教育课程，2013（10）.

［68］窦桂梅，胡兰. 基于学生核心素养发展的"1+X课程"建构与实施［J］. 课程·教材·教法，2015，35（1）.

［69］高凌飚. 关于过程性评价的思考［J］. 课程·教材·教法，2004（10）.

［70］邓兵，等. 高中学生学业成绩评价研究文集［Z］.［出版地不详：出版者不详］，2005.

［71］韩立福. 论"先学后导—问题评价"有效教学模式：兼论一种具有操作性的新课程"FFS"教学模式［J］. 教育理论与实践，2009，29（10）.

［72］张汝伦. 时代的思者［M］. 上海：上海书店出版社，2009：55.

［73］鲁洁. 教育社会学［M］. 北京：人民教育出版社，1990.

［74］夏晓丽. 城市社区治理中的公民参与问题研究［D］. 济南：山东大学，2011.

［75］陈国柱. 宋代乡村社会救助的新特点［D］. 石家庄：河北师范大学，2009.

［76］张兰英，艾恺，温铁军. 激进与改良：民国乡村建设理论实践的现实启示［J］. 开放时代，2014（3）.

［77］杨淑珺. 路径如何选择：社区教育融入社区治理的发展分析：基于杭州多案例研究［J］. 职教论坛，2017（33）.

［78］吕苹，金陈蕾. 未来社区教育场景之构建：基于浙江省杭州市S区和G小镇的实践探索［J］. 湖州师范学院学报，2021，43（9）.

［79］吴桐. 开端计划家长、家庭和社区参与框架分析［J］. 郑州师范教育，2020，9（1）.

［80］李彩旻. 美国学校、家庭、社区合作的实践模式研究：以"全国合作学校关系网（NNPS）"为例［D］. 上海：华东师范大学，2010.

［81］赵澜波. 新加坡学校、家庭、社区协同教育组织概况及启示［J］. 世界教育信息，2020，33（1）.

［82］孙希旦. 礼记集解［M］. 沈啸寰，王星贤，点校. 中华书局，1989.

［83］吴康宁. 学校究竟是什么：重申学校的社会属性［J］. 教育研究，2021，42（12）.

［84］佐藤学. 学习的快乐：走向对话［M］. 钟启泉，译. 北京：教育科学出版社，2004.

［85］联合国教科文组织国际教育发展委员会. 学会生存：教育世界的今天和明天［M］. 北京：教育科学出版社，1996.

［86］中华人民共和国教育部，中国共产党中央委员会宣传部，中共中央网络安全和信息化委员会办公室，等. 教育部等十三部门关于健全学校家庭社会协同育人机制的意见［EB/OL］.（2023-01-17）［2023-09-10］. http://www.moe.gov.cn/srcsite/A06/s3325/202301/t20230119_1039746.html.

［87］陈建华. 作为发展过程的学校发展规划［J］. 教育发展研究，2004（11）.

［88］陈向阳. 学校发展新动力：学校发展计划（SDP）视野下的学校管理变革［M］. 桂林：广西师范大学出版社，2009.

［89］王岚. 学校发展规划的"此岸"与"彼岸"［J］. 中小学校长，2022（12）.

［90］李正可. 学校发展规划制订的反思与建议［J］. 广东教育（综合版），2018（11）.

［91］中华人民共和国中央人民政府. 在全国农村教育工作会议上的讲话［EB/OL］.

（2003-09-19）[2023-09-10]. http://www.gov.cn/gongbao/content/2003/content_62506.htm.

[92] 杜威. 我们怎样思维·经验与教育[M]. 姜文闵, 译. 北京: 人民教育出版社, 1991.

[93] 卢乐山, 林崇德. 中国学前教育百科全书: 心理发展卷[M]. 沈阳: 沈阳出版社, 1995.

[94] 郑燕祥, 姚霞. 多元思维和多元创造: 应用和发展[J]. 全球教育展望, 2005, 34（3）.

[95] 刘建琼, 肖杨. 中学语文活动课之问题探讨[J]. 中学语文教学, 2016（8）.

[96] 黄秀珍. 如何把新课标理念贯穿到小学语文教学中[J]. 学园, 2015（6）.

[97] 吴长青. 小学语文教学中学生创新意识的培养[J]. 当代教研论丛, 2014（6）.

[98] 索绪尔. 普通语言学教程[M]. 高名凯, 译. 北京: 商务印书馆, 1980.

[99] 刘大为. 语言知识、语言能力与语文教学[J]. 全球教育展望, 2003, 32（9）.

[100] 叶黎明. 语言教育框架中的语文课程建设: 兼评陶本一先生的语言艺术教育观[J]. 语文教学通讯, 2010（10）.

[101] 孙正聿. 哲学通论[M]. 修订版. 上海: 复旦大学出版社, 2006.

[102] 温儒敏. 语文教学中常见的五种偏向[J]. 语文学习, 2011（1）.

[103] 童庆炳. 文学理论教程[M]. 4版. 北京: 高等教育出版社, 2008.

[104] 鲁迅. 鲁迅全集: 第6卷[M]. 北京: 人民文学出版社, 2005.

[105] 刘锡庆, 朱金顺, 李维国, 等. 写作论谭[M]. 北京: 中央广播电视大学出版社, 1983.

[106] 普通高中语文课程标准研制工作组. 普通高中语文课程标准（实验）[M]. 北京: 人民教育出版社, 2003.

[107] 张楚廷. 高等教育学导论[M]. 北京: 人民教育出版社, 2010.

[108] 史密斯. 文化理论: 导论[M]. 张鲲, 译. 北京: 商务印书馆, 2008.

[109] 曹雪芹. 红楼梦[M]. 3版. 北京: 人民文学出版社, 2008.

[110] 蔡义江. 红楼梦诗词曲赋评注[M]. 北京: 北京出版社, 1979.

[111] 孙启锋. 红楼梦中的节日研究[D]. 曲阜: 曲阜师范大学, 2011.

[112] 王姝旎. 《红楼梦》中谶语和神话的警世蕴含[J]. 传播与版权, 2013（1）.

[113] 吴伟斌, 张兵. 文学人物鉴赏辞典[M]. 上海: 复旦大学出版社, 1989.

[114] 洪金桥. 贾政的社会角色及其人生历程[J]. 红楼梦学刊, 1990（3）.

[115]肖融.《红楼梦》人物形象研究[J].高等函授学报(哲学社会科学版),2005(S1).

[116]蔡义江.《红楼梦》诗词曲赋鉴赏[J].中华活页文选(教师版),2007(1).

[117]刘蕊杏.金陵十二钗判词排序探析[J].安顺学院学报,2014,16(6).

[118]郭珊敏.诗词视野中宝钗孀闺命运探讨[J].湘南学院学报,2013,34(1).

[119]OECD. PISA 2018: insights and interpretations[R/OL].(2019-12-04)[2023-09-10].http://www.jyb.cn/rmtzcg/xwy/wzxw/201912/W020191204340198445382.pdf.

[120]OECD. PISA 2015 results: excellence and equity in education[J]. Paris: OECD Publishing, 2016.

[121]北京师范大学中国教育创新研究院.21世纪核心素养5C模型研究报告:中文版[R].北京:[出版者不详],2018.

[122]哈佛教育学院.力挽狂澜:用大学录取政策来激励学生发自内心的关心他人和真正关注社会[R].波士顿:[出版者不详],2016.

[123]钟秉林. PISA测试,我们需要关注什么?[EB/OL].(2019-12-04)[2023-09-10].http://www.moe.gov.cn/jyb_xwfb/moe_2082/zl_2019n/2019_zl94/201912/t20191204_410708.html.

[124]中华人民共和国教育部.教育部关于加强新时代教育科学研究工作的意见[EB/OL].(2019-10-30)[2023-09-10].http://www.moe.gov.cn/srcsite/A02/s7049/201911/t20191107_407332.html.

[125]亨廷顿.文明的冲突与世界秩序的重建[M].北京:新华出版社,2010.

[126]滕珺,马健生."国际学校"办学应扎根中国大地[N].中国教育报,2019-10-17(8).

[127]王蓉.中国教育新业态发展报告:2017:基础教育[R].北京:社会科学文献出版社,2018.

[128]中华人民共和国教育部.教育部基础教育课程教材发展中心首次向全国中小学生发布阅读指导目录[EB/OL].(2020-04-22)[2023-09-10].http://www.moe.gov.cn/jyb_xwfb/gzdt_gzdt/s5987/202004/t20200422_445605.html.

[129]斯宾塞.斯宾塞教育论著选[M].胡毅,王承绪,译.北京:人民教育出版社,1997.

[130]施良方.课程理论:课程的基础、原理与问题[M].北京:教育科学出版

社，1996.

［131］刘旭东. 现代课程的价值取向研究［M］. 兰州：甘肃教育出版社，2002.

［132］李广，马云鹏. 我国基础教育课程价值取向的特征及其文化阐释［J］. 东北师大学报（哲学社会科学版），2012（1）.

［133］莫兰. 复杂性理论与教育问题［M］. 陈一壮，译. 北京：北京大学出版社，2004.

［134］黄向阳. 再论课程价值取向［M］//崔允漷. 课程·良方. 上海：华东师范大学出版社，2007.

［135］尼葛洛庞帝. 数字化生存［M］. 胡泳，范海燕，译. 北京：电子工业出版社，2017.

［136］中华人民共和国教育部办公厅. 教育部办公厅关于推荐遴选"基于教学改革、融合信息技术的新型教与学模式"实验区的通知［EB/OL］.（2019-10-25）［2023-09-10］. http://www.moe.gov.cn/srcsite/A06/s7053/201911/t20191107_407338.html.

［137］佐藤学. 课程与教师［M］. 钟启泉，译. 北京：教育科学出版社，2003.

［138］林崇德. 对未来基础教育的几点思考［J］. 课程·教材·教法，2016，36（3）.

［139］张廷凯. 课程实施与教学创新［M］. 北京：中央广播电视大学出版社，2007.

［140］北京外国语大学国际教育研究院. 70年中国教育的对外开放：中国国际教育发展报告（2019）［R］. 上海：华东师范大学出版社，2019.

［141］彭正生. 准确理解哲学意义上的价值的本质［J］. 知识窗（教师版），2017（2）.

［142］郭丽双，付畅一. 消解与重塑：超国家主义、文化共同体、民族身份认同对国家身份认同的挑战［J］. 国外社会科学，2016（4）.

［143］金志远. 论国家认同与民族（族群）认同实质的相异性［J］. 前沿，2011（9）.

［144］韩震. 全球化时代的公民教育与国家认同及文化认同［J］. 社会科学战线，2010（5）.

［145］马文琴. 全球化时代的国家认同教育［J］. 教育学术月刊，2008，10.

［146］中共中央　国务院印发《新时代爱国主义教育实施纲要》［EB/OL］.（2019-11-12）［2023-09-10］. http://www.gov.cn/zhengce/2019-11/12/content_5451352.htm.

［147］中华人民共和国教育部. 教育部关于印发《革命传统进中小学课程教材指

南》《中华优秀传统文化进中小学课程教材指南》的通知［EB/OL］.（2021-01-19）［2023-09-10］. http://www.moe.gov.cn/srcsite/A26/s8001/202102/t20210203_512359.html.

［148］范胜武. 培养具有中国灵魂和国际视野的世界公民［J］. 北京教育（普教），2014（5）.

［149］林连华. 先秦中国灵魂观研究［J］. 北方文学，2018（15）.

［150］李振纲. 智者的叮咛：先秦诸子的生存智慧［M］. 保定：河北大学出版社，2001.

［151］赵晓明. 从当代教育角度诠释道家教育思想［J］. 传承，2008（10）.

［152］戚万学. 活动课程：道德教育的主导性课程［J］. 课程·教材·教法，2003（8）.

［153］王晓燕. 传承中华优秀传统文化要强化"三个引领"［N］. 中国教育报，2021-02-19.

［154］郭强. 现代社会的漂浮：无根的现代性及其呈现［J］. 社会，2006（4）.

［155］施宛莹. 提高初中语文阅读教学有效性的策略分析与探究［J］. 散文百家，2019（11）.

［156］资中筠. 中国人为什么要学好中文？［J］. 家教世界，2019（2）.

［157］饶舒琪. 全球化背景下的国家认同教育：合法性与应有内涵［J］. 教育学报，2018，14（6）.

［158］叶澜. 教育的魅力，应从创造中去寻找［J］. 教学管理与教育研究，2017，2（3）.

［159］陈亦. 四库全书精解［M］. 北京：中国华侨出版社，2018.

［160］赵清文. 大学　中庸［M］. 北京：华夏出版社，2017.

［161］施国新. 明清广州府志研究［D］. 武汉：武汉大学，2014.

［162］秦汝高. 希望从这里开始［M］.［出版者不详］. 1999.

［163］李敏. 教育国际交流：挑战与应答［D］. 上海：华东师范大学，2008.

［164］马永明. 关于晚清香山籍留美幼童的地域集中性：一个群体研究的视角［J］. 中南民族大学学报（人文社会科学版），2004（3）.

［165］前瞻产业研究院. 2020年大湾区国际学校行业发展现状分析［EB/OL］.（2020-11-11）［2023-09-10］. http://www.sohu.com/a/431084857_120868906.

［166］BENNETT N，LEMOINE G J. What VUCA really means for you［J］. Harvard

Business Review, 2014, 92 (1/2).

[167] 闻璋. 粤港澳大湾区: 优势与挑战同在 [J]. 中国招标, 2019 (16).

[168] 魏星. 粤港澳大湾区 [J]. 中国科技术语, 2019, 21 (2).

[169] 教育与中国未来30人论坛. 刘宝存: 教育国际化与粤港澳大湾区建设 [EB/OL]. (2020-02-08) [2023-09-10]. http://www.sohu.com/a/371530994_498014.

[170] 中共中央　国务院印发《粤港澳大湾区发展规划纲要》[EB/OL]. (2019-02-18) [2023-09-10]. http://www.gov.cn/zhengce/2019-02/18/content_5366593.htm#1.

[171] 陈伟. 湾区建设, 教育合作提供最强动力 [N]. 光明日报, 2019-06-18 (15).

[172] 新浪厦门. 智联招聘发布2019年粤港澳大湾区产业发展及人才流动报告 [EB/OL]. (2020-01-13) [2023-09-10]. http://fj.sina.com.cn/news/m/2020-01-13/detail-iihnzahk3897145.shtml.

[173] 查婷俊. 以粤港澳大湾区人才自由流动推进区域协调发展 [J]. 特区经济, 2020 (8).

[174] 王辉耀. 为粤港澳大湾区建设架起人才流动之桥 [N]. 北京青年报, 2018-08-12.

[175] 郭秀云. 借鉴欧盟流动劳动力社保与福利体系设计的经验 [J]. 中国人力资源开发, 2009 (10).

[176] 王霞. 欧盟教育形态研究 [D]. 保定: 河北大学, 2006.

[177] 卓泽林. 粤港澳大湾区教育合作发展的价值与策略 [J]. 华南师范大学学报 (社会科学版), 2020 (2).

[178] KNIGHT J. Updating the definition of internationalization [J]. International Higher Education, 2003, 33 (1): 2.

[179] 王亚萍. 梁启超 "中国魂" 的思想表达与进步意义 [J]. 牡丹江大学学报, 2017, 26 (11).

[180] 郑丽萍, 王瑞华. 中国梦的世界眼光与中国灵魂论析 [J]. 中共济南市委党校学报, 2015 (5).